Ernst Benda
Der Rechtsstaat in der Krise

Ernst Benda

Der Rechtsstaat in der Krise

Autorität und Glaubwürdigkeit
der demokratischen Ordnung
Herausgegeben von
Manfred Hohnstock

Seewald Verlag
Stuttgart

Alle Rechte vorbehalten. © Seewald Verlag Dr. Heinrich
Seewald, Stuttgart-Degerloch 1972. Umschlag von Hans-
Eduard Franke. Satz und Druck der Druckerei Emil
Scheel, Oeffingen. Gebunden bei Heinr. Koch, Tübingen.
Gesetzt in der Linotype Aldus-Antiqua
ISBN 3 512 00233 1 Printed in Germany

Inhalt

Vorwort des Herausgebers

Der bisherige Lebensweg Ernst Bendas ist der eines politisch engagierten Juristen. Unmittelbar nach seiner Rückkehr aus der Kriegsgefangenschaft im Jahre 1946 hatte er sich der Christlich-Demokratischen Union angeschlossen. Schon bald bekleidete er erste politische Ämter. Benda gehört somit zur Gründergeneration der CDU, obwohl er noch heute einer der Jüngsten ist, die die obersten Staatsämter unseres Landes innehaben.

Es ist für den Politiker Ernst Benda gewiß kennzeichnend, daß er während der gesamten Zeit seiner Tätigkeit im Parlament seinen Beruf als Rechtsanwalt tatsächlich ausgeübt hat – lediglich unterbrochen in seiner Amtszeit als Parlamentarischer Staatssekretär und Bundesminister des Innern. Der Politiker hat auf diese Weise den Kontakt mit der juristischen Basis und mit den Problemen des forensischen Alltags nie verloren.

Die steile politische Karriere des Rechtsanwalts aus Berlin hat mit seiner Wahl in das höchste deutsche Richteramt ihren vorläufigen Höhepunkt und vielleicht auch ihren Abschluß gefunden. Dieser Zeitpunkt erscheint geeignet, eine Zwischenbilanz seiner öffentlichen Äußerungen auf dem Gebiet der Innen- und der Rechtspolitik zu ziehen. Die getroffene Auswahl aus den zahlreichen Reden und Aufsätzen Ernst Bendas beschränkt sich auf diese Thematik, sie soll zugleich versuchen, den Werdegang eines Politikers darzustellen, der das Spannungsverhältnis von Recht und Politik in sich verkörpert, dem oft – und gerade von seinen politischen Freunden – vorgeworfen wurde, zuerst Jurist und erst in zweiter Linie Politiker zu sein. Einige der ausgewählten Reden sollen auch in Erinnerung rufen, wie sehr Ernst Benda, seiner Überzeugung folgend, einen eigenen Weg ging, manchmal gegen den großen Strom seiner Partei schwimmend, und meist gerade dann besonders erfolgreich.

Seine Rede zur Frage der Verjährung der NS-Morde von 1965 wird allgemein als sein erster großer Bundestagsauftritt angesehen – sie gehört gewiß zu den markantesten Reden, die im Bundestag

überhaupt gehalten wurden. Vor dieser sogenannten Verjährungs-
rede hat Benda aber bereits im Jahre 1961 eine bemerkenswerte
Rede gehalten, die den innerdeutschen Reiseverkehr betraf. Diese
Rede des damals 36jährigen Abgeordneten hat wesentlich dazu
beigetragen, daß ein Gesetzentwurf, der den innerdeutschen Reiseverkehr besonderen polizeilichen Kontrollen unterwerfen wollte,
vom Bundestag nicht verabschiedet wurde. Es ist notwendig, gerade
heute diesen Vorgang in Erinnerung zu rufen, nicht nur als ein
Dokument des Mutes eines jungen Abgeordneten, sondern auch als
Dokument der Selbstsicherheit einer Bundesregierung, die eine
solche parlamentarische Niederlage ohne Ansehensverlust hinnehmen konnte.

Aber nicht nur das Spannungsverhältnis von Recht und Politik
charakterisiert diesen Mann, den die Publizisten gleichermaßen als
Liberalen wie als Konservativen ansprechen; auch die Antagonis-
men von Recht und Moral, von Grundrechtsverbürgung und staats-
rechtlichem Verfassungsschutz haben schon immer im Mittelpunkt
seiner Arbeit gestanden. Die Sorge Bendas um Autorität und
Glaubwürdigkeit der demokratischen Ordnung läßt sich in seinen
Beiträgen bei den Debatten über die Notstandsgesetzgebung ebenso
nachspüren wie in seinen Reden zur Reform des öffentlichen Dienstes, zur inneren Sicherheit oder zur Mitbestimmungsfrage. Bei der
Auswahl der Reden wurde der Weg der authentischen Dokumen-
tation gewählt, so sind die Bundestagsreden jeweils dem amtlichen
Protokoll entnommen, um die Atmosphäre der Debatten besser
wiederzugeben.

Der Sammlung von Reden und Aufsätzen ist ein einführender
Beitrag Ernst Bendas vorangestellt, in dem er aus der Sicht des
Wächteramtes über die freiheitliche Verfassungsordnung seine
Gedanken zur Bewahrung und Bewährung des Rechtsstaats in
seiner gegenwärtigen Krisenlage darlegt. Dieser Beitrag nimmt
Gedanken auf, die bereits in einem Vortrag anläßlich der Jahres-
tagung des Bundesverbandes Deutscher Zeitungsverleger am
26. April 1972 angesprochen wurden.

Manfred Hohnstock

Der Rechtsstaat in der Krise

Wer vom Rechtsstaat in der Krise spricht, erinnert zuerst an die terroristischen Aktivitäten der Bombenwerfer und Brandstifter, die Anfang der Siebziger Jahre in weiten Kreisen der Bevölkerung Unsicherheit und das lähmende Gefühl der Hilflosigkeit verbreiteten. Solange es trotz immer verstärkter polizeilicher Fahndung nicht möglich schien, die Täter zu fassen oder auch nur von weiteren Terrorakten abzuhalten, entstand der Eindruck, daß solchen Formen organisierten Verbrechens mit den Mitteln des Rechtsstaates nicht beizukommen sei. Es ist nicht erstaunlich, daß mancher Bürger bereit schien, lieber etwas weniger Rechtsstaat zu haben, wenn hierdurch seine eigene und die Sicherheit des Gemeinwesens nachhaltig erhöht werden könnte. Als schließlich energische, zwischen Bund und Ländern koordinierte Maßnahmen eindrucksvolle Erfolge brachten und die gefährlichsten der anarchistischen Gruppen zum großen Teil unschädlich machen konnten, wurde der Verdacht laut, daß dieses nicht mit rechten Dingen zugegangen sein könne. Die Intensität polizeilicher Arbeit verführte zu der Vermutung, daß polizeistaatliche Methoden im Spiele sein müßten, der Rechtsstaat also jedenfalls in einem Teilbereich und mindestens vorübergehend geschwächt worden sei. »Mehr Staat«, wie neuerdings oft verlangt wird, bedeutet in solcher kritischen Sicht notwendigerweise »weniger Recht«. Beide, Recht und Staat, machen die Elemente des Rechtsstaates aus (Posser, *Die Zeit* vom 9. Juni 1972).

Damit wird von den ganz unterschiedlichen Standpunkten sowohl der ein höheres Maß an Sicherheit verlangenden Bürger wie derer, die eine Beeinträchtigung der Freiheitsrechte befürchten, in merkwürdiger Übereinstimmung vermutet, daß der ernsthaft herausgeforderte Rechtsstaat sich mit seinen eigenen Mitteln nicht hinreichend schützen kann. Es scheint, als müsse gewählt werden zwischen der Notwendigkeit, den Staat zu Lasten des Rechts zu stärken, und der resignierten Erkenntnis, daß die offenbar unvermeidliche Schwäche des Staates um der Wahrung des Rechts willen in Kauf genommen werden müsse. Nach wie vor wird der Rechtsstaat von den meisten Bürgern unter normalen Verhältnissen als richtig und sympathisch empfunden, aber er scheint ihnen keiner größeren Belastung gewachsen zu sein. In gleicher Weise ist die Überzeugung verbreitet, daß die parlamentarische Demokratie einer großen Krise etwa als Folge wirtschaftlicher Fehlentwicklungen nicht standhalten könnte. Rechtsstaat und Demokratie scheinen nur für Schönwetterlagen brauchbar zu sein.

Die Aktivitäten der Baader-Meinhof-Gruppe und ähnlicher krimineller Vereinigungen haben so vielen Anlaß gegeben, eine Krise des Rechtsstaates zu befürchten. Das vermeintliche Dilemma berührte aber schon vor einigen Jahren eine breitere Öffentlichkeit. Die Auseinandersetzungen über die Notstandsverfassung in den Sechziger Jahren hatten ganz parallele Argumentationen zum Inhalt. Angesichts der Vision einer, freilich kaum vorstellbaren, Extremsituation ergab sich schon damals die gleiche Frage, die heute aus realerem und aktuellerem Anlaß erörtert wird: Kann der demokratisch organisierte, vom Bewußtsein des hohen Wertes der Freiheitsrechte durchdrungene Staat sich einer existentiellen Bedrohung wirksam erwehren, ohne damit zugleich notwendigerweise seinen freiheitlichen Grundcharakter aufzugeben? Im Kampf um die Notstandsverfassung bildeten sich die einander unversöhnlich gegenüberstehenden Fronten: derjenigen, die um der äußeren oder inneren Sicherheit willen notfalls einen kleineren oder größeren Teil der Freiheitsrechte, wenigstens auf Zeit, aufzugeben bereit schienen, und derer, die diese Rechte unter allen Umständen zu wahren entschlossen waren, selbst wenn dies eine wirksame Gefahrenabwehr mindestens erschwerte. Beide Seiten werden gegen solche Unterstellung protestieren und beteuern, daß sie Freiheitsschutz und Gefahrenabwehr in gleichem Maße gewollt hätten. Der gute Wille, beides zu erreichen, soll nicht bezweifelt werden. Aber Anhängern wie Gegnern der Notstandsverfassung war gemeinsam, daß den meisten von ihnen eine Lösung, die zugleich rechtsstaatlich und praktikabel sein würde, nicht möglich erschien. Der schließlich gefundene Kompromiß war von der für eine Verfassungsänderung erforderlichen breiten parlamentarischen Mehrheit getragen. Aber bei vielen, die schließlich dem Ergebnis zustimmten, mag die Befürchtung geblieben sein, daß entweder die Erfordernisse der Rechtsstaatlichkeit oder die der Praktikabilität Schaden genommen hätten oder allenfalls ein annähernder Ausgleich der entgegenstehenden Interessen gelungen wäre.

Für die Beantwortung der heute an den Rechtsstaat gerichteten Fragen wäre es von großer Bedeutung zu wissen, ob es sich um ein wirkliches Dilemma oder nur um ein Scheinproblem handelt. Aber niemand kann wünschen, die Antwort durch eine Anwendung der Notstandsverfassung in der Praxis zu finden, und so bleiben die in der damaligen Auseinandersetzung aufgeworfenen Fragen offen.

Wo es sich um die Bekämpfung terroristischer Gruppen und ähnliche Herausforderungen des Rechtsstaates handelt, kann sich die Diskussion auf tatsächlich vorliegende Erfahrungen stützen. Am 7. Juni 1972 hat Bundesinnenminister Genscher während einer Debatte des Deutschen Bundestages zu Fragen der inneren Sicherheit erklärt, daß die Hoffnung der Terroristen, der Staat werde zu ihrer Abwehr den Weg des Rechts verlassen, um so im nachhinein ihre Taten rechtfertigen zu können, enttäuscht werden würde: »Wir werden auch bei der Bekämpfung des Terrors keinen Millimeter vom Weg des Rechts abweichen, aber wir werden das Recht mit Entschlossenheit anwenden« (*Bulletin* 1972, S. 1158). Kurze Zeit vorher waren einige der wichtigsten Mitglieder der Baader-Meinhof-Gruppe festgenommen worden. Da kein Gutwilliger die Methode des polizeilichen Einsatzes als polizeistaatlich denunzieren konnte, bestätigte der Erfolg die Politik der in Bund und Ländern Verantwortlichen. Für die zunehmend unsicher gewordene Öffentlichkeit war damit auch bewiesen, daß der Staat nicht hilflos ist, wenn er die ihm zur Verfügung stehenden Möglichkeiten zweckmäßig, koordiniert und vor allem mit Entschlossenheit nutzt. Der Anschein Mitleid oder Verachtung erregender Ohnmacht des Rechtsstaates war spät, aber noch rechtzeitig beseitigt.

Hiermit war ein psychologischer Durchbruch gelungen, der noch wichtiger ist als der unmittelbare Erfolg der Verbrechensbekämpfung. Da das Fernsehen jedem Staatsbürger die Illusion vermittelt, er sei Augenzeuge von Ereignissen wie der Festnahme von Baader in Frankfurt, so wie er zuvor scheinbar mit eigenen Augen die Folgen einer Serie von Bombenanschlägen sehen konnte, vergrößern und vergröbern sich mit den optischen Eindrücken auch die Reaktionen. Die detonierte Bombe demoliert immer auch ein Stück des Vertrauens in die Fähigkeit des Rechtsstaates, Ordnung und Sicherheit zu gewährleisten, und die erfolgreiche Jagd nach den Tätern gewinnt dieses Vertrauen zurück. Freilich wird hiermit die Autorität des Staates noch nicht beständig gefestigt. Das Hin und Her von Angriff und Abwehr scheint auch die These der Terroristen zu bestätigen, daß der bewaffnete Kampf erst begonnen habe. Der Zuschauer erlebt Momentaufnahmen einer ständigen Auseinandersetzung, und es scheint noch nicht ausgemacht, daß sich die Autorität des Rechts gegen die Gewaltakte einzelner durchsetzen wird.

Aber es ist schon viel wert, wenn im Bewußtsein der Öffentlichkeit der Staat zeigt, daß er zu kämpfen bereit ist und daß rechtsstaatliche Methoden, entschlossen angewendet, Aussicht auf Erfolg haben.

Die Ahnungslosigkeit, mit der noch nach der Festnahme in Frankfurt einige Kommentatoren von der Verfolgungsjagd Tausender von Polizisten gegen die »armen, verzweifelten jungen Männer in Unterhosen« sprachen (vgl. hierzu Bundesminister Genscher vor dem Deutschen Bundestag, *Bulletin* 1972, S. 1161), hat zwei Seiten. Es mag einmal zwar allenfalls noch verständlich sein, daß zu Anfang des Jahres, als die Fahndung seit Monaten ohne sichtbaren Erfolg lief, der Verdacht aufkam, die Gruppe existiere in Wirklichkeit überhaupt nicht mehr. Jochen Willke z. B. sprach (im *Vorwärts* vom 20. Januar 1972) von »dem offensichtlich nur noch sechsköpfigen Phantom mit Namen Baader-Meinhof. Ihm wird zuviel Ehre angetan, und es drängt sich der Schluß auf, Polizisten und Steuergelder könnten sinnvoller eingesetzt werden.« Nach der Serie der Bombenanschläge im Frühjahr 1972 war auch diese Illusion zerfetzt. Um so schwerer fällt es, Naivität bei denen anzunehmen, die auch danach noch in den Gesuchten politisch Verfolgte sahen. Wichtiger ist zum anderen, daß durch solche Kritik prinzipiell in Zweifel gezogen wird, ob der Rechtsstaat sich mit allen ihm zur Verfügung stehenden Mitteln verteidigen darf. »Läßt man Stolz und rechtlich-versteinerte Denkweise beiseite«, so schrieben 23 Stuttgarter an Bundesminister Ehmke *(Stuttgarter Nachrichten* vom 6. Juni 1972), »so fragt man sich, was für ein Unterschied zwischen Verhandlungen mit einem Staat, den man machtpolitisch als Realität anerkennen muß, und Verhandlungen mit Gruppen besteht, die man glaubt nur mit Gewalt zum Schweigen bringen zu können. Die Behauptung, Minderheiten würden ihre Position mißbrauchen, die sie dadurch erhalten, daß man sie ernst nimmt, ist eine unbewiesene Uralt-Theorie. Wir sind der Meinung, daß mit der wachsenden Integrierung solcher Gruppen in Gemeinwesen auch die gemeinsame Verantwortung steigt. Nur der Ausgestoßene wird radikal ...«

Man muß der großen Versuchung widerstehen, solche Meinungen nicht ernst zu nehmen. Die phantastisch klingende Forderung, Bombenleger und Dum-Dum-Schützen nicht ausschließlich mit staatlicher Gewalt zu bekämpfen, sondern mit ihnen wie mit einem vielleicht ungeliebten, aber Realität darstellenden Staat zu verhandeln, ist mehr als eine absurde Theorie. Der Vorschlag knüpft an eine längst praktizierte Methode an, sich dem parlamentarisch-demokratischen Rechtsstaat gegenüber durchzusetzen. Wer (aus eigensüchtigen oder politischen Motiven) Flugzeuge entführt oder Einzelpersonen als Geiseln in seine Gewalt bringt, erreicht die Möglichkeit, das Leben Dritter oder bedeutende Werte zu gefährden. Hierdurch wird der Staat zu Verhandlungen auf der Ebene der Gleichberechtigung erpreßt; er soll gezwungen werden, entweder ohne Rücksicht auf die geltende Rechtsordnung die Forderungen zu erfüllen, z. B. Geldbeträge auszuhändigen oder Inhaftierte freizulassen, oder durch Untätigkeit oder Unnachgiebigkeit am Tode Unschuldiger beteiligt zu werden.

Es stellt keinen Zufall dar, daß die Auseinandersetzung vorwiegend im Bereich des Flugverkehrs gesucht wird. In einer hochtechnisierten Gesellschaft bestehen die größten Erfolgschancen für eine solche Methode dort, wo sich aus den technischen Gegebenheiten ein hohes Sicherheitsrisiko oder doch die Möglichkeit ergibt, bei geringem eigenem Einsatz an besonders empfindlichen Punkten eine große und nach außen in dramatischer Weise sichtbare Wirkung zu erzielen. Die Geiselnahme durch arabische Terroristen während der Olympiade in München ist dafür beispielhaft.

Diese Taktik wird auch im Alltagsleben der technischen Gesellschaft üblich. Selbst der ganz normale, in seiner Legitimität nicht zu bezweifelnde Streik spielt sich heute längst nicht mehr so ab, daß alle dem Tarifbereich angehörenden Betriebe stillgelegt werden. Die moderne Taktik gewerkschaftlicher Aktionen geht davon aus, daß gezielte Arbeitskämpfe an Schlüsselstellen der Wirtschaft (etwa bei den Zulieferern eines Großunternehmens oder an technisch unentbehrlichen Punkten eines Betriebes) ebenso wirksam sein können wie Massenstreiks, während sie das finanzielle Risiko der Gewerkschaften niedrig halten. Die anhaltende Auseinandersetzung zwischen Gewerkschaften und Unternehmerverbänden darüber, ob die Aussperrung als Gegenmaßnahme der Arbeitgeber zulässig ist, behandelt kein rechtstheoretisches Problem, sondern eine für die beiderseitige Arbeitskampftaktik entscheidende Frage.

Die Terroristen und Revolutionäre versprechen sich mehr davon, den Staat an empfindlichen Punkten zu verunsichern, als davon, ihn frontal anzugreifen. Johannes Gross spricht von dem »feigen Revolutionär« (*Frankfurter Allgemeine Zeitung* vom 15. Juli 1972), der nicht den Machthaber selbst attackiert, sondern den Wachtmeister erschießt, der an der Kreuzung seinen Dienst verrichtet, der nicht den Reichstag anzündet, sondern ein Warenhaus: »Das Auftreten des feigen Revolutionärs ist nicht zufällig. Er paßt gut in eine Welt, in der der Kampf auf dem Rücken Dritter zur Regel zu werden beginnt. Das hat ganz unblutig und sozial-adäquat, schließlich halbwegs akzeptiert, in der Innenpolitik begonnen, etwa bei der Verkehrsblockade oder beim ›Dienst nach Vorschrift‹. Überhaupt behauptet sich der Pluralismus in der Auseinandersetzung auf dem Rücken jeweiliger Dritter . . .«, so auch in der Außenpolitik, in der begrenzte Kriege zu Lasten kleinerer Staaten geführt würden.

Bei geschickter Wahl von Zielen und Methoden kann schon der geringe Einsatz eigener Mittel den Staat zwingen, massive Kräfte zu mobilisieren, die dann an anderer Stelle fehlen. Der Polizeipräsident einer Großstadt berichtete vor Jahren, daß schon eine telefonische Bombendrohung, die sich auf den Flughafen oder einen ähnlichen schwer überschaubaren und sicherheitsempfindlichen Punkt bezieht, von ihm nur unter Einsatz praktisch aller zur Verfügung stehenden Beamten der Stadt schnell und gründlich überprüft werden könne. So kann mit einem kurzen Anruf, der zwanzig Pfennig kostet, fast die gesamte Polizei ihren sonstigen Aufgaben für Stunden entzogen werden. Solche einfachen Rezepte sollten nicht verraten werden, aber sie sind seit Jahren in zahlreichen einschlägigen Broschüren, die zum größten Teil auch heute noch offen verkauft werden, nachzulesen und den potentiellen Tätern, wie die Erfahrungen der letzten Zeit zeigen, hinreichend vertraut.

Natürlich gelingt es bei längerer Erfahrung, besserer Ausbildung und unter Einsatz neuer technischer Methoden, wie sie sich zum Teil bei der jüngsten Welle anonymer Bombendrohungen bewährt haben, eine solche Verunsicherung des Staates wirksamer zu bekämpfen. Aber das Mißverhältnis zwischen den Möglichkeiten einzelner und der Schwerfälligkeit staatlicher Reaktion, bei der ein massiver, personell und finanziell aufwendiger Einsatz erforderlich ist, bleibt bestehen. Wenn die Gefahr droht, daß Flugzeuge entführt werden, lassen sich technische Kontrollmaßnahmen verfeinern. Auf lange

Zeit werden dennoch zeitraubende Personen- und Gepäckkontrollen, die einen großen Polizeieinsatz erfordern, unvermeidlich sein. Abgesehen von den Mißhelligkeiten, die solche Überprüfungen mit sich bringen, entspricht die vorbeugende und pauschale Kontrolle unbescholtener Bürger durch die Polizei nicht dem Idealbild des freiheitlichen Rechtsstaates, der eigentlich nur den als potentiellen Bombenleger oder Flugzeugentführer ansehen dürfte, der durch sein Verhalten mindestens Anhaltspunkte für solchen Verdacht liefert. Wer bloß ein zugelassenes Verkehrsmittel legal benutzen will, kann nur unter Bedenken als Verdächtiger behandelt werden. Aber staatliche Untätigkeit wäre auch in den Augen der Öffentlichkeit und selbst derer, die in korrekter Weise überprüft werden und hierin zugleich eine zu ihrem eigenen Schutz notwendige Maßnahme erblicken, kein Ausweg. Wer die Lage auf den Flughäfen für unerträglich hält, der muß auch bereit sein, Mitverantwortung dafür zu übernehmen, wenn auf andere Weise vorläufig nicht entdeckbare Täter ihr Ziel erreichen und so den Staat zur völligen Hilflosigkeit zwingen, falls er es nicht vorzieht, das Leben Unschuldiger zu gefährden, um sein Gesicht zu wahren.

Hierin zeigt sich das Dilemma des Rechtsstaates. Wenn er um seines eigenen Schutzes und der Befriedigung des berechtigten Sicherheitsbedürfnisses seiner Bürger willen mit vollem und womöglich noch verstärktem Einsatz seiner Machtmittel reagiert, muß dies nicht »weniger Recht« bedeuten; aber mindestens der äußere Eindruck von »mehr Staat« entsteht. Wenn der Staat dagegen Freiheitlichkeit, Offenheit, Liberalität, »Gelassenheit«, wie man dann gern sagt, demonstriert, erhöht sich das Risiko, daß aus der Gelassenheit Hilflosigkeit in kritischer Lage wird. Beides kann Zweifel an der Lebensfähigkeit des Rechtsstaates wecken. Die nicht mehr glaubwürdig erscheinende Ordnung würde ohne Autorität sein und einer wirklichen Bedrohung nicht standhalten können.

Das Grundgesetz der Bundesrepublik Deutschland begnügt sich nicht damit, die unantastbaren individuellen Grundrechte und eine freiheitlich-demokratische Ordnung des Gemeinwesens nur zu proklamieren, sondern es fordert und fördert auch die entschlossene Verteidigung dieser Werte. Die bewußte Abwendung vom wertneutralen relativistischen Staatsprinzip der Weimarer Republik und erst recht vom totalitären Staatsdenken der nationalsozialistischen Diktatur konnte sich in zwei Jahrzehnten auf eine breite Zustimmung der Bevölkerung stützen. Die Wertentscheidungen der Verfassung waren unangefochten, sie schienen selbstverständlich. Auch die junge Generation hatte keinen Zweifel daran, daß diese Entscheidungen richtig waren. Im Gegenteil: gerade bei ihr galt der Verdacht, daß eine Regierung oder Partei die Geltung der Grundrechte aushöhlen oder diese ganz beseitigen wollte, als der schwerste denkbare politisch-moralische Vorwurf, der insbesondere bei der Auseinandersetzung um die Notstandsverfassung das ernsthafteste Argument der Kritiker darstellte. Mit diesem Vorwurf arbeiteten oft auch Agitatoren, denen in Wirklichkeit nichts weniger am Herzen lag als die Sicherung der Grundrechtsordnung. Und auch wo er ehrlich gemeint war, verriet er nicht selten erhebliche Ahnungslosigkeit darüber, daß der demokratische Staat nicht nur Freiheitsrechte verleiht, sondern im Interesse der Allgemeinheit den Bürgern auch Pflichten auferlegen muß. Dennoch verdient das oft ganz naive, auch an den wirklichen Problemen vielfach vorbeigehende innere Engagement dieser Protestbewegung in der Mitte der Sechziger Jahre Verständnis und Respekt, weil es nicht der Beseitigung, sondern der Sicherung der Grundrechtsordnung dienen wollte.

In den letzten Jahren sieht sich unser »System«, das Grundgesetz und damit auch die Grundrechtsordnung wachsenden Angriffen ausgesetzt. Wer von der Notwendigkeit »systemüberwindender« Maßnahmen spricht, findet sprachlich wie geistig den Anschluß an die letzten Jahre der Weimarer Republik, als die Feinde der Demokratie von rechts und links die »Systemzeit« zu überwinden trachteten. Solchen Gruppen erscheint die Berufung auf die Rechtsordnung, auch die des Grundgesetzes, als ein lächerlicher, irrelevanter und jedenfalls kraftloser Versuch, eine angeblich unabwendbare Entwicklung mit formalen Mitteln zu verhindern. Die Verunsicherung, die das wesentliche Ziel gewalttätiger Angriffe auf empfindliche Stellen in Staat und Gesellschaft ist, soll nicht nur die staatlichen Abwehrkräfte binden und bei aufwendigen Gegenaktionen verzetteln, sondern zugleich beim Bürger den Eindruck erwecken, daß der Rechtsstaat ohnmächtig sei und es sich nicht lohne, sich für ihn einzusetzen. Das Gefühl, daß der Rechtsstaat ein »Papiertiger«, ein »Schlappschwanzstaat« sei, teilen die Radikalen links und rechts. Die radikale, die »pathologische« Linke denunziert den Rechtsstaat, der sich verteidigt, als Gestapostaat; die »pathologische« Rechte fürchtet die Hilflosigkeit des

»Schlappschwanzstaates« (zu beidem Theo Sommer, *Die Zeit* vom 9. Juni 1972), und sie wünscht sich wohl auch den autoritären Staat ohne oder notfalls auch mit der Gestapo wieder herbei. Auf beiden Seiten erscheint die Berufung auf das Recht als neben der Sache liegend. Auch andere, die sich selbst kaum einem der radikalen Flügel zurechnen lassen werden, sehen hierin, wie es die auf Seite 12 erwähnten Stuttgarter Briefschreiber formulierten, eine »rechtlich-versteinerte Denkweise«.

Die Angriffe auf die Ordnung des Grundgesetzes haben in den terroristischen Aktivitäten nur *einen* besonders dramatischen Ausdruck gefunden. Das Gesamtbild ist durchaus ernster. Es wird auch im Falle einer vollständigen Zerschlagung solcher Tätigkeiten der kriminellen Vereinigungen weiter Anlaß zu Besorgnis und Wachsamkeit geben. Hierzu haben namhafte Wissenschaftler, wie etwa Helmut Schelsky (»Die Strategie der ›Systemüberwindung‹«, *Frankfurter Allgemeine Zeitung* vom 10. Dezember 1971), Richard Löwenthal (»Rede an deutsche Lehrer«, *Deutsche Zeitung / Christ und Welt* vom 4. Februar 1972) und Karl Steinbuch (»Offener Brief an Willy Brandt«, *Die Welt* vom 21. Februar 1972) in letzter Zeit grundlegende Analysen erarbeitet. Über das wirkliche Ausmaß der Gefahr bestehen auch im politischen Bereich Meinungsverschiedenheiten. So hat insbesondere Bundeskanzler Brandt der pessimistischen Lagebeurteilung von Steinbuch nachdrücklich widersprochen (*Bulletin* 1972, S. 553). Seither wird die innenpolitische Diskussion wesentlich durch diese Kontroversen mitbestimmt.

Daß sich Bundesregierung und Opposition in der Beurteilung der Lage und in ihren praktischen Vorschlägen nicht einig sind, hat natürlich auch partei- und wahltaktische Gründe; aber auch die öffentliche Meinung ist gespalten. In der Uneinigkeit steckt, wo sie ehrlich gemeint ist, eine ernste Gefahr. Die amerikanische Verfassungsrechtsprechung hat angesichts der Frage, wann der Staat seine schärfsten Waffen zur Verteidigung der Rechtsordnung einsetzen darf, die »Clear-and-present-Danger«-Doktrin entwikkelt. Sie bedeutet, verkürzt gesagt, daß es ebenso verantwortungslos ist, in einem vollen Theater grundlos »Feuer!« zu rufen, weil die entstehende Panik größte Gefahren für das Leben der Beteiligten hervorrufen würde, wie es leichtfertig wäre, bei wirklicher Feuersgefahr die Theaterbesucher nicht zu warnen und zur schleunigen, freilich möglichst besonnenen Reaktion aufzufordern und sie hierbei zu führen.

Was nach dieser Lehre verfassungsrechtlich von Belang ist, gilt auch für die politische Entscheidung. Das Dilemma zwischen zu frühem und zu spätem Handeln ist an sich schon schwierig genug. Widersprüchliche Lagebeurteilungen liefern zusätzlichen Anlaß zur Sorge. Kopflose Panik ist ebenso bedrohlich wie phlegmatische Untätigkeit, wo schleuniges Handeln geboten wäre. Der Bevölkerung entgeht eine Unsicherheit der Verantwortlichen nicht. Sie sieht, daß der Staat zwar Gewaltakte mit den Mitteln der Polizei und Justiz bekämpft, es aber weitgehend hinnimmt, daß verfassungsfeindliche Haltungen offen zur Schau getragen werden, und gelangt zu dem Argwohn, daß der Staat dort, wo er gegenüber solchen Erscheinungen zur Besonnenheit mahnt, in Wirklichkeit nur Schwäche oder Ratlosigkeit verbergen wolle. Eine ohnehin einsetzende Verfassungsverdrossenheit wird hierdurch gefördert. Die oft ganz primitiv gemeinte und nicht immer sehr grundrechtsbewußte »Law and Order«-Parole findet entsprechenden Anklang, aber solche bloße Kraftmeierei kann die wirklichen Probleme nicht lösen. Doch auch der Eindruck, daß der Staat hier oder dort Ungesetzlichkeit und Unordnung dulde, daß er die Grundordnung nicht entschieden verteidige, müßte das Verhältnis zwischen dem Staat und seinen Bürgern auf die Dauer ruinieren.

Es soll hier nicht das Verhalten der zuständigen Staatsorgane im einzelnen bewertet werden. Niemand kann den staatlichen Instanzen ihre Verantwortung für eine nüchterne, aber zutreffende Lagebeurteilung abnehmen. Sie müssen dabei aber auch bedenken, daß das Verständnis, die Zustimmung und das Vertrauen der Bevölkerung einen hohen und sehr praktischen Wert für die Effektivität des einmal beschlossenen politischen Kurses haben. Sogar eine an sich zutreffende Lagebeurteilung und das sich hieraus ergebende Verhalten können falsch werden, wenn sie nicht vom Vertrauen der Bevölkerung getragen werden.

Es wäre sicher wünschenswert, wenn bei aller Notwendigkeit und Legitimität der Auseinandersetzung in sämtlichen Bereichen der Politik alle politischen Kräfte die Fragen der inneren Sicherheit mit möglichst viel Gemeinsamkeit behandeln könnten. Gerade wer wirklich ernste Gefahren sieht, müßte sich durch diese Beurteilung veranlaßt sehen, mit anderen demokratischen Kräften zusammenzuarbeiten. Nur der Politiker, der die Grundlagen des Gemeinwesens nicht für wirklich gefährdet hält, kann sich den parteipolitisch motivierten Streit leisten. Umgekehrt klingt die Mahnung zur Gemeinsamkeit dann weniger überzeugend, wenn sie von der Versicherung begleitet wird, daß kein ernster Grund zur Sorge bestehe.

Nach übereinstimmender Diagnose jedenfalls von Schelsky, Löwenthal und Steinbuch ist Gefahr im Verzug für die freiheitlich-demokratische Grundordnung. Die Gefahr droht offensichtlich nicht von den Kräften, die als Regierung oder Opposition, als Träger der Verwaltung oder der rechtsprechenden Gewalt den Staat und seine Organe repräsentieren. Sie geht von gesellschaftlichen Gruppen mit verfassungsfeindlicher Zielsetzung aus, und sie trifft mit einer sich langsam verbreitenden Verfassungsverdrossenheit in der Bevölkerung zusammen, die sich bei den Älteren in Gleichgültigkeit ausdrückt, bei vielen jüngeren Menschen als Skepsis, offene Ablehnung oder romantische Hinwendung zu den Idealen anderer Gesellschaftssysteme erscheint. Zahlen, welche die regelmäßigen Berichte der zuständigen Behörden über den Rechts- oder Linksradikalismus liefern, erleichtern die Beurteilung der Gefährlichkeit organisierter verfassungsfeindlicher Bestrebungen, erlauben aber keine ausreichenden Folgerungen über die Gesamtlage, zu der vor allem auch das Maß des Vertrauens gehört, welches die Bevölkerung in die Kraft des Rechtsstaates setzt, sich seiner Gegner zu erwehren.

Die Analysen aus dem Bereich der Wissenschaft treffen sich in diesem entscheidenden Punkt mit der in einem beachtlichen Teil der öffentlichen Meinung eher gefühlsmäßig begründeten Stimmung. Karl Steinbuch meint, daß die vom Grundgesetz gewollte Ordnung nur vordergründig stabil sei; sie werde »hintergründig ideologisch so ausgehöhlt, daß (sie) wahrscheinlich in einer Krisensituation wie ein Kartenhaus zusammenbricht«. Helmut Schelsky glaubt, daß die Abwehrmechanismen der freiheitlich-rechtsstaatlichen Demokratie gegen den »Marsch durch die Institutionen« der Radikalen nicht wirksam werden könnten, weil der Angriff unter Ausnutzung eben jener Werte geführt werde, die unser Staatssystem tragen. Weder die idealistisch-werthaften noch die institutionellen Abwehrkräfte, wie etwa die Verfassungsgerichte, sind nach seiner Auffassung in der Lage, der »legalen« Strategie der Systemüberwindung zu begegnen.

Damit wird aufgenommen und bekräftigt, was viele zugleich verfassungstreue und von Sorge um die innere Sicherheit erfüllte Staatsbürger empfinden: Kann es der Rechtsstaat verhindern, daß der Freiheitsraum der Grundrechte von eben denen ausgenützt wird, welche die Ordnung des Grundgesetzes und mit ihr auch diese Freiheitsrechte beseitigen wollen? Verpflichtet die Verfassung zur Toleranz auch ihren Feinden gegenüber, und muß der Rechtsstaat, wenn er nicht zum Polizeistaat denaturieren will, sich darauf beschränken, zwar krimineller Gewalt entgegenzutreten, aber im übrigen sein Schicksal der Zuneigung seiner Bürger und der geistigen Auseinandersetzung zwischen ihnen anzuvertrauen?

Solche Fragen und pessimistischen Aussagen, welche die Krise des Rechtsstaates aufzeigen, überraschen angesichts der umfangreichen Vorsorge, die das Grundgesetz gegen eine Gefährdung der freiheitlich-demokratischen Grundordnung getroffen hat. Die Verfassung versucht durchaus, ihren eigenen Bestand zu sichern, ein Bemühen, das erst in neuerer Zeit – seit dem Aufkommen von geschriebenen Verfassungen – festzustellen ist und das auf die liberale Staatsrechtstheorie des 19. Jahrhunderts zurückgeht.

Der Gedanke des Schutzes der Verfassung ist historisch mit dem Entstehen des konstitutionellen, den Bürgern von Verfassungs wegen Freiheiten verbürgenden Staats verbunden: Die Freiheitsgarantien bedingen den Bestand der sie verbürgenden Verfassung; der Staat, der eine freiheitliche Verfassung kennt, sichert diese Freiheit auch dadurch, daß er die Verfassung schützt. Die Freiheitsrechte werden gesichert, aber zugleich beschränkt, weil eine exzessive Grundrechtsausübung die Verfassung und damit den Garanten der Grundrechte aufheben würde. Wer die bestehende Rechtsordnung aufheben will, mag sich ein utopisches Reich unbegrenzter Freiheit für alle vorstellen; aber garantieren kann er für nichts. Selbst wenn man bereit wäre, auf seinen guten Willen zu vertrauen, schüfe dies geringere Sicherheit als die feierliche, durch institutionelle Sicherungen geschützte Gewährleistung der Verfassung und der von ihr geprägten Rechts- und Gesellschaftsordnung. Die Stimmung unserer Zeit, die Freiheit oft als Zügellosigkeit mißversteht, verkennt auch das immanente Spannungsverhältnis zwischen der Grundrechtsverbürgung und dem staatsrechtlichen Verfassungsschutz. Totalitäre Staaten, die keine effektiven Grundrechte gewährleisten, haben diese Sorge nicht, auch wenn sie ihren Bestand ohne jede Toleranzspanne zu sichern bestrebt sind.

Das Grundgesetz steht in der Tradition der liberal-rechtsstaatlichen Verfassungen; aber seine Väter haben versucht, über die traditionellen Bestandssicherungen hinaus besondere Schutzgarantien aufzunehmen und hierfür Mechanismen zu entwickeln. Das Grundgesetz versteht sich, geprägt von den schlimmen Erfahrungen der Weimarer Zeit, als »streitbare Demokratie«, als eine Verfassung, die sich selbst gegen ihre Beseitigung oder Gefährdung zu schützen versucht.

Diejenigen vielfältigen Sicherungen brauchen nur kurz erwähnt zu werden, die sich gegen die Träger der Staatsgewalt richten, von denen gegenwärtig Gefahren nicht zu befürchten sind. Zu den materiellen verfassungsrechtlichen Sicherungen gehört das Verbot von Verfassungsdurchbrechungen, also die Regelung, daß die Verfassung nur durch ein Gesetz geändert werden kann, das mit der erforderlichen qualifizierten Mehrheit zustandegekommen ist und das den Wortlaut des Grundgesetzes ausdrücklich ändert (Art. 79 Abs. 1 und 2 GG); die Begrenzung von Verfassungsänderungen dahin, daß nicht, wie es das Bundesverfassungsgericht formuliert hat, »die geltende Verfassungsordnung in ihrer Substanz, in ihren Grundlagen auf dem formal-legalistischen Weg eines verfassungsändernden Gesetzes beseitigt und zur nachträglichen Legalisierung eines totalitären Regimes mißbraucht werden kann«. Eine Verfassungsänderung ist schlechthin unzulässig, wenn sie die in Art. 1 GG niedergelegten Grundsätze der Achtung und des Schutzes der Menschenwürde berühren würde (Art. 79 Abs. 3 GG). Die Menschenrechte stehen in ihrem Kern nicht zur Disposition einer noch so breiten Mehrheit. Die Staatsfundamentalnorm des Art. 1 GG erklärt den »Menschenrechtsgehalt« der einzelnen, in den Art. 2 ff. GG enthaltenen Grundrechte für unantastbar. Nach Art. 19. Abs. 2 GG darf ferner der Gesetzgeber, soweit er Grundrechte überhaupt einschränken oder ihren Inhalt bestimmen kann, keinesfalls den Wesensgehalt dieser Grundrechte antasten.

Der Schutz der Grundrechtsordnung gegen staatliche Eingriffe ist vor allem Aufgabe der rechtsprechenden Gewalt und insbesondere des Bundesverfassungsgerichts. Mit der heute verfassungsrechtlich garantierten Verfassungsbeschwerde kann jedermann beim Bundesverfassungsgericht geltend machen, daß er in einem seiner Grundrechte oder grundrechtsähnlichen Rechte durch die öffentliche Gewalt verletzt sei. Jeder belastende rechtswidrige Akt der öffentlichen Gewalt, also der Gesetzgebung, der Rechtsprechung und der Exekutive kann wegen Verstoßes gegen ein Grundrecht mit der Verfassungsbeschwerde angegriffen werden. Damit erhält auch der einzelne Staatsbürger in gewisser Weise neben dem Bundesverfassungsgericht die Stellung eines »Hüters der Verfassung«. Seit der Gründung des Gerichts (September 1951) bis zum 31. Dezember 1971 sind 23 399 Verfassungsbeschwerden eingelegt worden. Nur ein verhältnismäßig kleiner Teil von ihnen hatte Erfolg; aber für die Effektivität der Grundrechtsdurchsetzung gegenüber dem Staat ist entscheidend, daß jeder Akt der öffentlichen Gewalt auf seine Grundrechtskonformität vom Bundesverfassungsgericht überprüft werden kann, und daß derartige Akte tatsächlich aufgehoben werden. Bereits die Möglichkeit der Kontrolle und Kassation dieser Akte hat eine unschätzbare erzieherische Wirkung.

Mit allen diesen Mitteln hat die Verfassung unsere Grundrechtsordnung gegen die öffentliche Gewalt umfassend gesichert; der Schutz der Grundrechte gegen den Staat ist so umfassend wie kaum in irgendeiner anderen Verfassung der Welt.

Auch die Vorschriften, die in das Grundgesetz zum Schutz der Grundrechtsordnung gegen nichtstaatliche Kräfte aufgenommen sind, wurden aus den Erfahrungen der jüngsten Verfassungsgeschichte entworfen. Sie ziehen die Konsequenz aus der Tatsache, daß in der Weimarer Republik Grundrechte nicht nur vom Staat beeinträchtigt, sondern auch von gesellschaftlichen Gruppen, Parteien und einzelnen Bürgern zum Angriff auf die freiheitliche Ordnung mißbraucht wurden. Erst als durch solche Angriffe die demokratische Ordnung bereits zerstört war, konnte der nationalsozialistische Unrechtsstaat die Grundrechte gänzlich beseitigen.

Die Instrumente, mit denen verfassungsfeindlichen nichtstaatlichen Kräften begegnet werden kann, sind bekannt: Es handelt sich um das Verbot verfassungswidriger Parteien (nach Art. 21 Abs. 2 GG) oder verfassungsfeindlicher Vereinigungen (nach Art. 9 Abs. 2 GG), ferner um die Möglichkeit, die Verwirkung von Grundrechten wegen Mißbrauchs auszusprechen (Art. 18 GG), und im äußersten Falle um die im Rahmen der Notstandsverfassung für den inneren Notstand getroffene Vorsorge. Dies sind scharfe Waffen, und die zum Schutz der Verfassung getroffene Vorsorge kann kaum perfekter gedacht werden – oder ist sie bereits allzu perfekt?

Es fällt auf, daß von den verfassungsrechtlichen Möglichkeiten bisher nur selten Gebrauch gemacht worden ist. Zwar sind mehrere rechts- oder linksradikale Vereinigungen verboten worden, und in zwei Fällen hat das Bundesverfassungsgericht auf Antrag der Bundesregierung Parteien für verfassungswidrig erklärt und diese verboten. Dagegen ist eine Verwirkung von Grundrechten bisher nicht ausgesprochen worden; der erste, lange zurückliegende Antrag gegen einen einzelnen Vertreter des Rechtsradikalismus erledigte sich später; über einen weiteren Antrag, der dem Bundesverfassungsgericht vorliegt, ist noch nicht entschieden worden.

In den letzten Jahren hat es viele Diskussionen darüber gegeben, ob links- oder rechtsradikale Parteien oder Vereinigungen verboten werden sollten. Für die jüngste Zeit ist zugleich eine zunehmende Aktivität solcher Gruppen und sowohl in der Öffentlichkeit als auch bei amtlichen Stellen eine wachsende Skepsis gegenüber der Zweckmäßigkeit von Verbotsverfahren zu beobachten. Oft wird gesagt, daß die offene Niederlage der radikalen Parteien durch die Wahlentscheidung der Bürger einer rechtlichen Maßnahme vorzuziehen sei. Daneben bestehen Bedenken unter praktischen Gesichtspunkten, etwa dem, daß die offene Tätigkeit einer verfassungsfeindlichen Gruppierung leichter zu beobachten sei als ihre Aktivität im Untergrund. Auch die ständigen organisatorischen Veränderungen vor allem im Bereich des Linksradikalismus lassen befürchten, daß der praktische Nutzen eines Verbots gering sein würde.

Die seit dem Ende der Sechziger Jahre von solchen Argumenten bestimmte Diskussion zeigt, daß es sich bei dem Verbot von Parteien oder Vereinigungen um ein vielleicht zu drastisches Mittel der Bekämpfung verfassungsfeindlicher Gruppierungen handelt. Die politisch Entscheidenden werden zu vergröbernden Alternativen gezwungen; sie müssen entweder dieses äußerste Mittel anwenden, auch wenn eine ruhige Lagebeurteilung so weitgehende Schritte nicht erforderlich erscheinen läßt, oder sonst befürchten, im Grunde jede Abwehrmaßnahme unterlassen zu müssen und erst dann eingreifen zu können, wenn es bereits zu spät sein könnte. Jedenfalls wird oft behauptet, daß gegen eine in ihrer Zielsetzung verfassungsfeindliche Partei und ihre Mitglieder überhaupt nicht vorgegangen werden dürfe, solange gegen sie nicht eine Entscheidung des Bundesverfassungsgerichts ergangen sei. Die gegenwärtige Diskussion über die Frage, wie der öffentliche Dienst von verfassungsfeindlichen Kräften freigehalten werden kann, zeigt ganz deutlich das sich aus der Rechtslage ergebende praktische Problem. Ein freiheitlicher Staat, der nicht mindestens seine eigenen Institutionen gegen solche Kräfte absichern kann, gibt sich selbst auf. Ob und in welcher Weise auf der Grundlage des heute geltenden Verfassungsrechts eine praktisch ausreichende Lösung gefunden werden kann, wird sich abschließend wohl erst nach einer Entscheidung des Bundesverfassungsgerichts sagen lassen. Wenn der Staat vorher handelt, trägt er das Risiko, später vom Bundesverfassungsgericht korrigiert zu werden. Für das Vertrauen des Bürgers in die Abwehrbereitschaft des Staates reicht der Hinweis auf die Kompliziertheit des juristischen Problems nicht aus.

Insgesamt ist wohl für den Bereich des Verbots verfassungsfeindlicher Parteien und Vereinigungen festzuhalten, daß dieses Instrument in der Verfassungswirklichkeit eher an Bedeutung verliert, obwohl denkbare Fälle seiner Anwendung mindestens nicht seltener werden als früher. Diese scharfe, aber wenig differenzierte Zugriffsmöglichkeit erschwert zugleich den Rückgriff auf weniger einschneidende, aber elastischere, auf den Einzelfall besser anwendbare Verteidigungsmaßnahmen.

Ähnliches gilt für die mit Art. 18 GG gegebene Möglichkeit, durch Entscheidung des Bundesverfassungsgerichts Grundrechte für verwirkt zu erklären. Die Gefahr des Mißbrauchs einer solchen Bestimmung im Kampf um die politische Macht liegt nahe; das Entscheidungsmonopol des Bundesverfassungsgerichts dürfte aber eine hinreichende Sicherung gegen solche Versuchungen bieten. Bisher fehlt es fast an jeder praktischen Erfahrung mit diesem Instrument. Ein Richterspruch, der einen Bürger der Freiheit der Meinungsäußerung, der Presse- oder Lehrfreiheit, der Versammlungs- oder Vereinigungsfreiheit, des Rechts auf das Brief-, Post- oder Fernmeldegeheimnis, des Eigentums oder des Asylrechts entkleidet, ist ein so schwerwiegender Eingriff, daß niemand ohne ernsten Anlaß empfehlen kann, solche Verfahren etwa mit dem Hintergedanken einzuleiten, hierdurch das in Rechtsprechung und Lehre nahezu unerforschte Gebiet der Erfahrung zu erschließen. Die Konsequenz ist freilich, daß auch dieses Instrument ohne praktische Bedeutung bleibt und infolge faktischer Nichtanwendung schließlich auch jede abschreckende Wirkung verlieren wird.

Da auch die für den Fall eines inneren Notstandes getroffene Vorsorge nur bei unmittelbarer und höchster Gefahr für die freiheitlich-demokratische Grundordnung mobilisiert werden kann, wird die von Schelsky geäußerte Skepsis gegenüber der Fähigkeit der institutionellen Kräfte, einer Unterwanderung der Grundordnung zu begegnen, verständlich. Die verfassungsrechtlichen Sicherungen sind eindrucksvoll, aber wenig differenziert. So wie es der staatlichen Exekutive schwer fällt, der Taktik der Verunsicherung mit den herkömmlichen Methoden zu begegnen, drohen die institutionellen Abwehrmaßnahmen des Grundgesetzes gegenüber der »Strategie der Systemüberwindung« unwirksam zu bleiben. Und die Zurückhaltung, mit der etwa das Mittel des Parteiverbots in Erwägung gezogen wird, entspricht dem Zögern des freiheitlich verfaßten Staates, z. B. durch massiven Polizeieinsatz seine Stärke zu demonstrieren. In beiden Fällen gibt es verständliche und je nach der im Einzelfall vorzunehmenden Lagebeurteilung möglicherweise überzeugende Gründe zu besonnener Reaktion. In beiden Fällen wird aber auch zu bedenken sein, daß für den Bürger die Unterscheidung zwischen vernünftiger Zurückhaltung und aus Ratlosigkeit entspringender Untätigkeit nicht leicht fällt.

Ein weiterer Grund dafür, daß von den Möglichkeiten der Verfassung wenig Gebrauch gemacht wird, liegt in der Subsidiärfunktion des Verfassungsrechts gegenüber den strafrechtlichen Staatsschutzbestimmungen. Die Verfassung wird nicht nur durch ihre eigenen Bestimmungen, sondern im Vorfeld auch durch einfache Gesetze und deren Sanktion gesichert. Es ist eine falsche Verfassungsauslegung, anzunehmen, daß staatliche Reaktionen auf verfassungsfeindliche Bestrebungen ausschließlich und allein auf Grund der Vorschrift über die Verwirkung von Grundrechten, damit erst nach einer Entscheidung des Bundesverfassungsgerichts, erfolgen dürften, daher jede Abwehr im Vorfeld der Verfassung verfassungswidrig sei. Die Norm wollte, eingedenk der negativen Erfahrungen der Weimarer Zeit, die Kraft zum Selbstschutz der freiheitlichen Demokratie stärken, nicht sie schwächen. Wollte man den einfach-gesetzlichen Verfassungschutz allgemein für grundgesetzwidrig halten, würde dies eine erhebliche Schwächung bedeuten. Selbstverständlich entbindet dies den Gesetzgeber und schließlich das Bundesverfassungsgericht nicht von der Pflicht zur sorgfältigen Prüfung der Verfassungsmäßigkeit aller staatlichen Maßnahmen auch in diesem Bereich, und ebenso selbstverständlich muß jede gesetzgeberische Entscheidung und jeder andere Akt der staatlichen Gewalt hier wie überall sonst seine Rechtfertigung aus dem Grundgesetz finden, darf also vor allem keine Verletzung von Grundrechten enthalten. Aber der Staat ist zur Abwehr verfassungsfeindlicher Kräfte nicht allein auf die Möglichkeiten des Parteien- oder Vereinigungsverbots oder der Verwirkung von Grundrechten beschränkt.

Bei allen Schwierigkeiten, die Bestimmungen des Grundgesetzes zum Schutz der freiheitlichen Ordnung anzuwenden, behalten die Vorschriften ihre hohe Bedeutung für das Selbstverständnis des Gemeinwesens. Sie sind Ausdruck des Gedankens, daß ein freiheitlich-demokratischer Staat sich nicht selbst aufgeben darf. Sie fordern die politisch Verantwortlichen auf, unsere Demokratie so, wie es das Bundesverfassungsgericht immer wieder bekräftigt hat, als streitbare, kämpferische Demokratie zu verstehen, also als eine Staatsform, die Demokratie nicht als schwächlich mißversteht, sondern die Grundrechtsordnung in gleicher Weise gegen jeden Mißbrauch durch die staatliche Gewalt wie gegen verfassungsfeindliche außerstaatliche Kräfte verteidigt.

Wiederum kommt es entscheidend darauf an, Vertrauen und Zustimmung der Bevölkerung zu gewinnen und zu erhalten. Dies gilt auch und sogar in erster Linie in einem allgemeineren Sinne. Auch ohne die Angriffe radikaler Kräfte besteht die Gefahr des Grundrechtsverschleißes, des »Ausverkaufs der Grundrechte« durch ihre übermäßige Inanspruchnahme in Bagatellfällen. Die Grundrechtsordnung wird nicht selten durch exzessive Überforderungen einzelner Grundrechte ohne Rücksicht auf die Grundrechte anderer in Frage gestellt. Diese Radikalisierung von Grundrechtspositionen ist ein von den Radikalen gern benutztes Kampfmittel zur Schwächung und Überwindung des »Systems«, das mit seinen eigenen Waffen geschlagen werden soll. Aber auch viele Bürger, die solche Bestrebungen scharf ablehnen und ein härteres Vorgehen des Staates fordern, sehen in ihrem persönlichen und gesellschaftlichen Bereich sorgfältig darauf, daß ihre Rechte gewahrt bleiben, und sie stellen an die sich von der Hoheitsverwaltung zur Leistungsverwaltung wandelnde Exekutive immer neue und höhere Ansprüche, ohne zu verstehen, daß den Rechten Pflichten entsprechen und daß Leistungen schließlich nicht vom Staat, sondern von der Gesamtheit seiner Bürger erbracht werden müssen. Dies führt zwangsläufig zum Eindringen des Staates in immer neue, früher der individuellen Lebensgestaltung vorbehaltene Bereiche und verringert so unvermeidbar den Freiheitsraum. So hat sich im Bereich des Umweltschutzes erwiesen, daß Unvernunft und Egoismus einzelner den Staat zwingen, kontrollierend und regulierend einzugreifen. Individuelle Freiheit wird nicht nur durch den Staat oder durch gesellschaftliche Kräfte bedroht, sondern auch dann gefährdet, wenn sie ohne jede Rücksicht auf das Allgemeinwohl nur indivi-

dualistisch verstanden wird. Es ist nicht möglich, den liberalisti-
schen Nachtwächterstaat und das zu umfassender Daseinsvorsorge
bereite Gemeinwesen zugleich zu haben. Der Rechtsstaat, der auch
seinen sozialstaatlichen Auftrag ernst nimmt, kann nicht zu den
Vorstellungen des vorigen Jahrhunderts zurückkehren.

Den Politikern und den Bürgern kann ihre Verantwortung für
die Erhaltung und Festigung des Rechtsstaates durch die die Rechtsordnung gewährleistenden Institutionen nicht abgenommen werden. Die verfassungsrechtliche Anerkennung, Sicherung und Durchsetzung der Grundrechte reicht nicht aus. Die Anerkennung und
praktische Beachtung der Grundrechtsordnung im täglichen Zusammenleben setzt voraus, daß die Bevölkerung den Wert dieser
Ordnung begreift, von ihm überzeugt ist und darauf vertraut, daß
die staatlichen Kräfte zu ihrer Verteidigung bereit sind. Dann wird
auch die tiefere Dimension dieser Ordnung sichtbar: Grundrechte
gewähren nicht nur Freiheitsräume, also auch vom Staat nicht an-
greifbare Positionen, sondern sind zugleich Faktoren der Integration des Gemeinwesens. Wo sie wirklich gelten, garantieren sie
den inneren politischen Frieden und die politische Einheit, auch und
gerade in der Vielfalt der Meinungen.

Überhaupt kann der freiheitliche Rechtsstaat nur in dem Maße
mit seinen Gegnern fertig werden, in dem er zunächst einmal seine
ganz normale Alltagsarbeit leistet. Den radikalen Kräften liegt bei
ihrer polemischen Kritik unserer Rechts- und Gesellschaftsordnung
nichts daran, Mängel aufzudecken, um ihre Beseitigung zu ermöglichen. Aber wo Kritik berechtigt ist, allmählich im Bewußtsein
breiterer Bevölkerungskreise geteilt wird und keine hinreichenden
Anstrengungen sichtbar werden, ihr abzuhelfen, gewinnen radikale Parolen Anklang und Anhänger, und die Überzeugung wächst,
daß der mühsame und zeitraubende Entscheidungsprozeß der parlamentarischen Demokratie nicht ausreicht, die Probleme zu lösen.
Am Anfang der Protestbewegung stand das Bemühen um zeitgemäße Reformen auf vielen Gebieten; hätte die Politik die hierin
liegende Herausforderung früher begriffen, wäre die Radikalisierung vor allem von Teilen der jungen Generation vielleicht vermeidbar gewesen. Inzwischen wird die von allen politischen Kräften immer wieder versicherte Reformbereitschaft eher als ein Zeichen der Schwäche gewertet. So wird nicht nur manche überfällige
Reform diffamiert, sondern auch umgekehrt das bloße Nachgeben
gegenüber radikalen Forderungen, das in Wirklichkeit keine Ver-

besserung bringt, zu Unrecht als Reformbereitschaft ausgegeben. In der Sicht weiter Bevölkerungskreise stellt sich dann die im politischen Bereich endlich gewonnene Einsicht, daß vielfache Veränderungen erforderlich sind, nur als Zeichen der Hilflosigkeit und Unentschlossenheit dar, den Rechtsstaat zu verteidigen.

Von Autorität und Glaubwürdigkeit der demokratischen Ordnung hängt entscheidend ab, ob es gelingt, mit der »Strategie der Systemüberwindung« fertig zu werden. Verfassungschutz, strafrechtlicher Staatsschutz, rechtliche Abwehr verfassungsfeindlicher Bestrebungen mit den zur Verfügung stehenden Instrumenten, also Wahrung der inneren Sicherheit, sind unentbehrliche Notwendigkeiten; aber die wirkliche Entscheidung fällt nicht hier, sondern in der Alltagsarbeit der Politik.

Die in vielen wichtigen Einzelbereichen aufgeworfenen Fragen werden heute von Parlament und Regierung gesehen, und sachgemäße Lösungen werden gesucht. Über die Situation an den Hochschulen wird viel gesprochen, und die Einsicht wächst, daß hier den die Systemüberwindung anstrebenden Gruppen schon gefährliche Einbrüche gelungen sind. Auf die besondere Bedeutung der Schule für die Strategie der Radikalen hat Richard Löwenthal hingewiesen, und die Schlüsselpositionen der Massenmedien und aller anderen Einrichtungen der Information, Meinungsbildung und Unterhaltung werden in der Analyse von Schelsky dargestellt.

Unsere Gesellschaft und vielleicht auch mancher Politiker müssen erst noch begreifen, daß in diesen und anderen Bereichen ernstere Gefahren liegen als in den spektakulären, sicher nicht leicht zu nehmenden und gewiß entschieden zu bekämpfenden Aktivitäten anarchistischer Gruppen. Mit diesen kann die Rechtsordnung fertig werden, wenn die zuständigen Stellen personell, materiell und politisch genügend unterstützt werden. Hier ist die Zeit für gelassenes Zuwarten längst vorbei, und die amtlichen Stellen können auf die Zustimmung und Unterstützung der Bevölkerung rechnen, wenn sie, wie dies vor allem im Frühjahr 1972 geschehen ist, von den Möglichkeiten des Staates entschieden Gebrauch machen. Jedenfalls ist nunmehr bewiesen worden, daß keine rechtsstaatlichen Prinzipien verletzt werden müssen, um sich solcher Gewaltakte zu erwehren.

Auf dem Felde der Hochschul-, der Schul-, der Pressepolitik und auf anderen wichtigen Gebieten gibt es schwierigere Fragen, und der Ausgang der Auseinandersetzung ist offen. Welche Antworten zu geben sind, liegt in der Verantwortung der jeweils zuständigen Regierungen und Parlamente. Aber wenn die Analysen von Schelsky und anderen richtig sind – und man muß befürchten, daß sie zutreffen –, dann genügen noch so vernünftige punktuelle und isolierte Antworten in Teilbereichen nicht mehr. Der Strategie der Systemüberwindung entspricht nur eine möglichst geschlossene Antwort auf die Herausforderung. Noch ist nicht zu sehen, ob eine solche Gegenstrategie irgendwo entwickelt wird, die sich nicht auf wichtige Einzelbereiche, etwa die Hochschule, beschränkt. Solange sie fehlt, mögen einzelne Einbrüche verhindert oder aufgefangen werden können. Die Glaubwürdigkeit der Verteidigung unserer Grundordnung bezieht sich auf alle Bereiche, und der Bürger, der ein Sachgebiet besonders gefördert, andere vernachlässigt glaubt, wird sich nicht überzeugen lassen, daß der Angriff in seiner wirklichen, alle Bereiche umfassenden Bedeutung erkannt worden ist.

Die Antworten, welche die Politik geben muß, werden nicht einfach den Status quo verteidigen können. Neue Fragen verlangen neue Antworten, und oft ist zu erkennen, daß die früheren Antworten auf alte Fragen heute nicht mehr ausreichen. Die freiheitliche Grundordnung ist ihrem Wesen gemäß prinzipiell offen; die Fähigkeit zum Wandel ist eine wesentliche Garantie für die Erhaltung dieser Ordnung. Hierüber wie in der Bereitschaft zur Verteidigung der Grundrechtsordnung besteht unter den demokratischen politischen Kräften ein größeres Maß an Einigkeit, als die scharfen Kontroversen im Parlament und in der Öffentlichkeit vermuten lassen. Wer der Kraft des parlamentarischen Systems vertraut, wird solche Auseinandersetzungen auch nicht fürchten oder sie für notwendigerweise schädlich halten; sie können vielmehr die wesentlichen Fragen deutlich werden lassen und Alternativen aufzeigen.

So wie das starre Festhalten am Hergebrachten nicht ausreicht, kann die gelegentlich festzustellende Sucht zum Wandel um fast jeden Preis keine ausreichenden Antworten geben. In der politischen Auseinandersetzung zwischen »Konservativen« und »Fortschrittlichen« steht niemals von vornherein fest, welche der beiden Seiten im Recht ist. Die beliebte Diffamierung konservativer Haltungen als Zeichen der Starrköpfigkeit, der Uneinsichtigkeit oder einfach der Unfähigkeit, mit der Zeit zu gehen, ist ebenso töricht wie die pauschale Identifizierung derer, die sich als fortschrittlich

verstehen, mit den wirren Utopien der Revolutionäre. Der Maßstab, an dem alle Vorstellungen und Vorschläge zu messen sind,
ist nicht ihr Grad an Konformität oder Modernität. Die Wertentscheidungen des Grundgesetzes können der praktischen Politik
nicht alle Entscheidungen abnehmen, aber sie liefern wesentliche
Richtpunkte und bestimmen die nicht überschreitbaren Grenzen.
Übrigens hat wirkliche konservative Haltung immer ebenso die
Fähigkeit bedeutet, unvoreingenommen (und in diesem Sinne
radikal) alle bestehenden Regelungen daraufhin zu überprüfen,
ob sie unter gewandelten Verhältnissen noch ausreichen, wie auch
die Entschlossenheit, an den Grundentscheidungen der Verfassung
unbeirrt von allen Zeitströmungen festzuhalten. Nicht immer zeigen sich die Gruppierungen des politischen Konservativismus dieser doppelten Aufgabe in gleicher Weise gewachsen; aber die
Kraft des parlamentarischen Systems erweist sich darin, daß
die vorwärtsstrebenden wie die bewahrenden Meinungen zugleich
zu Wort kommen und, wenigstens im Idealfalle, das bessere
Argument sich durchsetzt. Die Autorität des Staates bei seiner
Bevölkerung hängt auch davon ab, ob es gelingt, zu zeigen, daß
die Vielfalt der Meinungen und Stimmen nicht Verworrenheit
und Hilflosigkeit, sondern Reichtum an Ideen bedeutet und daß der
Kampf der Argumente, so mühsam und zeitraubend er gewiß bleiben wird, schließlich vertretbare und vielleicht sogar gute Entscheidungen ermöglicht.

Müssen wir die Gefährdung, ja den Verlust unserer freiheitlichen
Ordnung befürchten? Ist die Krise des Rechtsstaates unaufhebbar,
oder kann sie überwunden werden? Das berechtigte Vertrauen auf
die verfassungsrechtlichen Instrumente zur Sicherung der Grundrechtsordnung reicht nicht aus, und es genügt nicht, Regierung,
Parlament oder auch Bundesverfassungsgericht, die, jeder in seinem Bereich, ihren Beitrag zu leisten zu haben, zu vertrauen. Dem
nicht leicht zu widerlegenden Pessimismus vieler ernstzunehmender Stimmen muß man die nicht selbstverständliche, sondern in der
Alltagsarbeit immer neu zu begründende Zuversicht in die Kraft
der freiheitlichen Idee entgegensetzen, wie unsere Verfassung sie
will. Es besteht Anlaß zur Skepsis, und es besteht Grund zur Zuversicht. Beide Elemente scheinen sich zu widersprechen; aber eben
diese eigentümliche Mischung von Skepsis und Zuversicht und ihr
unaufhebbares Spannungsverhältnis machen ein Wesenselement
der Demokratie aus.

Freizügigkeit –
ein Grundrecht für alle Deutschen

Ende 1960, in der Amtszeit der dritten Regierung Adenauer, legte der damalige Bundesminister des Innern Gerhard Schröder den Entwurf eines »Gesetzes über die Einreise und Ausreise« vor, durch das der Reiseverkehr zwischen beiden Teilen Deutschlands einer polizeilichen Kontrolle unterworfen werden sollte. Der Gesetzentwurf sah Einreiseverbote für Personen vor, die gegen die Staatsschutzbestimmungen des Strafgesetzbuches verstoßen oder sicherheitsgefährdende Bestrebungen verfolgen, sowie Ausreiseverbote für Personen, die sich in entsprechender Weise gegen die Bundesrepublik in Mitteldeutschland oder im Ausland betätigen wollen. Anlaß zu diesen für einen freiheitlichen Rechtsstaat recht einschneidenden Maßnahmen waren die immer intensiver werdende kommunistische Spionagetätigkeit im Bundesgebiet und die von der SED gesteuerte politische Agitation. Bei den kommunistischen Infiltrationsversuchen spielte damals die Verschickung von Kindern aus dem Bundesgebiet in Ferienlager der FDJ – meist organisiert von Funktionären der verbotenen KPD – eine wichtige Rolle.

Bei der ersten Lesung des Ein- und Ausreisegesetzes am 20. Januar 1961 kam es im Bundestag zu einer längeren Debatte, in der sich bereits das Scheitern des Gesetzentwurfs in den späteren Ausschußberatungen abzeichnete.

Der damals 36jährige Abgeordnete Ernst Benda war Sprecher derjenigen CDU/CSU-Abgeordneten, die gegen den Gesetzentwurf Schröders in der vorgelegten Form entscheidende verfassungsrechtliche und verfassungspolitische Bedenken hatten – es waren vor allem die Berliner Abgeordneten. Benda beschränkte sich nicht auf die Ablehnung des Entwurfs, sondern legte in den Grundzügen konstruktive Gegenvorschläge dar (»so nicht, sondern so«). In dieser ersten politisch wichtigen Bundestagsrede Bendas wird bereits die Problematik angesprochen, die ihn in seiner politischen Arbeit ganz besonders beschäftigte: das Spannungsverhältnis zwischen den Notwendigkeiten der wehrhaften Demokratie und den

*Freiheitsgarantien des demokratischen Rechtsstaats. Die Thematik
der damaligen Auseinandersetzung ist im Hinblick auf die gegenwärtigen Verhandlungen über einen Grundvertrag mit der DDR
von starker Aktualität.*

*Auszug aus dem Protokoll des Deutschen Bundestages
vom 20. Januar 1961*

Herr Präsident! Meine Damen und Herren! Mein Kollege Kühlthau
hat den gegenwärtigen Stand der Diskussion in meiner Fraktion
richtig und vollständig aufgezeigt. Ich habe seinen Ausführungen
insoweit nichts hinzuzufügen, sondern schließe mich ihnen in vollem Umfang an. Meine Ausführungen sollen dazu dienen, eine
Stellungnahme nicht für die gesamte Fraktion der CDU/CSU, aber
doch für einen Teil dieser Fraktion und insbesondere für die Berliner Kollegen innerhalb der CDU/CSU-Fraktion abzugeben.

Wir kommen in dieser Diskussion nicht nur mit einem weißen
Blatt Papier. Wir kommen, Herr Bundesinnenminister, allerdings
auch nicht, wie Sie es ausgedrückt haben, mit präfabrizierten
Kompromissen. Ich nehme an, die weitere Diskussion in den Ausschüssen über unsere konkreten Vorschläge wird Gelegenheit geben, festzustellen, daß wir unsere Vorschläge ernst meinen, auch
von der Sache her. Wir folgen mit der Vorlage besonderer Vorschläge der Aufforderung des Herrn Bundesinnenministers im
Bundesrat, »bessere Vorschläge, begründetere Vorschläge, ein-
sichtsvollere Vorschläge« vorzulegen.

Meine Freunde und ich haben einen Vorschlag ausgearbeitet, den
wir hier nicht formell als besonderen Gesetzentwurf einbringen,
sondern den wir in der Form von Änderungsanträgen während der
Beratung des Gesetzentwurfs in den Ausschüssen vorlegen werden.
Es ist meine Hauptaufgabe in dieser Diskussion, die wesentlichen
Grundzüge dieser Gedanken hier darzulegen.

Ich möchte zunächst das aufgreifen, was der Kollege Kühlthau
gesagt und was der Herr Bundesinnenminister bestätigt hat. Es
besteht volle Einigkeit innerhalb unserer Fraktion und, wie ich
hoffe und wie die bisherige Diskussion zu zeigen scheint, darüber
hinaus im ganzen Haus darüber, daß die Motive, die zur Vorlage
dieses Gesetzentwurfs geführt haben, berechtigt sind und daß man
sie anerkennen muß. Das bedeutet allerdings nur, wie der Herr

Bundesinnenminister zutreffend gesagt hat, daß eine Einigkeit im Ziele, aber noch nicht im Wege besteht. Auch aus dem, was mein Kollege Kühlthau für die Fraktion vorgetragen hat, hat sich die Anerkennung des Ziels, aber doch eine gewisse Skepsis hinsichtlich des vorgeschlagenen Weges ergeben.

Immerhin, auch nach unserer Meinung kann kein Zweifel darüber bestehen, daß gesetzgeberische, allerdings auch andere, Maßnahmen erforderlich sein werden, um der wachsenden kommunistischen Infiltration wirksamer als bisher begegnen zu können. Zu den anderen Maßnahmen gehört das, was man mit einem Schlagwort als den sogenannten positiven Verfassungsschutz bezeichnet. Ich möchte darauf nicht näher eingehen. Sicher wird dazu auch gehören, daß die personelle Ausstattung der mit dieser Frage befaßten Behörden verstärkt wird. Wir wissen ja, daß die zuständigen Ausschüsse einen guten und erfreulichen Schritt in dieser Richtung getan haben.

Ich stimme dem Herrn Bundesinnenminister auch darin vollauf zu, daß es notwendig sein wird, die gesetzlichen, insbesondere die geltenden strafrechtlichen Vorschriften voller auszuschöpfen, als das bisher der Fall ist. In dieser Hinsicht scheint mir nicht alles getan worden zu sein. Der Bundesgerichtshof hat insbesondere in seiner Rechtsprechung zu § 42 des Bundesverfassungsgerichtsgesetzes festgestellt, die Bestimmung diene der Sicherung des Gebots der Auflösung der KPD, gegen das jeder verstoße, der auf irgendeine Weise die gesetzwidrige Wirksamkeit der verbotenen Partei fördert.

(Abg. Stingl: Hoffentlich hören das manche Staatsanwälte!)

Das gilt für denjenigen, der seinen Wohnsitz im Bundesgebiet hat, genauso wie für einen Agenten, der aus der Sowjetzone kommt. Ich wiederhole und unterstütze das, was der Herr Bundesinnenminister gesagt hat: Das Legalitätsprinzip erfordert, daß die Staatsanwaltschaften – und das schließt auch die Bundesanwaltschaft ein – in den Fällen, in denen nach den Grundsätzen der höchstrichterlichen Rechtsprechung ein strafbares Verhalten vorliegt oder ein hinreichender Tatverdacht begründet ist, diesen Dingen nachgehen und sie nicht auf andere Weise erledigen.

(Beifall bei Abgeordneten in der Mitte.)

Ich habe den Eindruck, daß in dieser Hinsicht noch einiges getan werden könnte.

Bei den gesetzgeberischen Maßnahmen sind aus politischen und rechtlichen Gründen bestimmte Grenzen zu beachten. Ich kann nicht anerkennen, Herr Bundesinnenminister, daß es bei dieser Beratung nur einen Test, nämlich den Test der Zweckmäßigkeit und Praktikabilität gibt. Der eine und oberste Test alles dessen, was wir tun können und tun müssen, wird sein, zu prüfen, welche Möglichkeiten uns das Grundgesetz selbst einräumt und welche Möglichkeiten es uns nicht einräumt. Ich gebe zu – darin sind wir uns einig –, daß Liberalität und Toleranz auf unsere Gegner sicherlich keinen sehr großen Eindruck machen. Ich möchte aber meinen, daß Liberalität und Toleranz ihren Wert nicht nur in ihrer Wirkung auf den Gegner, sondern in erster Linie in sich selbst und in ihrer Wirkung auf uns und auf unsere Freunde haben, und ich meine, daß wir das nicht gering schätzen dürfen.

(Allgemeiner Beifall.)

Bei den Grenzen, die wir zu beachten haben – ich werde mich in möglichster Kürze insbesondere mit den rechtlichen Grenzen zu befassen haben –, haben wir vor allem die uns durch das Grundgesetz auferlegte Verpflichtung zu berücksichtigen, in allem, was wir tun, die Erhaltung der staatlichen und die Wiederherstellung der politischen Einheit Deutschlands zu fördern.

Meine Damen und Herren, wer von zwei deutschen Teilstaaten in dieser oder jener Form spricht, mag sich über diese Grenzen hinwegsetzen. Wir, die wir von einem gesamtdeutschen Staat sprechen, wollen das unter keinen Umständen tun.

(Beifall im ganzen Hause.)

Das Grundgesetz hat uns – das muß man zugeben – die Bewältigung des Problems der inneren Sicherheit der Bundesrepublik bewußt nicht leicht gemacht. Ich zitiere:

Das Grundgesetz geht aus – das bestätigt das Bundesverfassungsgericht in seiner ständigen Rechtsprechung –

vom gesamtdeutschen Staatsvolk, vom gesamtdeutschen Staatsgebiet und insbesondere von der gesamtdeutschen Staatsgewalt.

Das Grundgesetz hat uns in der Hoffnung auf baldige Wiedervereinigung aufgegeben, die Grenzen zum anderen Teil Deutschlands offenzuhalten.

Der Begriff der Freizügigkeit bedeutet, – ich zitiere wiederum das Bundesverfassungsgericht –

daß die Bundesrepublik Deutschland es übernimmt, nicht einen großen Teil der Staatsangehörigen des deutschen Gesamtstaates an den Grenzen ihres Machtbereiches abzuweisen ...

(Sehr gut! bei der SPD.)

Art. 11 Abs. 2 des Grundgesetzes erlaubt nicht, – so sagt das Bundesverfassungsgericht –
in dieser für Gestaltung und Funktion der Bundesrepublik ausschlaggebenden Frage durch einfaches Gesetz das wieder zu nehmen, was Art. 11 Abs. 1 des Grundgesetzes bewußt und unter Inkaufnahme schwerwiegender Folgen um prinzipieller politischer Ziele willen als eine Vorleistung auf die deutsche Gesamtstaatlichkeit gewährt.

So, meine Damen und Herren, sagt das Bundesverfassungsgericht der Bundesrepublik Deutschland.

(Allgemeiner Beifall. – Abg. Dr. Mommer: das ist der Kernpunkt!)

Ich darf an einen anderen Gedanken, den der Herr Bundesinnenminister ausgesprochen hat, anknüpfen. Er sprach von den psychologischen Grenzen, innerhalb deren sich die Diskussion bewegt. Ich erkenne an, daß diese psychologischen Grenzen, soweit sie begründet sind, durchbrochen und überwunden werden sollten. Aber, meine Damen und Herren, die Gefühle und die Meinungen, mit denen die Menschen in der sowjetisch besetzten Zone diese Debatte und die künftigen Debatten verfolgen werden, sind keine bloßen psychologischen Barrieren. Es geht dabei um prinzipielle politische Entscheidungen, die auch hinsichtlich der Frage der Zweckmäßigkeit der von uns vorzuschlagenden Maßnahmen von grundsätzlicher Bedeutung sind.

Meine Damen und Herren, es ist nicht nur eine psychologische Frage, ob ich jemanden, der in mein Haus kommt, frage, was er bei mir will und warum er kommt. Den Fremden, der kommt, mag ich fragen, ob er berechtigt Eintritt verlangt; den Bruder, die Schwester, die kommen, darf ich nicht fragen; denen muß ich sagen: du bist willkommen, und gar nichts anderes.

(Beifall im ganzen Hause.)

Ich sprach davon, daß das Grundgesetz bewußt schwerwiegende Folgen, schwerwiegende Gefahren auch im Bereich des notwendigen Staatsschutzes in Kauf nimmt. Ich gebe vollauf zu, daß ein schwer lösbarer Konflikt besteht zwischen dem völlig berechtigten und legitimen Anliegen der Bundesregierung, unsere Bundesrepublik Deutschland zu sichern, und dem ebenso legitimen Anliegen des Grundgesetzes, von uns jene Vorleistung auf die deutsche Gesamtstaatlichkeit zu verlangen, von der ich sprach und die leider – aus heutiger Sicht – eben doch in eine nicht näher festzustellende Ferne gerückt ist.

Daher hat der Parlamentarische Rat – im Gegensatz zu seinem Hauptausschuß – bewußt einen Antrag abgelehnt, der in der Fassung des Hauptausschusses des Parlamentarischen Rats die Freizügigkeit einschränken wollte – ich zitiere die damalige Fassung – »zur Abwehr einer schweren Gefährdung der öffentlichen Sicherheit«. Der Parlamentarische Rat hat die Einschränkung der Freizügigkeit nur in dem Ihnen bekannten Rahmen zugelassen, nämlich um – unter anderem – strafbaren Handlungen vorzubeugen.

Das Grundgesetz – das darf ich zusammenfassend sagen – faßt unter bewußter Inkaufnahme dieser offenkundigen und völlig zutreffend geschilderten politischen Gefahren die Freizügigkeit so auf, daß sie die Regel ist, auf die sich jeder berufen kann, ohne daß er sein Recht im Einzelfall dem Staat gegenüber besonders dartun oder gar nachweisen muß. Wer als Deutscher einreisen will, darf – vom Recht her – nicht gezwungen werden, ein berechtigtes Interesse oder seine politische Unbedenklichkeit nachzuweisen. Er darf nicht auf Grund bloßer Anhaltspunkte gehindert werden, sondern umgekehrt muß ihm nachgewiesen werden, daß bei ihm die Voraussetzungen vorliegen, wegen derer er ausnahmsweise nicht von dem Grundrecht der Freizügigkeit Gebrauch machen darf.

(Zuruf von der SPD: Ganz richtig!)

Das Bundesverwaltungsgericht hat in einem grundsätzlichen Urteil zu dieser Frage festgestellt, daß dieser Grundsatz hundert Jahre alt ist, er steht schon im § 4 des Freizügigkeitsgesetzes von 1867. Wir wollen nicht hinter 1867 zurückgehen.

Der Grundsatz des Rechtsstaates erfordert, daß – ich zitiere jetzt –

die den Verwaltungsbehörden erteilte Ermächtigung zu belastenden Verwaltungsakten so begrenzt und bestimmt ist, daß vorausgesehen werden kann, in welchen Fällen und mit welchem Sinn und Zweck von der Ermächtigung Gebrauch gemacht werden wird.

Ich zitiere weiter:

Der Grundsatz der Gesetzmäßigkeit der Verwaltung verliert seinen verfassungspolitischen Sinn und büßt seine Funktion, Freiheit und Eigentum der Bürger vor staatlicher Willkür zu schützen, dort ein, wo der Gesetzgeber der Verwaltung eine Generalermächtigung erteilt, die in Wahrheit nur einen Generaldispens, nämlich von den Grundrechten, enthält.

36

In diesem Zusammenhang ein anderer vom Bundesverwaltungs-gericht ausgesprochener Gesichtspunkt! Gegen Verweigerung der Freizügigkeit muß ein klarer Rechtsschutz gewährleistet sein. Das erfordert Art. 19 Abs. 4 des Grundgesetzes. Dieser Rechtsschutz scheint uns dann nur theoretisch, aber doch schwerlich praktisch denkbar, wenn man so verfährt, wie der Regierungsentwurf es vorschlägt. Es ist mir wirklich nicht klar, wie man eine Maßnahme des Rechtsschutzes ergreifen soll gegen eine mündliche Anweisung eines namentlich nicht bekannten Grenzkontrollbeamten, der einen zunächst einmal nach Magdeburg oder Cottbus zurückbefördert. Es ist mir einfach nicht klar, wie man das machen kann.

Im Zusammenhang mit dem Gesamtthema möchte ich über das besondere Problem Berlin nur wenig sagen. Es handelt sich hier um ein Problem, das ganz sicherlich von besonderer Bedeutung ist, das ich aber ganz unabhängig von den allgemeinen und grundsätzli-chen Erwägungen sehen möchte.

Wir sind, Herr Bundesinnenminister, in dieser Beziehung – ich hoffe, darin sind wir uns einig – weder böse noch gar ungezogen, um Ihre Rede zu zitieren. Aber wir bestehen darauf, daß der Ge-setzgeber wegen der grundsätzlichen Auffassung vom Fortbestand der Gesamtstaatlichkeit Deutschlands und wegen der rechtlichen Einbeziehung Berlins in den Geltungsbereich des Grundgesetzes rechtlich verpflichtet ist, Berlin nicht anders als jeden anderen Teil des Bundesgebietes zu behandeln, soweit nicht die bekannten alli-ierten Vorbehaltsrechte aus zwingenden Gründen eine abwei-chende Regelung erfordern. Die bloßen Überlegungen der Zweck-mäßigkeit sind kein hinreichendes Argument. Im übrigen möchte ich meinen, daß eine Sonderbehandlung der Berliner insoweit auch nicht erforderlich ist, da eine Gefahr, daß durch eine Gleichstellung der Westberliner mit den Bürgern der Bundesrepublik der Gesetz-zeszweck vereitelt würde, nach unserer Auffassung nicht erkenn-bar ist. Denn ich darf darauf aufmerksam machen, daß in Berlin nach wie vor ein Zuzugsgesetz besteht – ich glaube, als einzigem Ort im gesamten freien Teil Deutschlands – und daß wir in Berlin damit die rechtliche Handhabe besitzen, jeden unerwünschten Bür-ger, der zu uns zuziehen will, daran zu hindern, seinen Wohnsitz oder ständigen Aufenthalt in West-Berlin zu nehmen. Insofern bestehen ausreichende rechtliche Möglichkeiten, derartige Dinge zu verhindern, und ich darf Sie nochmals bitten, auch in diesem Punkte die psychologischen Auswirkungen zu beachten, die dann eintreten würden, wenn man die Berliner »draußen vor der Tür« stehen ließe.

Meine Damen und Herren! Nach diesen allgemeinen, grundsätzlichen Ausführungen darf ich Ihnen nun die Grundzüge – es ist mir im Rahmen der ersten Lesung natürlich nur möglich, Grundzüge vorzutragen – der von uns konkret formulierten Vorschläge vortragen. Sie ergeben sich aus Grundsätzen, die ich dargelegt habe.

Der Regierungsentwurf schlägt, wie Ihnen bekannt ist, vor, an der Demarkationslinie eine Personenkontrolle durchzuführen mit der Möglichkeit, bestimmte Personen bei Vorliegen von Anhaltspunkten für die Absicht bestimmter strafbarer Handlungen an der Ein- oder Ausreise zu hindern. Unser Gegenvorschlag läuft auf folgendes hinaus: Wir sehen von jeder Grenzkontrolle ab, weil wir meinen, die Kontrolle an der Grenze bedeutet, daß, um den Staatsfeind festzustellen – und das ist ja das Ziel des Gesetzes –, eine Kontrolle aller Reisenden durchgeführt werden muß; denn der Staatsfeind pflegt sich ja nicht an der Grenze als solcher vorzustellen. Wir haben, abgesehen von den grundsätzlichen Fragen, die ich erörtert habe, dagegen Bedenken, weil es bedeuten würde, daß Beamte, in der Regel wohl untere Dienstgrade, sofort oder doch in sehr kurzer Zeit lediglich auf Grund eigener Angaben der Reisenden – und die Verdächtigen werden vermutlich nicht gerade die Wahrheit sagen – oder nach sonstigen sogenannten Anhaltspunkten entscheiden müssen.

Wir kommen daher zu dem Ergebnis, daß man Ort und Zeit des Einschreitens gegen die Personen, die strafbare Handlungen gegen den Staat vorbereiten – also ohne den Buchstaben b), Herr Kollege Schäfer –, an ihren Aufenthaltsort im Bundesgebiet, zu dem sie sich hinbegeben, verlegen und die Entscheidung der dort zuständigen Behörde, also etwa der Kreispolizeibehörde, überlassen sollte. Es wird niemand angesprochen oder belästigt, der nicht durch sein eigenes Verhalten – ich greife das auf, was Sie sagen; es deckt sich insoweit mit unseren Gedanken – einen greifbaren Verdacht für die Absicht einer strafbaren Handlung begründet. Es gibt keine Auskunftspflicht, keine Registrierung, keine Gepäckdurchsuchung und ähnliche Akzessorien eines Staates, die wir alle – und nicht nur aus psychologischen Gründen – nicht gern sehen. Die Behörde kann – und das ist ein Vorteil – den Ort und den Zeitpunkt ihres Eingreifens selbst bestimmen. Sie wird in Einzelfällen sogar ein Interesse daran haben – etwa um Kontaktmänner festzustellen –, bei derartigen Dingen nicht sofort einzugreifen, und wird den Mann gerade dorthin fahren lassen, wohin er fahren will. Wir wollen also in dieser Hinsicht die Möglichkeit gegenüber dem Regierungsentwurf nicht nur nicht einschränken, sondern sogar erweitern.

Also noch einmal: Getroffen wird der Personenkreis, der seinen Wohnsitz außerhalb des Geltungsbereichs des Grundgesetzes hat. Wer von diesem Personenkreis durch ein konkretes Verhalten im Bundesgebiet den Verdacht begründet, daß er strafbare Handlungen gegen den Staat begehen will, wird durch eine sofort vollziehbare Verfügung der Polizeibehörde aus dem Bundesgebiet entfernt, oder es kann gegen ihn ein Aufenthaltsverbot erlassen werden. Nach unserer Vorstellung hat diese Entfernung gleichzeitig die Wirkung eines vorläufigen Aufenthaltsverbots, dessen Wirksamkeit wir zeitlich auf sechs Wochen begrenzen wollen. Innerhalb dieser Frist kann ein endgültiges, und zwar entweder befristetes oder unter Umständen auch unbefristetes, Aufenthaltsverbot erlassen werden. Wenn das nicht geschieht, erlischt das vorläufige Aufenthaltsverbot nach sechs Wochen. Die Zustellung und ähnliche Formalien richten sich nach dem Verwaltungszustellungsgesetz, das auch hinsichtlich der Zustellung an Personen, die außerhalb des Geltungsbereichs des Grundgesetzes ihren Wohnsitz haben, hinreichende Möglichkeiten eröffnet. Ich brauche auf diese Einzelheiten nicht einzugehen.

Für die Zukunft gibt es, wenn ein Aufenthaltsverbot erlassen wird, eine klare und eindeutige Rechtslage. Eine erneute Einreise trotz eines erfolgten Verbots kann mit polizeilichen Mitteln verhindert werden. Die Regelung ermöglicht eine volle richterliche Nachprüfung, wobei wir natürlich und zweckmäßigerweise die aufschiebende Wirkung von Widerspruch und Anfechtungsklage ausschließen wollen. Wir schlagen auch vor, den Verstoß gegen ein verhängtes Aufenthaltsverbot unter selbständige Strafandrohung als Vergehen zu stellen.

Diese Regelung ermöglicht es nach unserer Auffassung, innerhalb der dargestellten und vom Grundgesetz gezogenen Grenzen den Aufenthalt von Staatsfeinden im Bundesgebiet mindestens gleich wirksam zu verhindern, wie dies der Regierungsentwurf tut. Wir glauben, daß darüber hinaus die Gefahr von Fehlentscheidungen geringer ist. Wie ich bereits gesagt habe, besteht dadurch die Möglichkeit, Kontaktmenschen festzustellen. Alle Belästigungen und Schikanen wie Gepäckkontrollen, die Auskunftseinholung von Reisenden usw. könnten damit ohne weiteres wegfallen.

Ein weiterer Gedanke. Der Herr Bundesinnenminister hat bereits im Bundesrat mit Recht beklagt, daß nach geltendem Recht keine Möglichkeit besteht, bereits verurteilten Agenten den Aufenthalt im Bundesgebiet zu verbieten. Wir sehen daher in einem ergänzenden Vorschlag vor: Im Anschluß an eine strafgerichtliche Verurteilung wegen bestimmter politischer Delikte – also die Gruppe der sogenannten Staatsfeinde – soll zugleich mit dem Urteil ein entweder befristetes oder unbefristetes Aufenthaltsverbot verhängt werden können. Die Einzelheiten dieser Regelung stellen wir uns im Prinzip – um nur den Gedanken zu skizzieren – ähnlich vor wie bei der Gestaltung des Berufsverbots oder der Entziehung der Fahrerlaubnis. Auch dieses wäre eine echte Sicherungsmaßnahme.

Hinsichtlich der Ausreise gelten die gleichen grundsätzlichen Probleme wie für die Regelung der Einreise. Nach unserer Auffassung und auch nach der Begründung des Regierungsentwurfs bestehen nach wie vor erhebliche verfassungsrechtliche Bedenken, ob eine Reise zwar nicht ins Ausland – das ist durch das Urteil des Bundesverfassungsgerichts entschieden –, aber eine Reise innerhalb des Inlandes, nämlich vom Bundesgebiet in den unfreien Teil Deutschlands, nicht durch den Grundsatz der Freizügigkeit in gleicher Weise wie die Einreise geschützt wäre. Wir haben daher zur Zeit davon abgesehen, in dieser Beziehung hier einen konkreten Gegenvorschlag zu unterbreiten. Wir haben zu diesem Punkt ebenfalls einen formulierten Vorschlag bereit. Ich brauche ihn aber nicht darzulegen; denn er ist das genaue Spiegelbild des vorgeschlagenen Aufenthaltsverbots und ermöglicht ebenso gezielte Maßnahmen, wie wir sie uns hinsichtlich der Einreise vorstellen.

Ein besonderes Problem in diesem Zusammenhang sind die sogenannten Kinder- und Gruppenreisen in die sowjetisch besetzte Zone. Wir sind mit der Regierung und, ich glaube, mit dem ganzen Hause der Auffassung, daß diese systematische Vergiftung unserer Kinder und Jugendlichen in den sogenannten Ferienlagern der sowjetisch besetzten Zone unerträglich ist und daß hier endlich Abhilfe geschaffen werden muß.

(Beifall bei der CDU/CSU und der FDP.)

Es kann nur bedauert werden, daß die Maßnahmen von seiten der Erziehungsberechtigten und der Erziehungsverpflichteten, also

Schulen usw., bisher offensichtlich nicht dazu ausgereicht haben, diese Dinge zu unterbinden.

(Sehr richtig! bei der SPD.)

Wir meinen, daß diese Frage unter dem Gesichtspunkt nicht der Polizei, sondern des Jugendschutzes gesehen werden muß. Wir schlagen daher vor, derartige Gruppenreisen bzw. Einzelreisen zu Gemeinschaftsveranstaltungen von Kindern oder Jugendlichen in der sowjetisch besetzten Zone in Zukunft von einer Genehmigung des örtlich zuständigen Jugendamtes abhängig zu machen. Diese Genehmigung soll nach unserer Vorstellung versagt werden, wenn die Reise oder die Veranstaltung, zu der die Reise gehen soll, Bestrebungen fördert, die gegen den Bestand der freiheitlichen demokratischen Grundordnung gerichtet sind. Wir sehen bestimmte Strafsanktionen als Ordnungswidrigkeit gegen Sorgeberechtigte und Unternehmer des Personenverkehrs vor, die ohne Genehmigung solche Reisen zulassen oder durchführen.

Die übrigen Vorschläge, die wir unterbreiten werden, betreffen technische Vorschriften, auf die ich hier nicht eingehen kann und möchte.

Hinsichtlich der Behördenzuständigkeit meinen wir, daß die von den Landesregierungen bestimmten Behörden – wir würden die Kreispolizeiebene für zweckmäßig halten – sowie im Rahmen seiner allgemeinen Zuständigkeit der Bundesgrenzschutz zuständig sein sollen. Der Bundesinnenminister soll mit Zustimmung des Bundesrates allgemeine Verwaltungsvorschriften erlassen können, um die einheitliche Anwendung zu sichern.

Meine Damen und Herren! Wir schlagen diese Regelung nicht etwa vor, um hier Kompromisse zu finden, sosehr wir uns freuen würden, wenn wir in dieser Frage zu einer einheitlichen Auffassung kämen; denn diese Frage verträgt keine Auseinandersetzung, sondern es handelt sich um eine der Grundfragen, die uns alle bewegen sollten. Wir schlagen eine solche Regelung vor, weil wir sie für praktikabel und mindestens ebenso wirksam und vernünftig halten wie den Vorschlag der Bundesregierung und weil wir meinen, daß sie den verfassungsrechtlichen und politischen Bedenken nicht begegnet, die sich gegen den Regierungsentwurf ergeben können.

Wir werden diese Vorschläge bei der Beratung des Regierungsentwurfs in den Ausschüssen vortragen; sie sind formuliert, sie liegen uns vor, und wir werden entsprechende Änderungsanträge stellen und auf diese Art unsere Vorschläge in die Beratung einbeziehen. Wir meinen, daß sie insgesamt an die Stelle des Regierungsentwurfs treten sollten und könnten.

Ich fasse zusammen. Wir sagen zu dem Regierungsentwurf nicht: »Ja, aber«, sondern wir sagen: »So nicht, sondern so«. Wir schlagen einen Weg vor, der praktikabel ist und den wir gehen sollten. Wir wollen – und die Überschrift unseres Vorschlages ist vielleicht kennzeichnend für das, was wir wollen – kein Gesetz über Einreise und Ausreise, sondern stellen uns ein Gesetz vor, das dazu hilft, Mißbräuche im innerdeutschen Reiseverkehr zu bekämpfen. Dieses Gesetz wollen wir, und ich hoffe, daß wir es gemeinsam zustande bringen.

(Beifall.)

Recht und Moral – Die Verjährung nationalsozialistischer Straftaten

Nach den früher geltenden Bestimmungen des Strafrechts wäre die Verfolgung von nationalsozialistischen Straftaten nach dem 8. Mai 1965, also 20 Jahre nach dem Tag der deutschen Kapitulation, wegen Eintritts der Verjährung nicht mehr möglich gewesen. Dabei handelte es sich ausschließlich um Verbrechen des Mordes, da andere Straftaten bereits zu einem früheren Zeitpunkt verjährt waren. Die Bundesregierung hatte im November 1964 beschlossen, ihrerseits keinen Entwurf zur Verlängerung dieser Verjährungsfristen vorzulegen. Diese Entscheidung stieß jedoch in der Bundesrepublik, besonders aber im Ausland weithin auf Unverständnis und zum Teil leidenschaftliche Kritik. Die von der deutschen Öffentlichkeit und auch von vielen politisch Verantwortlichen in diesem Ausmaß, vor allem in den befreundeten westlichen Ländern, nicht erwartete Kritik bewirkte, daß die innenpolitische Diskussion der Verjährungsfrage außerordentlich heftig wurde, sie schaffte Unbehagen und auch Nachdenklichkeit.

Ernst Benda gewann in der CDU/CSU-Fraktion 50 Abgeordnete für die Einbringung eines Initiativ-Gesetzentwurfs, der den Ausschluß der Verjährung der Strafverfolgung für alle mit lebenslangem Zuchthaus bedrohten Verbrechen vorsah. Diese Regelung des »von den Abgeordneten Benda, Dr. Wilhelmi, Stingl und Genossen eingebrachten Entwurfs eines Achten Strafrechtsänderungsgesetzes« sollte sich also nicht nur auf Mordverbrechen der Nationalsozialisten beschränken, sondern für den gesamten Bereich des Strafrechts gelten. Zur Begründung des Gesetzentwurfs hielt Ernst Benda am 10. März 1965 im Bundestag eine Rede, die ihm von da an nicht nur die Aufmerksamkeit der breiten Öffentlichkeit sicherte, sondern ihm vor allem im Parlament und bei den Kollegen seiner eigenen Fraktion hohes Ansehen eintrug. Sein Mut und sein moralisches Engagement wurden auch von den Kollegen respektiert, die seiner Argumentation nicht folgten.

Unter dem Einfluß eines Gesprächs, das Konrad Adenauer in dieser Zeit mit dem Präsidenten des Jüdischen Weltkongresses, Nahum

Goldmann, über die Verjährungsfrage geführt hatte, beschloß der Bundestag dann eine Kompromißlösung, nach der die Verjährungsfrist für die Verfolgung von nationalsozialistischen Verbrechen dadurch hinausgeschoben wurde, daß die Zeit vom 8. Mai 1945 bis zum 31. Dezember 1949 bei der Berechnung der Verjährung außer Ansatz blieb.

Benda und seine Freunde stimmten dieser Lösung nur mit viel Überwindung zu, da sie einen Ausnahmecharakter hatte, den der Entwurf Bendas vermeiden wollte, und das Verjährungsproblem nicht endgültig beseitigte, sondern nur hinausschob. Die Ausführungen Ernst Bendas hierzu in der Bundestagssitzung vom 25. März 1965 sind angefügt. Seine Befürchtungen erwiesen sich als gerechtfertigt, denn der Bundestag war im Sommer 1969 genötigt, unter dem Eindruck der noch immer nicht abschließend aufgeklärten nationalsozialistischen Mordverbrechen eine nochmalige Änderung der Verjährungsbestimmungen zu beschließen.

Die Verjährungsdebatte mit den Beiträgen Ernst Bendas, Thomas Dehlers und Adolf Arndts wurde zu einem Höhepunkt der deutschen Parlamentsgeschichte.

Auszug aus dem Protokoll des Deutschen Bundestages
vom 10. März 1965

Herr Präsident! Meine sehr geehrten Damen und Herren! Ich möchte den Versuch unternehmen, das, was ich in dieser Frage für die Antragsteller zu sagen habe, in sehr einfacher Form zu sagen. Ich werde weniger das Für und Wider in Reaktion auf die in der Öffentlichkeit von allen möglichen Seiten in dieser Frage auf uns zukommenden Stimmen hier zu diskutieren als vielmehr die Motive darzulegen haben, die die Antragsteller bewegt haben.

Von verschiedenen, sehr achtbaren Seiten sind wir insgesamt aufgefordert worden, über diese Frage ohne Emotion zu diskutieren. Ich schließe mich dem an. Ich bin der Meinung, daß eine Form der Emotion in dieser Frage, sofern sie uns das klare Nachdenken über das, was notwendig ist, vernebeln sollte, schädlich wäre.

(Sehr richtig! bei der SPD.)

Ich sehe mich allerdings nicht in der Lage – und ich bekenne das offen –, in dieser Sache ohne Leidenschaft zu diskutieren.

(Beifall bei den Abgeordneten der CDU/CSU und bei der SPD.)

44

Ich meine, daß das eben angeführte Wort Leidenschaft in seinem eigentlichen Wortsinn gebraucht werden muß: wir leiden! Wir leiden unter dieser Frage, meine Damen und Herren, und mit uns leidet das ganze deutsche Volk.

(Zustimmung links und teilweise in der Mitte.)

Wir müssen versuchen, unter Einsatz dieser Leidenschaft zu der richtigen Lösung zu kommen.

Die Drucksache IV/2965 (neu) ist, wie ich annehme, heute morgen verteilt worden. Ich darf zunächst kurz einige Worte zur Erläuterung sagen. Die Antragsteller haben gestern mittag in einer Sitzung beschlossen, den ursprünglichen Antrag, der auf der Drucksache 2965 enthalten war, zu ändern. Der ursprüngliche Entwurf eines Achten Strafrechtsänderungsgesetzes hatte vorgesehen, in § 67 des Strafgesetzbuches die Verjährungsfrist für die Strafverfolgung mit lebenslangem Zuchthaus bedrohter Verbrechen von bisher 20 auf 30 Jahre zu verlängern. Nach unserem jetzigen Vorschlag soll der § 67 dahin geändert werden, daß für die Strafverfolgung der mit lebenslangem Zuchthaus bedrohten Verbrechen eine Verjährung überhaupt nicht mehr eintritt.

(Beifall bei Abgeordneten der CDU/CSU und bei der SPD.)

Ich darf bemerken, daß der jetzige Antrag auf Drucksache 2965 (neu) nicht die 50 Unterschriften des ursprünglichen Antrags enthält. Ich bitte zu verstehen, daß das technische und keine anderen als technische Gründe hat. Ein Teil der Antragsteller konnte in den späten Abendstunden, als wir die Unterschriften gesammelt haben, nicht mehr erreicht werden. Wir hielten es für richtig, den Antrag trotzdem einzureichen. Ich darf wohl unterstellen – ich habe, glaube ich, mit fast jedem der Kollegen gesprochen, die den ursprünglichen Antrag unterzeichnet haben –, daß die ursprünglichen Antragsteller – vielleicht mit ganz wenigen Ausnahmen – diese Neufassung genauso tragen, wie sie die alte Fassung getragen haben.

Der ursprüngliche Antrag war bereits im Herbst des vorigen Jahres angekündigt worden, genauer gesagt, im November 1964. Das frühe Datum der Initiative ersehen Sie daraus, daß einer derjenigen, die als erste mit unterschrieben haben – ich lege Wert darauf, das zu sagen, weil die Unterschrift dieses Kollegen nicht mehr unter dem jetzigen Antrag stehen kann, da er nicht mehr Mitglied des Hauses ist –, unser früherer Kollege Hoogen war, der jetzt Wehrbeauftragter des Deutschen Bundestages ist. Dieser Antrag hat, wie ich meine, mitgeholfen, eine Diskussion wieder zu eröffnen, die zunächst einmal beinahe schon abgeschlossen schien. Es gab eine Entscheidung des Bundeskabinetts, die Sie kennen. Der Herr Bundesjustizminister hat sich eben darauf bezogen. In der Zwischenzeit gibt es einen neuen Beschluß des Bundeskabinetts. Ich habe gehört, was Herr Minister Bucher eben dazu gesagt hat. Ich verstehe, Herr Bundeskanzler, die Entscheidung des Bundeskabinetts vom 24. Februar 1965 als ein klares Votum für eine Verlängerung der Verjährungsfrist, und ich begrüße diese Entscheidung.

(Beifall bei Abgeordneten der CDU/CSU. – Widerspruch bei der FDP.)

Mir scheint auch, daß sich in diesem Hause ein Meinungswandel vollzogen hat. In dem Zeitpunkt, in dem unser Antrag vorbereitet und eingebracht wurde, sah es vielleicht so aus, als ob es eine Minderheit sein würde, die eine solche Initiative ergreifen würde. Inzwischen scheint mir festzustehen, daß in dieser uns bewegenden Frage über das Ob die Entscheidung bereits gefallen ist und daß es eigentlich nur noch – »nur noch« sage ich; es ist eine sehr schwierige Frage! – um den juristisch und politisch einwandfreiesten und besten Weg geht.

Ich habe in diesen Tagen in einer angesehenen Zeitung den Satz gelesen, daß das – so heißt es in dem Leitartikel –, was freiwillig und rechtzeitig als ein moralischer Akt hätte geschehen sollen, jetzt unter dem Druck der Weltmeinung als ein mit Opportunismus belasteter politischer Akt geschehe. Meine Damen und Herren, ich sage ganz offen: Ich halte diese Meinung für ganz falsch. Sie ist auch von anderer Stelle geäußert worden.

Die Antragsteller – soweit ich für meine 49 Kollegen und für mich selber sprechen darf – haben in dieser Frage unter einem Druck gestanden und stehen heute noch unter einem Druck: keinem Druck des Auslands, sondern dem Druck der eigenen Überzeugung, meine Damen und Herren!

(Beifall bei Abgeordneten der CDU/CSU und bei der SPD.)

Ich möchte das erweitern, und ich sage das auch für diejenigen, die vielleicht auf der anderen Seite dieser Diskussion stehen. Wer von uns in dieser Frage überhaupt jemals in den letzten Tagen rechtliche, Gerechtigkeits- und politische Erwägungen angestellt hat – und wer von uns hätte nicht? –, der steht bei dieser Frage unter einem solchen Druck seiner Überzeugung – ich sage: seines

Gewissens –, daß das, was an Demonstrationen, Resolutionen, Eingaben oder was immer – achtbare Dinge, nebenbei gesagt – auf uns zukommen kann, weit zurücktritt gegenüber dem Druck dessen, was in jedem einzelnen von uns vorgeht.

(Beifall bei Abgeordneten der CDU/CSU und bei der SPD.)

Wenn die Entscheidung in diesem Hause gefallen sein wird, dann wird sie nicht, wie manche meinen – irrigerweise meinen, ich wiederhole es –, der Sieg eines Druckes von außerhalb des Parlaments oder gar aus dem Ausland sein. Meine Damen und Herren, sie wird nach meiner Überzeugung – und das ist in dieser manchmal bitteren Debatte eine tiefe Genugtuung auch für mich – der Sieg des parlamentarischen Prinzips sein, sie wird der Sieg des Prinzips sein, wie es der amerikanische Richter Holmes gesagt hat, die Wahrheit zu finden auf dem »marketplace of truth«, auf dem Marktplatz der Wahrheit, im freien, fairen Austausch von Ideen miteinander und, wenn es sein muß, gegeneinander in der Zuversicht, daß das Richtige, das Beste sich dann durchsetzen könnte. Nicht immer setzt es sich dann durch – wir wissen das –, aber wir handeln doch aus der Zuversicht, daß es möglich ist. In dieser Sache – davon bin ich überzeugt – kann es sich und wird es sich durchsetzen. Das bereitet mir – ich wiederhole es – bei manch bitterer Erfahrung in dieser Sache eine tiefe Genugtuung.

Das sage ich heute schon, meine Damen und Herren: Das ist heute und in der zweiten und dritten Lesung die Stunde des Parlaments, das frei von allem äußeren Druck, aber zugleich in tiefem Bewußtsein der Bürde seiner inneren Verantwortung diese Entscheidung zu treffen hat und treffen wird.

(Beifall bei Abgeordneten der CDU/CSU.)

Wir brauchen uns, meine Kollegen, nicht gegenseitig die Ehrenhaftigkeit zu versichern; das ist selbstverständlich. Ich weiß sehr wohl – und ich sage es hier ausdrücklich –: Es gibt auf beiden Seiten dieser Argumentation, dieses politischen und dieses juristischen Streites respektable und achtbare Motive und respektable und achtbare Männer. Ich unterstelle keinem hier, der in der Sache anderer Meinung ist, daß er dies aus Erwägungen täte, die ich nicht für achtbar hielte.

Der Deutsche Bundestag hat bei vielen Gelegenheiten – ich brauche die Daten nicht in die Erinnerung zurückrufen – in einer so eindeutigen Weise und im ganzen Haus übereinstimmend seinen Abscheu vor den Verbrechen des Nationalsozialismus und seinen

Willen zur Wiedergutmachung und zur Ablehnung jedes Nationalismus oder jedes Neonazismus in unserem Volke bekundet, daß ich meine – und das ist meine tiefe Überzeugung –: Dieses Parlament vertritt ein deutsches Volk – und es vertritt das ganze deutsche Volk, auch jenseits der Zonengrenze – , ein Volk, in dem der Nationalsozialismus, die Irrlehre des Nationalsozialismus überwunden ist.

(Beifall bei der CDU/CSU.)

Es geht daher in dieser Frage – es wäre töricht, etwas anderes anzunehmen – nicht um einen Streit zwischen dem, der etwa Verbrechen bagatellisieren, geschweige denn billigen wollte, und dem, der sie ablehnt, genauso wenig, wie es gehen darf und geht um einen Streit etwa zwischen denen, Herr Bundesjustizminister, die für, und denen, die gegen den Rechtsstaat sind. Auch das sind selbstverständliche Grundlagen, von denen wir gemeinsam ausgehen, gleichgültig, welche Meinung wir in dieser Sachfrage hier vertreten.

Die sowjetisch besetzte Zone – der Herr Bundesjustizminister hat es soeben gesagt, und wir sind ihm dankbar dafür – hat nicht die geringste Legitimation, die Bundesrepublik als Nachfolger oder wiederaufgelebten Nazistaat zu verleumden. Meine Damen und Herren, dort herrscht ja doch die Fortsetzung des Unrechtsregimes.

(Lebhafter Beifall bei allen Fraktionen.)

Ich lese aus den Verhandlungen der sogenannten Volkskammer der sowjetisch besetzten Zone einen heuchlerischen Appell, dafür zu sorgen, daß alle heute noch in der Bundesrepublik lebenden, auf freiem Fuß befindlichen Nazi- und Kriegsverbrecher ihrer gerechten Strafe zugeführt werden. Ich möchte daran eine etwas konkretere Bemerkung anschließen und kann dazu noch ein paar Einzelheiten sagen. Zu denjenigen, die dieser Entschließung wohl zugestimmt haben werden, gehört vermutlich auch der »Volkskammer«-Abgeordnete des Kreises Kottbus, Herr Stephan Roick. Vor zwei Jahren, meine Damen und Herren, hat der Leiter der jüdischen Dokumentenzentrale in Wien, Herr Wiesenthal, den Machthabern in der sowjetisch besetzten Zone mitgeteilt, daß dieser Mann als SS-Unterscharführer in einer SS-Einheit an der Liquidierung des Gettos in Lublin persönlich beteiligt war. Vor zwei Jahren, meine Damen und Herren! Nichts ist geschehen.

(Hört! Hört! in der Mitte.)

Das – als ein Beispiel – entlarvt, wie ich meine, den heuchlerischen Appell an uns und die interessante örtliche Begrenzung: ihr, nicht wir, nur ihr.

Umgekehrt, meine Damen und Herren, gilt aber natürlich auch, daß das Unrecht des Nationalsozialismus nicht deswegen geringer wird, weil sich diejenigen darauf berufen, die zu dieser Berufung am wenigsten legitimiert sind. Auch in diesem Zusammenhang gilt, daß es eine Aufrechnung von Verbrechen gegen Verbrechen nicht gibt.

(Beifall bei der CDU/CSU und der SPD.)

Nach dem Bericht der Bundesregierung – der Herr Minister hat ihn soeben noch einmal zitiert – ist die Möglichkeit nicht auszuschließen, daß nach dem 8. Mai 1965 neue Straftaten bekanntwerden, die Anlaß zu weiteren Ermittlungen geben müßten. Der Bericht, den der Berliner Senat dem Berliner Abgeordnetenhaus vor kurzer Zeit gegeben hat, kommt für seinen begrenzten, aber für die Verfolgung von Verbrechen sehr wichtigen Bereich zu dem gleichen oder zu einem ähnlichen Ergebnis. Danach scheint mir die Folgerung, daß eine Verlängerung oder gar Aufhebung der Verjährung notwendig ist, für jeden zwingend zu sein, der sich nicht damit abfinden will, daß solche schwersten Verbrechen ungesühnt bleiben müssen.

Das ist ja auch die Meinung der Bundesregierung gewesen; denn sie hat mit unserer Zustimmung und in unserem Auftrag – wir haben ihr auch einen weiteren Auftrag gegeben, dessen Ergebnis dieser Bericht ist – den Aufruf an die Weltöffentlichkeit gerichtet, bisher nicht bekannte Verbrechen den zuständigen deutschen Behörden mitzuteilen. Wer – wie man es in der Diskussion vielfach hört – angesichts des zunehmenden Zeitablaufs Bedenken wegen der sich daraus ergebenden Beweisschwierigkeiten – die wir natürlich sehen – oder wegen der Problematik der gerechten Würdigung so lange zurückliegender Taten hat, mußte sich eigentlich auch gegen diesen Aufruf wenden; denn dieser versucht doch, ohne eine gesetzliche Änderung oder eventuell sogar grundgesetzliche Änderung, jedenfalls ohne eine Maßnahme dieses Hauses, zu demselben Ergebnis zu kommen und dann zu verfolgen. Er mußte sich auch gegen die im geltenden Strafrecht seit dem Jahre 1871 bestehenden Möglichkeiten wenden, durch eine richterliche Handlung die Verjährung zu unterbrechen, unter Umständen mehrfach zu unterbrechen, und dadurch eine Strafverfolgung von Mordtaten über 20, 40, 60 oder noch mehr Jahre zu ermöglichen.

(Zustimmung in der Mitte und links.)

Ich meine daher, daß der Vorschlag auf Verlängerung – wie immer er im einzelnen gedacht ist – nicht nur dem Votum der Großen Strafrechtskommission – soweit es sich um die einfache Verlängerung handelt – folgt, sondern daß er dem System des geltenden Rechts folgt, das ja die Sühne nach 20 Jahren keineswegs ausschließt, sondern mit der – jedenfalls in Mordsachen – normalerweise stets vorhandenen Unterbrechungsmöglichkeit die an den Zeitablauf geknüpften Rechtsfolgen praktisch nie oder doch fast nie eintreten lassen will.

(Zuruf von der FDP: Schlechtes System!)

Die verfassungsrechtliche Problematik dieser Frage ist mir wohl bewußt. Ich verzichte darauf – und ich bitte dafür um Ihr Einverständnis –, meine Auffassung hier im einzelnen darzulegen. Ich habe mich in einer verhältnismäßig breiten Form dazu schriftlich geäußert und habe mir erlaubt, Ihnen das zugänglich zu machen. Ich darf mich einfach darauf beziehen. Überhaupt meine ich, ohne daß ich das Gewicht der verfassungsrechtlichen Problematik bagatellisieren, geschweige denn verkennen wollte, daß der Kern der Problematik woanders liegt. Natürlich ist die verfassungsrechtliche Frage eine entscheidende Vorfrage. Ich respektiere die Meinung eines jeden von uns, der glaubt, aus verfassungsrechtlichen Erwägungen und auf Grund seiner fundierten verfassungsrechtlichen Überzeugung eine Gesetzes- oder Grundgesetzänderung nicht mitmachen zu können. Wer dieser Meinung ist, der muß nicht, der darf sogar nicht Vorschlägen zustimmen, wie wir sie hier unterbreiten. Niemand von uns darf sich anmaßen, vorsätzlich oder auch nur fahrlässig gegen das geltende Verfassungsrecht verstoßen zu wollen; das ist eine bare Selbstverständlichkeit. Die Frage ist dann einfach, zu welcher Auffassung man kommt. Ich komme zu dem Ergebnis – ich habe es im einzelnen vorgetragen –, daß verfassungsrechtliche Schwierigkeiten einer Verlängerung der Verjährungsfrist, und zwar durch einfaches Gesetz, nicht entgegenstehen, und ich verwahre mich gegen die Unterstellung, daß wir oder irgend jemand – wie es an einer Stelle heißt – das geltende Recht zu politischen Zwecken zurechtbiegen wollten. Das ist einfach nicht wahr. Das sage ich hier für die Antragsteller.

(Beifall bei der CDU/CSU und der SPD.)

Wir wollen das nicht und wir machen das auch nicht.

Im Kern des juristischen Streits – um nur ein Stichwort zu geben – steht die Frage nach dem Verständnis des Rechtsstaats heute. Ist das, was insbesondere Herr Minister Bucher, Herr Präsident Dehler, Herr Kollege Arndt und andere Herren sagen, Verständnis des Rechtsstaats? Ist das der Rechtsstaat so, wie wir ihn heute verstehen? Oder ist es ein anderer, ein gewandelter, wie ich meine – ich beziehe mich wieder auf meine Ausführungen an anderer Stelle –, ein materieller Rechtsstaatsbegriff, der etwas anderes beinhaltet? Der Rechtsstaat heute muß auch die Gerechtigkeit anstreben, wobei er natürlich das wichtige Rechtsgut der Rechtssicherheit weder vergessen noch auch nur vernachlässigen kann. Er muß, wie es das Bundesverfassungsgericht sagt, diese nicht einfache Abwägung im Einzelfall vornehmen; er muß sich dabei entscheiden, die Gerechtigkeit zu verwirklichen.

Damit sind wir ja auch aus der juristischen Diskussion heraus. Was ist denn das, was wir in diesem Hause, was wir in der Politik tun? Wir in diesem Hause, auf der Ebene der Gemeinde oder wo immer? Es ist doch egal, ob wir hier als Juristen oder als Angehörige anderer Berufe in unserem Privatleben stehen: wir versuchen doch – so unvollkommen das im Ergebnis auch sein mag –, die Gerechtigkeit zu unserem Teil und zu unserer Zeit, ich sage nicht zu verwirklichen – das ist ein fernes Ideal –, sondern anzustreben, der Gerechtigkeit etwas näherzukommen. Das ist zugleich das Kernanliegen des Rechtsstaats, und darin trifft sich die juristische Frage mit der politischen Frage.

Deswegen meine ich, daß die Diskussion darüber, ob es sich hier um eine Frage des Rechts oder eine politische Frage handelt, ein ganz müßiger Streit ist. Es ist doch beides. Die »juristischen Handwerker« in diesem Haus, zu denen ich mich zähle, versuchen, dies im Wege der »juristischen Feinmechanik« in die juristische Form zu bringen. An der Gerechtigkeitsfindung sind wir aber alle beteiligt. Das ist doch nicht die Spezialarbeit der Juristen; das ist unser aller Arbeit.

(Beifall bei der CDU/CSU und der SPD.)

Herr Minister Bucher hat wie andere mit ihm nachdrücklich behauptet, daß eine Verlängerung der Verjährungsfrist gegen Artikel 103 und gegen rechtsstaatliche Prinzipien verstieße. Ich wiederhole, daß ich diese Auffassung respektiere, wiederhole aber auch, daß ich sie für irrig halte. Ich möchte mich doch dagegen verwahren, daß das Vortragen dieser Meinung in einer Form, die beinahe jeden Widerspruch auszuschließen schien, in der Öffentlichkeit den

Eindruck hervorrufen wollte und auch hervorgerufen hat, als ob die Befürworter der Verjährung die Verfassung manipulieren wollten. Ich merke die Reaktion sehr deutlich in der bei mir eingehenden Post. Die Juristen, die mir schreiben – es sind sehr viele –, sagen nicht, daß das verfassungswidrig sei. Das schreiben die Nichtjuristen; ihre Briefe fangen gewöhnlich mit dem Satz an: »Sie als Jurist müßten doch eigentlich wissen...«.

(Heiterkeit.)

Das ist in unserem manchmal noch etwas autoritätsfreudigen Land das Ergebnis. Wenn der Justizminister sagt, das sei so, dann meinen die Leute: »Es wird schon so sein.«

(Heiterkeit und Beifall bei der CDU/CSU und Abgeordneten der SPD.)

Herr Minister, damit wir uns da richtig verstehen: ich kämpfe hier um meine Position, und ich mache Ihnen nicht zum Vorwurf, daß Sie Ihre bestehende taktische Position ausnützen. Aber ich muß einmal klarstellen, wie das in Wirklichkeit ist, und demgegenüber darf man sich dann ja wohl in diesem Hause darauf berufen, daß es nun einen Appell von nicht weniger als 76 Professoren des Straf- und Staatsrechts gibt. Ich habe gar nicht gewußt, daß es so viele bei uns gibt;

(Heiterkeit.)

aber es scheinen tatsächlich so viele zu sein.

Ich habe die Erklärung hier. Sie ist mir heute morgen zugegangen, leider erst heute morgen, zusammen mit einem Schreiben von Herrn Professor Bachof, aus dem ich dann noch – mit Genehmigung des Herrn Präsidenten – eine Passage vorlesen darf. Da vielleicht nicht alle von uns diese Erklärung schon haben, zitiere ich einmal die entscheidenden Sätze:

Nach unserer wissenschaftlichen Überzeugung – nicht: politischen Überzeugung –

stehen einer allgemeinen Verlängerung der laufenden Verjährung für die Verfolgung von Mordtaten keine verfassungsrechtlichen Bedenken entgegen. Der Gesetzgeber kann die Frist verlängern.

Dann wird zugleich gesagt, daß aus Erwägungen der Gerechtigkeit eine Verlängerung oder Aufhebung der Verjährung unerläßlich sei.

Professor Bachof schreibt mir in dem Brief, der mich heute morgen erreicht hat – und das ist vielleicht für die Beurteilung dieses

Briefes, vor allem derjenigen Namen, die nicht darunter stehen, wichtig –, daß die Aufforderung zur Zustimmung erst am 28. Februar versandt worden sei. Weiter heißt es in dem Brief:

Obwohl ein Teil der Hochschullehrer wegen des zu Ende gehenden Semesters nicht erreicht werden konnte, haben innerhalb von nur vier Tagen 76 Staatsrechtslehrer oder Strafrechtslehrer ihre Zustimmung erklärt. Nachträglich haben noch die Professoren Wilhelm Grewe (Freiburg/Paris), Landtagsvizepräsident Professor Wilhelm Hoegner (München) und Hellmuth Mayer (Kiel) gebeten, ihre Unterschrift beizufügen. Etliche weitere Hochschullehrer haben in der Sache ihre volle Zustimmung erklärt, aber gemeint, von einer Mitunterzeichnung absehen zu wollen, weil sie sich bereits an anderer Stelle in gleichem Sinne geäußert hatten oder weil sie sich wegen ihrer Stellung als Richter usw. an einer öffentlichen Erklärung gehindert sahen.

Meine Damen und Herren, das scheint mir die Meinung der deutschen Rechtswissenschaft in dieser Frage eindeutig klarzustellen.

(Beifall bei der SPD.)

Natürlich ist das auch im Kreise der Herren Professoren, vor denen ich allen Respekt habe, keine Frage, die mit Mehrheitsabstimmung entschieden wird. Natürlich können auch die Professoren alle unrecht haben. Es könnten die sehr achtbaren Stimmen auf der Gegenseite recht haben. Das ist möglich.

(Zuruf rechts: Na also.)

Aber man sollte sich doch wohl wehren – und das sagt Gustav Boehmer, der nebst Erich Kaufmann einer der ältesten deutschen Rechtslehrer ist, wie er selber in seinem Leserbrief an die »Frankfurter Allgemeine Zeitung« schreibt; ein Herr, der beinahe 84 Jahre alt ist – gegen den »apodiktischen Doktrinarismus«, mit dem behauptet wird, daß eine Verlängerung der Verjährung gegen die Verfassung verstoße.

(Beifall.)

Nun gibt es – diesen Teil behandle ich sehr kurz – eine Reihe von neuen Vorschlägen. Die Vorschläge der Kollegen der SPD habe ich heute morgen bekommen. Ich will mich dazu gar nicht äußern, weil ich zunächst die Begründung hören möchte. Sie sind ja beinahe noch druckfrisch.

Aus den Reihen meiner eigenen Fraktion gibt es ebenfalls eine Reihe von Vorschlägen, zu denen sicherlich in diesem oder jenem Punkt während der Diskussion noch etwas gesagt werden wird. Ich will das alles hier im einzelnen gar nicht diskutieren, sondern nur an die Kollegen, die eine Grundgesetzänderung vorschlagen, die Frage richten – ich werfe die Frage hier nur einmal auf –, ob derjenige, der behauptet hat, daß eine Verlängerung durch Gesetz gegen rechtsstaatliche Prinzipien verstoße, auch berücksichtigt hat, daß das rechtsstaatliche Prinzip durch Art. 20 und Art. 79 Abs. 3 des Grundgesetzes gegen eine Verfassungsänderung geschützt ist. Wenn jene Argumentation – die ich freilich nicht für richtig halte – aber zutreffend wäre, so würde das den möglichen Streit vor dem Bundesverfassungsgericht nicht beenden, sondern ihn nur eine Etage höher schieben. Dann würden nämlich wir den Streit haben, den Streit – entschuldigen Sie die etwas banale Ausdrucksweise – nicht nur um eine einfache Verletzung des Grundgesetzes – wenn es eine wäre –, sondern um eine Verletzung eines fundamentalen Prinzips der Verfassung. Ich bitte das hier nur zu erwägen und will das jetzt nicht ausdiskutieren; damit wird sich der Ausschuß zu befassen haben.

Ich darf als Antragsteller zu den verschiedenen Vorschlägen ganz allgemein folgendes sagen. Wir haben unseren eigenen Vorschlag gestern geändert. Ich habe – das darf ich für mich persönlich sagen – das, was gestern unseren Vorschlag ausgemacht hat, immer für die richtige Lösung gehalten. Ich sage ganz offen, daß es auch Überlegungen über die damals erreichbare Mehrheit waren, die mich veranlaßt haben, meinem Vorschlag die seinerzeitige Fassung zu geben. Ich halte den jetzigen Vorschlag für besser. Aber unabhängig davon, wie man das beurteilen mag: wir halten nicht an unserem Vorschlag fest, wenn jemand uns überzeugen kann, es gibt bessere Wege. Es kommt also gar nicht darauf an, ob der Antrag Benda und Genossen oder der Antrag der SPD oder der Antrag Dr. Adenauer oder welcher Antrag auch immer angenommen wird. Es kommt darauf an, nicht etwa im Wege eines Kompromisses zu versuchen, eine Lösung zu finden, die im Grunde alle nicht befriedigt, sondern es kommt im Gegenteil darauf an, eine Lösung zu finden, die Aussicht darauf hat – und das ist sehr wichtig in dieser Frage –, eine möglichst breite Zustimmung in diesem Hause zu erhalten.

(Beifall bei Teilen der CDU/CSU und der SPD.)

Denn zu der inneren Glaubwürdigkeit dessen, was wir hier vorschlagen, gehört auch, daß eine möglichst große Zahl von Mitgliedern dieses Hauses sich zur Zustimmung entschließen kann.

Es wird in dieser Frage sicherlich keine einstimmige Entscheidung geben können, und das wäre auch nicht gut. Ich mißtraue allen, die in dieser Frage einstimmige Entscheidungen getroffen haben, allen! *(Beifall in der Mitte.)*

Ich glaube, in dieser Frage ist es sehr viel achtbarer, wenn man sich uneins ist. Mit den Freunden meiner Fraktion, auch denen, die in der Sache auf der anderen Seite stehen – wir haben manche harten Diskussionen gehabt –, da verstehe ich mich schon. Ich sage sehr gern, daß ich in dieser Frage der Fraktion sehr dankbar bin für die Fairneß, mit der sie sich bereit erklärt hat, zu sagen, daß in dieser Sache jeder seine Überzeugung äußern soll. Natürlich hätte weder formal noch nach meinem eigenen Willen jemand gehindert werden können, das zu tun. Aber ich bin dankbar für die Feststellung, daß eine solche Äußerung der eigenen Überzeugung, die der Meinung der Mehrheit der Fraktion – damals war es wohl eine Mehrheit, heute glaube ich, daß es nicht einmal mehr eine ist – zuwiderläuft, nicht gegen, sondern mit dem Willen der Mehrheit erfolgt. Es gibt auch welche, die sagen, da könnten sie mir gar nicht zustimmen. Ich glaube, in jeder Fraktion gibt es in mehr oder weniger großem Umfang ähnliche Erscheinungen. Wir sollten das nicht bedauern, sondern begrüßen.

(Ein Abgeordneter meldet sich zu einer Zwischenfrage.)

Vizepräsident Dr. Dehler: Bei der Begründung durch den Antragsteller ist eine Zwischenfrage nicht möglich.

Benda (CDU/CSU): Herr Präsident, ich würde gern eine Zwischenfrage zulassen. Aber abgesehen davon, daß ich das nicht zu entscheiden habe, bitte ich die Kollegen um Verständnis dafür, daß ich hier für ein Anliegen plädiere. Sie wissen, daß ich mich gern jeder Diskussion stelle. Vielleicht kann die Frage nachher bei anderer Gelegenheit vorgetragen werden. Ich bitte jedenfalls, Verständnis dafür zu haben, daß ich vortragen möchte, was mir am Herzen liegt, und daß ich dabei nicht gestört werden möchte.

(Beifall in der Mitte und bei der SPD.)

Für die Antragsteller steht über allen Erwägungen juristischer Art ganz einfach die Erwägung, daß das Rechtsgefühl eines Volkes in unerträglicher Weise korrumpiert werden würde, wenn Morde ungesühnt bleiben müßten, obwohl sie gesühnt werden könnten. Ich habe hier unter vielen Briefen, die ich bekommen habe, den Brief eines – wie in den allermeisten Fällen – mir ganz unbekannten Mannes, eines Sozialinspektors aus Hamburg, der mit Jugendlichen, die gefährdet sind, straffällig zu werden, zusammenarbeitet. Er schreibt, daß ihn die Jungen, die Dummheiten gemacht haben und nun im Jugendgefängnis sitzen – sie streiten ihre Taten nicht ab, sie sagen, daß sie mit Recht im Jugendgefängnis sitzen, weil sie Dummheiten begangen haben –, fragen, wie es mit der Gerechtigkeit sein könne in einem Staat, in dem für Jungenstreiche jemand ins Gefängnis kommt und Leute, die Morde begangen haben, ungestraft herumspazieren.

(Widerspruch rechts und bei Abgeordneten der CDU/CSU.)

Meine Damen und Herren, das ist einfach der Kern des Problems.

(Lebhafter Beifall bei der SPD und Abgeordneten der CDU/CSU. – Unruhe rechts. – Zuruf von der FDP: Bleiben Sie doch bitte sachlich! – Abg. Zoglmann: Ist das die Sachlichkeit?)

– Es ist hier nur einfach das Gefühl, Herr Kollege Zoglmann, daß jemand, der bestraft werden müßte, –

(Anhaltende Unruhe.)

Vizepräsident Dr. Dehler: Ich würde es auch begrüßen, wenn wir diese Verhandlungen in möglichster Ruhe und Sachlichkeit führten. Ich weiß nicht, ob Ausführungen in einer solchen Frage des Beifalls oder des Mißfallens würdig sind. Ich glaube, der Herr Kollege Benda hat einen sehr guten Ton angeschlagen. Wollen wir den doch fortsetzen!

Benda (CDU/CSU): Ich wiederhole also, daß es unerträglich sein müßte, wenn der Versuch unterlassen würde, Menschen, die möglicherweise des Mordes schuldig sind, für ihre Taten zur Verantwortung zu ziehen.

Herr Kollege Arndt, ich darf nebenbei ein Wort an Sie richten. Ich habe mit großem Interesse und mit Respekt Ihre Ausführungen in der Juristenzeitung gelesen. Ich will darüber jetzt nicht in der Sache diskutieren. Ich bin aber etwas betroffen darüber, daß Sie meine Ausführungen, die ich an anderer Stelle gemacht habe, so interpretieren, als würde ich unterstellen, daß jemand, der des Mordes angeklagt würde, damit schon der Mörder sei. Ich benütze diese Gelegenheit nur zu der Klarstellung: natürlich bin ich von dieser Unterstellung weit entfernt. Ich würde mich auch niemals in diesem Zusammenhang zu dem Verhalten eines Mannes äußern, der gegenwärtig in Frankfurt vor Gericht steht. Es gibt eine Variation Ihres Worts – Sie wissen, welches Wort ich meine –, in dem durch einen Vertreter einer hohen staatlichen Stellung ein solcher Name eines Angeklagten zitiert wird. Es gibt andere Namen, Namen rechtskräftig Abgeurteilter, die man, wenn man schon Namen haben will, zitieren kann. Daraus halte ich mich heraus, genauso wie ich mich heraushalte aus der Diskussion über Vorgänge, die in anderen Städten unserer Bundesrepublik gegenwärtig vor Gericht behandelt werden, aus dem Pro oder Contra. Es geht nicht, daß sich das Parlament in diese Diskussion einschaltet. Es gehört auch zum Rechtsstaat, daß dies das Gericht entscheidet und nicht das Parlament. Ich sage das unbeschadet meiner persönlichen Meinung in der Sache, die ich hier nicht äußere in einer Art Vorurteil pro oder contra zu einem Verfahren, das gegenwärtig läuft. Herr Kollege Arndt, ich benutze diese Gelegenheit zu einer Klarstellung. Wenn ich sage: »Es wäre mir unerträglich, mit vielfachen Mördern zusammenzuleben«, dann ist es selbstverständlich, daß natürlich zuerst ermittelt werden muß, ob der bestimmte Beschuldigte wirklich der Mörder ist, und daß das Sache eines Strafverfahrens ist. Natürlich gilt im Zweifel zu seinen Gunsten, wie wir alle wissen, das Prinzip, daß er nicht verurteilt werden kann, wenn wir ihn nicht der Schuld überführen können. Ich würde überhaupt sagen, daß manche Urteile in dieser Sache, so unbefriedigend sie ausfallen mögen – Sie haben es selber gesagt, da stimme ich Ihnen zu –, doch im Licht dessen gesehen werden müssen, daß ihnen ein rechtsstaatliches Element zugrunde liegt und daß – jedenfalls in den meisten Fällen – nicht etwa böser Wille der Berufs- oder Laienrichter vorhanden ist, die nicht verurteilen wollen: Es ist nämlich einfach das Festhalten am Rechtsstaat, wenn der Grundsatz befolgt wird, daß jemand nur verurteilt werden kann, wenn feststeht, daß er nach unserer Prozeßordnung und nach unserem materiellen Strafrecht verurteilt werden muß.

Es gibt eine Sonderfrage, die ich hier aber nur anschneiden und nicht diskutieren möchte, weil das sehr lange dauern würde, die Frage, ob man bei einer möglichen Regelung zwischen Haupttätern und Gehilfen unterscheiden soll. Es gibt sehr extreme Positionen in dieser Frage hinsichtlich des Tätertyps. Es gibt auf der einen Seite der Skala den Typ der KZ-Aufseher Sommer und Schubert – um Namen von Verurteilten und nicht von solchen, die vor Gericht stehen für diesen Typ zu sagen –, die zu lebenslangem Zuchthaus verurteilt worden sind. Diese sind wegen scheußlichster KZ-Verbrechen verurteilt worden, mit denen sich niemand in unserem Volke, wenn er wüßte, was dort geschehen ist, ernsthaft identifizieren könnte und die niemand auch nur in irgendeiner Weise bagatellisieren würde. Es gibt selbstverständlich die Schreibtischtäter, die intellektuellen Urheber, die Hauptverantwortlichen, und es gibt auf der anderen Seite der Skala, sagen wir einmal, das Mädchen, das die Befehle getippt hat, das, juristisch gesehen, einen Tatbeitrag geliefert hat, der natürlich in eine völlig andere Kategorie hineingehört als das andere Extrem, das ich eben genannt habe. Es scheint mir ein wichtiges Anliegen zu sein, daß man versucht, hier irgendwie zu differenzieren, wobei – es gibt u. a. Vorschläge des Kollegen Güde – die Grenzziehung ungeheuer schwierig ist. Es wird nicht ganz einfach sein, das, was ich hier angedeutet habe, zu konkretisieren. Aber man sollte diesen Versuch unternehmen.

Die Frage, mit der wir uns beschäftigen, hat – um auch das noch zu sagen – eine furchtbare, aktuelle Bedeutung. Auch damit müssen wir uns auseinandersetzen. Viele wissen vielleicht gar nicht, daß es nicht nur eine Zentrale Stelle zur Erfassung von Naziverbrechen in Ludwigsburg gibt. Wir haben auch eine Zentralstelle zur Erfassung von Verbrechen drüben, in der sowjetisch besetzten Zone, in Salzgitter. Das ist die Kehrseite einer und derselben Sache. Es gehört für mich zum Thema, wenn ich bei dieser Gelegenheit sage, daß derjenige in unserem Volke – man hört gelegentlich solche Stimmen –, der meint, man könne mit diesem oder jenem von den Machthabern von der anderen Seite reden, sich zuvor einmal überlegen muß, daß er dann in ein Gespräch mit Mördern eintritt.

(Beifall bei der CDU/CSU.)

Das ist nur eine Kehrseite des gleichen Themas. Wer das eine will, muß auch das andere wollen; er darf das nicht außer acht lassen.

(Erneuter Beifall bei der CDU/CSU.)

Es geht den Antragstellern im Motiv hauptsächlich um die Kennzeichnung der Tat. Es soll klargestellt werden, was hier an Taten, genauer gesagt, an Untaten geschehen ist. Die Bestrafung des Täters mag von seiner Person her natürlich aus dem natürlichen Sühnebedürfnis heraus nicht ihren Sinn verlieren. Hoffnungen auf eine Wandlung sind ja wohl in erschreckender Weise mit einer Reihe von bitteren Erfahrungen bei gegenwärtig laufenden und vergangenen Prozessen widerlegt. Gewandelt hat sich natürlich das Milieu. Glücklicherweise gibt es in unserem Lande keine Konzentrationslager mehr. Das Milieu, in dem Taten dieser Art begangen werden konnten, hat sich geändert.

Es gibt Stimmen, auch von mir sehr geachteten Kollegen meiner eigenen Fraktion – ich spreche das mit sehr großem Zögern an –, die die Begriffe der Gnade und der Vergebung in die Diskussion einbringen. Dazu sind zunächst einmal nur die Opfer legitimiert, wir, glaube ich, nicht. Im übrigen scheint es mir – ich sage das mit aller Vorsicht – nicht möglich zu sein, auch vom Standpunkt eines Christen aus, ohne Erkennen der Schuld von Gnade zu reden.

Ich beschränke mich darauf, in diesem Zusammenhang einfach zu zitieren. Ich könnte es nicht so gut sagen, was Präses Scharf bei früherer Gelegenheit in einem Beitrag gesagt hat, der mit »Volk vor Gott« überschrieben ist, also nicht etwa mit »Täter und Justiz«, sondern mit »Volk vor Gott«; das ist das eigentliche, das tiefste Problem. Präses Scharf sagt:

Der einzelne Täter und Gehilfe, auch wenn er inzwischen längst resozialisiert zu sein scheint, hat es um seiner selbst willen, um seiner inneren Heilung willen nötig, daß er seine Verantwortung an dem Geschehen, seine Mitschuld, seine ganz individuelle Sonderschuld erkennt und anerkennt und daß die Gemeinschaft, zu der er gehört, mit ihm deswegen »verfährt«, daß sie mit ihm dagegen angeht und ihm hilft, mit dieser Schuld zu »verfahren« ... Bleibt dagegen Schuld verheimlicht, so wirkt sie im Verborgenen weiter ... Verheimlichte Schuld verwirkt die Vergebung ...

Ich enthalte mich jedes Kommentars. Ich wollte das nur einfach einmal als eine für mich ganz wichtige Meinung in dieser Sache vortragen.

Ich schließe ein ganz kurzes Zitat von Oberkirchenrat Wilkens an, der spricht von der Strafe als der »letzten und äußersten Hilfe zur Schulderkenntnis vor Gott, die man dem Verbrecher um seines Menschseins willen nicht vorenthalten mag«.

Ich komme zu einem letzten, aber für mich noch wichtigen Punkt. Es gibt – ich spreche diesen Punkt offen an – eine zunehmende Neigung, im Zusammenhang mit unserem Thema auch nach Verbrechen anderer zu fragen. Meine Damen und Herren, ich weiß es, und wir alle wissen es, daß im Zusammenhang mit der Vertreibung, im Zusammenhang mit den Ereignissen der letzten Kriegsjahre Verbrechen nicht nur von Deutschen, sondern auch an Deutschen geschehen sind. Wer von uns wüßte das nicht?! Und wir sollten das hier auch aussprechen. Ich wehre mich nicht gegen die verständliche Haltung der Heimatvertriebenen zu dieser Frage, die sagt: Wir wollen doch, daß auch hier Gerechtigkeit vollzogen wird.

Ich bin bereit, das mit zu sagen. Ich wehre mich aber gegen ein irgendwo vorhandenes politisches Kalkül, das meinen könnte, daß dort, wo solche Stimmungen sind, vielleicht auch Stimmen zu holen sein könnten.

(Lebhafter Beifall bei SPD und bei Abgeordneten der CDU/CSU.)

Ich meine, daß derjenige, der solche Überlegungen anstellt, mit bedenken sollte, daß er die Geister, die er ruft, dann vielleicht nicht mehr los wird.

(Erneuter Beifall bei SPD und Abgeordneten der CDU/CSU.)

Es ist leider wahr, daß persönlich unschuldige Menschen in Deutschland für Verbrechen haben büßen müssen, die sie nicht verübt haben. Es ist leider wahr, daß Unrecht geschehen ist in meiner Heimat, in Berlin, in Pommern, in der Tschechoslowakei. Es ist leider wahr, daß die Tschechoslowakei 1946 ein schandbares Amnestiegesetz erlassen hat, und ich bin bereit, mit zu sagen — ich wiederhole es —, daß das Unrecht ist.

(Beifall.)

Ich fange gar nicht von der Aufrechnungstheorie an. Meines Erachtens bedarf es darüber in diesem Hause keiner Diskussion; ich hoffe es. Ich setze mich nicht auseinander mit den törichten Sätzen in einem Buch — ich möchte es hier gar nicht erwähnen; Sie wissen, worum es sich handelt —, das wir alle oder, ich glaube, die meisten von uns bekommen haben, in dem bereits auf der Umschlagseite so unsinnige Sätze stehen wie: »Dieses Buch beweist, daß das deutsche Volk sich nicht zu schämen braucht«, weil die anderen auch . . . Das ist — ich zitiere den verstorbenen Bundespräsidenten Heuss — das »Verfahren der moralisch Anspruchslosen« — und er fügt hinzu —, »die es in allen Völkern gibt«.

(Beifall im ganzen Hause.)

Vor allem aber: Wer unter Berufung auf diese Vorgänge den Schlußstrich fordert, der muß ja davon ausgehen, daß dem deutschen Volk, wenn es Mörder bestraft, damit ein Übel zugemutet wird, der muß ja davon ausgehen, daß es an sich für uns besser wäre, wenn wir nicht bestraften, daß es also eine Sache ist, die man machen muß.

Dann kommt natürlich sofort wieder die unsinnige Behauptung des ausländischen Drucks, dann kommen die anonymen Postkarten der aufrechten deutschen Patrioten bei mir an, die in allem Patriotismus dann vergessen, ihre Briefe oder ihre Postkarten zu unterschreiben; dazu reicht's dann nicht mehr.

(Lebhafter Beifall.)

Ich werde mir vielleicht ein Vergnügen daraus machen, zusammen mit den Kollegen, die etwas Ähnliches bekommen haben, diese Dinge zu sammeln und dann vorzulegen. Daraus kann man wirklich einiges darüber entnehmen, was es an geistigen Verirrungen in einem Volke gibt, von dem ich unentwegt sage, – und ich wiederhole es, damit das nicht mißverstanden werden kann –, daß es den Nationalsozialismus überwunden hat. Das beweist – deswegen freue ich mich über die Anonymität –, daß die Zeiten nicht so sind, daß man so etwas offen sagen kann in unserem Volke. Da muß man sich eben hinter der feigen Anonymität verkriechen.

(Beifall.)

Meine Damen und Herren! Ich komme zum Schluß mit einem anspruchsvollen Wort, das mir ein Kollege gesagt hat, der auf der anderen Seite dieser Diskussion steht, an dessen persönlicher Redlichkeit ich niemals gezweifelt habe, der aber in dieser Sache einer völlig anderen Meinung ist als ich. Er hat mir gegenüber gemeint, man müsse um der Ehre der Nation willen mit diesen Prozessen Schluß machen. Meine Damen und Herren, Ehre der Nation – hier ist für mich einer der letzten Gründe, warum ich meine, daß wir hier die Verjährungsfrist verlängern bzw. aufheben müßten.

(Beifall bei der SPD und der CDU/CSU.)

Ich stimme völlig denen zu, die sagen – auch Herr Kollege Arndt hat es mit Recht wieder bei einer anderen Gelegenheit gesagt –, daß es natürlich ein Irrtum wäre, wenn wir meinten, wir könnten das, was in unserem Lande und unserem Volke geschehen ist, dadurch erledigen, daß wir stellvertretend, sozusagen symbolisch, einige ins Zuchthaus schicken und dann meinen, nun sind wir fein heraus. Es gibt eine französische Stimme – ich will sie jetzt nicht mehr vorlesen, aber sie ist sehr interessant und macht einen sehr nachdenklich – von einem französischen Schriftsteller, der davon spricht, daß die Deutschen in der Gefahr sind, so ein »Spezialistentum für Gewissen« zu entwickeln, einige also, die sich um Gewissen kümmern – das ist die Justiz, das sind die Journalisten natürlich und die Geistlichen und ich weiß nicht wer noch –, und es gibt andere, die gehen in der Zwischenzeit allen möglichen anderen Dingen nach und meinen, das wird von den Spezialisten erledigt, das geht sie gar nichts an. So nicht! So nicht natürlich! Darüber gibt es keine Meinungsverschiedenheit. Aber ich bestehe darauf – und es gehört für mich zum Begriff der Ehre der Nation –, zu sagen, daß dieses deutsche Volk doch kein Volk von Mördern ist und daß es diesem Volke doch erlaubt sein muß, ja daß es um seiner selbst willen dessen bedarf, daß es mit diesen Mördern nicht identifiziert wird, sondern von diesen Mördern befreit wird, daß es, besser gesagt, deutlicher gesagt, sich selber von diesen Mördern befreien kann.

(Beifall bei der SPD und bei der CDU/CSU.)

Das gehört für mich zur Ehre der Nation, daß der wie ich weiß, unvollkommen bleibende, aber redliche Versuch unternommen wird, das zu tun, daß man von sich sagen kann: man hat das, was möglich ist, getan – ich weiß, daß es die Grenzen der Justiz bei diesem schwierigen Thema gibt, daß wir bei weitem nicht alles in dieser Sache heute noch machen können, was vielleicht früher hätte gemacht werden können, natürlich gibt es Grenzen dafür –, man hat den redlichen Versuch unternommen.

Und es gibt dann schließlich das Wort, das ich an den Schluß setzen möchte – es hätte, wenn man es richtig versteht, die ganze lange Rede, für deren Länge ich um Entschuldigung bitte, vielleicht überflüssig gemacht –, es gibt dieses Wort an dem Mahnmal in Jerusalem für die sechs Millionen ermordeten Juden, das in einer eindrucksvollen Form in einer ganz schlichten Halle den Satz zitiert, der nicht aus diesem Jahrhundert stammt, der von einem jüdischen Mystiker des Anfangs des 18. Jahrhunderts stammt – ich sage ihn in meiner notwendigerweise unvollkommenen Übersetzung gleich in Deutsch, er steht dort in Englisch und Hebräisch –:

Das Vergessenwollen verlängert das Exil, und das Geheimnis der Erlösung heißt Erinnerung.

(Lebhafter anhaltender Beifall bei der SPD und der CDU/CSU.)

*Auszug aus dem Protokoll des Deutschen Bundestages
vom 25. März 1965*

Herr Präsident! Meine Damen und Herren! Ich möchte nur wenige Bemerkungen machen. Es werden Bemerkungen teilweise sehr persönlicher Art sein, wobei ich gleichzeitig, wie ich annehme, für die ursprünglichen Antragsteller des von mir und meinen 49 Kollegen eingebrachten Antrages spreche.

Ich spreche mit einer seltsamen Mischung von Genugtuung und Bedauern. Ich empfinde eine tiefe Genugtuung darüber, daß es im

Laufe der letzten Monate und insbesondere in den letzten Wochen gelungen ist, den Willen des deutschen Parlaments so zu bilden, daß am 8. Mai 1965 oder am 1. Juli 1965 zu dem ursprünglich vorgesehenen Zeitpunkt eine Verjährung der nationalsozialistischen Mordverbrechen nicht eintreten wird. Es steht nach dem Ergebnis der zweiten Lesung fest – und die dritte Lesung wird dieses Ergebnis zweifellos bestätigen –, daß die überwältigende Mehrheit dieses Hauses der Auffassung ist, daß diese Mordtaten weiter verfolgt werden müssen und daß der Gerechtigkeit Genüge geschehen soll. Ich wiedehole, daß ich darüber eine tiefe Genugtuung empfinde.

Das Bedauern, von dem ich gesprochen habe, bezieht sich nicht darauf, daß es wohl trotz der vorzüglichen Ausführungen meiner beiden Herren Vorredner, für die ich auch dankbar bin, dennoch nicht ganz gelingen wird, heute die für mich jedenfalls unvergeßliche Atmosphäre der Debatte vom 10. März ganz wieder einzufangen. Das liegt wohl in der Natur der Sache. Wir alle haben, die wir damals hier gesprochen haben, sehr grundsätzlich sprechen müssen, während es heute darum geht, die konkreten Entscheidungen zu treffen. Beides gehört ja zu unserer Aufgabe. Wir sind ja nicht die Akademie der schönen Künste; wir sind das Parlament des deutschen Volkes, das Entscheidungen zu treffen hat. In diesem Stadium sind wir, und da wird es dann vielleicht nicht immer gelingen, das in der – ich wiederhole, für mich unvergeßlichen – Art zu tun, in der es von vielen Rednern am 10. März hier geschehen ist.

Das Bedauern, von dem ich gesprochen habe, bezieht sich darauf, daß ich für meine Person und für meine Kollegen, die den Entwurf eines Achten Strafrechtsänderungsgesetzes eingebracht haben, offen sagen möchte, daß die von der breiten Mehrheit dieses Hauses heute getragene Lösung, da es wohl bei ihr bleiben wird, für sich allein weniger ist, als wir uns vorgestellt haben. Sie ist in juristischer Beziehung nicht vollauf befriedigend. Sie ist auch – das möchte ich offen sagen – für uns in politischer Beziehung nicht vollauf befriedigend. Wir bleiben der Meinung, daß eine klare Verlängerung der Verjährung in der Form, wie wir es vorgeschlagen haben, oder in anderen Formen, über die man sprechen könnte, besser wäre.

(Beifall bei der SPD und bei der CDU/CSU.)

Es gibt gar keinen Zweifel nach den Erklärungen der Sprecher der Fraktionen, die wir gehört haben, daß die breite Mehrheit dieses Hauses zwar bereit ist, der Lösung, über die wir im Augenblick verhandeln, zuzustimmen, daß sich daraus aber wahrscheinlich ergibt, daß für eine Lösung, wie sie etwa in dem Entwurf des Achten Strafrechtsänderungsgesetzes vorhanden ist, sich in dieser Stunde keine Mehrheit mehr finden würde. Wir haben daher vor der Frage gestanden, ob wir unseren eigenen Standpunkt unter allen Umständen hier weiter vertreten sollten in dem Bewußtsein, daß die Mehrheit nicht zu erreichen ist, und wir sind zu dem Ergebnis gekommen, daß wir dies nicht tun sollten.

Meine Damen und Herren, ich weiß wohl, welche Reaktionen das bei diesem oder jenem außerhalb des Hauses auslösen mag. Mich schreckt die Gefahr nicht, daß der eine oder der andere sagen wird: Nun sind sie in letzter Stunde doch umgefallen. Das tragen wir. Das spielt auch gar keine Rolle.

Ich möchte für die Antragsteller sagen: wir haben in dieser Frage in weitem Umfang alle Rücksichten der engeren Politik, der Parteipolitik zurückstellen zu müssen geglaubt um einer Sache willen, die wir für notwendig hielten, und wir sind auch nicht ganz ohne Erfolg damit geblieben. Es wäre im Ergebnis wohl falsch, zu sagen, daß die Wahrung des eigenen Standpunktes in diesem Hause wichtiger sei als das andere, was bei Abwägung aller Gesichtspunkte wohl überwiegt. Das ist der Gesichtspunkt, der wohl den Ausschlag geben sollte:

(Beifall bei Abgeordneten der CDU/CSU.)

daß es gelingt, in dieser Frage mit einer Lösung, von der ich erneut sage, daß sie mich nicht vollauf befriedigt, eine breite Mehrheit in diesem Hause zu finden. Genauso, wie ich für meine Freunde und mich sage, daß dazu sehr viel Überwindung gehört, möchte ich anerkennen, daß es auf der anderen Seite auch Kollegen gibt, von denen ich weiß, daß es ihnen nicht leicht fällt, der Lösung, die hier vorgetragen wird, von ihrem Standpunkt – der auch achtbar und auch respektabel ist – zuzustimmen. Ich meine, daß dann das Treffen in einer mittleren Lösung wohl besser wäre um dessentwillen, was der Kollege Dr. Arndt in der ersten Lesung gesagt hat – und ich wiederhole es –: daß wir mit allem Ernst den Versuch unternehmen müssen, in dieser Frage nicht eine Frontstellung der Befürworter und der Gegner einer Verjährungsverlängerung herbeizuführen. Nein, meine Damen und Herren, es kommt, nachdem die Entscheidung gefallen ist, daß am 8. Mai 1965 die Verjährung nicht eintreten wird, unter allen Umständen darauf an, daß die Einheit der Willensbildung in diesem Hause und darüber hinaus in unserem ganzen Volke, die nach den öffentlichen Diskussionen der vergangenen Wochen und Monate gefährdet ist, wiederhergestellt wird und daß wir uns zusammenfinden in einer Lösung, die nicht die beste ist, die aber doch erträglich ist.

Es bleibt – ich komme damit zum Schluß – das Gefühl nicht einer Zufriedenheit und schon gar nicht einer Selbstzufriedenheit. Ich sage dennoch, meine Damen und Herren, – und das ist für mich eines der Ergebnisse einer monatelangen Diskussion, an deren Abschluß wir heute stehen –: wir haben in diesen Monaten in diesem Hause und außerhalb des Hauses eine unbequeme, eine lästige – in der ersten Lesung habe ich gesagt, auch das wiederhole ich –, ja, eine bittere Diskussion gehabt. Aber wir haben eine nützliche und notwendige Diskussion gehabt, für uns selbst, für unser Haus und, wie ich überzeugt bin, für unser Volk. Ich habe auch den Eindruck – das ist für mich persönlich, wenn Sie diese sehr persönliche abschließende Bemerkung gestatten, einer der stärksten und besten Eindrücke aus dieser ganzen Diskussion –: in dieser Diskussion sind in diesem Hause über die Grenzen der Fraktionen hinweg Kräfte hervorgetreten, von denen ich meine, daß sie in Zukunft in diesem Hause bei anderen Entscheidungen weiter wirken werden. Dafür bin ich dankbar, und das rechtfertigt die Mühe, die wir miteinander gehabt haben. Insofern schließe ich mit einem Gefühl nicht nur des Bedauerns, nicht nur der Genugtuung, sondern mit einem Gefühl der ganz großen Hoffnung für die Zukunft.

(Beifall bei Abgeordneten der CDU/CSU und bei der SPD.)

Das Verhältnis von Ethik und Recht –
Aus der Sicht der Gesetzgebung

Aufsatz in der Zeitschrift
»Politisch-soziale Korrespondenz«
vom 15. Februar 1966

Der Deutsche Bundestag hat die Beratungen über die in der vergangenen Wahlperiode nicht mehr verabschiedete Große Strafrechtsreform wieder aufgenommen. Viele hoffen, daß es dem V. Bundestag gelingen wird, das schwierige Werk zu vollenden. Damit gewinnt eine Grundsatzfrage der Rechtspolitik aktuelle Bedeutung, die ohnehin das Rechtsleben im Bereich der richterlichen Praxis, ebenso aber auch den Gesetzgeber bewegt: Inwieweit ist es im Strafrecht, ähnlich aber auch auf vielen anderen Rechtsgebieten, verfassungsrechtlich zulässig und politisch erwünscht, mit Hilfe der Rechtsnormen ethischen Wertentscheidungen und sittlichen Forderungen Nachdruck zu verleihen, und wie können solche Wertvorstellungen mit den Mitteln des Rechts gefördert werden?

Konfessionalisierung des Rechts?

Der Richter steht sehr oft vor der Frage, ob er auf die sittliche Grundlage einer Rechtsnorm zurückgreifen darf, oder ob er etwa einem Gesetz den Gehorsam versagen darf, weil dieses nach seiner Auffassung mit fundamentalen Geboten der Ethik in Widerspruch gerät. Die sittlichen Grundlagen des Rechts sind auch für den Praktiker unentbehrlich. Im Bereich der schweren Sittlichkeitsdelikte muß sich die Rechtsprechung immer wieder darüber klar werden, wie der Stand der geschlechtlichen Moral des Volkes ist und wie er sein sollte. Wenn diese Prüfung unterbleibt, kann der Strafrichter unmöglich bestimmen, was z. B. Unzucht im Sinne der einschlägigen Vorschriften des StGB darstellt, und ob hiernach eine Tat zu bestrafen ist. Aber auch der Zivilrichter muß immer wieder ungeschriebene Normen konkretisieren, die ihm nicht das positive

Recht, sondern die Gebote der Individual- oder Sozialethik zur Verfügung stellen. Das geschieht vor allem dann, wenn er Generalklauseln anzuwenden hat, die sich auf die »guten Sitten«, auf »Treu und Glauben« oder auf Erwägungen der Zumutbarkeit und Angemessenheit beziehen.

Wenn solche Entscheidungen sich auf Gebiete begeben, in denen die Grundanschauungen der Rechtsgenossen nicht mehr einheitlich sind oder in denen die Praxis des Alltagslebens ethische Normen nicht mehr respektiert, pflegen sie oft Widerspruch herauszufordern. Meist geht es dabei um die Behauptung, daß der Richter einer Konfessionalisierung Vorschub leiste, also die (angeblich) von der Allgemeinheit nicht mehr getragenen Auffassungen der Kirchen oder einer Kirche auf dem Wege über die Rechtsprechung durchzusetzen versuche. Manchmal führt ein solcher Streit zu unterschiedlichen Entscheidungen der Gerichte, dann zu einer gesetzgeberischen Entscheidung, welche den Auslegungsstreit beendet, aber nunmehr den Gesetzgeber in den Verdacht der Konfessionalisierung bringt. Ein Beispiel hierfür bietet die Änderung des Ehescheidungsrechts (§ 48 Ehegesetz) vor einigen Jahren, die inhaltlich ganz auf der Linie der Rechtsprechung des Bundesgerichtshofes lag, die aber ihrerseits von anderen hohen Gerichten nicht befolgt wurde.

Es ist aber nicht dasselbe, ob der Richter auf Gebote der Ethik zurückgreift, die sich aus seinen persönlichen Überzeugungen oder denen einer Weltanschauungsgemeinschaft ergeben, oder ob der Gesetzgeber eine positive Rechtsnorm schafft, die zwar auch nach der Überzeugung der parlamentarischen Mehrheit Gerechtigkeit konkretisiert, allgemeinen Gehorsam aber schon deswegen verlangen darf, weil sie eben Gesetz ist. Wenn Willkür ist, kann ein Streit entstehen, ob der Richter diesem Gesetz den Gehorsam versagen darf. Aber hierüber entscheidet nicht die eigene ethische Überzeugung des Richters, sondern der Maßstab des höherrangigen Rechts, also die in der Verfassung enthaltenen Grundwertentscheidungen.

Gesetzgebung als Interessenausgleich

Der Gesetzgeber muß, soweit nicht Verfassungsrecht entgegensteht, in ständiger Arbeit entscheiden, was Gerechtigkeit konkret bedeutet. Im Alltagsgeschäft der Gesetzgebung auf vielen Gebieten mag es ausreichen, wenn die gesetzgeberische Lösung sich nicht am fernen Ideal der Gerechtigkeit orientiert, sondern die gegeneinander stehenden, in starken Machtgruppen organisierten Interessen berücksichtigt. Der oft erfolgreiche Druck der Interessenten auf das Parlament scheint das Gegenteil von Gerechtigkeit zu bedeuten, weil eben nicht Recht, sondern Macht zu entscheiden scheint. Aber in der Wirklichkeit funktioniert dieses System des Interessenausgleichs besser, als es manchmal den Anschein hat. Wenn die gegeneinander stehenden Kräfte ungefähr gleich stark sind, begünstigt schon dieser Umstand und die hiernach naheliegende Rücksichtnahme auf alle Gruppen den Kompromiß, und zwar nicht nur in der Auseinandersetzung zwischen den Fraktionen des Parlaments, sondern oft schon innerhalb der Fraktionen, die große, möglichst alle sozialen Gruppen vertretende Volksparteien zu repräsentieren suchen. Der Kompromiß wird oft verachtet, weil er an Stelle der Verwirklichung hoher ethischer Forderungen, die nur eine richtige Entscheidung zuzulassen scheinen, den als schwächlich und unkonsequent empfundenen Versuch treten läßt, es allen recht zu machen, was oft genug dazu führt, daß niemand zufrieden ist.

Aber der Kompromiß kann nicht nur Ruhe, sondern sozialen Frieden und damit ein Gut schaffen, das um seiner selbst willen nicht gering geschätzt werden sollte. »Die Tendenz der Ordnung und die in ihr angelegte Möglichkeit der freien Auseinandersetzung zwischen allen realen und geistigen Kräften wirkt aber«, so heißt es in einer Entscheidung des Bundesverfassungsgerichts, »in Richtung auf Ausgleich und Schonung der Interessen aller.«

Allerdings reicht ein solches methodisches Prinzip nicht immer aus, wenn die gegeneinander stehenden Meinungen ihrer Natur nach unversöhnlich sind. Auch der Richter wird zunächst einen vernünftigen Ausgleich suchen und ihn den Parteien vorschlagen; wenn aber der Vergleichsversuch fehlschlägt, muß er sich entscheiden. Was dann die gerechte Lösung ist, sagt ihm das Gesetz; der Richter schafft nicht das Recht, sondern er findet es. Der Gesetzgeber kann die Normen nicht aufsuchen, sondern muß sie selbst schaffen. Rechtsprechung und Gesetzgebung ist gemeinsam, daß sie Gerechtigkeit wenigstens annähernd zu verwirklichen versuchen; aber das Gesetz, das den Richter in seiner Tätigkeit lenkt, ihm damit zugleich hilft und in seiner Freiheit beschränkt, muß vom Gesetzgeber unter Berücksichtigung aller überhaupt in Frage kommenden Gesichtspunkte zunächst des Verfassungsrechts, im übrigen aber seiner eigenen ethischen Wertungen und zugleich nüchterner Überlegungen der politischen Zweckmäßigkeit erarbeitet werden. Insofern ist er freier, aber auch innerlich bedrängter als der Richter, dem es im Alltagsfalle genügen kann, das Gesetz unter Beachtung der juristischen Methode einfach richtig anzuwenden.

Dabei ist auch richterliche Tätigkeit niemals die eines wertfrei funktionierenden Automaten, oder sollte es nicht sein. Das Bundesarbeitsgericht verweist den Richter auf eine »nicht nur erkennende, sondern eine bewertende, aktualisierende, integrierende und im konkreten Falle die Verwirklichung der Gerechtigkeit anstrebende Wertentscheidung«. Aber dies geschieht an Hand und innerhalb des Gesetzes. Wenn darüber hinaus ethische Wertungen die Rechtsprechung beeinflussen, kann ein Konflikt entstehen, weil Glaubens- und Gewissensfreiheit verfassungsrechtlich geschützt sind und weil es eine von allen Bürgern ohne Unterschied ihres Glaubens anerkannte überpositive Ordnung etwa naturrechtlichen Charakters nicht gibt. Die Rechtsordnung kann auf die »allgemeine Sittlichkeit« gerichtet sein, d. h. auf die von allen rechtlich denkenden Menschen anerkannten moralischen Grundsätze; aber diese bleiben hinter den ethischen Vorstellungen etwa der Kirchen weit zurück.

Eine »Konfessionalisierung« der Rechtsprechung ist daher in einer Weise verboten, daß bei der Rechtsanwendung z. B. im Strafrecht, wenn es um die Wertung des äußeren Verhaltens eines Menschen geht, nicht die Gebote der elementaren Sittlichkeit, sondern die höheren Ansprüche der Kirchen zugrunde gelegt werden. Nicht immer geht es allerdings um den unzulässigen Versuch, die Überzeugungen eines Bevölkerungsteiles Andersdenkenden aufzuzwingen. Im Bereich der Strafrechtsreform ist die Strafbarkeit der Gotteslästerung umstritten, die nach oft geäußerter Meinung diesen Versuch darstelle. In Wirklichkeit setzt aber gerade der Begriff der Toleranz, der jeder im Sinne der elementaren Sittlichkeit tragbaren Auffassung ihren Raum läßt, zwingend voraus, daß die freie Auseinandersetzung der Meinungen in einer Form geführt wird, welche die Regeln des Anstandes und der gegenseitigen Rücksichtnahme auf die Überzeugung des anderen nicht verletzt. Mit der Bestrafung der Gotteslästerung wird nicht die Auseinandersetzung in Glaubensfragen verboten, sondern der religiöse Friede und die Toleranz geschützt.

Rechtsprechung ist mehr als die bloße Technik der Gesetzesanwendung; aber sie muß sich den vom Gesetzgeber getroffenen Wertentscheidungen unterwerfen. Der Rückgriff auf Naturrecht oder auf ethische Grundüberzeugungen ist nur insoweit zulässig, als der Gesetzgeber solche Erwägungen erlaubt oder auf sie verweist; die Verfassungsgebote der Glaubens- und Gewissensfreiheit verbieten jede Einseitigkeit der Rechtsprechung.

Keine wertneutrale Gesetzgebung

Aus der Sicht des Gesetzgebers stellt sich die gleiche Problematik ganz anders dar. Auch in diesem Bereich wird die Meinung vertreten, daß jeder Rückgriff in der Gesetzgebung auf ethische Grundüberzeugungen, soweit sie nicht mehr Allgemeingut sind, unterbleiben müsse, weil das der Glaubens- und Gewissensfreiheit widerspreche. Das Problem stellt sich so überhaupt nur deshalb, weil in der Tat zwar von bestimmten allgemeinen Grundüberzeugungen, aber nicht mehr von einer auch in wichtigen Einzelfragen allgemeinen, also allen gemeinsamen ethischen Auffassung ausgegangen werden kann. Hierdurch wird die Bedeutung des Rechts noch verstärkt; was früher die Ethik gebot und im Regelfall befolgt wurde, kann heute oft nur durch Gesetzesbefehl wenigstens unvollkommen durchgesetzt werden. Von dieser richtigen Position ausgehend sagt etwa Herbert Krüger in seiner Staatslehre, daß der Staat sich zum Prinzip der »Nicht-Identifikation« bekennen müsse: »Es handelt sich um den Grundsatz, sich für Indifferenz gegenüber solchen Themen zu entscheiden, wenn ein positives Bekenntnis auf Spaltung des Staates hinauslaufen würde«; daher kenne der moderne Staat »als solcher keine Religion, keine Weltanschauung und keine ›Meinung‹«, und er dürfe sich »insbesondere auch keiner wissenschaftlichen Doktrin verschreiben«.

Die weittragenden Konsequenzen dieser Auffassung sind nicht zu übersehen. Die heutigen Parteien beginnen sich mehr und mehr zu Volksparteien zu wandeln und verlieren damit zwangsläufig an Profil; aber mindestens von ihrer Gründungsidee her verstehen sie sich als Weltanschauungsparteien, die auch versuchen, bestimmte ethische Grundüberzeugungen im Bereich der Politik zu verwirklichen. Man mag die Wandlung der Parteien begrüßen oder bedauern; jedenfalls scheint sie nicht einer neuen Einsicht in das

Wesen staatlicher Tätigkeit zu entsprechen, sondern nur dem Bemühen, möglichst breite Wählerschichten für sich zu gewinnen. Ob es hierbei bleibt oder nicht später die Rückkehr zu den alten Idealen erfolgen wird, ist durchaus offen. Die Auseinandersetzung zwischen sehr profilierten Grundüberzeugungen wird heute innerhalb der Parteien fortgeführt, wobei allerdings meist versucht wird, sie vor der Öffentlichkeit zu verbergen.

Der Gesetzgeber hat es auch überhaupt nicht in der Hand, ob er sich gegenüber grundsätzlichen Fragen indifferent verhalten darf. Probleme der Rechtspolitik, wie z. B. die Regelung des Ehescheidungsrechts, die Frage der »ethischen Indikation«, der Abgrenzung zwischen der Freiheit künstlerischer Entfaltung und dem Schutze der Jugend vor sittlichen Gefahren, stellen sich dem Gesetzgeber, der sich nur für unzuständig erklären dürfte, wenn er zugleich bereit wäre, das Eherecht den Kirchen zu überlassen oder andere Grundfragen in die Entscheidung des einzelnen zu legen. Auch viele andere Bereiche wie etwa die Sozialpolitik sind ja in Wirklichkeit nicht wertneutral, sondern verlangen immer wieder eine Auseinandersetzung mit Fragen der Sozialethik oder andere, den Begriff der Gerechtigkeit umkreisende und konkretisierende Überlegungen. Eine Politik, die auf solche Wertungen verzichtete, würde nicht nur kümmerlich sein, sondern überhaupt keine Politik mehr. Die Diskussion über die Verjährung der NS-Verbrechen sollte deutlich gemacht haben, wie sehr eine solche hochpolitische Entscheidung schließlich von grundsätzlichen Wertentscheidungen abhängt und wie unbefriedigend eine Tätigkeit des Gesetzgebers wäre, die sich nur undogmatisch, d. h. im Ergebnis rein opportunistisch, orientieren würde, also im wesentlichen nur die voraussichtliche Wählerreaktion abschätzen wollte.

Der Gesetzgeber darf den Fragen, die ethische Probleme aufwerfen, nicht ausweichen. Eine ganz andere Sache ist, daß er dabei nicht moralisieren soll. Nach allgemeiner Auffassung kann die Rechtsordnung im wesentlichen nur das äußere Verhalten der Menschen regeln, d. h. an die von ihnen erwartete innere Einstellung Rechtsfolgen erst dann knüpfen, wenn sich diese Haltung in äußerem Verhalten zeigt. Dabei ist aber die innere Einstellung der Rechtsgenossen nicht gleichgültig, sondern kann und soll, wenn sie dem Allgemeinwohl dient, gefördert oder, wenn sie sozialschädlich ist, bekämpft werden; allerdings kann dies erst dann geschehen, wenn sie ein bestimmtes äußeres Verhalten auslöst.

Dem Gesetzgeber sind ethische Gebote nicht gleichgültig, und sie dürfen es nicht sein. Auch das Grundgesetz will nicht nur eine Rechtsordnung schaffen, die sich an den Erfordernissen der Gerechtigkeit orientiert, sondern erwartet, daß die gleichen Grundwertentscheidungen für das Verhältnis nicht nur zwischen Staat und Bürger, sondern ebenso für das Verhalten der Bürger zueinander maßgebend sind. Die heute durchgesetzte Auffassung, nach der die Grundrechte des GG eine unmittelbare Wirkung auch im privaten Rechtsverkehr entfalten, bekräftigt dies. Die Verfassung selbst versteht sich nicht als eine wertfreie Organisationsnorm, sondern bekennt sich zu der Achtung aller ethisch vertretbaren Überzeugungen, aber zugleich zu einer Ordnung des Zusammenlebens, die nicht nur den Geboten der allgemeinen Sittlichkeit im Sinne des untersten Minimums Rechnung tragen will, sondern von einem Bild des Menschen so ausgeht, wie es sich aus den in der Präambel zum GG formulierten tieferen Überzeugungen ergibt.

Wenn die Bundesrepublik sich als sozialer Rechtsstaat versteht, so hat das nicht nur die Bedeutung einer schließlich unverbindlichen Proklamation. Über die Auslegung dieses richtunggebenden verfassungsrechtlichen Leitgrundsatzes bestehen noch manche Meinungsverschiedenheiten; aber weitgehend ist anerkannt, daß hierdurch alles staatliche Leben und darüber hinaus das Verhalten aller Bürger zueinander unter den Leitgedanken der gegenseitigen Rücksichtnahme, des Ausgleiches der widerstrebenden Interessen und der Bereitschaft zur Partnerschaft gestellt wird. Die sehr praktischen Auswirkungen zeigen sich besonders dort, wo sozial bedeutsame Rechtsverhältnisse zu regeln sind, also z. B. im Arbeitsrecht, in der Ausgestaltung der Sozialpflichtigkeit des Eigentums oder in der Pflicht des Staates, jedem Bürger ein Dasein unter menschenwürdigen äußeren Bedingungen zu sichern. All das sind keine wertneutralen Fragen.

In einer Schrift des österreichischen Juristen Marcic wird sogar der Sozialstaat als der Staat verstanden, in dem die Menschen »von Rechts wegen zur Nächstenliebe angehalten werden«. Gegenüber dieser kühnen Formulierung sind viele Vorbehalte anzumelden, vor allem das Bedenken, ob denn der Staat über die behutsame Förderung sozialnützlichen Verhaltens hinaus Gesinnungen erzwingen darf; aber im Kern des Gedankens wird richtig erkannt, daß die Gesetzgebung von einem Menschenbild ausgehen muß, welches das Bundesverfassungsgericht so umschrieben hat: »Das Menschenbild des GG ist nicht das eines isolierten souveränen Individuums; das GG hat vielmehr die Spannung Individuum – Gemeinschaft im Sinne der Gemeinschaftsbezogenheit und Gemeinschaftsgebundenheit der Person entschieden, ohne dabei deren Eigenwert anzutasten.«

Das hat sehr erhebliche praktische Konsequenzen. In der vielfältigen Spannung zwischen Einzelinteressen und Gemeinschaftsbelangen ergibt sich so ein Maßstab, von dem aus jeweils die Lösung gefunden werden kann. Der Gesetzgeber muß sich damit unaufhörlich auseinandersetzen: ob die Kunst schlechthin frei ist oder sich, wie es für die Entfaltung der Persönlichkeit nach Artikel 2 GG gilt, dabei im Rahmen des Sittengesetzes halten muß; ob der Ehrenkodex des Journalisten, der ihm verbietet, seinen Informanten je preiszugeben, wenigstens dann zurücktreten muß, wenn hierdurch die Aufklärung schwerster Verbrechen gefährdet würde; ob die durch Machtmittel unterstütze Verfolgung von Einzel- oder Gruppeninteressen z. B. mit den Mitteln des Arbeitskampfes auch dann unbeschränkbar ist, wenn hierdurch schwerste Schäden für die Allgemeinheit eintreten sollten – das alles sind heftig umstrittene Fragen, auf die aber in der parlamentarischen Auseinandersetzung eine Antwort gesucht werden muß.

Dann ergibt sich zwangsläufig die Frage, aus welchen Quellen der Gesetzgeber die jeweils erforderliche Regelung entnehmen soll. Das Grundgesetz verbietet manche theoretisch mögliche Lösung oder engt den Bereich des gesetzgeberischen Ermessens mehr oder weniger stark ein; aber es verbleibt ein weiter Bereich gesetzgeberischer Freiheit.

Bei dieser Auseinandersetzung kann auf die Unterstützung durch ethische Gebote nicht verzichtet werden. »Der Gesetzgebungsweg«, sagt der große Jurist Wieacker, »ist der legitime Schauplatz für den Kampf um die Einfügung neuer materialer Ethik in die geltende Rechtsordnung, wie er sich jeden Tag, gestern beim Gleichberechtigungsgesetz, heute beim Entwurf des StGB vollzieht. Dieser Kampf ist nicht nur legitim; er ist auch notwendig, um einen Rechtsstaat, der um der Gerechtigkeit willen auf die Umgestaltung der sittlichen Grundlagen durch die Rechtsprechung verzichtet, dennoch moralisch zu integrieren, und um die Sozialethik, deren Maximen stets gleich bleiben, deren Verwirklichung aber jeden Tag eine neue Aufgabe ist, zu aktualisieren ... Hier ist auch der Raum, in dem naturrechtliche Überzeugungen großer Volksteile zum parlamentarischen Siege geführt und in positive, dann Rechtsgehorsam fordernde Rechtsnormen übergeführt werden können.«

Während dem Richter der Rückgriff auf ungeschriebene ethische oder naturrechtliche Normen in der Regel versagt ist, darf, ja muß der Gesetzgeber sich auf diese Grundlagen besinnen. Wenn die Abgeordneten und die Fraktionen solche Überzeugungen nicht mehr vorbringen, sondern sie verschweigen, bleibt nur die bloße Gesetzgebungstechnik, nur das kümmerliche Ergebnis eines wertfreien Opportunismus übrig. Sofern das geschieht, kann es kaum verwundern, daß auch in der Bevölkerung das Zweckmäßige das Gerechte, das ethisch Richtige, zu verdrängen droht.

Konkret bedeutet das, daß in der Auseinandersetzung um die großen Gesetzgebungsvorhaben unserer Zeit, die ethische Grundfragen aufwerfen, wie heute vor allem die Strafrechtsreform, die Parlamentarier ihre eigenen Überzeugungen nicht verleugnen dürfen, sondern sie als wichtigen Beitrag in die Debatte einbringen müssen. Der Vorwurf der Konfessionalisierung, den man dann oft hört, verlangt in törichter Verkennung des Problems eine wertneutrale Haltung, die sich zwischen den verschiedenen Auffassungen nicht zu entscheiden vermag und sich schließlich auf eine Minimalposition zurückzieht.

Allerdings kann das Ziel nicht darauf gerichtet sein, in den umstrittenen Fragen die Meinung z. B. einer Kirche deswegen durchzusetzen, weil das nun einmal deren Auffassung ist; vielmehr muß die vom Standpunkt der Allgemeinheit aus richtige und gerechte Lösung erreicht werden. Wer selbst eigene Überzeugungen einbringt, wird leicht geneigt sein, beides für identisch zu halten. Für die parlamentarische Methode gilt aber, daß in einer weltanschaulich gemischten Versammlung, wie sie auch das Parlament darstellt, jede dort vertretene Auffassung nicht nur formal gleichberechtigt ist, sondern auch insofern gleichen Rang hat, als sie Anspruch auf Gehör und Nachdenken auch bei dem hat, der sich seiner eigenen Sache vollkommen sicher ist. Um so leichter kann er es ertragen, sich mit der Gegenmeinung auseinandersetzen zu müssen.

In die schließlich notwendige Entscheidung ist die Überlegung einzubringen, daß es im Einzelfall besser sein kann, eine vom eigenen Standpunkt aus nicht voll befriedigende Regelung zu erzielen, die auf eine breitere Zustimmung auch in der Bevölkerung hoffen kann und damit das neue Recht von der Rechtsüberzeugung aller oder doch vieler getragen sein läßt, als eine als ideal empfundene, aber heftig umstrittene Regelung mit knapper Mehrheit durchzusetzen. Nicht immer kann aber ein solcher Kompromiß geschlossen werden. In einem Staat, der die Gewissensfreiheit des Bürgers verfassungsrechtlich sichert, kann dem Abgeordneten in wirklichen Gewissensfragen nicht verwehrt werden, an seiner eigenen Überzeugung unter allen Umständen festzuhalten, auch nicht von der eigenen Fraktion. In Fragen wie z. B. nach der Strafbarkeit der ethischen Indikation oder der Todesstrafe gibt es schließlich nur ein klares Ja oder Nein.

Aus alledem ergibt sich für das Verhältnis von Ethik und Recht, aus der Sicht der Gesetzgebung gesehen, überhaupt keine fertige Lösung, aber doch so etwas wie ein methodisches Prinzip. Dieses setzt eigene Überzeugungen voraus und ermutigt diese, sich ihrer nicht zu schämen, erwartet aber die Achtung abweichender, prinzipiell gleichberechtigter Meinungen und schließlich den Mut zur Entscheidung, welche die eigene Auffassung nicht verleugnet, sondern deren parlamentarischen Sieg anstrebt, aber doch zugleich Rechtsfrieden sucht und daher vermeidet, daß die Gegensätze ganz unversöhnt bleiben.

Mit Recht ist gesagt worden, daß die Demokratie im Hinblick auf das Gemeinwohl, dem die Politik zu dienen hat, zugleich zuversichtlicher und unsicherer ist als der totalitäre Staat. Der totalitäre Staat beansprucht stets die absolute Wahrheit für sich und behauptet, genau zu wissen, worin das Gemeinwohl besteht und wie es zu erreichen ist. Die Demokratie ist ihrer Sache nicht so sicher. Das veranlaßt sie, immer von neuem die richtige Lösung zu suchen, ja über die schließlich gefundene Lösung einen Rest von Unbehagen zu empfinden, der eine Revision in der Zukunft ermöglichen kann. Aus der Erkenntnis der Relativität aller gesetzgeberischen Entscheidungen ergibt sich die Bereitschaft, die abweichende Meinung anzuhören und über sie nachzudenken; aber das hat nur Sinn, wenn man selbst auch einen Standpunkt hat.

Das Ringen um die Notstandsgesetzgebung

Die historische Bedeutung der Notstandsregelung des Artikels 48 der Weimarer Reichsverfassung für den Verfall der Weimarer Republik ist umstritten; unbestreitbar aber hat diese Verfassungsbestimmung in der Technik der Machtergreifung durch die Nationalsozialisten im Jahre 1933 eine entscheidende Rolle gespielt. Infolgedessen mußten solche Erfahrungen mit einer Generalklausel zugunsten der Exekutive im Fall des Staatsnotstandes die Überlegungen des Parlamentarischen Rates bei der Ausarbeitung des Grundgesetzes entscheidend beeinflussen. Der Parlamentarische Rat beschränkte sich daher in der Schlußfassung des Grundgesetzes auf Teilregelungen für den Fall des inneren Notstandes, Vorschriften für den Zustand der äußeren Gefahr wurden nicht vorgesehen. Das Notstandsrecht behielten sich die drei Westmächte in den verschiedenen Fassungen des Besatzungsstatuts vor. Diese alliierten Vorbehaltsrechte, die sich sowohl auf innere als auch auf äußere Notstandsfälle erstreckten, wurden auch in den Deutschland-Vertrag übernommen, allerdings nur aufschiebend bedingt bis zum Zeitpunkt einer entsprechenden Regelung durch die deutsche Gesetzgebung.

Die Auseinandersetzungen um diese deutsche Gesetzgebung für den Notstandsfall, durch die das Erlöschen der alliierten Vorbehaltsrechte herbeigeführt und die volle Souveränität der Bundesrepublik hergestellt werden konnte. beherrschte mit wechselnder Intensität die innenpolitische Szene der sechziger Jahre.

Die ersten von der Bundesregierung ausgearbeiteten Entwürfe für die notwendigen Änderungen und Ergänzungen des Grundgesetzes – in der öffentlichen Diskussion allgemein als »Notstandsverfassung« bezeichnet – waren noch von dem Gedanken beherrscht, daß die »Ausnahmestunde die Stunde der Exekutive« sei. Diese Grundvorstellung von einer Notstandsregelung stieß bei der sozialdemokratischen Opposition im Bundestag auf absolute Ablehnung. Der 1960 eingebrachte Regierungsentwurf wurde nach seiner ersten Lesung in den Ausschüssen nicht behandelt.

Ein neuer, wesentlich differenzierterer Entwurf von 1963 hingegen wurde in intensiven Beratungen des Rechtsausschusses des Bundestages so weitgehend abgeändert, daß der Ausschuß dem Plenum einen neu erarbeiteten Entwurfstext im Frühjahr 1965 zur Annahme vorlegte. Die Gestaltung dieses Entwurfs hatte Ernst Benda als Berichterstatter des Rechtsausschusses entscheidend beeinflußt, der Rechtsausschußentwurf wird deshalb häufig auch als Benda-Bericht bezeichnet. Seine Fassung der Notstandsartikel hatte zeitweilig durchaus die Chance, die für die Grundgesetzänderung notwendige Zweidrittel-Mehrheit im Bundestag zu erlangen, denn in den Beratungen des Rechtsausschusses waren in allen wichtigen Streitfragen mit der SPD Kompromißlösungen gefunden worden. Der Entwurf scheiterte dennoch in der dritten Lesung, weil die SPD – wohl vor allem wegen der im September des Jahres 1965 bevorstehenden Bundestagswahl – dem starken Druck der Gewerkschaften, die die Notstandsgesetzgebung nach wie vor ablehnten, nicht widerstehen konnte.

Die ungelöste Notstandsfrage war einer der wichtigsten Gründe für die Bildung der Großen Koalition Ende 1966. Paul Lücke, der nach dem Regierungswechsel wieder Bundesinnenminister wurde, berief Ernst Benda in das damals neugeschaffene Amt eines Parlamentarischen Staatssekretärs und betraute ihn mit der Aufgabe, sich dem Problem der Notstandsgesetzgebung vorrangig zu widmen. Das Kabinett Kiesinger legte bereits im März 1967 einen auf der Grundlage des Benda-Berichts erneut überarbeiteten Regierungsentwurf vor, der vom Bundesrat und vom Bundestag zügig, aber außerordentlich intensiv beraten wurde. Im Verlauf ihrer Beratungen hielten der Rechtsausschuß und der Innenausschuß des Bundestages gemeinsam im November 1967 öffentliche Informationssitzungen über dieses in der öffentlichen Diskussion damals leidenschaftlich umstrittene Thema ab, in denen auch engagierte Gegner der vorgesehenen Notstandsgesetzgebung zu Worte kamen. In der ersten öffentlichen Informationssitzung der beiden Ausschüsse am 9. November 1967 hielt Benda eine einführende Rede, in der er die Grundlinien des Regierungsentwurfs und die gesamte Problematik der Notstandsgesetzgebung zusammenfassend darlegte.

Bis in die Schlußphase der Bundestagsberatungen wurde vor allem zwischen den Partnern der Großen Koalition um die Klärung besonders umstrittener Einzelfragen gerungen. Die Notstandsver-

fassung konnte nach einer Beratungszeit von etwas über einem Jahr sodann im Mai 1969 vom Bundestag verabschiedet werden. Ernst Benda, der am Zustandekommen dieses Gesetzgebungswerkes einen entscheidenden Anteil hatte, war zu dieser Zeit bereits als Nachfolger Lückes Bundesminister des Innern geworden. Zwei seiner Debattenreden aus der zweiten Lesung sind wegen des Sachzusammenhangs der Einführungsrede vom 9. November 1967 angefügt.

Auszug aus dem Protokoll
der 1. öffentlichen Informationssitzung des Rechtsausschusses
und des Innenausschusses des Deutschen Bundestages
vom 9. November 1967

Meine Herren Vorsitzenden, meine sehr geehrten Damen und Herren! Der Rechtsausschuß und der Innenausschuß haben mich beauftragt, zu Beginn dieses Anhörungsverfahrens die Auffassung der Bundesregierung vorzutragen. Die Begründung des Regierungsentwurfs liegt dem Parlament vor. Schon aus zeitlichen Gründen ist es unmöglich, jetzt auch nur den Inhalt der Regierungsvorlage im einzelnen vorzutragen, erst recht ihn zu erläutern und sich mit allen Gegenvorschlägen oder kritischen Einwänden auseinanderzusetzen. Vielmehr muß ich mich darauf beschränken, einige Grundfragen zu erörtern. Dabei werde ich nur Fragen aus dem Bereich des äußeren Notstandes behandeln, da die Ausschüsse beabsichtigen, die besondere Problematik des inneren Notstandes im Verlauf des Anhörungsverfahrens gesondert zu behandeln. Auch auf die einem besonderen Anhörungstermin vorbehaltene Erörterung der Problematik von Grundrechtsbeschränkungen verzichte ich heute.

Die Bundesregierung geht in voller Übereinstimmung mit den drei alliierten Mächten von dem Fortbestand der alliierten Vorbehaltsrechte nach Art. 5 Abs. 2 des Deutschlandvertrages bis zum Erlaß einer ausreichenden deutschen Notstandsverfassung aus. Diese bestehenden Vorbehaltsrechte der Alliierten sind die rechtliche Grundlage, auf der z. Z. im Falle einer äußeren Gefahr die erforderlichen Maßnahmen getroffen werden könnten und müßten. In der Polemik gegen die Vorschläge der Bundesregierung wurde erst vor kurzer Zeit wieder gesagt, daß mit dem Hinweis auf die alliierten Vorbehaltsrechte und auf die Notwendigkeit, sie durch deutsches Recht abzulösen, an nationalistische Gefühle appelliert werde. In Wirklichkeit sind solche gefühlsmäßigen Erwägungen ohne jede Bedeutung. Tatsache ist, daß bei der gegenwärtigen Rechtslage den drei alliierten Schutzmächten das Recht zusteht, zur Vorsorge gegen Notstandsfälle die erforderlichen Maßnahmen zu treffen. Ob unter praktischen Gesichtspunkten die Ausübung dieser alliierten Rechte die beste Lösung ist, darüber kann man allerdings streiten. Auch die Begründung, daß bei Bestehen der alliierten Vorbehaltsrechte die Bundesrepublik Deutschland nicht voll souverän sei, ist nicht ausschlaggebend. Die Bundesrepublik Deutschland hat sich mit anderen Ländern zu dem Verteidigungsbündnis der Nato zusammengeschlossen und wird im Kriegsfalle den größten Teil ihrer bewaffneten Macht diesem Bündnis unterstellen. Damit ist sie ohnehin auf die ständige enge Zusammenarbeit mit den Verbündeten angewiesen, weil nämlich ihre eigenen Kräfte zu einer erfolgreichen Verteidigung nicht ausreichen würden. Der Wunsch, die alliierten Vorbehaltsrechte durch eine deutsche Notstandsverfassung abzulösen, hat daher mit nationalistischen Gefühlen überhaupt nichts zu tun; aber wir wollen für unseren Bereich nach eigenem Verfassungsrecht entscheiden können, welche Rechtsnormen in einer Krisenlage gelten.

Dabei soll eine Regelung gefunden werden, welche die freiheitliche demokratische Grundordnung in einer Gefahrenlage im Kern bewahrt und sicherstellt, daß sie nach Beendigung der Gefahr wieder in vollem Umfange gilt. Eine deutsche Notstandsverfassung muß aber nicht nur rechtsstaatlich und demokratisch sein, sondern auch praktikabel in dem Sinne, daß sie zur Bekämpfung der äußeren Gefahr ausreichende Möglichkeiten gibt; dies ist nicht nur die Voraussetzung für die Ablösung der alliierten Vorbehaltsrechte. Niemand kann eine Regelung befürworten, die im Ernstfall nicht funktionieren würde. Zwischen diesen beiden Forderungen der Rechtsstaatlichkeit und der praktischen Brauchbarkeit besteht ein Spannungsverhältnis. Eine Notstandsverfassung kann ein Höchstmaß an rechtsstaatlichen Sicherungen enthalten, die jeden denkbaren Mißbrauch verhindern; aber eben wegen dieser übermäßigen Sicherung kann die Regelung für den praktischen Gebrauch im Ernstfall völlig ungeeignet sein. Umgekehrt mag eine Notstandsverfassung alle Anforderungen der Praxis erfüllen, aber dabei auf die Sicherung der Rechtsstaatlichkeit und Demokratie verzichten. Beide Wege scheiden aus. Eine Notstandsverfassung, die so kompliziert ist, daß sie in einer schweren Krise nicht gebraucht werden kann, ist überhaupt nichts wert. Umgekehrt will niemand, jedenfalls keine der im Bundestag vertretenen Parteien, eine Notstandsregelung, welche die äußere Freiheit nur um den Preis einer Aufgabe der freiheitlichen Ordnung im Innern verteidigen kann. Es muß vielmehr ein Mittelweg gefunden werden, der beiden Gesichtspunkten, dem der praktischen Brauchbarkeit und der Sicherung gegen Mißbrauch, in gleicher Weise Rechnung trägt. Der von der Bundesregierung vorgelegte Entwurf einer Notstandsverfassung bemüht sich um diesen vernünftigen Mittelweg. Der Entwurf knüpft weitgehend an die vom Rechtsausschuß des Bundestages in der vorigen Wahlperiode erarbeiteten Vorstellungen an, doch verwertet er die seitdem in der sogenannten 12er-Kommission mit Angehörigen aller Fraktionen des Bundestages und auch Vertretern des Bundesrates erzielte Übereinstimmung und schließlich auch die nach Bildung der Großen Koalition zwischen den Vertretern der Regierungsparteien getroffenen Absprachen. Die Konzeption des Regierungsentwurfs ist ausreichend und praktikabel. Sie ist im Rahmen der Nato-Übung Fallex 66 erprobt worden. Diesem ja regelmäßig stattfindenden Verteidigungsplanspiel lag eine dem modernen Kriegsbild entsprechende realistische Übungsannahme zugrunde. Neben der allgemeinen Aufgabe der Übung diente die deutsche Beteiligung vor allem dem Zweck, die Vorstellungen über eine künftige Notstandsverfassung praktisch zu erproben. Der Entwurf hat diese Bewährungsprobe voll bestanden. Zugleich sind ausreichende Sicherungen gegen die Gefahr eines Mißbrauchs getroffen worden. Der Regierungsentwurf hat auch Kritik gefunden. Daß ihm hierbei auf der einen Seite mangelnde Sicherung der demokratischen Ordnung und zugleich von der anderen Seite ein so perfektionistisches System der rechtsstaatlichen Sicherung vorgeworfen wird, daß die praktische Brauchbarkeit leiden müsse, scheint immerhin zu zeigen, daß wohl der richtige Mittelweg gefunden worden ist.

Herr Vorsitzender, aus der Fülle der einzelnen Fragen möchte ich jetzt zwei Problemkreise herausgreifen, die nicht zufällig im Mittelpunkt der neueren Diskussion um den Inhalt einer Notstandsverfassung stehen. Diese beiden Fragengruppen, von deren Beantwortung wahrscheinlich Wert oder Unwert einer Notstandsverfassung entscheidend abhängen wird, betreffen

erstens die Abgrenzung zwischen Friedenszeit, Spannungszeit

und Kriegszeit und zweitens die Frage nach der Kontrollfunktion des Parlaments im Notstand und damit das Verhältnis zwischen Parlament und Notparlament.

Zum Thema Abgrenzung zwischen Friedenszeit, Spannungszeit und Zustand äußerer Gefahr: Der Entwurf der Freien Demokratischen Partei will nur den Verteidigungsfall regeln. Im Text des Vorschlages wird nicht näher erläutert, wann dieser vorliegen soll. Nach der Begründung des FDP-Antrages soll damit – ich zitiere aus der Begründung – »im wesentlichen nur der Fall bewaffneter Auseinandersetzungen« gemeint sein. Manche Kritiker der Notstandspläne glauben zwar, daß die Regierung im Kriegsfalle außerordentliche Vollmachten brauche, wollen ihr diese aber erst von Beginn eines Krieges an, nicht schon in einer Spannungs- oder Friedenszeit geben. Unter den außerparlamentarischen Kritikern hat etwa Herr Prof. Ridder wiederholt erklärt, niemand könne sich der Einsicht verschließen, daß sich in einem mit den Waffen der Gegenwart geführten Kriege eine freiheitliche Staats- und Gesellschaftsordnung nicht aufrechterhalten lasse. Er selbst habe niemals behauptet, daß im Kriegsfall die Exekutive weitgehender Vollmachten nicht bedürfe. Man möge sie ihr geben, aber eben nur für den Kriegsfall. Wenn man diese Auffassung zugrunde legt, dann stellt sich auch aus der Sicht dieser Kritiker nicht mehr die – freilich in der öffentlichen Diskussion immer wieder oft sehr vereinfacht gestellte und beantwortete – Frage, ob überhaupt eine Notstandsverfassung erforderlich ist. Auch nach dieser kritischen Meinung braucht ja die Regierung außerordentliche Vollmachten für den Kriegsfall. Das geltende Grundgesetz sieht sie nicht vor. Der Streit geht daher um die Frage, von welchem Zeitpunkt an zur Bewältigung einer außergewöhnlichen Situation außerordentliche Maßnahmen erforderlich sind.

Ein moderner Krieg kann mit einem Überraschungsschlag beginnen. Unter den bei uns gegebenen Verhältnissen ist es wahrscheinlicher, daß dem Ausbruch des Krieges eine kürzere oder längere Spannungszeit vorausgeht. Mit Sicherheit kann man aber annehmen, daß der Beginn des Krieges nicht durch eine Kriegserklärung, sondern durch den unmittelbaren Einsatz der militärischen Machtmittel des Angreifers gekennzeichnet sein wird. Wer nicht von vornherein überrollt werden will, muß bei Kriegsbeginn voll abwehrbereit sein. Da aber kein Land sich ständig in diesem Zustand halten kann, muß angestrebt werden, die notwendigen Maßnahmen kurze Zeit vor Beginn der Feindseligkeiten beschleunigt durchzuführen. Das nennt man nach altem Sprachgebrauch Mobilmachung. Sie betrifft die militärische und die zivile Verteidigung, sie umfaßt den Aufmarsch der Streitkräfte ebenso wie etwa die Aktivierung des zivilen Luftwarndienstes. Die Mobilmachung umfaßt vor allem personelle und materielle Alarmmaßnahmen sowie organisatorische Vorkehrungen. Der Staat sollte andererseits keine der zum Teil in das Leben seiner Bürger tief eingreifenden Mobilmachungsmaßnahmen früher auslösen, als dies unbedingt nötig ist. Hier den rechten Weg zwischen dem Zu-früh und dem Zu-spät zu finden, ist eine äußerst schwierige Aufgabe. Das Inkrafttreten der für den Ernstfall vorgesehenen verfassungsrechtlichen Regelungen, etwa über die Möglichkeit einer Notgesetzgebung, ist nach dem Regierungsentwurf mit dem Eintritt des Zustandes äußerer Gefahr vorgesehen. Der Zustand äußerer Gefahr tritt ein, wenn entweder Feindseligkeiten gegen die Bundesrepublik Deutschland bereits begonnen haben oder nach Überzeugung des Parlaments unmittelbar drohen, d. h. jederzeit ausbrechen können. Für die Einleitung der Mobilmachung, deren Durchführung eine Reihe von Tagen benötigt, ist es dann allerdings bereits zu spät. Mit der Durchführung der ersten Mobilmachungsmaßnahmen muß vielmehr schon früher begonnen werden, und zwar dann, wenn sich eine internationale Krise so verschärft hat, daß mit dem Ausbruch von Kampfhandlungen innerhalb von wenigen Tagen gerechnet werden muß. Dem Zustand äußerer Gefahr wird also voraussichtlich eine kurze Mobilmachungsphase vorausgehen. In dieser Zeit werden nach den ersten Bereitschaftsvorkehrungen auch schwerwiegende Maßnahmen zur Herstellung der erhöhten Verteidigungsbereitschaft durchzuführen sein: Einberufung von Wehrpflichtigen, Aufmarsch der Streitkräfte, Sondertransporte der Bundesbahn, notfalls bereits Kontingentierung von Lebensmitteln oder Treibstoff, Einsatzbereitschaft der zivilen Helferorganisationen usw. Die wichtigsten dieser Maßnahmen sind an besondere förmliche Feststellungen nach den bestehenden Gesetzen gebunden. Es ist also irreführend, wenn gelegentlich behauptet wird, die an die Feststellung geknüpften Möglichkeiten zur Herstellung der Verteidigungsbereitschaft könnten bereits »im tiefsten Frieden« durchgeführt werden. Formal ist natürlich noch Frieden, aber doch schon eine unter Umständen lebensgefährliche Krise. Solange dagegen internationale Spannungen, mit denen natürlich immer gerechnet werden muß, keine unmittelbaren Auswirkungen auf die Sicherheit der Bundesrepublik Deutschland haben, sind sie zwar mit Aufmerksamkeit zu verfolgen, sie begründen aber keine Spannungszeit im Sinne der Notwendigkeit von Mobilmachungsmaßnahmen. Erst wenn mit einer für die Bundesrepublik bedrohlichen Entwicklung innerhalb eines kurzen Zeitraums gerechnet werden muß, werden Maßnahmen zur Herstellung der erhöhten militärischen und zivilen Verteidigungsbereitschaft angebracht sein. Von diesem Zeitpunkt an könnte allerdings jede weitere Verzögerung zu einer ernsthaften Gefährdung unserer Sicherheit führen. Die militärische Verteidigung setzt voraus, daß bereits im Frieden ausreichend starke Streitkräfte vorhanden sind. Außerdem müssen Reserveverbände gebildet und die Voraussetzung für ihre Mobilmachung im Ernstfall geschaffen sein. Niemand wird wohl verlangen, daß mit den militärischen Vorbereitungen bis zum Eintritt eines Verteidigungsfalles gewartet wird, während es andererseits sinnlos, auch aus wirtschaftlichen Gründen unmöglich wäre, die Streitkräfte im Frieden mit der vollen Stärke aller Verbände in ständiger Einsatzbereitschaft zu halten. Ziel der westlichen Verteidigungspolitik ist es, den Gegner von einem Angriffskrieg abzuhalten. Dem entspricht die Strategie der Nato. Während in den 5oer Jahren die Doktrin der massiven Vergeltung galt, also die schließlich wohl nicht mehr glaubwürdige Behauptung, daß jedem, auch dem kleinsten Angriff, sofort mit massiven atomaren Gegenmitteln begegnet werde, gilt heute die Doktrin des flexiblen Reagierens, d. h., daß einem möglichen Angriff mit den jeweils der Lage angemessenen Mitteln begegnet werden soll. Heute unterliegen Art und Umfang der eigenen militärischen Reaktion daher keiner vorweg bestimmten Automatik, sondern sie müssen von der Nato und ihren Mitgliedstaaten jeweils nach der Sachlage entschieden werden. Hieraus ergeben sich bereits vom militärischen Standpunkt aus, nämlich wegen der Wirksamkeit der Strategie der Abschreckung, wichtige Forderungen an eine Notstandsverfassung, und zwar nicht erst für die Zeit des Krieges, sondern gerade für die Zeit der Krise vor dem Beginn bewaffneter Auseinandersetzung. Diese Strategie verlangt Vorausdenken, präzise Vorbereitung auf militärischem und zivilem Gebiet. Eine Notstandsverfassung erfüllt diese Anforderungen nur, wenn sie die in einer parlamentarischen Demokratie aus guten Gründen komplizierte Prozedur der Staatswillensbildung für die Zeit vom Beginn einer ernsten Krisenentwicklung an umgestaltet, und zwar so umgestaltet, daß dann auf jede neue Situation aufgrund einer von der politischen Führung des Staates zu treffenden Entscheidung schnell und sachgerecht reagiert werden kann. Die Bundesrepublik befindet sich in einer ungünstigen strategischen Lage. Sie grenzt in ihrer ganzen Länge unmittelbar an das Gebiet des Warschauer Paktes. Der mutmaßliche Gegner hat den Vorteil kurzer Anmarschwege; er bestimmt Zeit, Ort und Umfang eines Angriffs. Der eigenen Verteidigung fehlt die Tiefe des Operationsgebietes. Jeder Angriff bedroht sofort den Kern des Staatsgebietes. Bereits geringe Geländeverluste würden zahlreiche Ballungsräume und Industriezentren der Bundesrepublik in Mitleidenschaft ziehen. Das eigene politische und militärische Handeln wird durch drei Hauptfaktoren bestimmt, die in der Natoübung Fallex 66 allen Beteiligten ganz deutlich geworden sind:

1. Die Handlungsfähigkeit der Natopartner ist beschränkt. Das Gesetz des Handelns liegt beim Angreifer. Die eigenen Maßnahmen sind stets nur Antwort auf eine Herausforderung. Die nationale Handlungsfreiheit ist durch die Integration in das Bündnis eingeschränkt.

2. Die Zeitnot: Der Gegner diktiert das Zeitmaß. Die eigenen Streitkräfte benötigen für Alarmierung und Aufmarsch einen Zeitraum von einigen Stunden bis zu einigen Tagen. Die Enge und Dichte des Raumes und etwa die Auswirkungen von Fluchtbewegungen können zu erheblichen Verzögerungen des Aufmarsches führen. Die Mobilmachung der im Frieden nicht voll einsatzbereiten Streitkräfte benötigt einen längeren Zeitraum. Die weitaus größte Zeitspanne erfordert der Aufbau des Nachschubsystems und das Anlaufen der zivilen Verteidigung. Jeder Schutz der Zivilbevölkerung ist daher unmöglich, wenn er etwa erst im Verteidigungsfall vorbereitet werden kann.

3. Die Forderung nach flexibler Reaktion. Das eigene Handeln kann den bewaffneten Konflikt verhindern, wenn nämlich die Abschreckung wirkt. Es kann ebenso die Steigerung in eben diesem bewaffneten Konflikt bewirken. Jedes Handeln steht unter der Gefahr, entweder zu früh oder zu spät zu erfolgen. Jede Entscheidung steht unter Zeitdruck, der es verbietet, die zur Beurteilung der jeweiligen Lage notwendigen Grundlagen an faktischen Kenntnissen oder an möglichen Alternativen noch zu erarbeiten. Die Entscheidenden müssen vielmehr in der Lage sein, innerhalb kurzer Zeit eine politische Willensbildung vorzunehmen, die dem Gewicht der

auf ihnen ruhenden Verantwortung entspricht.

Das geltende Verfassungsrecht wird der besonderen Bedeutung der Spannungszeit nicht gerecht. An sich liegt die verfassungsmäßige Zuständigkeit für alle Mobilmachungsmaßnahmen auf dem Gebiet der militärischen und zivilen Verteidigung ebenso wie für alle außenpolitischen Entscheidungen bei der Bundesregierung, die nach geltendem Recht weittragende Entscheidungen treffen kann. Es ist allein Sache der Bundesregierung, welche Instruktionen sie ihren Botschaftern beim Nato-Rat erteilt, wenn sich dort die Frage stellt, ob eine bestimmte Alarmstufe für den Natobereich zu verkünden ist. Die Einberufung von Reservisten zur Bundeswehr und ähnliche wichtige Entscheidungen sind von der förmlichen Feststellung abhängig, daß dies zur beschleunigten Herstellung der Verteidigungsbereitschaft notwendig sei. Aber auch diese Feststellung trifft die Bundesregierung selbst. Erst die Beratungen des Rechtsausschusses über die Notstandsverfassung in der vorigen Wahlperiode haben die Gefahr verdeutlicht, daß die Regierung vor der förmlichen Feststellung des Zustandes der äußeren Gefahr Maßnahmen trifft, die entweder national oder im Natobereich den weiteren Verlauf der Krise wesentlich beeinflussen, ohne daß das Parlament irgendeine wirkliche Einwirkungsmöglichkeit hat. Der Rechtsausschuß hat hieraus die Folgerung gezogen, der sich auch der neue Regierungsentwurf angeschlossen hat, vor so weittragenden Entscheidungen ein besonderes parlamentarisches Gremium, nämlich den Gemeinsamen Ausschuß, zu beteiligen. Allerdings waren sich alle Mitglieder des Rechtsausschusses damals über die Unmöglichkeit einig, ein anderes als dieses kleine parlamentarische Gremium einzuschalten. Die Entscheidungen sind eilbedürftig, und eine breite, möglicherweise öffentliche Diskussion könnte die Lage in der eigenen Bevölkerung zur Unzeit dramatisieren oder den Gegner zu falschen oder voreiligen Reaktionen veranlassen. Heute wird am Regierungsentwurf eben die Kontrolle der Regierung durch ein parlamentarisches Gremium auf Sachgebieten, die an sich in die verfassungsmäßige Zuständigkeit der Regierung fallen, kritisiert, und nunmehr die gleiche Zuständigkeit für das gesamte Parlament — womöglich sogar mit qualifizierter Mehrheit — gefordert. Zusammenfassend ist festzustellen, daß besondere verfassungsrechtliche Regelungen nicht erst für den Zustand der äußeren Gefahr oder den Verteidigungszustand, sondern auch und gerade für den als Spannungszustand bezeichneten Übergangszustand erforderlich sind. Allerdings sollte es nicht das Ziel einer Notstandsverfassung sein, die nach heutigem Verfassungsrecht der Regierung gegebenen Möglichkeiten weiter zu beschränken, als der Regierungsentwurf vorschlägt. Die Mitwirkung des Gemeinsamen Ausschusses an solchen Entscheidungen kann sinnvoll und, wie »Fallex 66« gezeigt hat, durchaus praktikabel sein. Sie stellt politische Entscheidungen von weittragender Bedeutung auf eine breitere Basis und bringt andere als nur die Gesichtspunkte der Regierung zur Geltung. Die Verlagerung solcher der heutigen Rechtslage nach reinen Exekutiventscheidungen von der Regierung auf das Gesamtparlament kompliziert dagegen den Prozeß der Staatswillensbildung in einer Krisensituation, statt ihn, wie es die Sachlage erfordern würde, zu vereinfachen. Durch den Zwang, solche Entscheidungen vom Gesamtparlament vornehmen zu lassen, würde ein schnelles und bewegliches Reagieren erschwert werden. Die Bundesregierung könnte eine Notstandsverfassung, die solche Vorschläge verwirklichte, nicht als praktikabel anerkennen.

Das zweite Thema betrifft das Verhältnis des Notparlaments zum Gesamtparlament. Dies ist das eigentliche Kernstück der Regierungsvorlage. Zugleich setzt an diesem Punkte die Kritik mit größter Heftigkeit ein. Die Grundfrage geht darum, ob es in einer Notstandssituation überhaupt eine wirksame Form parlamentarischer Kontrolle der Regierung geben kann. Die Entstehungsgeschichte des Gemeinsamen Ausschusses begann mit dem ersten Entwurf der Bundesregierung zur Notstandsverfassung der 3. Wahlperiode, dem sogenannten Schröder-Entwurf. Dieser Entwurf verneinte die Frage, ob es in so ernster, eine schnelle Entscheidung erfordernder Lage noch eine parlamentarische Kontrolle geben könne. Er übertrug folgerichtig alle Befugnisse einschließlich des Rechts zur Rechtsetzung auf die Bundesregierung. Der Notstand galt als die Stunde der Exekutive. Dies war aber zugleich die Geburtstunde des Gedankens, an die Stelle der im Notstand wahrscheinlich funktionsunfähigen gesetzgebenden Körperschaften ein drastisch verkleinertes Notparlament zu setzen. Der Vorschlag geht auf den ehemaligen niedersächsischen Ministerpräsidenten Kopf zurück und wurde erstmals vom Bundesrat in seiner Stellungnahme zum sogenannten Schröder-Entwurf zur Diskussion gestellt. Seitdem ist in den parlamentarischen Beratungen der Gedanke eines Notparlaments immer weiter vertieft und in zahlreichen Einzelfragen geklärt worden. Dabei war der Grundgedanke im Bundestag bisher niemals strittig, und es ist während der Beratungen im Rechtsausschuß des Bundestages in der vorigen Wahlperiode auch über die Ausgestaltung der Aufgaben dieses besonderen Verfassungsorgans volle Einigkeit erzielt worden. Alle Bedenken und Änderungsvorschläge, die in neuerer Zeit im parlamentarischen Raum vorgetragen werden, sind schon damals im Rechtsausschuß in drei Jahre andauernden Einzelberatungen mit größter Sorgfalt durchgeprüft und von den Vertretern aller Fraktionen einmütig verworfen worden. Über keine Sachfrage der Notstandsverfassung hat es im Parlament bisher eine größere Einigkeit gegeben als über die Ausgestaltung des Gemeinsamen Ausschusses, zumal das erarbeitete Modell bei »Fallex 66« praktisch erprobt werden konnte und sich dabei, nach dem ebenfalls übereinstimmenden Urteil der beteiligten Parlamentarier, vollauf bewährt hat. Wenn im Zustand äußerer Gefahr, entweder auf Grund von Waffeneinwirkungen nach Beginn eines bewaffneten Konflikts oder schon vorher wegen erschwerter Verkehrsverhältnisse oder aus ähnlichen Gründen das Parlament nicht mehr zusammentreten kann oder nicht mehr beschlußfähig ist, stellt sich nur folgende Alternative: Entweder man läßt an seiner Stelle ein vorsorglich gebildetes Notparlament tätig werden oder man gibt in diesem Falle der Regierung alle Vollmachten, d. h., man läßt diese auch an Stelle des Gesetzgebers tätig werden. Eine dritte Möglichkeit gibt es nicht. Wenn man den Bundestag entscheiden lassen wollte, gleichgültig wie viele Abgeordnete anwesend sein können, dann überläßt man es dem bloßen Zufall, wie seine politische Zusammensetzung sein wird und welche Teile der Bundesrepublik Deutschland dann durch Abgeordnete vertreten sein können. Das Notparlament ist zwar auch viel kleiner als das Gesamtparlament in seiner normalen Besetzung. Es kann aber dessen politische Zusammensetzung widerspiegeln. Im übrigen lassen sich technische Möglichkeiten finden, um das Zusammentreten des Bundestages auch in kritischer Lage wahrscheinlicher zu machen. Eine Garantie wird sich nicht geben lassen, daß dies immer gelingt. Jedenfalls für den Fall des Ausfalls oder der Beschlußunfähigkeit der gesetzgebenden Körperschaften muß daher entweder der Regierung ein Notverordnungsrecht gegeben oder ein besonderer Notgesetzgeber gefunden werden. Schon wegen der Regelung dieser Frage, wie übrigens allgemein des Problems, auf welche Weise im Notstand ausfallende Staatsorgane ersetzt werden können, ist eine Notstandsverfassung mindestens für den äußeren Notstand notwendig und die Behauptung falsch, daß das geltende Verfassungsrecht die notwendige Vorsorge treffe.

Wenn man den Gemeinsamen Ausschuß als Notparlament im Grundsatz für erforderlich hält, ergibt sich die weitere Frage nach dem Verhältnis von Parlament und Notparlament zueinander. Dies ist der Punkt, an dem die Zweifel und Bedenken vor allem einsetzen. Kritiker außerhalb des Parlaments halten den Gemeinsamen Ausschuß überhaupt nicht für ein parlamentarisches Gremium, sondern für bloße Mitwisser der Regierung, für einen verlängerten Arm der Exekutive. Im Parlament wird gelegentlich die Befürchtung laut, daß in den Mitgliedern des Gemeinsamen Ausschusses eine privilegierte Gruppe von Abgeordneten geschaffen werde, die besser als die anderen unterrichtet und mit stärkerer Macht ausgestattet sei. Zu der zuerst erwähnten Kritik, Notparlament als verlängerter Arm der Exekutive, ist bisher über die bloße Behauptung hinaus nichts vorgetragen worden. Die Mitglieder des Gemeinsamen Ausschusses werden nicht von der Bundesregierung, sondern vom Parlament bestimmt – und zwar gleichgültig, wie das umstrittene Wahlverfahren schließlich geregelt werden wird – oder, soweit sie dem Bundesrat angehören, von den jeweiligen Landesregierungen benannt. Die Legitimation der Mitglieder des Gemeinsamen Ausschusses ist unbezweifelbar, jedenfalls solange man nicht das Prinzip der repräsentativen Demokratie überhaupt in Zweifel ziehen will. Die Fraktionen des Bundestages werden in das Notparlament diejenigen Abgeordneten entsenden, die in den Fragen der militärischen und zivilen Verteidigung über besondere Erfahrungen und Kenntnisse verfügen, im übrigen aber wohl vor allem die Vorsitzenden der Fraktionen oder andere hervorragende Persönlichkeiten, die in besonderer Weise durch ihre Fraktion oder für das Parlament im Ganzen zu sprechen vermögen. Daß diese plötzlich zu Handlangern der Exekutive würden, widerspricht jeder Erfahrung. Dies hat sich bei »Fallex 66« gezeigt. Es zeigt sich immer wieder bei zahlreichen Gelegenheiten, bei denen das Parlament aus besonderen Gründen einzelne seiner Mitglieder in bestimmte Gremien entsendet, um dort die Tätigkeit der Regierung zu kontrollieren. Ein Beispiel bilden etwa die sehr kleinen Ausschüsse zur laufenden Kontrolle des Bundesnachrichtendienstes oder ähnlicher Institutionen. Aber auch die sog. geschlossenen Ausschüsse des Bundestages, wie der Verteidigungsausschuß, der Ausschuß für auswärtige Fragen, der Ausschuß für gesamtdeutsche und Berliner Fragen. Auch diese parlamentarischen Gremien erhalten aus naheliegenden Gründen Informationen, die nicht dem Parlament als Ganzes zugeleitet werden, und sie erfüllen, wie vor allem der Verteidigungsausschuß, besondere Aufgaben in eigener Verantwortung. Hierdurch werden keine Privilegien geschaffen. Der Zwang zur Arbeitsteilung in einem Parlament, das unzählige schwierige Aufgaben zur gleichen Zeit zu bewältigen hat, bewirkt ohnehin – und ich sage leider –, daß der einzelne Abgeordnete nur einen mehr oder weniger begrenzten Ausschnitt der Sachfragen selbst zu übersehen vermag. Weshalb sollten ausgerechnet Fragen der militärischen und zivilen Verteidigung ohne eine ständige intensive Vorbereitung und fortlaufende Unterrichtung über politische, militärische, technische und rechtliche Entwicklungen, also ohne eine Spezialisierung von jedem Parlamentarier überblickt werden können?

Solange im Zustand äußerer Gefahr Bundestag und Bundesrat funktionsfähig sind, sollen sie nicht etwa ihrer verfassungsmäßigen Aufgaben enthoben werden. Der Gemeinsame Ausschuß steht in erster Linie als Notparlament bereit, das sofort einspringen kann, wenn die gesetzgebenden Körperschaften nicht mehr funktionsfähig sind. Sollte man dann das Notparlament überhaupt erst bei Funktionsunfähigkeit des Bundestages zusammentreten lassen oder, wie es der Regierungsentwurf vorsieht, bereits im Frieden zur Unterrichtung über die Planung der Bundesregierung? Hierbei handelt es sich ebenso wie bei der Frage, ob während des Zustandes äußerer Gefahr der dann noch an sich beschlußfähige Bundestag den Gemeinsamen Ausschuß zur Gesetzgebung ermächtigen kann, um weit mehr als ein bloßes technisches Detail, das man so oder so regeln könnte. Vielmehr geht es um das Kernproblem der wirksamsten Form parlamentarischer Kontrolle. Die Kontrollaufgabe wird vom Regierungsentwurf voll bejaht. Er ist der Auffassung, daß gerade dann, wenn jede einzelne Handlung oder Unterlassung der Regierung das Schicksal des ganzen Volkes entscheiden könnte, solche Kontrolle schlechthin unverzichtbar ist. Die Kontrolle darf aber die notwendige Entscheidung nicht verzögern. Eine Entscheidung, die zu spät fällt, wirkt ebenso wie die Entscheidung, nichts zu tun. Je knapper die zur Verfügung stehende Zeit ist, desto größer ist die Gefahr, daß unsachgemäß entschieden wird, d. h., daß nicht alle für die Entscheidung wesentlichen Gesichtspunkte gründlich genug geprüft werden. Es liegt auf der Hand, daß die Größe des Gremiums, das die Entscheidung zu treffen hat, an sich schon die Zeitdauer der Beratung ungünstig beeinflußt. Im Verhältnis zwischen Regierung und Parlament sind dabei die Gewichte bereits heute ungleich verteilt. Hier die Regierung mit ihrem großen Apparat spezialisierter Fachleute, die für jede Einzelfrage mit allen Unterlagen und notwendigen Argumenten zur Verfügung stehen, dort das Parlament mit einem gegenüber den Möglichkeiten der Regierung nur sehr kleinen, in der technischen Ausstattung leider äußerst kümmerlichen Apparat. Der einzige Weg für das Parlament, um in der Auseinandersetzung mit der Regierung einigermaßen Waffengleichheit herzustellen, liegt schon heute in der weitgehenden Spezialisierung der Abgeordneten auf einzelne Fachgebiete. Ich gebe ganz freimütig zu, daß dieser Zustand mit dem Idealbild des umfassend gebildeten, alle Sachgebiete überschauenden Parlamentariers nur noch wenig zu tun hat. Und ich stimme all denen zu, die eine Verbesserung der Chancen des Parlaments durch Verstärkung des technischen Apparates, des wissenschaftlichen Hilfsdienstes und der Arbeitsbedingungen der einzelnen Abgeordneten fordern. Aber auch bei Einsatz aller dieser Möglichkeiten kann im Regelfall der Parlamentarier zwar im ganzen den politischen Kurs der Regierung bestimmen, jedoch kaum noch alle Einzelfragen übersehen. Normalerweise ist dies vielleicht auch nicht erforderlich, weil es bei dem politischen Gesamtkurs nicht auf alle Details ankommt, und, das ist wichtiger, normalerweise kann die parlamentarische Debatte so lange fortgesetzt werden, bis auch alle Einzelfragen gründlich untersucht und entschieden sind. In einer Notstandssituation, zumal bei einem schon begonnenen oder unmittelbar bevorstehenden Angriff, wie es der Zustand äußerer Gefahr voraussetzt, fehlt dieser ausgleichende Faktor der Zeit. Es fehlt die Möglichkeit, durch intensive zeitlich im Prinzip nicht begrenzte Erörterung den Vorsprung an Spezialkenntnis, den die Regierung hat, einzuholen. Zugleich gewinnen gerade die Detailfragen im Verhältnis zur Normalsituation überdimensionierte Bedeutung. Die Bewältigung der Krise setzt nicht die Festlegung des Gesamtkurses voraus, der sich nämlich von selbst versteht: als Versuch, den Krieg zu verhindern. Die wichtigste und schwierigste Frage ist vielmehr gerade die, welche einzelnen Schritte krisenverschärfend oder welche krisenentschärfend wirken. Das Parlament wird in einer Krisenlage immer unter Zeitdruck stehen.

Die Regierung, die die Einzelheiten der Lage kennt, muß unter dem Gewicht ihrer unmittelbaren Verantwortung für das Staatswohl schwerwiegende Schritte vorschlagen. Ich vermute, daß jedes Parlament in dieser Situation eher alle von der Regierung geforderten Maßnahmen billigen wird, als sich dem Vorwurf aussetzen wird, die bei rechtzeitigem Handeln noch mögliche Abwehr der Gefahr durch Unterlassung oder Verzögerung der Entscheidung verhindert zu haben. Es ist unmöglich und unzumutbar, das Parlament mit der vollen Wucht der Verantwortung zu belasten, ohne es zugleich in die Lage zu versetzen, dieser Verantwortung gemäß zu handeln, d. h. alle Fragen mit dem hierfür erforderlichen Zeitaufwand zu prüfen.

Aus diesem Dilemma zieht der Regierungsentwurf meines Erachtens die einzig praktikable Konsequenz. Die Einrichtung des Gemeinsamen Ausschusses in Friedenszeiten, seine personelle Besetzung und seine laufende Unterrichtung über alle Planungen der Regierung auf dem Gebiet der Vorsorge gegen eine äußere Gefahr schränken die verfassungsmäßigen Rechte des Parlaments nicht ein, zu denen auch das Recht auf eine solche Unterrichtung mindestens in den hierfür bestimmten Ausschüssen – wie beispielsweise dem Verteidigungsausschuß – gehört, aber sie stellen zugleich sicher, daß ein besonderes parlamentarisches Gremium sich ein höheres Maß an Kenntnissen und Einsichten aneignet und für den Ernstfall präsent hat, als normalerweise von jedem einzelnen Parlamentarier erwartet werden kann.

Wenn der Zustand äußerer Gefahr eintritt, können unter Umständen innerhalb sehr kurzer Zeit zusätzliche gesetzgeberische Maßnahmen erforderlich werden, wenn auch nach Möglichkeit alle für diesen Fall notwendigen Rechtsnormen schon in Friedenszeiten im Wege der normalen Gesetzgebung bereitgestellt werden sollen. Der Regierungsentwurf sieht keinen automatischen Übergang der Zuständigkeit zur Gesetzgebung von Bundestag und Bundesrat auf den Gemeinsamen Ausschuß vor. Wohl aber kann das Notparlament ermächtigt werden, anstelle der sonst zuständigen Körperschaften Gesetze zu erlassen. Ob diese Ermächtigung ausgefüllt wird oder ob sich das Parlament seine Rechte selbst vorbehält, soll von ihm – vom Parlament – im Einzelfall entschieden werden, wobei auch eine sachlich begrenzte oder eine auf Zeit oder widerruflich erteilte Ermächtigung selbstverständlich zulässig ist. Je weniger Zeit zur sorgfältigen Beratung im Gesamtparlament zur

Verfügung steht, wobei ohnehin das nach der Normalverfassung sehr umständliche Gesetzgebungsverfahren vereinfacht werden müßte, desto größer ist die Wahrscheinlichkeit, daß von dieser Ermächtigung Gebrauch gemacht wird. Dieses Verfahren steht mit keinem Grundgedanken des Parlamentarismus im Widerspruch; Artikel 80 des Grundgesetzes erlaubt es dem Gesetzgeber, in dem dort bezeichneten Rahmen sogar der Bundesregierung unmittelbar das Recht zur Normsetzung zu übertragen. Die kürzlich verabschiedeten Gesetze zur Förderung der Stabilität und des Wachstums der Wirtschaft haben der Regierung sehr weitgehende Vollmachten für unter wirtschaftlichen Gesichtspunkten kritische Situationen gegeben, in denen auch schnell gehandelt werden muß.

Meine Hauptthese ist also, daß sich die parlamentarische Kontrolle in einer sehr kritischen Lage, wenn Entscheidungen innerhalb kürzester Frist gefällt werden müssen, in dem gleichen Maße als unwirksam erweisen könnte, in dem dann das Gesamtparlament in vollem Umfange auf der Wahrung seiner Rechte besteht. Dem Argument der Regierung, daß bestimmte Maßnahmen in höchster Gefahr unabweisbar notwendig sind und sofort beschlossen werden können, kann wohl ein auf die Prüfung eben dieser Fragen spezialisiertes, hierauf in Friedenszeiten ständig vorbereitetes und nach der Zahl seiner Mitglieder schnell aktionsfähiges Gremium entgegentreten, weil es die Situation zu überblicken vermag und einen, ja möglicherweise falschen Weg der Regierung als solchen erkennen und kennzeichnen kann. Wenn dagegen der Bundestag unter allen Umständen selbst entscheiden muß, bleibt ihm wahrscheinlich sehr oft nur ein bloßes Ja zu den Forderungen der Regierung. Umgekehrt befürchte ich, daß in einer Krisensituation kein Parlament in der Lage sein wird, eine zaudernde und unschlüssige Regierung zu einem energischen Handeln im Interesse der Nation zu zwingen. In eindrucksvoller Weise schildert Winston Churchill in seinen Erinnerungen den Tag im Jahre 1940, an dem die deutschen Truppen auf der anderen Seite des Kanals auftauchten, im englischen Parlament. Ich zitiere aus den Erinnerungen von Churchill:

»Dies war die Stunde, da meine Kollegen es für richtig hielten, vom Parlament die außerordentlichen Vollmachten zu verlangen, für die in den letzten Tagen ein Gesetz vorbereitet worden war. Die Maßnahmen sollten der Regierung praktisch unbegrenzte Macht über Leben, Freiheit und Eigentum der Untertanen Seiner

Majestät von Großbritannien verleihen. Juristisch gesprochen räumte das Parlament uns absolute Gewalt ein. Das Gesetz enthielt die Befugnisse« – und jetzt zitiert Churchill aus diesem Gesetz – »durch königliche Verordnung Verfügungen zu erlassen, durch welche Personen, ihre Dienste und ihr Eigentum zur Verfügung Seiner Majestät gestellt werden können, sofern es notwendig oder ratsam erscheint zur Gewährleistung der öffentlichen Sicherheit, der Verteidigung des Königreichs, der Aufrechterhaltung der öffentlichen Ordnung oder der wirksamen Führung eines Krieges, in den Seine Majestät verwickelt sein mag oder der zur Sicherung für die Gemeinschaft wesentlichen Lieferungen und Dienste.«

Dieses so zitierte Gesetz wurde, wie Churchill weiter berichtet, dem Parlament nachmittags vorgelegt und in allen Lesungen am gleichen Nachmittag vom Unterhaus und Oberhaus einstimmig verabschiedet. Noch am Abend erhielt es die Zustimmung des Königs.

Ich brauche den Mitgliedern der Ausschüsse wohl nicht zu sagen, daß ein solches Gesetz mit seinen inhaltlich unbegrenzten Eingriffen in die Grundrechte der Bürger unter einer deutschen Notstandsverfassung weder vom Parlament noch vom Notparlament verabschiedet werden könnte, weil so tiefe Eingriffe auch nach Notstandsrecht unzulässig bleiben werden. Um so wahrscheinlicher würde aber ein dem Inhalt nach schwächeres, für die weitere Entwicklung einer gefährlichen Krise und die Stellung der Staatsbürger in dieser Krise entscheidendes Gesetz sehr schnell die Zustimmung der gesetzgebenden Körperschaften finden. In dieser Sicht spricht alles dafür, zwar die oberste Entscheidung uneingeschränkt beim Bundestag und Bundesrat zu belassen, so lange diese funktionsfähig sind, aber die Möglichkeit der Ermächtigung an den Gemeinsamen Ausschuß vorzusehen. Wahrscheinlich ist in einer auf das äußerste zugespitzten Krise das kleine, von den Spitzen der Fraktionen und den Experten auf dem Gebiet der militärischen und zivilen Verteidigung gebildete und auf seine Aufgabe sorgfältig vorbereitete Gremium des Gemeinsamen Ausschusses die einzige Form faktisch noch wirksamer parlamentarischer Kontrolle. Es sollten daher eher Überlegungen angestellt werden, wie man die Wirksamkeit des Notparlaments stärken, als wie man es schwächen kann. Einer Stärkung dienen Überlegungen über die optimale zahlenmäßige Stärke, die über 33 Mitglieder – zu denen ja eine gleiche Anzahl von Stellvertretern gehört – wohl nicht hinausgehen sollte, über das Verfahren bei Abstimmungen und über technische Hilfsmittel. Immerhin wird jeder, der bei »Fallex 66« dabei war, bestätigen können, daß der Gemeinsame Ausschuß seine Kontrollfunktion voll wahrnehmen konnte und voll wahrgenommen hat. Die damals gewonnenen Erfahrungen halte ich für ermutigend; sie sollten verwertet werden.

Mit diesen Ausführungen hoffe ich diejenigen Fragen aus der Sicht der Bundesregierung beantwortet zu haben, auf deren Klärung die Ausschüsse des Bundestages in diesem Stadium besonderen Wert legen. Von den beiden dargestellten Problemen hängt die praktische Brauchbarkeit einer Notstandsverfassung entscheidend ab. Sie betreffen die dem Notstand angemessenen Methoden der Staatswillensbildung, eine Frage, die ich immer für sehr viel wesentlicher gehalten habe als die Neuregelung des Verhältnisses zwischen Staat und Bürger, also die Frage nach der Notwendigkeit von Grundrechtsbeschränkungen. Auch hier ergeben sich natürlich sehr ernste Fragen, auf die ich vielleicht später, wenn das Verfahren mir dazu Gelegenheit gibt, gerne zurückkommen werde. Die Bundesregierung hofft auf eine gründliche Erörterung der heute erwähnten und aller anderen mit dem Notstandsproblem zusammenhängenden Fragen in den beteiligten Ausschüssen. Sie begrüßt dieses Anhörungsverfahren. Sie ist der Auffassung, daß das Ziel eine Regelung sein sollte, die das Überleben des Rechtsstaates und der parlamentarischen Demokratie im Falle einer äußeren Bedrohung sicherstellt, zugleich aber auch die Instrumente schafft, um einer solchen Gefahr wirksam zu begegnen. Eine Notstandsverfassung muß rechtsstaatlich und demokratisch sein, und sie muß praktikabel sein. Fehlt eine dieser Voraussetzungen, so ist sie nichts wert.

Auszug aus dem Protokoll des Deutschen Bundestages
vom 15. Mai 1968

Herr Präsident! Meine Damen und Herren! Ich wollte die Diskussion über diesen wichtigen Punkt nicht unnötig verlängern; aber nach dem bisherigen Gang der Diskussion scheint es mir doch zweckmäßig zu sein, zu versuchen, in aller Nüchternheit vielleicht ein wenig klarer zu machen, als es bisher möglich war, worum es eigentlich geht. Ich fürchte, daß derjenige, der nicht unmittelbar mit der Materie in den Ausschüssen beschäftigt war und jetzt diese

Diskussion anhört, doch in Gefahr gerät, nicht genau zu sehen, worum es eigentlich geht.

(Abg. Dorn: Wir sind doch angeblich alle genau informiert! – Zuruf von der CDU/CSU: Aber die Öffentlichkeit!)

– Herr Kollege Dorn, das gilt gelegentlich sogar für Kollegen, die eigentlich informiert sein sollten, wie z. B. für Sie und eine Reihe anderer Kollegen Ihrer Fraktion, wie ich aus den Zwischenrufen entnehmen kann.

Die Antwort auf die Frage, warum man im Falle des Verdachts der bestimmten vorhin aufgezählten strafbaren Handlungen, wenn man die Überwachung des Post- oder Fernmeldeverkehrs für notwendig hält, nicht eine richterliche Anordnung vorsieht, ist sehr viel einfacher zu geben, als es auch die Herren Fragesteller von Ihrer Seite vermutet haben. Man kann sie aus der Drucksache V/ 1880 entnehmen, die am 13. Juni 1967 diesem Hohen Hause und allen Abgeordneten zugeleitet worden ist. Da steht es nämlich im einzelnen drin; ich verweise auf Seite 4, §§ 100 a und 100 b der Strafprozeßordnung. Die Antwort ist, um es zusammengefaßt zu sagen, folgende: Wenn jemand einer bestimmten strafbaren Handlung – Hochverrat, Straftaten gegen die Landesverteidigung, Straftaten gegen die Sicherung der Truppen, Mord, Totschlag, Münzverbrechen usw. – beschuldigt wird und eine solche Maßnahme in Frage kommt, dann greift § 100 b Abs. 1 Satz 1 Platz, der sagt:

Die Überwachung des Fernmeldeverkehrs (§ 100 a) darf nur durch den Richter angeordnet werden.

In diesem Punkte gibt es also überhaupt keine Diskussion, oder genauer gesagt: was insoweit diskutiert worden ist, halte ich für überflüssig; denn in der Sache kann es gar keinen Streit geben. Das Petitum, das Sie hier vorbringen, ist insofern erfüllt.

Was aber die Kollegen, die Zwischenfragen gestellt haben, für mein Empfinden – oder ich müßte sie sehr mißverstanden haben –

(Zuruf von der FDP: Ja, haben Sie!)

– Das ist wohl möglich, Herr Kollege. Es kann, wenn man sich mißversteht, immer an dem einen oder an dem anderen liegen. Treffen wir uns in der Mitte! Ich bin bereit, das zu konzedieren. Ich will Sie ja jetzt nicht mit solchen Plaudereien aufhalten, sondern möchte versuchen, einen Beitrag zur Sache zu liefern. – Herr Kollege Busse, wenn Sie mich freundlicherweise jetzt einmal meinen Gedankengang vortragen ließen! Ich gebe Ihnen dann sehr gern Gelegenheit. Es scheint mir nämlich wirklich notwendig zu sein, auch wegen der Klarheit nach außen, einmal zu sagen, worum es sich handelt und worum nicht.

Ich fasse zusammen. Erster Punkt: Wenn jemand einer der soeben bezeichneten strafbaren Handlungen beschuldigt wird und die Notwendigkeit besteht – und niemand kann, glaube ich, leugnen, daß es eine solche Situation geben kann –, beispielsweise Briefe zu öffnen, dann ist es Sache des zuständigen Richters, die Anordnung zu treffen.

Zweiter Punkt: Das Bundesamt für Verfassungsschutz und die übrigen auf diesem Gebiet zuständigen Behörden, denen – wie ich bei dieser Gelegenheit wiederhole – der Schutz unserer verfassungsmäßigen Ordnung anvertraut ist, die diese Aufgaben zu erledigen haben, beobachten Dinge, die aus ihrer Sicht für den Schutz der verfassungsmäßigen Ordnung von Bedeutung sind. Für sie ergibt sich die gleiche Frage, ob es nicht notwendig oder zweckmäßig ist, hier bestimmte Überwachungsmaßnahmen vorzunehmen. Nur darum kann es sich handeln. Ich muß das bei dieser Gelegenheit sagen. Es geht nicht darum, Briefe zu öffnen, Telefone abzuhören oder irgendwelche von diesen Dingen zu tun als Mittel etwa des innenpolitischen Kampfes. Es geht darum, Angriffe auf die verfassungsmäßige Ordnung, auf die äußere oder innere Sicherheit der Bundesrepublik oder ihrer Verbündeten rechtzeitig zu erkennen, um sie wirksam abwehren zu können, und in diesem Ziele sollten wir uns jedenfalls alle treffen. In diesem Punkte geht es um die Tätigkeit speziell des Verfassungsschutzes und ähnlicher Behörden.

Dieses Haus weiß seit vielen Jahren, daß es gute Gründe dafür gibt, die Tätigkeit etwa des Verfassungsschutzes und ähnlicher Einrichtungen durch ein besonderes parlamentarisches Gremium nachprüfen und überwachen zu lassen. Manche von uns sind in diesem Gremium tätig, sie kennen diese Sache. Ich glaube, daß sich diese Einrichtung nach dem Urteil aller Kollegen, die damit praktisch beschäftigt waren, bestens bewährt hat und daß gar kein Anlaß zu Mißtrauen etwa gegen die in diesem Gremium tätigen Kollegen besteht, daß sie ihrer Aufgabe nicht ordnungsgemäß nachkämen. Dieser Weg hat sich also als sehr brauchbar erwiesen.

Herr Kollege Busse, wir haben mindestens seit 1965 über dieses Thema gesprochen. Vielleicht entsinnen Sie sich der Gespräche, die damals geführt worden sind. Damals gab es eine Überlegung, z. B. einen Senat des Bundesgerichtshofes für diese Dinge einzuschalten.

Vielleicht entsinnen Sie sich auch noch dessen, was die Herren Richter des Bundesgerichtshofs auf diesen Wunsch, der von unserer Seite kam, geantwortet haben. Sie haben nämlich genau dasselbe geantwortet, was Herr Kollege Dr. Wilhelmi und Herr Dr. Reischl eben noch einmal gesagt haben, daß sie mit dieser Aufgabe, der Überwachung einer Verfassungsschutz- oder einer ähnlichen Behörde, ich will nicht sagen: überfordert seien, aber daß es zweckmäßig sei, eine solche Aufgabe dem Gremium zu übertragen, das die politische Verantwortung dafür zu übernehmen hat, nämlich einem parlamentarischen Gremium.

(Beifall bei den Regierungsparteien.)

Dies gilt erst recht für den dritten Fall, den berühmten Komplex des § 3, der Gegenstand der vorhin erwähnten Besprechung im Bundeskanzleramt war. Hier geht es – ich zitiere den Gesetzestext in der gegenwärtig dem Ausschuß vorliegenden Fassung; vielleicht nicht der endgültigen; aber so lautet jedenfalls die Formulierungshilfe – um die Sammlung von Nachrichten über die Sachverhalte, deren Kenntnis notwendig ist, um die Gefahr eines bewaffneten Angriffs auf die Bundesrepublik Deutschland rechtzeitig zu erkennen und einer solchen Gefahr rechtzeitig zu begegnen.

(Abg. Dr. Barzel: Hört Hört!)

Meine Damen und Herren, der Kollege, der gesagt hat, es sei an sich eine eigenartige Situation, daß man das gesetzlich regelt, hat schon recht. Einer der Kollegen der FDP – ich glaube, Herr Mertes – machte den Zwischenruf »Spanien«. Herr Kollege, es geht um ganz andere Länder. Es gibt Länder, in denen wirklich ein Lächeln entsteht, wenn man hört, daß wir die Regelung einer solchen Frage gesetzlich vornehmen in der Art, wie wir es hier machen. Es handelt sich nicht um das von Ihnen erwähnte Land, sondern um andere Länder, bei denen Sie, glaube ich, einen solchen Zwischenruf nicht gemacht hätten, wenn Sie wüßten, um welche es sich handelt.

Das ist ein Thema, meine Damen und Herren, bei dem man ganz zwangsläufig in eine Zone kommt, wo man überlegen muß, ob man durch die Erörterung von Einzelheiten nicht Schaden anrichten kann. Um diese Frage zu klären, auch gerade mit den Kollegen der parlamentarischen Opposition, hat dieses Gespräch im Bundeskanzleramt auf Einladung des zuständigen Herrn Staatssekretärs im Kanzleramt stattgefunden.

Es war in der Tat so, wie es Herr Kollege Dr. Wilhelmi gesagt hat. Wir haben den Beteiligten angeboten, sich erst einmal zu informieren, und zwar voll zu informieren, und dann mit uns gemeinsam die Frage zu erörtern, was man sagen kann und was man nicht sagen kann. Leider haben die Kollegen der FDP daraus die Konsequenzen gezogen, den Saal zu verlassen.

(Zurufe von der FDP.)

– Richtig? Ich würde es vorziehen, mich erst zu informieren und daraus dann Konsequenzen zu ziehen,

(Beifall bei den Regierungsparteien)

nicht vor der Information das Ergebnis von Überlegungen, die man anstellen sollte, schon vorwegzunehmen. Ich glaube also, daß das nicht zweckmäßig war.

Aber der Vorwurf, es sei keine Möglichkeit zur hinreichenden Information gewesen, ist für mein Empfinden voll unbegründet.

(Hört! Hört! bei der CDU/CSU.)

Die Behauptung, es hätten Geheimverhandlungen über irgendwelche Fragen stattgefunden, das Parlament sei nicht in der Lage, in dieser Frage eine sachgemäße Entscheidung zu fällen, ist für mein Empfinden falsch und unbegründet und, wie ich glaube, auch nicht ganz gerecht gegenüber den Kollegen, die sich diese Arbeit gemacht haben.

(Beifall bei den Regierungsparteien.)

Auszug aus dem Protokoll des Deutschen Bundestages
vom 16. Mai 1968

Herr Präsident! Meine sehr geehrten Damen und Herren! Zu dem zweiten Teil der Ausführungen des Herrn Kollegen Genscher möchte ich mich in der Sache nicht äußern; das steht mir gar nicht zu von hier aus. Ich bedaure eigentlich, daß wir jetzt von der Sachdiskussion, die er im ersten Teil angesprochen hat, schon ein wenig weg sind, und ich möchte versuchen, darauf zurückzuführen.

Herr Kollege Genscher, Sie haben Bezug genommen auf meine Ausführungen von gestern abend zu später Stunde, in denen ich mich bemüht habe, einige Grundfragen aufzuwerfen, die mit diesem sehr wichtigen Punkt des Art. 80 a des Entwurfs zusammenhängen. Ich bin nicht sicher, ob wir uns über diese Grundtatsachen eigentlich hinreichend verständigt haben. Ich fürchte, ich muß das eine oder andere wiederholen und noch einmal zur Diskussion stellen, weil es sonst gar nicht möglich ist, die Diskussion mit der Präzision zu führen, die um der Sache willen wohl notwendig ist. Die mangelnde Präzision, Herr Kollege Genscher beginnt bereits damit, daß Sie im ersten Teil Ihrer Ausführungen gesagt haben, wenn die NATO beschließe, träten nach Art. 80 a Abs. 3 des Entwurfs die entsprechenden Gesetze in Kraft. Genau das ist schon falsch. Vielleicht war es nur ein falscher Zungenschlag. Aber es ist doch wichtig, festzuhalten, daß Art. 80 a Abs. 3 eben nicht eine Ersetzung der Rechtsetzungsfunktion des normalen Gesetzgebers bedeutet, sondern lediglich die Frage beantwortet: Wer entscheidet, was auf Grund vom Parlament beschlossener Gesetze zu geschehen hat, wenn die tatsächlichen Verhältnisse die Anwendung dieser Gesetze erfordern? Das muß man doch ganz klar auseinanderhalten, weil auch in der Diskussion außerhalb dieses Hauses – dort zum Teil, wie ich persönlich meine, geflissentlich – versucht wird, diesen sehr wesentlichen Unterschied in der Sache zu verwischen und so zu tun, als ob es darum ginge, das Parlament auszuschalten.

Nun komme ich sofort auf Ihren Kernsatz zurück; als den habe ich ihn jedenfalls empfunden. Sie haben die Frage aufgeworfen, wo es im Nato-Bereich, abgesehen von der Bundesrepublik Deutschland, eine Regelung gebe, die eine an sich notwendige Zustimmung des Parlaments zu bestimmten Maßnahmen ersetze. Auf die Frage, wie das in den anderen Ländern ist, komme ich nachher noch mit einem Beispiel zurück. Aber das ist der zweite Teil; gestatten Sie, daß ich das zurückstelle. – Bitte schön, Herr Genscher!

Genscher (FDP): Herr Minister, damit wir nicht aneinander vorbeireden: nicht, wo es eine Regelung gibt, die ersetzt, sondern die Frage lautet: In welchem anderen NATO-Land kann eine an sich notwendige Zustimmung des Parlaments durch einen Beschluß irgendeines Gremiums des Bündnisses ersetzt werden? Das ist die Frage.

Benda, Bundesminister des Innern: Gut; so habe ich es, meine ich, auch zitiert. Jedenfalls steht es bei mir genau so auf dem Zettel, und ich will eben auf diesen Punkt kommen.

Die Vorfrage, Herr Kollege Genscher, ist doch: Welches sind in einer parlamentarischen Demokratie die verfassungsmäßigen Befugnisse der Regierung, und welches sind die verfassungsmäßigen Befugnisse des Parlaments? Hier fängt die notwendige Auseinandersetzung an. Nur wenn man diese Frage richtig beantwortet, kann man, wie ich meine, dieses Problem überhaupt richtig beurteilen.

(Beifall bei den Regierungsparteien.)

Ich hatte Gelegenheit, mich bereits im ersten parlamentarischen Anhörungsverfahren sehr breit zu dieser Frage zu äußern. Ich will das unter gar keinen Umständen hier alles wieder vortragen, einfach deshalb nicht, weil es zu lange dauern würde. Aber ich möchte Ihnen – Sie waren, glaube ich, dabei, Herr Kollege Genscher; jedenfalls ein Teil der Herren Ihrer Fraktion saß im Ausschuß dabei – noch einmal in Erinnerung rufen, daß ich dort gesagt habe – und ich bleibe dabei; es kann nach der verfassungsrechtlichen Lage der Bundesrepublik Deutschland, die eine parlamentarische Demokratie ist, für mein Empfinden überhaupt nicht bestritten werden –: Aufgaben dieses Parlaments, wenn ich jetzt einmal von der Rolle des Bundesrates absehe, sind die Gesetzgebung und die Kontrolle der Regierung, die Wahl des Bundeskanzlers usw., die Punkte, die im Grundgesetz ausdrücklich festgelegt sind. Das bedeutet, angewendet auf unser Problem: es ist Sache des Parlaments, der Regierung die für einen Fall eines Notstandes erforderlichen Rechtsgrundlagen zur Verfügung zu stellen, zu entscheiden, was die Regierung in einem solchen Fall tun darf und was sie nicht tun darf, und es ist an sich nach klarer Verfassungsrechtslage Sache der Regierung auf Grund ihrer Beurteilung der Notwendigkeiten einer gegebenen Situation zu entscheiden, ob von diesen ihr vom Parlament eingeräumten Möglichkeiten Gebrauch gemacht werden soll oder nicht.

Das tut sie in einem Land, das sich in einem Verteidigungsbündnis befindet wie wir, natürlich nicht isoliert. Der Sinn dieses Verteidigungsbündnisses ist, daß man sich nicht nur gemeinsam die Möglichkeiten zur Verteidigung bereitstellt, sondern daß man auch gemeinsam die Frage prüft und entscheidet, ob der Sachverhalt bestimmte Maßnahmen – wie z. B. der militärischen Mobilmachung – notwendig macht. Insoweit sollten wir uns einig sein, Herr Kollege Genscher.

Es ist also, um Ihr Wort aufzugreifen, an sich Sache der Regierung, an sich ausschließlich Sache der Regierung, auf der Grundlage der vom Parlament beschlossenen Gesetze, die sich ihrerseits im Rahmen der verfassungsmäßigen Ordnung halten müssen, nach Lage der Dinge das jeweils Notwendige zu tun. Die Bewältigung einer außenpolitischen Krise ist nicht Sache des Parlaments, sondern Sache der Regierung. Die Regierung entscheidet, wie einer solchen Krise zu begegnen ist. Es ist das volle Recht des Parla-

ments, von dem das Parlament auch erfreulicherweise Gebrauch
macht, die Regierung seiner Kontrolle zu unterwerfen, d. h. hier zu
diskutieren, ob die Maßnahmen, die die Regierung für notwendig
hält, wirklich nach der Sachlage notwendig sind oder nicht. Die
Regierung ist dem Parlament politisch für die Richtigkeit ihrer
Entscheidungen verantwortlich. Das scheint mir doch die klare
Rechtslage zu sein.

Ich müßte an sich, wenn ich Ihre Geduld so weit in Anspruch
nehmen wollte, weit in die Geschichte der Entwicklung der Notstandsverfassung zurückgehen, sage das aber jetzt verkürzt und
vereinfacht,wenn Sie damit einverstanden sind: Herr Kollege Genscher, wir haben das Problem erkannt, das darin liegt, daß in einem
früheren Stadium einer Krise die Regierung auf Grund dieser ihr
an sich unstreitig zustehenden Befugnisse Maßnahmen trifft, die
in ihrer Auswirkung eine wirksame Kontrolle durch das Parlament
faktisch problematisch machen, weil einmal eingeleitete Maßnahmen eben nicht oder nur schwer rückgängig zu machen sind. Der
Ausweg, den wir damals gefunden haben, war das Instrument des
Gemeinsamen Ausschusses. Das war das Kernstück etwa in dem
Entwurf in der Fassung des Rechtsausschusses 1965. Ich persönlich
glaube nach wie vor, daß dies eine brauchbare und gute Lösung
war, aber die Entwicklung hat es mit sich gebracht – und vor dieser
Situation stehen wir heute –, daß die Konzeption, die insoweit auch
dem neuen Regierungsentwurf zugrunde lag, sich in den parlamentarischen Beratungen nicht oder nicht voll durchgesetzt hat und
daß wir also nach anderen Möglichkeiten suchen müssen. Sie kommen also an dieser Grundfrage, an der Notwendigkeit, die Regierung in die Lage zu versetzen, auf Grund eines Gesprächs und einer
Abstimmung mit den Bündnispartnern zu handeln, nicht vorbei.

Was soll denn, Herr Kollege Genscher, die Regierung nach Ihrer
Konzeption wirklich machen? Ich rede jetzt nicht über Abs. 1; über
den besteht gar kein Streit. Ich bin der Meinung, daß es richtig
wäre – und dem trägt der Entwurf des Rechtsausschusses in einer
guten Weise voll Rechnung –, daß die Regierung, wenn sie auf den
– wie ich glaube – abenteuerlichen Gedanken kommen würde, sich
allein in Abenteuer außenpolitischer, gar militärischer Art, ohne
daß sie das auf Grund von Verpflichtungen aus einem Bündnisvertrag tut, einzulassen, jeder nur denkbaren Kontrolle durch das
Parlament unterworfen wird. Allein die reale Lage unseres Landes,
wenn wir sie realistisch betrachten, verhindert einen solchen Allein-

gang weitaus effektiver, als es Rechtsnormen überhaupt könnten. Hiergegen ist überhaupt nichts einzuwenden.

Wenn aber die NATO, Herr Kollege Genscher, an der wir doch wohl festhalten wollen –

(Zuruf des Abg. Genscher.)

– Ich freue mich, daß Sie dem zustimmen.

(Abg. Genscher: War das für Sie zweifelhaft?)

– Ich sagte: wir wollen doch wohl daran festhalten. Dann bedeutet das doch wohl, daß wir die übernommenen Verpflichtungen aus diesem Bündnisvertrag auch zu erfüllen haben. Wenn die NATO in ihren Gremien mit der Mitwirkung und der Zustimmung der Bundesregierung, die daran vollberechtigt beteiligt ist, zu der Entscheidung kommt, daß bestimmte Maßnahmen erforderlich sind, daß eine bestimmte Lage eingetreten ist, die solche Maßnahmen notwendig macht, was soll denn dann die Regierung anders machen, als einfach ihre Verpflichtung aus dem Bündnis zu erfüllen? Das ist doch dann wohl die Pflicht der Bundesregierung. Wenn das Parlament damit nicht einverstanden ist, entsteht in der Tat – wie Sie ganz richtig gesehen haben – eine schwierige Frage. Dann entsteht wahrscheinlich im Verhältnis zwischen Parlament und Regierung eine Frage, die vermutlich im Rahmen der technischen Möglichkeiten des Grundgesetzes zu einer Vertrauensfrage führt, eventuell zu einem konstruktiven Mißtrauensvotum oder ähnlichen Möglichkeiten. An sich ist es kaum denkbar, daß sich eine Regierung noch halten kann, wenn das Parlament eine so wichtige Maßnahme ausdrücklich mißbilligt, was es ja nach dem Entwurf der Koalitionsparteien tun kann und was ich auch für sinnvoll halte. An sich entsteht ja dann für die Regierung eine schwierige Lage, weil sie der NATO sagen muß: Das, was wir an sich mit euch für richtig gehalten haben, geht nicht, weil das Parlament das nicht mitmacht. Im Grunde gibt es dann für die Regierung nur eine Konsequenz, die ich angedeutet habe, die mir beinahe unausweichlich zu sein scheint. Aber gut, das muß man dann abwarten.

Ich komme auf Ihren Hauptpunkt zurück, Herr Kollege Genscher. Es ist eben nicht so, daß es sich bei dem Fall der sogenannten NATO-Klausel, Art. 80 a Abs. 3, um die Ersetzung einer an sich notwendigen Zustimmung des Parlaments zu Maßnahmen der Regierung handelt. Es ist genau umgekehrt, daß es sich an sich um eine Regelung handelt, die die Regierung auf der Grundlage der ihr vom Parlament bewilligten Rechtsgrundlage vorzunehmen hat.

Zum Schluß noch, Herr Kollege Genscher, etwas mehr zum Faktischen. Weil das wiederholt auch in der öffentlichen Diskussion aufgetaucht ist, muß ich das noch einmal wiederholen. Sie haben auf die englische Regelung abgehoben und haben das Emergency-Powers-Gesetz von 1920 zitiert. Zunächst einmal darf ich Ihnen sagen, weil auch das wieder geeignet wäre, Verwirrung in die Diskussion hineinzubringen: die Emergency-Powers-Act von 1920 betrifft überhaupt nicht den Fall des Zustandes der äußeren Gefahr oder des Verteidigungsfalles, wie wir ihn nennen wollen, sondern den Fall eines inneren Notstandes. Das ist zunächst einmal ein ganz anderes Thema. Es geht lediglich um die Frage, ob die Krone, praktisch die englische Regierung, im Falle von Versorgungsschwierigkeiten, inneren Unruhen oder ähnlichen Dingen handeln kann und was sie dann zu tun hat. Ich habe in dem schon erwähnten ersten Anhörungsverfahren vor den Ausschüssen die englische Regelung für den Verteidigungsfall zitiert, die im Jahre 1940 beschlossen worden ist. Ich glaube, es ist jetzt der Zeitpunkt, das hier noch einmal vorzutragen. Ich habe damals zitiert – und ich möchte es mit Erlaubnis des Herrn Präsidenten noch einmal tun –, und zwar aus den »Erinnerungen« von Winston Churchill an jenen Tag im Jahre 1940, als die deutschen Truppen auf der anderen Seite des Kanals auftauchten, über die Diskussion, die damals im englischen Parlament genau zu der Frage stattgefunden hat, über die wir heute für unseren Bereich streiten. Churchill schreibt in seinen »Erinnerungen«:
Dies war die Stunde,
– August 1940 –
da meine Kollegen es für richtig hielten, vom Parlament die außerordentlichen Vollmachten zu verlangen, für die in den letzten Tagen ein Gesetz vorbereitet worden war. Die Maßnahmen sollten der Regierung praktisch unbegrenzte Macht über Leben, Freiheit und Eigentum der Untertanen Seiner Majestät von Großbritannien verleihen. Juristisch gesprochen räumte das Parlament uns, das heißt der Regierung, absolute Gewalt ein. Das Gesetz enthielt die Befugnis,
– und jetzt zitiert Churchill aus diesem Gesetz –
durch Königliche Verordnung Verfügungen zu erlassen, durch welche Personen, ihre Dienste und ihr Eigentum zur Verfügung Seiner Majestät gestellt werden könnten, sofern es notwendig oder ratsam erscheint zur Gewährleistung der öffentlichen Sicher-

heit, zur Verteidigung des Königreichs, zur Aufrechterhaltung der öffentlichen Ordnung oder der wirksamen Führung eines Krieges, in den Seine Majestät verwickelt sein mag, oder zur Sicherung für die Gemeinschaft wesentlicher Lieferungen und Dienste.

Dieses Gesetz, meine Damen und Herren – und das zeigt genau die Problematik der von dem Kollegen der FDP vorgeschlagenen Regelungen an –, wurde, wie Churchill weiter berichtet, dem englischen Parlament nachmittags vorgelegt und in allen Lesungen am gleichen Nachmittag vom Unterhaus und vom Oberhaus einstimmig verabschiedet. Noch am Abend erhielt es die Zustimmung des Königs.

Vizepräsident Scheel: Gestatten Sie eine Zwischenfrage des Herrn Abgeordneten Rutschke?

Benda, Bundesminister des Innern: Ja.

Dr. Rutschke (FDP): Herr Bundesinnenminister, sind Sie bereit, zur Kenntnis zu nehmen, daß eine Situation mitten im Krieg, wie es 1940 war, wohl andere Maßnahmen erfordert als eine Vorsorgemaßnahme, die man im Frieden trifft?

Benda, Bundesminister des Innern: Herr Kollege Rutschke, ich kann jetzt wirklich nicht den Text des Entwurfs für die Notstandsverfassung hier vortragen. Haben Sie noch nicht gemerkt, daß wir unentwegt seit gestern nachmittag, mindestens, als wir über die Regelung für den Spannungs- und Verteidigungsfall redeten, eben über die Frage sprechen, was wir in einer Krise zu tun haben, die innerhalb von wenigen Tagen zu einem Kriege führen kann, demgegenüber die Situation im Jahre 1940 wahrscheinlich – wenn man so sagen darf – vergleichsweise harmlos gewesen sein würde?

(Beifall bei der CDU/CSU.)

Vizepräsident Scheel: Gestatten Sie eine Zwischenfrage des Herrn Abgeordneten Schmitt-Vockenhausen?

Benda, Bundesminister des Innern: Ja.

Schmitt-Vockenhausen (SPD): Würden Sie mir zustimmen, wenn ich sage, daß wir diese Regelungen treffen, damit nicht einmal in einem Verteidigungsfall unter psychologischem Druck Gesetze durchgepeitscht werden können oder gar müssen?

(Beifall bei den Regierungsparteien.)

Benda, Bundesminister des Innern: Ich bin Ihrer Meinung, Herr Kollege Schmitt-Vockenhausen. Ich habe auch bei der Stelle, als ich das zum erstenmal zitierte, gesagt, daß dieses Parlament, das ist auch meine Meinung, niemals ein Gesetz verabschieden würde, das der Regierung materiell so weitgehende, praktisch uneingeschränkte Vollmachten übertragen würde und übertragen sollte, wie es dieses englische Gesetz von 1940 vorgesehen hat. Ich nehme an, daß wir uns darüber alle einig sein werden.

Herr Kollege Genscher, um das zum Schluß noch einmal zu sagen, ich erwähnte dieses Beispiel auch deswegen, weil es die Überforderung des Parlaments in einer kritischen Situation zeigt; das habe ich auch im Anhörungsverfahren schon gesagt. Es ist nämlich die Frage, ob es wirklich bis ins letzte prüfen und entscheiden kann, was dann nach Lage der Dinge von der Regierung und der NATO für richtig gehalten werden wird. Nach meiner persönlichen Meinung würde eine solche Situation wahrscheinlich im Gegenteil zu einem faktischen Verlust jeder Kontrollmöglichkeiten durch das Parlament führen. Wie hätte sich denn das Englische Unterhaus im August 1940 anders verhalten können, als innerhalb von drei oder vier Stunden einem solchen Gesetzentwurf zuzustimmen, und wie würde sich der Deutsche Bundestag oder jedes andere Parlament anders verhalten können, wenn wir ihm zumuten, innerhalb einer wahrscheinlich extrem kurzen Zeitspanne auf Grund der Mitteilung der Bundesregierung, daß die NATO eine Reihe von Mobilisierungsmaßnahmen für notwendig hält, auf Grund der Lagedarstellung, die sich da ergibt, eine Entscheidung zu fällen? Könnte es etwas anderes tun als sagen: Wir können diese Verantwortung nicht übernehmen, das in der kurzen Zeit in den Einzelheiten zu prüfen, ihr müßt das selber entscheiden und verantworten? Das ist doch die Problematik der Kontrolle durch das Parlament in einer solchen Situation, die man sehen muß,

(Beifall bei den Regierungsparteien.)

und zwar nicht zuletzt, Herr Kollege Genscher, im Interesse des Parlaments selbst, dem doch nicht zugemutet werden kann, so etwas zu tun, ohne daß man ihm zugleich die Möglichkeit gibt, seine Kontrollfunktion wahrzunehmen.

Vizepräsident Scheel: Herr Minister, würden Sie eine Frage des Herrn Abgeordneten Genscher beantworten?

Benda, Bundesminister des Innern: Bitte schön!

Genscher (FDP): Herr Bundesminister, würden sie mir – zur Klarstellung – zustimmen, daß Sie eben unter Nennung des Jahres 1940, als sich England im Krieg befand, über einen Zeitraum sprachen, in dem der Verteidigungsfall eingetreten war? Da sind wir ja in der Wirksamkeit dieser Gesetze völlig einer Meinung. Die Diskussion geht hier aber nicht um den Zeitraum nach Eintritt des Verteidigungsfalles, sondern um die Probleme, die sich vor Eintritt des Verteidigungsfalles ergeben. Deshalb passen die Zitate von Churchill aus dem Jahre 1940 überhaupt nicht.

(Beifall bei der FDP.)

Benda, Bundesminister des Innern: Herr Kollege Genscher, eine Gegenfrage: Glauben Sie wirklich, daß ein moderner Krieg, zumal unter unseren Verhältnissen, sich so entwickeln würde wie der Krieg im Jahre 1939 und 1940? Sind Sie nicht mit mir der Meinung, daß das, was an Vorbereitung notwendig ist, innerhalb der Zeitspanne von wahrscheinlich einigen Tagen oder vielleicht einer Woche getan werden muß, bevor es, wenn es zum Schlimmsten kommen sollte, zu Kampfhandlungen kommt?

Vizepräsident Scheel: Gestatten Sie eine weitere Zwischenfrage?

Genscher (FDP): Herr Minister, glauben Sie nicht, daß diese rhetorische Frage, die Sie eben gestellt haben, schon deshalb unbegründet ist, weil ich zu Anfang meiner Ausführungen ausdrücklich noch einmal das Bekenntnis meiner Fraktion zu einer deutschen – ich betone: deutschen – demokratisch-parlamentarisch kontrollierten Notstandsgesetzgebung hier erklärt habe?

Benda, Bundesminister des Innern: Ich weiß nicht, wieso das eigentlich in diesem Zusammenhang eine Rolle spielt. Aber dennoch! Wenn Sie sagen, das sei eine rhetorische Frage, und damit andeuten wollen, daß wir uns in der Sache wohl einig seien, verstehe ich, ehrlich gesagt, Ihre Haltung noch weniger.

Vizepräsident Scheel: Herr Minister, würden Sie eine Frage gestatten?

Ertl (FDP): Herr Minister, habe ich Sie richtig verstanden, daß Sie von der Annahme ausgehen, daß wir, wenn bei uns eine vergleichbare Situation wie für Großbritannien im Jahre 1940 entstehen würde, weder ein beschlußfähiges noch ein funktionsfähiges Parlament haben?

Benda, Bundesminister des Innern: Herr Kollege Ertl, genau das habe ich nicht gesagt. Ich habe genau gesagt, daß man das Parlament in die Lage versetzen soll, das, was es tun kann – was natürlich auch von seiner Möglichkeit abhängt, faktisch zusammenzutreten –, zu tun, und daß eine Regelung, wie sie der Entwurf in der Fassung des Rechtsausschusses vorsieht, wenn ich einmal die Änderungsanträge einbeziehe, für mein Empfinden eine sinnvolle

Kombination der verschiedenen Möglichkeiten ist, die uns je nach Lage, die wir natürlich in allen Einzelheiten nicht voraussehen können, die Möglichkeit gibt, einigermaßen zu reagieren.

Meine Damen und Herren! Ich war an sich am Ende meiner Ausführungen. Ich habe nur Gelegenheit geben wollen, diese Fragen zu stellen. Ich sage noch einmal: ich glaube, daß die Kollegen der FDP, deren Vorstellungen ja darauf hinauslaufen, den Art 80 a Abs. 3 zu streichen, von einer falschen Grundvorstellung ausgehen, nämlich der von Herrn Kollegen Genscher irrig angenommenen Auffassung, daß an sich die Zustimmung des Parlaments in diesen Dingen unseren Verfassungsprinzipien entspreche. Ich bin im Gegenteil der Auffassung, daß an sich die Regelung der im Art 80 a angesprochenen Fragen auf der Basis der Rechtsgrundlagen, die das Parlament liefert, eine Sache der Regierung ist und daß der Entwurf in einer durchaus sachgemäßen Weise eine parlamentarische Kontrolle, die wir gemeinsam für notwendig halten, dennoch einschaltet und ermöglicht.

(Beifall bei den Regierungsparteien.)

Mut zu kämpfen – Mut zu siegen

Erste Rede Ernst Bendas im Bundestag als Bundesminister des Innern am Tage nach der Amtsübernahme in der Debatte über den Haushalt des Bundesinnenministeriums 1968.

Auszug aus dem Protokoll des Deutschen Bundestages vom 3. April 1968

Herr Präsident! Meine Damen und Herren! Dies ist für mich die erste Gelegenheit, in der neuen Eigenschaft als Bundesminister des Innern zu Ihnen zu sprechen. Ich bitte um Ihr Verständnis, wenn ich den Wunsch geäußert habe, an dieser Stelle der Diskussion zu sprechen, vor allem die Kollegen, die sich nach mir gemeldet haben, die sich nach meinem Eindruck noch zu einigen Spezialfragen äußern wollen. Es scheint mir gut zu sein, an dieser Stelle der Debatte in dem Versuch einer möglichst kurzen Zusammenfassung das zu sagen, was aus meiner Sicht jetzt gesagt werden sollte.

Ich darf – wenn Sie diese sehr persönliche Bemerkung mir gestatten – die Gelegenheit benutzen, mich sehr herzlich für die guten Wünsche, die ich von sehr vielen Kollegen aus diesem Hause und von außerhalb bekommen habe, zu bedanken. Ich werde mich bemühen, die Erwartungen, die viele jetzt in meine Tätigkeit setzen – worüber ich mich freue und was mich verpflichtet –, zu erfüllen.

Ich bedanke mich ausdrücklich bei dem Kollegen Dorn, der sich, soweit es meine Person anlangt, in einer sachlichen Weise mit dem Umstand auseinandergesetzt hat, daß ich nun hier stehe. Erst am vergangenen Freitag habe ich Ihnen gesagt, daß Sie mich hier noch öfter sehen werden, Herr Kollege Dorn, und das ist nun also so.

Ich werde zu dem einen oder anderen Punkt sprechen, auf den Sie gekommen sind. Ich glaube nicht, daß die Zeit, die Sie mir billigerweise hier einräumen, ausreicht, zu allen Punkten zu sprechen. Sie selber wissen, Herr Dorn, daß einige der Punkte, zu denen Sie geprochen oder die Sie nur angedeutet haben, so sind, daß man einen ganzen Nachmittag über sie reden könnte. Niemand von uns wird dazu Lust haben.

(Abg. Dorn: Deswegen das Angebot der Stimmenthaltung!)
— Das Angebot der Stimmenthaltung ist natürlich unlogisch, Herr Kollege Dorn. Ich wollte das gerade sagen. Wenn Sie, wie Sie gesagt haben, dem neuen Minister Anspruch auf eine eigene Konzeption geben, d. h. eine Schonzeit, eine Bewährungsfrist, dann müssen Sie ihm natürlich auch das Geld geben, damit er sie durchsetzen kann.

(Heiterkeit und Zustimmung bei der CDU/CSU.)
Insofern würde es logischer sein, wenn Sie mir das Geld freundlicherweise geben wollten. Aber immerhin, wir kommen langsam voran, und wir werden dem Ziel schon näherkommen.

Ich wollte mich bei Ihnen auch deswegen bedanken, Herr Dorn, weil das, was Sie gesagt haben, für mich viel wohltuender war als die Ausführungen des Herrn Visus – ich weiß nicht, wer das ist – in der Freien Demokratischen Korrespondenz von gestern. Herr Visus ist offenbar der Mann, der das Visier richtet, damit man sich auf den Neuen einschießen kann. Der hat geschrieben, ich pflege als Nachfolger von Herrn Minister Lücke ein anderes Hobby, Herr Minister Lücke habe das Wahlrechtshobby gepflegt, ich pflegte ein anderes Hobby: die Notstandsgesetzgebung. »Aber auch Bendas Traum von einer perfekten Regelung für alle möglichen Notstände wird nicht leicht Wirklichkeit werden.«

Ich darf an dieser Stelle sagen – und das meine ich schon ganz ernst, Herr Kollege Dorn und meine Damen und Herren –, die Vorstellung, man könne ausgerechnet Notstand als Hobby pflegen, hat etwas Makabres.

(Beifall bei den Regierungsparteien.)
Niemand, der auch nur ein wenig davon weiß – und Sie, Herr Dorn, wissen ja eine ganze Menge davon –, kann auf den Gedanken kommen, daß jemand, der seine fünf Sinne beisammen hat, so etwas sozusagen aus Spaß macht.

Ich will auch nicht verhehlen – ich sage das mit einem Augenblinzeln auf die Zuständigkeiten, von denen Sie meinen, daß ich sie ganz gern los werden sollte –, wenn Sie mich nach meinen sozusagen amtlichen Hobbys fragen: Meine persönliche Neigung – um es einmal mit einem Beispiel zu sagen – gehört sehr viel mehr als den spröden Materien des Notstandes z. B. dem jungen deutschen Film oder gehört den Berliner Festwochen, in denen ich als stellvertretender Vorsitzender des Kuratoriums schon in meiner bisherigen amtlichen Eigenschaft tätig gewesen bin. Ich hoffe, daß es mir trotz der anderen Belastungen, die auf mich zukommen, möglich sein wird, das weiterzumachen. Ich will hierfür nicht den Ausdruck »Hobby« verwenden. Das ist jedenfalls viel, viel schöner, viel befriedigender als die anderen Dinge.

(Zuruf des Abg. Dorn.)

– Ich sage Ihnen das nur. Das kommt ja von Ihrer Seite.

Im übrigen ist es interessant, daß Sie uns vorhin mitgeteilt haben, die SPD stehe in der Notstandsfrage unter dem Druck ihres Koalitionspartners, also wohl der CDU/CSU, während das, was Sie hier geschrieben haben, wohl eher den umgekehrten Schluß rechtfertigt, – nicht Sie, Herr Dorn, Sie sind, glaube ich, nicht Herr Visus, aber wer immer es ist.

(Abg. Moersch: Wer das sein soll, wissen wir so wenig wie Sie! – Weitere Zurufe von der FDP.)

– Gut, lassen wir das. So wichtig ist es in der Tat nicht. Wenn wir uns alle abgewöhnen könnten, die parteiamtlichen Korrespondenzen zu lesen, dann wäre man ein gutes Stück weiter und würde viel Zeit sparen.

(Heiterkeit und Beifall bei der CDU/CSU.)

Ich würde nun recht gern einmal, soweit es mir zukommt, auf das zurückkommen, was Herr Kollege Scheel und einige andere Herren gestern zu der interessanten Frage gesagt haben: Kann jemand, der Parlamentarischer Staatssekretär bei einem Bundesminister war, der dann aus eigenem Entschluß zurücktritt, dessen Nachfolger werden? Ich nehme diese Frage durchaus ernst, und ich möchte versuchen, mit wenigen Worten darauf einzugehen, wobei ich um Ihr Verständnis bitte, daß ich die Frage natürlich nicht aus meiner persönlichen Sicht, sondern sozusagen nur abstrakt, wie Herr Scheel gesagt hat, beantworten kann. Ich erkenne auch insoweit dankbar und gern an, daß Herr Scheel – er hat es mir auch in einem Gespräch noch einmal gesagt – sich in keiner Weise da mit meiner Person hat auseinandersetzen wollen, sondern auf eine Sachfrage hat aufmerksam machen wollen. Ich will versuchen, sie zu beantworten.

Ich bin natürlich nicht in der Lage, jetzt etwa in die Überlegungen des Herrn Bundeskanzlers, die zu meiner Berufung geführt haben, einzugreifen oder diese zu kommentieren. Da möchte ich auch am Rande – zu dem Vorgang, der vorhin eine Rolle spielte – sagen: Meine Damen und Herren, was soll's? Die Entscheidung ist gefallen. Wir alle so oder so davon Betroffenen werden uns damit auseinanderzusetzen haben. Niemand von uns, der auch nur einige Jahre in einer politischen Partei tätig ist, wird wohl so naiv sein, nicht zu wissen, daß es bei der Frage »wer hat die Eignung zu einem Amt?« alle möglichen Meinungen gibt.

Das, was wir nur nicht gelernt haben – und deshalb erwähne ich diesen Punkt; er hat vielleicht allgemeine Bedeutung auch für unsere Arbeit in diesem Hause –, was wir lernen müssen, ist etwas, was neu ist: daß beinahe alle fünf Minuten die Beobachter der Presse, die meistens ja das Ohr ziemlich dicht daran haben – dichter, als vielen von uns lieb ist – und in der Lage sind – und mit den modernen technischen Mitteln auch davon Gebrauch machen –, das dann weiterzugeben, so daß beinahe jede Überlegung, erst recht also jedes Wort und jede Tätigkeit jemandes, der in einer verantwortlichen Position ist, beobachtet und kommentiert wird. Das müßte eigentlich einen ganz anderen Stil der politischen Arbeit zur Folge haben. Jedenfalls müßte man sich darauf einstellen. Auf diesen Punkt werde ich nachher in einem anderen Zusammenhang – ich schweife von meinem Ressort etwas ab, wie Sie sehen, aber nur scheinbar – vielleicht noch zurückkommen, wenn die Zeit reicht, nämlich zu dem Thema, um es mit einem Oberbegriff zu sagen, Verwaltungsreform oder, wie ich lieber sagen würde: Modernisierung der Verwaltung. Da tauchen nämlich ähnliche Fragen auf, und, wie gesagt, ich werde versuchen, darauf zu kommen.

Nun also zunächst zu unserem Thema! Um es einmal zu sagen, Herr Kollege Moersch: Sie irren völlig, wenn Sie annehmen – Sie haben es jedenfalls gestern gesagt –, ich hätte auf das Gesetz über die Rechtsstellung der Parlamentarischen Staatssekretäre maßgebenden Einfluß genommen. Ich war damals noch nicht im Amt; natürlich, das Gesetz mußte ja erst einmal dasein, bevor die Betreffenden berufen werden konnten. Ich habe überhaupt keinen Einfluß darauf genommen und konnte es auch gar nicht. Dafür zuständig war zunächst einmal die Bundesregierung – der gehörte ich nicht an, in keiner Eigenschaft – und dann das Parlament. Ich habe mich selbstverständlich – nachdem ich mich auf Bitten von Minister Lücke entschieden hatte, für den Fall, daß er mich fragen würde, in dieses Amt zu gehen – jeder Beteiligung an den Beratungen in den Ausschüssen enthalten, wie es einzig möglicher Stil in einer solchen Frage ist, wenn man persönlich davon betroffen ist.

(Beifall bei den Regierungsparteien.)

Ich bitte also, das doch zur Kenntnis zu nehmen, denn es war so.

Ich sage das auch deswegen, weil ich nun ein Jahr – es fehlen 12 Tage an einem Jahr – in dieser Sache Erfahrungen gemacht habe, die übrigens für mich persönlich in der Zusammenarbeit mit meinem verehrten Amtsvorgänger menschlich sehr befriedigend waren. Diese Erfahrungen möchte ich gern verwerten. Ich bin nämlich gar nicht der Meinung, daß man in dieser Sache im Augenblick etwas machen soll. Ich bin aber wohl der Meinung, daß man, wenn vielleicht ein weiteres Jahr – Neubeginn einer Wahlperiode wäre vielleicht ein gegebener Anlaß –, wenn eine weitere Zeit vergangen ist, sagen sollte: Wie sind die Erfahrungen, die guten und die weniger guten?, und daraus sollte man Konsequenzen ziehen.

In dem Zusammenhang komme ich zu dem Sachpunkt. Ich habe in der Tat immer, wie Herr Kollege Mischnick, wenn ich mich nicht täusche – ich habe das hier, aber ich will es jetzt nicht nachblättern –, sagte, die Tätigkeit eines Parlamentarischen Staatssekretärs in erster Linie als die des engsten politischen Beraters und Mitarbeiters des Bundesministers gesehen. Ob man das Juniorminister nennt oder wie immer, das ist eine Frage des Geschmacks oder des Stils; darauf kommt es mir nicht an. Ich glaube, daß das die richtige Funktion ist. Das Gesetz beantwortet die Frage nicht ganz eindeutig, sondern es sagt eigentlich nur: Dem Bundesminister wird – so ist, glaube ich, die Formulierung des Gesetzes – ein Parlamentarischer Staatssekretär zur Seite gestellt, zur Verfügung gestellt, beigegeben, oder wie die Formulierung lautet. Dann muß sich das entwickeln. Das ist eine Sache der beteiligten Persönlichkeiten, zu denen in diesem Zusammenhang auch die beamteten Staatssekretäre zu zählen sind. Das ist die Gruppe: der Minister, der Parlamentarische Staatssekretär, die beamteten Staatssekretäre, einer oder mehrere, je nach dem Ressort. Dann muß sich das, wie gesagt, entwickeln. Wir wissen alle, wenn wir uns das einmal ein wenig ansehen: Das entwickelt sich in gewisser Beziehung in den einzelnen Ressorts unterschiedlich. Ich halte das – vielleicht im Gegensatz zu dem Kollegen von der Opposition – nicht für einen Fehler, solange es sich innerhalb der selbstverständlichen, korrekten Grenzen der Zuständigkeiten, die hier ja auch bestimmte klare Grenzen setzen und auch setzen müssen, hält.

Ich bin der Meinung, daß man in einer solchen Frage, in der wir Neuland betreten haben – ich erwähne sie wegen ihres exemplarischen Wertes –, einmal den Mut haben sollte, so etwas auszuprobieren. Wir sind dabei; wir machen bestimmte Erfahrungen und wollen uns zu gegebener Zeit dann auch zusammensetzen, um diese Erfahrungen zu verwerten. Ihre Meinungen dazu sind genauso wie zu den anderen Punkten willkommen.

Die Frage, ob der Parlamentarische Staatssekretär Nachfolger werden kann – bleiben kann er ja kraft Gesetzes nicht –, wenn der Minister aus politischen Gründen, die achtenswert sind, die ich in dem konkreten Fall voll respektiere, zurücktritt, würde ich wie folgt beantworten: In diesem Fall, den ich im einzelnen wie Sie verstehen werde, nicht erörtere, sind der bisherige Bundesminister und der jetzige Bundesminister selbstverständlich gehalten, das nach besten Kräften durchzuführen, was in dem Regierungsprogramm der Großen Koalition steht, auch zur Frage des Wahlrechts. Das, was Bundeskanzler Kiesinger in der Regierungserklärung gesagt hat, ist die Richtlinie. Insofern gibt es überhaupt keine Unterschiede. Daran hat sich Herr Bundesminister Lücke gehalten, und daran werde ich mich halten. Das ist selbstverständlich.

Wenn der bisherige Bundesminister dann eine Entscheidung trifft, wie es hier der Fall gewesen ist, würde ich es für eine Frage der menschlichen und politischen Loyalität zwischen dem Bundesminister und dem Parlamentarischen Staatssekretär, die für mein Empfinden mit der Beendigung des Amtsverhältnisses beider Personen nicht aufhört, halten – und ich habe es für eine Frage der Loyalität gehalten –, so zu handeln. Ich werde mich jedenfalls daran erinnern. Ich sage Ihnen in aller Offenheit, daß ich dieses Amt nicht angetreten hätte, wenn mein verehrter Amtsvorgänger nicht voll der Meinung gewesen wäre und mir das auch gesagt hätte, daß er es für richtig halte, wenn ich, falls die Entscheidung des Herrn Bundeskanzlers so ausfiele, sein Nachfolger würde. Das ist selbstverständlich. Alles andere wäre auch für mein Empfinden ein grober Bruch der Loyalität, die zwischen beiden bestehen muß. Wenn man das berücksichtigt, sehe ich hier überhaupt keine Schwierigkeiten, so zu handeln. Ich werde mich – ich wiederhole es – genauso wie Herr Bundesminister Lücke an die Grundsätze der Regierung halten, und die ergeben sich aus der Regierungserklärung.

Ich darf jetzt vielleicht in aller Kürze einige wenige Bemerkungen zu Einzelpunkten machen.

Sie, Herr Dorn, und auch Herr Kollege Schmitt-Vockenhausen haben mich auf Fragen der Besoldungsneuregelung angesprochen. Ich greife diesen Punkt wegen seiner besonderen Wichtigkeit und auch deswegen auf, weil das Hohe Haus hier selbst eine Mitverantwortung hat und mir etwas dabei helfen kann, weil es damit auch den Beamten helfen kann, hier voranzukommen. Ich glaube, die Frage auch von Herrn Dorn betraf die dritte Stufe der Besoldungsneuregelung, ob es möglich sei, hier noch etwas zu tun. Die Antwort lautet, daß der Bundesinnenminister vorbehaltlich der Entscheidung der Bundesregierung in der Lage sein wird, in diesem Jahr den Entwurf eines Dritten Besoldungsneuregelungsgesetzes, also der dritten Stufe, vorzulegen, allerdings unter der Voraussetzung, daß das Zweite Besoldungsneuregelungsgesetz, das dem Hohen Hause gegenwärtig zur Beratung und Beschlußfassung vorliegt, durch den Bundestag rechtzeitig verabschiedet wird, d. h. angesichts der begrenzten Zeit, die zwischen dem Ende der Sommerpause und Weihnachten zur Verfügung steht, bis zum Ende der Sommerpause.

Damit verbunden war die Problematik, daß Voraussetzung der Verabschiedung des Zweiten Besoldungsneuregelungsgesetzes, wie Sie wissen, die Verabschiedung des Entwurfs zu Art. 75 des Grundgesetzes ist. Insoweit, meine Damen und Herren, besteht also eine Mitverantwortung von uns allen. Wenn diese Voraussetzung erfüllt werden kann, würde ich keine Schwierigkeiten sehen, dem Wunsch, der von beiden Herren an mich herangebracht worden ist, zu entsprechen. Ich würde sehr hoffen, daß die Bundesregierung, wenn dieser Entwurf von mir vorgelegt würde, auch entsprechende Beschlüsse fassen kann.

Zu Zuständigkeitsfragen möchte ich mich über das hinaus, was ich vorhin sehr vorsichtig gesagt habe, nicht äußern. Ich glaube nur, Herr Kollege Dorn, daß die Frage, wer innerhalb der Bundesregierung welche Dinge bearbeitet, an sich noch keine klare Alternative zu den Sachfragen ist. Denn es kommt zunächst nicht so sehr darauf an, wer es macht, sondern wie es gemacht wird und ob es richtig gemacht wird. Wir sollten uns also bei Gelegenheit – die hoffentlich bald kommt – einmal über die Sachfragen unterhalten.

Ausdrücklich bedanken, Herr Dorn, möchte ich mich für Ihren Einsatz in den Fragen des Verfassungsschutzes. Es ist sehr notwendig, auch hier und vor der Öffentlichkeit zu sagen, daß das Bundesamt für Verfassungsschutz und die Landesämter für Verfassungsschutz Einrichtungen eines demokratischen Rechtsstaates sind,
(Beifall)
daß es Ämter sind, die das Grundgesetz verteidigen und schützen

und daß sie jede Unterstützung in ihrer Arbeit verdienen, die nach Gesetz und Recht zulässig ist. Ich freue mich darüber, daß wir in dieser Frage offenbar übereinstimmen. Was an praktischen Fragen damit zusammenhängt, werden wir bei anderer Gelegenheit durchaus bereit sein zu diskutieren.

Die Frage der Verbrechensbekämpfung und der Tätigkeit des Bundeskriminalamts möchte ich zum Anlaß nehmen, Herr Kollege Dorn, um zu sagen, daß aus meiner Sicht – und die wird eine konkrete Überlegung und wohl auch eine konkrete Tätigkeit von mir sein – das Verhältnis zwischen den Herren Innenministern der Länder und dem Bundesinnenminister vielleicht noch enger in der praktischen Arbeit sein könnte und sein sollte, als es heute erfreulicherweise schon ist.

(Beifall bei der CDU/CSU.)

Es besteht an sich ein erfreulich gutes Verhältnis zwischen den Innenministern der Länder und dem Bundesinnenminister, nebenbei gesagt, ohne Rücksicht auf Parteizugehörigkeit jeweils. Ich weiß aber, daß gerade in Kreisen der Herren Innenminister der Länder durchaus der Wunsch und die Bereitschaft bestehen, diese Zusammenarbeit weiter zu intensivieren. Das wird konkrete Auswirkungen auf den Gebieten haben, die hier mit dem Stichwort Verbrechensbekämpfung angeschnitten worden sind. Ich meine also, daß man durchaus etwas tun kann und etwas tun sollte.

Zur Zivilverteidigung nur in aller Kürze. Ich bin jedenfalls nicht der Meinung, Herr Kollege Dorn – ich sage das gleich im Hinblick auf den nachher zur Beratung anstehenden Antrag Umdruck 427 –, daß man auf dem Gebiet der Zivilverteidigung sinnvollerweise überhaupt noch etwas tun kann, wenn man nun mit Anträgen oder gar mit Beschlüssen darangeht, die ohnehin äußerst knappen Mittel auf diesem Gebiet immer weiter zu reduzieren. Wir sind heute mit dem Gesamtplafond der Zivilverteidigung von rund 450 Millionen DM im Jahr an der unteren Grenze dessen angelangt, was eine auch nur einigermaßen sinnvolle Zivilverteidigung erfordert. Würde man da weiter heruntergehen, würde in der Tat ein Punkt kommen, an dem man zu dem Ergebnis kommen müßte, daß es keinen Sinn mehr hat, sich darüber zu unterhalten. Nur muß ich die Frage stellen: Wer wollte die Verantwortung dafür übernehmen, daß auf diesem Gebiet jede Vorsorge, die vernünftigerweise getrieben werden kann, ganz unterbleibt?

Ich möchte mich kurz fassen. Ich habe vielleicht schon etwas zu lange gesprochen. Ein letztes Wort aber zu der Frage, die ich vorhin angeschnitten habe, was der Parlamentarische Staatssekretär tun kann, was er bisher getan hat, wie man Erfahrungen verwerten sollte. Ich glaube, daß der Herr Bundeskanzler gestern mit vollem Recht in seinen Ausführungen die Frage angesprochen hat, wie man unsere Verwaltung reformieren und modernisieren kann. Jemand, der wie ich aus einem freien Beruf kommt und der mit einer guten Portion Unbefangenheit und mit einer bei den Herren Beamten nicht immer willkommenen Vorurteilslosigkeit an die Dinge herangeht, ist zunächst einmal erstaunt über die Dinge, die er komisch finden muß, weil er, wenn er seinen freien Beruf so führte, wie es dort geschieht, ihn gar nicht führen könnte, weil nämlich die finanziellen Grundlagen fehlen würden.

(Beifall bei der CDU/CSU.)

Nicht immer ist es so, daß man dann, wenn man es näher angesehen hat, dabei bleibt, es sei komisch. Manchmal hat es einen guten Sinn, den man zunächst nicht erkennt. Aber es ist gesund, zunächst einmal zu fragen, ob das eigentlich so sein muß. Und manches ist wirklich komisch.

(Abg. Könen [Düsseldorf]: Bleibt auch komisch!)

Ich darf nur eine Geschichte erzählen. Ich könnte aus den Erfahrungen eines Jahres schon ein Buch schreiben. Ich sitze hier im Bundeshausrestaurant und habe da so eines dieser gelben Mäppchen bei mir, in dem irgend etwas – ich weiß nicht mehr, was es war – gelegen hat. Darauf steht: »Bundesministerium des Innern«, und darüber steht: »Eilt sehr!«. Ein Journalist – es war ein amerikanischer Herr – wollte mich ansprechen. Er stutzte aber, erschrak förmlich, als er diese Mappe sah, und sagte: »Mein Gott, Sie haben aber ganz was Dringendes. Ich werde Sie um Gottes willen nicht stören.« Ich habe ihm natürlich wahrheitsgemäß sagen müssen: »Wissen Sie, das hat überhaupt nichts zu bedeuten. Wir haben überhaupt nur solche Mappen. Da steht auf der einen: ›Eilt‹, dann haben wir eine Kategorie: ›Eilt sehr!‹, dann haben wir eine: ›Sofort!‹, und dann haben wir noch eine, da wird ein Überkleber gemacht: ›Sofort vorlegen!‹ oder ›Sofort auf den Tisch!‹. Andere haben wir gar nicht.«

(Anhaltende Heiterkeit.)

Das führt natürlich dazu, daß man diese Rubriken und Aufschriften überhaupt nicht mehr beachtet, so daß also der ursprüngliche Zweck, Prioritäten in der Erledigung von Sachfragen zu schaffen – und das ist doch der ernste Hintergrund dieser Sache –, in sein Gegenteil verkehrt wird durch den Versuch, es möglichst perfekt zu machen. Das gilt auch – ich sage es an einem harmlosen Beispiel – für manche anderen Fragen.

Herr Kollege Dichgans, ich sehe Sie gerade vor mir. Sie haben heute mittag in einer für mich interessanten Rede über Fragen aus der Sicht der Kollegen des Hauses gesprochen. Das Problem stellt sich für einen, der in einem Ministerium arbeitet, zumal auf der Etage des Parlamentarischen Staatssekretärs oder Ministers, ja nicht leichter. Ich möchte Sie bei der Gelegenheit von der Illusion befreien, als ob es etwa auf dieser Ebene leichter wäre. »Der hat einen herrlichen Apparat«, sagen die Kollegen. Ja, das ist überhaupt kein Problem. Das ist wahr: der hat einen Apparat. Wissen Sie, was der Apparat hauptsächlich tut? – Der bringt solche Berge Akten auf den Tisch, die man lesen soll. Bei aller Hilfe des Apparats, für die ich dankbar bin, aber das, was Sie gesagt haben, gilt da genauso. Und es ist keineswegs so, daß sich alle Arbeit sozusagen von selber erledigt, und man braucht bloß so da zu sitzen und zu denken, und dann fällt einem was Geniales ein. Ich weiß nicht, Herr Dorn, ob Sie diese Vorstellung haben, aber so ist das nicht. Es ist sehr viel schwieriger, mit dem Kram fertig zu werden. Das ist also die Frage der Reorganisation des Führungsapparats in der Bundesregierung.

Abg. Brück [Köln]: Das Lesen bleibt, Herr Minister!)
Diese Frage gilt natürlich auf den unteren Ebenen in gar keinem anderen Maße.

Ich könnte also wirklich – wenn wir mehr Zeit hätten, würde ich die Gelegenheit benutzen, um das zu erzählen – solche Erfahrungen hier vortragen, welche zeigen, daß sich die Art, wie es gemacht wird, für mein Empfinden vielfältig erklärt aus Traditionen, die nun einmal bestehen. Sie kennen dieses Motto – ich will all diese Mottos hier gar nicht wiederholen –: »Haben wir immer schon gemacht« usw.

Präsident D. Dr. Gerstenmaier: Gestatten Sie eine Zwischenfrage?
Benda, Bundesminister des Innern: Bitte schön, Herr Sänger.
Sänger (SPD): Herr Minister Benda – ich freue mich, Sie zum erstenmal als Minister anreden zu können –, bei Ihren Erfahrungen mit den Akten im Ministerium darf ich sagen: Würden Sie vielleicht einmal Zeit finden, die Memoiren eines Ihrer Vorvorvorgänger, nämlich des früheren Reichsministers und preußischen Innenministers Karl Severing, zu lesen, der dort erzählt, wie ihm in den ersten Tagen Berge von Akten aus dem Ministerium deshalb auf

den Tisch gelegt wurden – wie er dann bald merkte –, damit er nicht mehr zu politischen, sondern nur noch zu Verwaltungsentscheidungen kam? *(Beifall bei den Regierungsparteien.)*

Benda, Bundesminister des Innern: Wenn meine Herrn Mitarbeiter im Hause mir Zeit geben, das zu lesen, werde ich das mit dem größten Vergnügen tun. Ich habe eben diese Erfahrung schon in meiner bisherigen Tätigkeit selber gemacht.

Meine Damen und Herren, ich sage das alles einmal so ganz leichthin. Natürlich erfaßt das nicht im entferntesten die Ernsthaftigkeit des Problems, und natürlich könnte man darüber sehr viel feierlicher reden. Aber ich wollte es einmal so unbefangen sagen,

(Beifall bei den Regierungsparteien.)

weil ich glaube, daß dies vielleicht die richtige Methode wäre, an diese Frage heranzugehen.

Hierfür braucht man z. B. Parlamentarische Staatssekretäre. Sie sollen für mein Empfinden nicht aus dem Apparat kommen. Sie haben also die Funktion, die unbefangenen Fragen zu stellen, den Leuten, wenn es sein muß, auf die Nerven zu gehen, und natürlich dem Minister zu helfen, daß er dann mit den Sachen fertig wird. Ich meine, daß das hier eine gute Chance auch für einen Minister ist, der nur eine sehr begrenzte Zeitspanne hat, hier wenigstens Ansätze zu machen, um voranzukommen. Ich möchte meinen, daß es eine der Aufgaben sein wird, die in der knappen Zeit, die mir zur Verfügung steht, angepackt werden sollte. Ich bin entschlossen, hier etwas zu tun.

(Zuruf des Abg. Dorn.)

– Was war das, Herr Dorn?

(Zuruf des Abg. Moersch.)

– Ach, das geht also ganz gut voran, Herr Moersch. Es kommt – out put sagt man ja wohl – bei Gelegenheit schon.

Ich komme zum Schluß und darf hier etwas tun, was der Herr Kollege Helmut Schmidt auch einmal gemacht hat, darf ich das vielleicht auch tun. Es ist ketzerisch, aber ich wage es. Ich habe viele freundliche Telegramme bekommen. Darunter war eines, das mich amüsiert hat. Ich möchte es vorlesen. Der Absender fällt unter das Post- und Fernmeldegeheimnis, das wir wahren wollen.

Lieber Herr Benda, zu Ihrer Berufung ein Wort des Vorsitzenden Mao: Hab Mut zu kämpfen, hab Mut zu siegen.
Kein schlechtes Motto, meine Damen und Herren!

(Heiterkeit und Beifall bei den Regierungsparteien.)

Bericht zur innenpolitischen Situation

Bereits wenige Tage, nachdem Ernst Benda sein Amt als Bundes-
minister des Innern angetreten hatte, wurde die gesamte Bundes-
republik von einer Welle der öffentlichen Unruhe erschüttert: auf
Rudi Dutschke, den Wortführer der linksradikalen Studenten in
Berlin, wurde am Gründonnerstag 1968 ein Attentat verübt, das
die sogenannten Osterunruhen auslöste. Es kam in Berlin und in
allen Teilen Westdeutschlands zu gewalttätigen Demonstrationen,
die meist von den linksradikalen Studentenorganisationen – vor
allem dem Sozialistischen Deutschen Studentenbund (SDS) – aus-
gingen, die aber in einem bis dahin einzigartigen Solidarisierungs-
prozeß große Teile der in ihrer Mehrheit politisch wenig enga-
gierten Studentenschaft erfaßten. Diese Demonstrationen richteten
sich in erster Linie gegen Gebäude des Springer-Konzerns, dessen
Zeitungen die geistige Urheberschaft an dem Dutschke-Attentat
angelastet wurde. Wirklicher Grund für den Zorn der radikalen
Studenten auf den Springer-Verlag war jedoch die Annahme, daß
nur durch den Einfluß seiner Zeitungen der studentischen Protest-
bewegung die Solidarisierung mit der Arbeiterschaft nicht gelang,
im Gegenteil die radikalen Bestrebungen der »Neuen Linken« ge-
rade bei der Arbeiterschaft auf besonders nachhaltige Ablehnung
stießen.
Neben dem Springer-Verlag bildete die vor dem Abschluß ste-
hende Notstandsgesetzgebung der Großen Koalition den Haupt-
ansatzpunkt der Protestaktionen. Im Verlauf der Osterunruhen
wurde die Grenze der bis dahin von den Doktrinären der radikalen
Linken propagierten »Gewalt gegen Sachen« erstmalig überschrit-
ten: bei den gewalttätigen Demonstrationen kamen unter nicht ein-
deutig geklärten Umständen zwei junge Menschen ums Leben.
Die ungelöste Frage der Hochschulreform, die den ursprünglichen
Ausgangspunkt der studentischen Protestbewegung bildete, trat
zunehmend in den Hintergrund, es wurde immer deutlicher er-
kennbar, daß die Gewaltakte der linksradikalen Studentengruppen
sich gegen das System der parlamentarischen Demokratie, gegen

die Grundwerte und gegen die Grundordnung dieses Staates rich-
teten.

Benda stand nicht nur als für die innere Sicherheit verantwort-
liches Mitglied des Bundeskabinetts im Mittelpunkt der Ausein-
andersetzung, er galt vielmehr bei der radikalen Linken als der
eigentliche Schöpfer der verhaßten Notstandsverfassung. Der Bun-
destag trat am 30. April 1968 wegen der Osterunruhen zu einer
Sondersitzung zusammen, in der Benda für die Bundesregierung
einen Bericht zur innenpolitischen Situation erstattete. Der Bericht
Bendas enthält verfassungspolitisch wichtige Darlegungen zum
Problem des Ermessensspielraums bei der Entscheidung über das
Verbot verfassungsfeindlicher Organisationen.

Auszug aus dem Protokoll des Deutschen Bundestages
vom 30. April 1968

Herr Präsident! Meine sehr geehrten Damen und Herren! Der
Deutsche Bundestag erwartet heute von der Bundesregierung einen
Bericht zur innenpolitischen Situation. Hierbei kann es sich nicht
allein um einen Polizeibericht handeln. Wenn Gewaltakte zu Mitteln des politischen Kampfes werden, dann wird ja nicht nur die
öffentliche Ordnung im polizeilichen Sinne betroffen.

Wir haben nun schon seit einem Jahr eine Eskalation des Irr-
sinns erlebt. Der Tod von Benno Ohnesorg, der verbrecherische
Mordanschlag auf Dutschke, das sinnlose Sterben von Frings und
Schreck sind die traurigen Markierungen dieses Irrweges.

Der Staat muß sich natürlich Gedanken darüber machen, wie er
eine Wiederholung derartiger Vorgänge verhindern kann. Aber
nicht nur die öffentliche Ordnung ist in erster Linie in Gefahr.
Ruhe und Ordnung können mit polizeilichen Mitteln wiederhergestellt werden. Würde dieser Irrweg fortgesetzt, so müßte aber
die verfassungsmäßige Ordnung dieses Staates Schaden nehmen.
Wir verstehen die Bundesrepublik Deutschland nach der Entscheidung unseres Grundgesetzes als freiheitlichen Rechtsstaat und als
parlamentarische Demokratie. Diese Entscheidung bestimmt mit
verbindlicher Kraft für jedermann das Zusammenleben in einer
menschlichen Gemeinschaft. Die Gesellschaft, auch unsere Gesellschaft, ist weder heute frei von Konflikten, noch wird sie es jemals
sein. Aber wir haben den Auftrag, die Chance und auch die Zuver-

sicht, daß wir solche unvermeidlichen Konflikte mit den Mitteln des Rechts und der freien Auseinandersetzung bewältigen können; wir brauchen sie nicht zu scheuen.

(Beifall bei der CDU/CSU.)

Sie sind notwendige, sogar begrüßenswerte Teile einer Entwicklung, die nicht in ängstlicher Konservierung des Bestehenden verharrt, sondern sich den Möglichkeiten wie den Gefahren der Zukunft stellt.

Das Grundgesetz versteht die verfassungsmäßige Ordnung als eine freiheitlich-demokratische und rechtsstaatlich-soziale Ordnung. Dabei geht es nicht von einer romantisierenden Vorstellung aus, welche die einmal bestehenden Verhältnisse für schlechthin ideal hält. Vielmehr nimmt die freiheitlich-demokratische Ordnung »die bestehenden, historisch gewordenen staatlichen und gesellschaftlichen Verhältnisse und die Denk- und Verhaltensweisen der Menschen zunächst als gegeben hin. Sie sanktioniert sie weder schlechthin, noch lehnt sie sie grundsätzlich und im ganzen ab; sie geht vielmehr davon aus, daß sie verbesserungsfähig und -bedürftig sind«. So äußert sich das Bundesverfassungsgericht in seinem Verbotsurteil gegen die Kommunistische Partei.

Jeder Staatsbürger, jede politische und soziale Gruppe ist daher berechtigt, ja sogar verpflichtet, wirkliche oder vermeintliche Mißstände anzusprechen. Sie alle sollen und dürfen auf die Änderung der von ihnen für falsch gehaltenen Verhältnisse drängen. Weder die Diskussion noch die kämpferische Auseinandersetzung hierüber verstößt gegen die verfassungsmäßige Ordnung, Demokratie, erst recht parlamentarische Demokratie, setzt vielmehr solche Diskussion und solche Auseinandersetzung voraus. Dies gilt ebenso für das Parlament selbst. Sein Lebenselement, sein eigentliches Wesen ist die freimütige und kämpferische Erörterung aller Fragen von öffentlichem Interesse.

Bildet sich eine leidenschaftliche außerparlamentarische Diskussion, so kann dies darauf hindeuten, daß das Parlament drängende Fragen nicht oder nicht genügend oder nicht freimütig genug behandelt hat. Daß die bestehenden Verhältnisse oder die Denk- oder Verhaltensweisen der Menschen von einzelnen oder von Gruppen kritisiert werden, kann daher für sich niemals ein Angriff auf die verfassungsmäßige Ordnung sein.

Die Kritik mag oft leidenschaftlich, auch polemisch und ungerecht sein. Sie ist dies vor allem bei den jüngeren Menschen, die ja den heute erreichten Zustand nicht mit dem Chaos zu vergleichen vermögen, das am Beginn des staatlichen Neuanfangs stand. Aber diese Kritik gehört zu den Elementen, die den freiheitlichen Staat ausmachen.

Es ist dann aber entscheidend, wie sich der Kampf der Meinungen und Interessen vollzieht. Das Bundesverfassungsgericht fährt an der erwähnten Stelle fort:

> Was jeweils praktisch zu geschehen hat, wird also in ständiger Auseinandersetzung aller an der Gestaltung des sozialen Lebens beteiligten Menschen und Gruppen ermittelt. Dieses Ringen spitzt sich zu einem Kampf um die politische Macht im Staat zu. Aber es erschöpft sich nicht darin. Im Ringen um die Macht spielt sich gleichzeitig ein Prozeß der Klärung und Wandlung dieser Vorstellung ab. Die schließlich erreichten Entscheidungen werden gewiß stets mehr den Wünschen und Interessen der einen oder anderen Gruppe oder sozialen Schicht entsprechen; die Tendenz der Ordnung und die in ihr angelegten Möglichkeiten der freien Auseinandersetzung zwischen allen realen und geistigen Kräften wirkt aber . . . in Richtung auf Ausgleich und Schonung der Interessen aller.

So weit das Zitat des Bundesverfassungsgerichts.

Die verfassungsmäßige Ordnung setzt also zugleich die freie Auseinandersetzung und die Ordnung voraus, in der allein eine wirkliche freie Auseinandersetzung möglich ist.

(Beifall bei der CDU/CSU.)

Das Ziel darf weder Klassenkampf noch Revolution sein,

(Beifall bei der CDU/CSU.)

sondern »Ausgleich und Schonung der Interessen aller«, mithin der Versuch, zu konkreten Reformen zu kommen, wo sie notwendig sind, aber im Rahmen der Ordnung und mit den Mitteln des Rechts. Dies schließt Gewalt in jeder Form und gegen jedermann aus.

(Beifall bei der CDU/CSU.)

Die Vorgänge in unserem Lande seit dem 11. April 1968 lassen erkennen, daß diese Maßstäbe einigen kleinen, radikalen Gruppen verlorengegangen sind. Diese Gruppen mißachten bewußt Gesetz und Recht, und sie setzen an deren Stelle die Mittel der Gewalt.

Der äußere Ablauf der Geschehnisse seit dem 11. April ist Ihnen allen bekannt; ich muß ihn hier nicht wiederholen. Meine zusammenfassende Darstellung soll versuchen, eine vorläufige Bilanz zu ziehen und die Erörterung der Konsequenzen vorzubereiten, die sich hieraus ergeben.

Seit dem Attentat auf Dutschke fanden zahlreiche friedliche Demonstrationen statt, zugleich aber auch Aktionen mit Gewaltanwendung, deren Ziel im wesentlichen Einrichtungen des Verlagshauses Springer waren. Nach den mir von den Herren Innenministern der Länder gemachten Angaben fanden in diesen fünf Tagen jeweils in bis zu 27 Städten Demonstrationen statt. In insgesamt 26 Fällen, also etwa einem Fünftel, waren sie mit Ausschreitungen Gewaltakten oder schwerwiegenden Rechtsverletzungen verbunden. An den einzelnen Tagen waren an Demonstrationen im Bundesgebiet jeweils zwischen 5000 und 18 000 Personen beteiligt – die Teilnehmer der Ostermärsche sind hier nicht eingerechnet –; an Demonstrationen mit Ausschreitungen beteiligten sich jeweils zwischen 4000 und 11 000 Personen.

Es ist also deutlich zu unterscheiden zwischen den Aktionen radikaler Gruppen und den friedlichen Demonstrationen.

(Abg. Dr. Barzel: Sehr gut!)

Umfang und Grenzen des Demonstrationsrechts ergeben sich unmittelbar aus dem Grundrecht der Versammlungsfreiheit. Die Demonstration als eine Form der kollektiven Meinungskundgabe gibt dem Staatsbürger die Möglichkeit, seine politische Auffassung nach außen hin zur Geltung zu bringen. Dieses unbestrittene Recht entbindet die Versammlungsteilnehmer aber nicht davon, die allgemeinverbindlichen Gesetze zu achten.

(Beifall bei den Regierungsparteien.)

Versammlungen unter freiem Himmel und Aufzüge dürfen nicht unmittelbar die öffentliche Sicherheit und Ordnung gefährden.

Wer von seinem Demonstrationsrecht, also einem Grundrecht, Gebrauch macht, der muß in gleicher Weise die Grundrechte anderer und die Rechte der Allgemeinheit achten.

(Beifall bei den Regierungsparteien und bei Abgeordneten der FDP.)

Die Behauptung, daß die Versammlungs- oder Demonstrationsfreiheit gegenüber anderen Grundfreiheiten den Vorrang habe, findet im Grundgesetz keine Stütze. Diejenigen Aktionen während der Ostertage, die mit Zuwiderhandlungen gegen allgemeine und für jedermann verbindliche Strafvorschriften verbunden waren, sind durch das Grundrecht der Versammlungsfreiheit nicht gedeckt. Der Umfang der begangenen Ausschreitungen ergibt sich aus der

Zahl der eingeleiteten Ermittlungsverfahren.

Nach den von den Herren Innenministern der Länder mitgeteilten Zahlen ist inzwischen gegen insgesamt 827 Beschuldigte ein polizeiliches Ermittlungsverfahren eingeleitet worden. Diese Verfahren werden der Staatsanwaltschaft zugeleitet; es kann natürlich heute nicht gesagt werden, in wie vielen Fällen Anklage erhoben werden wird oder Verurteilungen erfolgen werden.

Die eingeleiteten polizeilichen Ermittlungsverfahren – insgesamt also gegen 827 Beschuldigte – betreffen in 331 Fällen Verstöße gegen § 116 des Strafgesetzbuchs (Auflauf), in 33 Fällen Verfahren wegen Aufruhrs (§ 115 StGB), in 215 Fällen wegen Landfriedensbruchs (§ 125 StGB), in 105 Fällen wegen Widerstandes gegen die Staatsgewalt (§ 113 StGB), in 276 Fällen sonstige Straftaten wie Sachbeschädigung, Brandstiftung, Körperverletzung und ähnliche Delikte.

Dies sind insgesamt 960 Ermittlungsverfahren; die Differenz zu der bereits genannten Zahl von Verfahren gegen 827 Personen erklärt sich daraus, daß gegen einen Teil der Beschuldigten Verfahren wegen mehrerer Straftaten eingeleitet worden sind.

Von den Beschuldigten sind 87 bis zu 18 Jahren alt, 210 zwischen 19 und 21 Jahren, 246 zwischen 22 und 25 Jahren; 286 Personen sind älter als 25 Jahre. Nach Berufen aufgegliedert, ergibt sich folgendes Bild: 92 sind Schüler, 286 Stundenten, 185 Angestellte, 150 Arbeiter, 31 sonstige Berufe, 97 ohne Beruf, unbekannt ist der Beruf bei 26 Personen.

Meine Damen und Herren, diese Aufgliederung scheint mir zu zeigen, wie falsch es wäre, die Gewaltaktionen als Studentenunruhen zu bezeichnen.

(Beifall.)

Neben militanten Studentenorganisationen, insbesondere dem SDS, waren andere Personen auch höheren Lebensalters beteiligt, deren Verhalten keinesfalls den Studenten zugerechnet werden kann. Es wäre falsch und ungerecht, die große Mehrheit der Studenten für das Verhalten einer kleinen Gruppe verantwortlich zu machen.

(Beifall bei den Regierungsparteien.)

In München haben die Aktionen einer radikalen Minderheit zwei Todesopfer gefordert. Als bisher einzige der an den Aktionen beteiligten Gruppen hat der Liberale Studentenbund seine Mitverantwortung für diesen sinnlosen Tod öffentlich anerkannt. Der 2. Vor-

sitzende des SDS, Frank Wolff, hat zwar sein Bedauern über den Tod des Journalisten Frings ausgesprochen, aber zugleich erklärt, daß man jetzt »auch nicht rührselig werden« dürfe.
(Zurufe von der Mitte: Hört! Hört! Pfui!)
Herr Mahler, der als Beruf Rechtsanwalt angibt, hat nach Bekanntwerden des Todes von Frings erklärt, daß man »von vornherein mit solchen Unglücksfällen gerechnet« habe.
(Hört! Hört! bei der CDU/CSU.)
Auf Vorhaltungen bestürzter Studenten sagte er: »Wir haben niemanden für so dumm gehalten, daß man das öffentlich erklären muß. Wenn ich mich an das Steuer eines Wagens setze, muß ich auch damit rechnen, daß vielleicht ein Reifen platzt.« Der Zynismus, der den durch einen Pflasterstein verursachten Tod für einen Betriebsunfall hält, entspricht für mein Empfinden sehr viel mehr dem Verhalten eines Menschen, der sich in betrunkenem Zustande an das Steuer eines Autos setzt.
(Beifall bei den Regierungsparteien.)
Er wird natürlich nicht die Absicht haben, andere zu töten, aber er weiß oder müßte wissen, daß sein eigenes Verhalten mit hoher Wahrscheinlichkeit eine solche Folge hat. Nach der Überzeugung unsere Rechtsordnung handelt ein solcher Täter kriminell. Wer darüber hinaus von vornherein mit Todesfällen als Folge seiner Aktionen rechnet und dennoch tätig wird, handelt im Rechtssinn mit Eventualvorsatz, Dolus eventualis, der ebenso wie der direkte Tötungsvorsatz strafbar ist.
Nach den Ostertagen teilte ein Berliner SDS-Funktionär in Kiel öffentlich mit, daß der Berliner SDS eine Blockade der Autobahn nach Berlin geplant habe. Der Plan sei zwar nicht verwirklicht worden, aber keineswegs erledigt; er werde wieder aufgenommen werden, wenn die Ziele des SDS mit anderen Mitteln nicht erreicht werden könnten.
(Hört! Hört! bei der CDU/CSU.)
Der das gesagt hat, hat auch nicht nur geprahlt. Herr Rechtsanwalt Mahler war der Erfinder dieses brillanten Plans, und bestimmte SDS-Funktionäre in Berlin haben über seine Verwirklichung bereits Gespräche mit bestimmten Stellen in der SBZ geführt.
(Abg. Dr. Barzel: Pfui! – Hört! Hört! bei der SPD.)
Das Beispiel zeigt wohl, welcher Verirrung eine solche wahnsinnige Zerstörungslust fähig ist, und es zeigt auch, daß dieser Wahnsinn seine eigene Methode hat.

Bei den Demonstrationen in Frankfurt am 15. April wurden u. a. folgende Kampfparolen ausgegeben – ich zitiere –: »Bildet Greifer-Trupps von 12 Mann Stärke, die besonders tatkräftige Polizisten schnappen und zusammenschlagen. Das Anzünden umgestürzter Autos und das Werfen von Molotow-Cocktails ist ab sofort als Notwehr zu betrachten. Warum sollen wir davor zurückschrecken, den Polizeibeamten die Daumen in die Augen zu drücken?«

Am 11. April sagte der SDS-Funktionär Udo Riechmann in Frankfurt: »Ich bedaure, daß in Frankfurt zwei Kaufhäuser gebrannt haben; ich würde es lieber sehen, der Societäts-Verlag und das amerikanische Generalkonsulat gingen in Flammen auf.«

Der Sprecher der Münchner SDS-Gruppe, Reiner Jendis, sagte am 19. April: »Wir werden auch weiterhin Gewalt gegen Sachen anwenden, und wir werden auch weiterhin gegen die Gesetze verstoßen.« Das war nach den Oster-Unruhen und nach den Todesopfern.

Solche Äußerungen, denen auch Taten gefolgt sind, können um zahlreiche andere Beispiele vermehrt werden. Sie verraten die Bereitschaft der militanten Gruppen, sich für ihre politischen Zwecke aller verfügbaren Mittel zu bedienen. Die Anwendung der Mittel soll nicht durch Achtung vor dem Gesetz, sondern nur durch Fragen der Zweckmäßigkeit begrenzt werden.

Dabei könnte man die von einem Teil des SDS vertretene utopische Zielvorstellung an sich, wenn man noch lächeln könnte, als romantische Schwärmerei belächeln. Zwar wird der heutigen Gesellschaft vorgeworfen, daß sie die real vorhandenen Konflikte leugne oder unterdrücke; zugleich verfolgen aber eben diese Kritiker das utopische Ziel einer Gesellschaftsordnung, in der die Herrschaft des Menschen über den Menschen endgültig und radikal beseitigt sein soll. Der Unterschied liegt dann nur darin, daß der vermeintliche Idealzustand erst am Ende jenes langen Marsches erreicht werden soll, der revolutionäre Mittel notwendig macht und damit den heute Lebenden um solchen fernen Zieles willen Opfer zumutet. Diese Auffassung ist unserer verfassungsmäßigen Ordnung genau entgegengesetzt.

(Sehr gut! bei der CDU/CSU.)

Ich selbst habe in einer vor zwei Jahren erschienenen Arbeit einmal versucht, die Ordnung des Grundgesetzes eben solchen Utopien gegenüberzustellen, und damals geschrieben:

Entscheidend ist, ob die Gesellschaft auf das Gemeinwohl hin angelegt ist, nämlich, ob sie nach ihrer Gesamtordnung die Chance bietet, dem Ideal näher zu kommen, ohne daß auf dem Wege dorthin das individuelle Interesse und das private Glück des einzelnen zertreten werden müssen. Die Behauptung, daß am Ende eines mühsamen und leidvollen Weges, bei dem auch nur einem Teil der Bürger unzumutbare Opfer auferlegt werden, doch die allgemeine und vollkommene Glückseligkeit stehen werde, stellt nur für den Vertreter totalitärer Auffassungen ein Argument dar. Es ist, wie unser Kollege Adolf Arndt einmal geschrieben hat, »der wohl bezeichnendste Zug in jedem Totalitarismus, daß seine Machthaber so handeln, als wären sie zum jüngsten Gericht berufen.

(Beifall bei den Regierungsparteien.)

Wo Menschen so verfahren«, schließt Adolf Arndt, »endet jede Barmherzigkeit.«

Die Bundesregierung hat in engem Zusammenwirken mit den Innenministern der Länder im Rahmen ihrer verfassungsmäßigen Zuständigkeit alsbald die erforderlichen Schritte unternommen, um eine Wiederherstellung der öffentlichen Sicherheit und Ordnung zu ermöglichen. Im Bundesinnenministerium wurde sofort nach dem Attentat am Gründonnerstag ein ständiger Bereitschaftsdienst eingerichtet. Die Verbindung mit den Ländern stellt die schnelle und ständige Unterrichtung der Bundesregierung sicher.

Nach Art. 30 des Grundgesetzes ist die Erfüllung der staatlichen Aufgaben auf dem Gebiet von Sicherheit und Ordnung Sache der Länder. Dem Bund steht im wesentlichen nur der Bundesgrenzschutz zur Verfügung, dessen Aufgaben nach geltendem Recht überwiegend auf die Sicherung der Grenzen der Bundesrepublik beschränkt sind. Im übrigen kann der Bund nur im Falle eines überregionalen inneren Notstandes nach Art. 91 Abs. 2 des Grundgesetzes in der heute geltenden Fassung eingreifen, und zwar dann, wenn die Länder nicht mehr in der Lage oder nicht bereit sind, aus eigener Kraft der Gefahr wirksam entgegenzutreten.

Der Ernst der Vorgänge an den Ostertagen soll sicher nicht verkannt werden; aber zu keinem Zeitpunkt hat ein innerer Notstand, weder im Sinne des Art. 91 Abs. 1 noch im Sinne des Art. 91 Abs. 2 des Grundgesetzes, vorgelegen. Der Bund hatte daher verfassungsrechtlich keine Möglichkeit, unmittelbar einzugreifen; sachlich bestand hierzu auch keine Notwendigkeit.

Diese Rechtslage entbindet die Bundesregierung jedoch nicht von ihrer politischen Verpflichtung, derartigen ernsten Vorgängen größte Aufmerksamkeit zu widmen

(Beifall bei der CDU/CSU.)

und im Rahmen ihrer Möglichkeiten in ständiger Zusammenarbeit mit den Ländern beratend und unterstützend tätig zu werden. Bund und Länder haben ständig und vertrauensvoll zusammengearbeitet. Die Innenminister der Länder haben den Bundeskanzler und den Bundesinnenminister laufend über alle wesentlichen Ereignisse unterrichtet, und die zuständigen Stellen des Bundes haben die Länder mit ihren Möglichkeiten unterstützt.

Am ersten Tage der Unruhen, Gründonnerstag, kam es an einigen Orten zu schwerwiegenden Störungen der öffentlichen Ordnung und zu zahlreichen Straftaten. Nachdem die Polizeien der Länder bzw. der Gemeinden den Ernst der Lage erkannten, gelang es ihnen aber alsbald, durch energisches Eingreifen Herr der Situation zu werden. Die Erfahrungen der Ostertage berechtigen zu der Zuversicht, daß die Länder nach der personellen Stärke, Ausbildung und Ausrüstung der Polizei durchaus in der Lage sind, mit derartigen Unruhen fertig zu werden. Dies gilt um so mehr, wenn einzelne noch bestehende Schwächen möglichst bald beseitigt werden.

Der Bund ist auf Grund eines Verwaltungsabkommens mit den Ländern an der Ausrüstung und Ausbildung der Bereitschaftspolizei beteiligt. Die mittelfristige Finanzplanung hat zu einer Verlangsamung des weiteren Aufbaus, insbesondere der Ausrüstung neuer Einheiten der Bereitschaftspolizei, geführt. Ich beabsichtige, den Herrn Bundesminister der Finanzen zu bitten, mit mir gemeinsam zu prüfen, ob hier nicht eine Beschleunigung möglich ist.

Der Polizei ist vorgeworfen worden, daß sie in einer Reihe von Einzelfällen in übermäßiger Weise von den ihr zur Verfügung stehenden Mitteln Gebrauch gemacht habe. Soweit dabei gegen einzelne Beamte derartige Vorwürfe erhoben werden, werden und müssen sie von den zuständigen Behörden und Gerichten nachgeprüft werden. Einer pauschalen Verurteilung der Polizei muß ebenso entschieden entgegengetreten werden wie einer verallgemeinernden Kritik an allen, auch den mit friedlichen Mitteln arbeitenden Demonstranten.

(Beifall bei den Regierungsparteien.)

Meine Damen und Herren, die Polizei hatte eine sehr schwere

Aufgabe zu erfüllen. Insgesamt 280 Polizeibeamte – wesentlich mehr, als in der Presse gemeldet wurde – haben bei ihrem Einsatz über Ostern Verletzungen erlitten.

(Hört! Hört! in der Mitte.)

Demgegenüber hat sich die genaue Zahl verletzter Demonstranten oder Unbeteiligter nicht ermitteln lassen, weil leichter Verletzte sich oft ohne fremde Hilfe vom Ort der Demonstration entfernt haben und schwerer Verletzte nicht in allen Fällen der Polizei gemeldet wurden. Der Polizei liegen zuverlässige Meldungen nur über 25 verletzte Demonstranten und 8 verletzte Unbeteiligte vor. Wenn man die in der Presse gemeldeten, wahrscheinlich auf Schätzungen beruhenden Verletztenzahlen – ohne die Polizeibeamten – zusammenzählt, ergeben sich insgesamt 290 Personen, also etwa genausoviel wie verletzte Polizeibeamte, von denen aber mit Sicherheit ein Teil nicht auf Grund polizeilichen Eingreifens zu Schaden gekommen ist, so die beiden in München zu Tode Gekommenen.

Die Polizei mußte Leben, Gesundheit und Eigentum der Bürger auch gegen Gruppen verteidigen, die vor keiner Gewalttat zurückschrecken und darüber hinaus ihr Handeln darauf anlegen, die Polizei zu provozieren. Die rechtlich und moralisch unsinnige Unterscheidung von Gewalt gegen Personen und Gewalt gegen Sachen entbindet die Polizei nicht von ihrer Pflicht, in beiden Fällen einzugreifen. Je frühzeitiger, entschlossener und zugleich besonnener, unter Beachtung des polizeilichen Grundsatzes der Verhältnismäßigkeit der Mittel, gegen Ausschreitungen eingegriffen wird, desto eher gelingt es, Schlimmeres zu verhüten und diejenigen zur Besinnung zu bringen, die überhaupt noch zur vernünftigen Überlegung fähig sind. Ein verspäteter oder verzögerter Einsatz der Polizei führt in aller Regel zu größeren Opfern für alle Beteiligten.

(Beifall in der Mitte.)

Die Innenminister der Länder haben am 17. April allen Polizeibeamten den Dank für ihre Pflichterfüllung ausgesprochen. Die Bundesregierung schließt sich diesem Dank an.

(Beifall bei den Regierungsparteien.)

Aus den Vorgängen an den Ostertagen ergeben sich eine Reihe von konkreten Fragen, die einer baldigen Beantwortung bedürfen. Einzelmaßnahmen sind jetzt schon eingeleitet. Das Bundesinnenministerium hat sofort nach den Ostertagen einen ständigen Bereitschaftsdienst von sachkundigen Beamten eingerichtet. Er wird in Zukunft dauernd, d. h. auch außerhalb der Zeiten von Unruhen, tätig werden. Es wird daher nunmehr jederzeit möglich sein, eingehende Informationen sofort zu sammeln und damit die Unterlagen für notwendige politische Entscheidungen ständig zur Verfügung zu stellen. Für die praktische Durchführung dieser Aufgabe ist das Bundesinnenministerium auf die Mitarbeit der Länder angewiesen. Der dezentralisierte Aufbau der Polizei entspricht dem bundesstaatlichen Prinzip. Er kann den Schutz der öffentlichen Sicherheit und Ordnung durchaus gewährleisten. Die wesentlichen praktischen Entscheidungen müssen ohnehin an Ort und Stelle unter Berücksichtigung der besonderen Verhältnisse des Einzelfalles getroffen werden. Der Bund strebt weder für den Bereich der Schutzpolizei noch den der Kriminalpolizei zentralistische Lösungen an. Wenn aber das Polizeiwesen auf föderalistischer Ebene funktionieren soll, so setzt dies ein hohes Maß an Bereitschaft zur sachlichen Zusammenarbeit voraus.

(Beifall in der Mitte.)

Der Sicherheitsbereich ist nur eines der Gebiete, auf denen der zur Kooperation bereite Föderalismus sich bewähren muß, aber auch bei Fehlen dieser Bereitschaft scheitern könnte. Über die unmittelbar berührten Sachfragen hinaus wird damit ein verfassungsrechtliches und verfassungspolitisches Grundproblem aufgeworfen, das Bund und Länder, Regierungen und Parlamente auf zahlreichen Gebieten immer mehr beschäftigen wird.

Die Konferenz der Innenminister der Länder mit ihren verschiedenen Arbeitskreisen hat sich für ihren Aufgabenbereich stets um eine enge Zusammenarbeit der Länder untereinander und eine gute Zusammenarbeit mit dem Bund bemüht. Die Bereitschaft zu einer noch engeren Kooperation kann sicher überall vorausgesetzt werden.

Dabei werden zu einigen Fragen Überlegungen anzustellen sein. Möglicherweise führen sie auch zu dem Ergebnis, daß Rechtsnormen überprüft und unter Umständen auch geändert werden müßten. Ich hielte es aber für falsch, derartige Überlegungen übereilt, ohne reifliche Prüfung der Vor- und Nachteile und ohne den Versuch einer Verständigung zwischen den Beteiligten hier vorzutragen.

(Abg. Dr. Barzel: Sehr wahr!)

Damit ließen sich möglicherweise populäre Effekte erzielen, aber der Sache würde kaum ein Dienst erwiesen werden. Ich möchte daher heute keine derartigen Vorschläge machen, sondern nur auf wenige Punkte hinweisen, bei denen künftige Überlegungen ansetzen sollten.

Es scheint immerhin ernster Erwägung wert, ob nicht der Bund auf dem Gebiet der öffentlichen Sicherheit und Ordnung – möglicherweise auch auf anderen Gebieten – ein Recht auf hinreichende und schnelle Information durch die Länder erhalten sollte, statt nur auf deren sicher vorauszusetzenden guten Willen angewiesen zu sein.

(Beifall bei der CDU/CSU.)

Im Falle überregionaler Störungen der Sicherheit und Ordnung, die keinen inneren Notstand im Sinne des Art. 91 des Grundgesetzes darstellen, sollten, wie ich meine, dem Bund gewisse Koordinierungsbefugnisse zugestanden werden, die die Entscheidungsfreiheit und Verantwortlichkeit der Länder nicht aufheben, aber doch eine gewisse Gleichmäßigkeit der Gegenmaßnahmen sicherstellen.

Die Herren Innenminister der Länder, mit denen ich diese und andere Fragen möglichst bald besprechen möchte, wissen ja darüber hinaus, daß sie für ihren eigenen Bereich eigene Überlegungen anstellen werden. Hierzu gehört sicher auch die Frage, ob das Fortbestehen der Kommunalpolizeien, die in einigen Ländern vorhanden sind, heute wirklich noch zeitgemäß ist.

(Sehr gut! bei der CDU/CSU.)

Ohnehin erschwert die Uneinheitlichkeit der Polizeiorganisation jede Übersicht und jede Möglichkeit der Koordinierung. Würde wirklich einmal ein überregionaler innerer Notstand entstehen, der den Bund zum Eingreifen verpflichten würde, dann würde sich die Buntscheckigkeit der Polizeiorganisation sehr bald als ein schwerer Mangel herausstellen, der zu sehr negativen Folgen führen könnte.

Aufgabe des Verfassungsschutzes ist es, rechtzeitig Aufschluß über verfassungsfeindliche Bestrebungen zu bekommen. Der Verfassungsschutz dient dem Schutz der freiheitlichen und demokratischen Grundordnung; er hat Anspruch auf jede Unterstützung durch alle staatlichen Stellen, und er verdient das volle Vertrauen der Staatsbürger, ohne das er keine sinnvolle Arbeit leisten könnte.

(Beifall bei der CDU/CSU und bei Abgeordneten der SPD.)

Wenn bei einer Organisation verfassungsfeindliche Bestrebungen zutage treten, muß der Verfassungsschutz ihr erhöhte Aufmerksamkeit widmen.

(Zurufe von der CDU/CSU: Auch in Hessen!)
Es hat in der Vergangenheit vereinzelt Zurückhaltung bei der
Überwachung des SDS durch den Verfassungsschutz gegeben. Nach
den Vorgängen der Ostertage halte ich diese Zurückhaltung nicht
mehr für angebracht.
(Beifall bei der CDU/CSU und bei Abgeordneten der SPD.)
Ich beabsichtige, dort, wo es noch Schwierigkeiten geben sollte, bei
den zuständigen Stellen auf eine Überprüfung der früher geäußerten Auffassungen zu drängen. Falls sich keine Einigung erzielen
lassen sollte, müßte ich notfalls von der mir in § 5 Abs. 2 des Gesetzes über die Zusammenarbeit des Bundes und der Länder in Angelegenheiten des Verfassungsschutzes gegebenen Möglichkeit Gebrauch machen, den Landesämtern entsprechende Weisungen zu
erteilen.
(Beifall bei der CDU/CSU und bei Abgeordneten der SPD.)
Ich nehme aber an, daß nach den Ereignissen der Ostertage überall
eine richtige Einschätzung der Bestrebungen des SDS eingetreten
sein wird.
Über diese Einzelfrage hinaus stellt sich heute die Frage nach dem
Verbot des SDS. Art. 9 Abs. 2 des Grundgesetzes sagt, daß Vereinigungen verboten sind, deren Zweck oder deren Tätigkeit den
Strafgesetzen zuwiderlaufen oder die sich gegen die verfassungsmäßige Ordnung oder gegen den Gedanken der Völkerverständi-
gung richten. Die Beurteilung des Charakters des SDS muß sich an
diesem Maßstab orientieren.
Das erklärte Ziel aller ideologischen Gruppen des SDS ist die
»revolutionäre Transformierung« der Gesellschaftsordnung der
Bundesrepublik, d. h. der Umsturz der freiheitlich-demokratischen
Grundordnung, an deren Stelle ein sozialistisches System eigener
Prägung treten soll. Der Parlamentarismus wird scharf abgelehnt;
das Parlament wird nach einem im Dezember 1967 vom SDS Bonn
verteilten Flugblatt als »eine vom Monopolkapital lizenzierte
Schwatzbude« gesehen.
(Abg. Stücklen: Solche Töne haben wir schon einmal gehört!)
Über die sozialistischen Zielvorstellungen, die am Ende der erhofften Veränderung der Grundordnung stehen sollen, sind sich die
verschiedenen Gruppen des SDS dagegen nicht einig. Während sich
die marxistisch-leninistische Gruppe – die Kommunisten und »Tra-
ditionalisten« – darunter die »Diktatur des Proletariats« vorstellen, also Ziele verfolgen, die vom Bundesverfassungsgericht im

KPD-Verbotsurteil bereits als verfassungswidrig festgestellt worden sind, will der zur Zeit führende anarchistisch-maoistische Flügel des SDS eine »Räterepublik« unter Ablehnung jeglicher Autorität. Einig sind sich beide Gruppen innerhalb des SDS über die Ablehnung und Abschaffung der parlamentarischen Demokratie.

Die verfassungsmäßige Ordnung in dem Sinne, wie ich sie zu Eingang meiner Ausführungen hier skizziert habe, wird abgelehnt und bekämpft. Dieses Ziel und die Wahl der Mittel, die hierfür eingesetzt werden sollen, ergibt sich aus zahllosen Äußerungen führender SDS-Funktionäre, und die Ostertage haben gezeigt, daß den Worten auch die Bereitschaft zu Taten entspricht.

Ich mühe Ihre Geduld nur mit zwei Zitaten. In dem eben erschienenen Buch »Rebellion der Studenten oder die neue Opposition« schreibt Dutschke:

An jedem Ort der Bundesrepublik ist die Auseinandersetzung in radikaler Form möglich. Es hängt von unseren schöpferischen Fähigkeiten ab, kühn und entschlossen die sichtbaren und unmittelbaren Widersprüche zu vertiefen und zu politisieren, Aktionen zu wagen, kühn und allseitig die Initiative der Massen zu entfalten. Die wirkliche revolutionäre Solidarität mit der vietnamesischen Revolution besteht in der aktuellen Schwächung und der prozessualen Umwälzung der Zentren des Imperialismus. Unsere bisherige Ineffektivität und Resignation lag mit in der Theorie. Die Revolutionierung der Revolutionäre ist so die entscheidende Voraussetzung für die Revolutionierung der Massen.

Manches hiervon ist vielleicht schwer verständlich. Darum zitiere ich, was deutlicher ein SDS-Funktionär auf einer Tagung des SDS im internationalen Freundschaftsheim Bückeburg geäußert hat:

Friedlichere Formen sind nur eine Renaissance des bestehenden Systems. Eine rasche Transformation ist die Forderung der Stunde, d. h. der etablierte Apparat muß zerschlagen und ein gewisses Ausmaß an Gewalt angewendet werden.

Ich meine, das ist deutlicher.

Im Lichte dieser und zahlreicher ähnlicher Selbstdarstellungen der politischen Ziele des SDS bin ich überzeugt, daß er gegen die verfassungsmäßige Ordnung der Bundesrepublik Deutschland gerichtete Bestrebungen verfolgt und daher eine verfassungsfeindliche Organisation im Sinne des Art. 9 Abs. 2 des Grundgesetzes ist.

Die Voraussetzungen für ein Verbot des SDS nach dem Vereinsgesetz sind daher gegeben. Zuständig hierfür ist nach § 3 der Bundesminister des Innern.

Ich habe dem Bundeskabinett in seiner letzten Sitzung, am Mittwoch, gleichwohl vorgeschlagen, zum gegenwärtigen Zeitpunkt von einem Verbot abzusehen. Das Bundeskabinett hat diesem Vorschlag zugestimmt.

Bei der Prüfung und Entscheidung der Verbotsfrage war zunächst zu klären, ob denn der Bundesinnenminister nicht verpflichtet ist, unter den in Art. 9 Abs. 2 des Grundgesetzes und § 3 des Vereinsgesetzes bezeichneten Voraussetzungen gegen derartige Organisationen vorzugehen. Eine solche Verpflichtung, die keinen Ermessensspielraum läßt, ist im Gesetz nicht ausgesprochen; sie ist auch nicht durch die Rechtsprechung anerkannt oder aus allgemeinen Rechtsgrundlagen abzuleiten.

Aber selbstverständlich kann es der Bundesminister des Innern nicht etwa aus bloßer Bequemlichkeit oder aus reinen Erwägungen der politischen Opportunität ablehnen, seiner Überzeugung gemäß zu handeln, wenn er von der Verfassungswidrigkeit einer Organisation nach gewissenhafter Prüfung überzeugt ist. Oberste Richtlinie muß vielmehr die Beantwortung der Frage sein, welche zur Verfügung stehenden Maßnahmen erforderlich und ausreichend sind, um den verfassungswidrigen Bestrebungen nachhaltig, zugleich unter Berücksichtigung des Verfassungsgrundsatzes der Verhältnismäßigkeit des Mittels entgegenzutreten.

Wenn dieses Ziel beachtet wird, kann und muß politisch entschieden werden, ob eine solche Vereinigung in jedem Falle oder nur dann verboten werden soll, wenn dies das wirksamste Mittel zur Bekämpfung der verfassungswidrigen Bestrebungen ist.

Diese von mir vertretene Auffassung, die auch in dem KPD-Verbotsurteil des Bundesverfassungsgerichts eine gewisse Stütze findet, halte ich auch für rechtsstaatsgemäß. Auch die Einräumung einer Entscheidungsfreiheit an die Verwaltung, ob sie von den ihr vom Gesetzgeber zur Verfügung gestellten und klar umrissenen Eingriffsmöglichkeiten Gebrauch machen will, ist rechtsstaatsgemäß, wie z. B. der Kommentar zum Grundgesetz von Leibholz-Rinck unter Verweisung auf die Rechtsprechung des Bundesverfassungsgerichts sagt; ich zitiere daraus:

Das Prinzip des Rechtsstaates fordert nur, daß der einzelne wissen muß, inwieweit die Verwaltung in seinen Rechtskreis eingreifen darf, fordert aber weder, daß der Gesetzgeber die Verwaltung bindet, den möglichen Eingriff immer zu vollziehen, noch daß der Gesetzgeber tatbestandsmäßig genau umreißt, wann die Verwaltung von einem zulässigen, nach Tatbestand und Form eindeutig geregelten Eingriff Abstand nehmen darf. Ich halte es daher für die Pflicht und das Recht der Verbotsbehörde, sorgfältig zu prüfen, welches der heute richtige Weg ist, um die verfassungswidrigen Bestrebungen des SDS am wirksamsten zu bekämpfen.

Die Entscheidung, die ich hier vorgetragen habe, gilt hier und heute; veränderte Umstände können zu einer Überprüfung der hier vorgetragenen Auffassung führen. Zweifellos gibt es gewichtige Gründe, die für ein Verbot des SDS sprechen.

Die weitgehend vom SDS gesteuerten gewalttätigen Aktionen haben erhebliche Unruhe in die Bevölkerung getragen; mit überwältigender Mehrheit lehnt sie die Ausschreitungen ab und befürwortet energische staatliche Maßnahmen.

(Beifall bei der CDU/CSU.)

Noch gewichtiger ist das Bekenntnis des Grundgesetzes zu einer streitbaren Demokratie. Die Art. 9 Abs. 2, 18 und 21 Abs. 2 des Grundgesetzes könnten an Glaubwürdigkeit verlieren, wenn sie überhaupt nicht oder vielleicht nur einseitig gegen eine politische Richtung angewendet würden.

Zugleich ist aber zu bedenken, daß ein Verbot des SDS heute nur diese Organisation, nicht dagegen die Träger radikaler Ideen an sich treffen würde. Die Anhänger des SDS würden sofort in befreundete Organisationen ausweichen; schon heute bestehen Doppel- oder Mehrfachmitgliedschaften in vergleichbaren, oft nicht weniger militanten Gruppen, die dann sofort weiter radikalisiert werden würden. Das Verbot des SDS würde daher zwangsläufig eine Kette weiterer Verbotsverfahren auslösen. Die notwendige und rechtlich zulässige Überwachung dieser Organisationen würde durch ein Verbot eher erschwert werden. Ein Verbot würde Solidaritätserklärungen selbst unpolitischer oder nicht radikaler Studenten oder Professoren wahrscheinlich zur Folge haben. Das Verbot würde als Beweis dafür gelten, daß den staatlichen Behörden außerdem – wie es dann hieße – wieder einmal nichts eingefallen sei.

Das Verbot würde – dies ist vielleicht der wichtigste Grund – den schon begonnenen Prozeß der Selbstbesinnung der Studentenschaft, selbst bis in den SDS hinein, und die Isolierung der radika-

len Elemente in der Studentenschaft verhindern oder abbremsen.
(Beifall bei der CDU/CSU.)
Die natürliche Neigung, sich mit Minderheiten zu solidarisieren,
würde gefördert und damit die Anfälligkeit für radikale Ideen
verstärkt werden.

Die weitgehend vom SDS ausgelösten und gesteuerten Unruhen
waren ernst genug; aber sie haben den Staat nicht in Gefahr gebracht. Staat und Gesellschaft sind intakt; sie verfügen über genügend eigene Abwehrkräfte, um die extremen Gedanken und Bestrebungen nicht nur mit Zwangsmitteln unter die Herrschaft von
Gesetz und Recht zu bringen, sondern sie auch politisch zu überwinden.
(Beifall bei der CDU/CSU.)
Auch das Ausland möge die innenpolitische Situation nicht falsch
beurteilen; weder befindet sich die Bundesrepublik, wie die Kommunisten hoffen mögen, in einer vorrevolutionären Epoche, noch
bereitet sich, wie andere glauben mögen, ein Wiederaufleben des
nazistischen Ungeistes vor. Wahr ist leider nur, wie wir seit Sonn-
tag erneut wissen, daß der Links- und der Rechtsradikalismus sich
gegenseitig hochsteigern.
(Beifall bei den Regierungsparteien.)
Wer den SDS will, muß auch die NPD in Kauf nehmen, und umgekehrt.

Die parlamentarische Demokratie, der freiheitliche Rechtsstaat
sind in der Bundesrepublik Deutschland festgegründet; wir alle
werden es nicht zulassen, daß dieser unser Staat von kleinen militanten Gruppen zugrunde gerichtet wird.
(Beifall.)
Freilich dürfen wir nicht sorglos zuschauen, wie solche Gruppen
den Aufstand proben.

Meine Auffassung zur Frage des Verbotes des SDS verkennt
nicht, daß Autorität und Ansehen des Staates des Schutzes bedürfen; sie geht im Gegenteil davon aus, daß ein Verbot zwar auf
kurze Sicht vielen gefallen würde, aber auf längere Dauer wahrscheinlich einen um so stärkeren Autoritätsverlust des Staates bewirken müßte. Im übrigen schlage ich nicht vor, solchen Bestrebungen untätig zuzusehen. Alle Anstrengungen sind darauf zu richten, daß die Polizei und die anderen zuständigen Behörden jeden
Versuch einer Wiederholung der Unruhen wirksam verhindern
können. Strafbare Handlungen müssen schnell und nachhaltig ge-

ahndet werden.

(Beifall bei den Regierungsparteien und der FDP.)

Das Rechtsbewußtsein des Volkes müßte erschüttert werden, wenn begangene Straftaten entweder überhaupt nicht oder nicht nachhaltig oder nicht binnen angemessener Frist geahndet würden.

(Beifall bei den Regierungsparteien.)

Nach meiner Meinung besteht kein begründeter Anlaß in der deutschen Richterschaft, sich gegen einen solchen Appell zur Wehr zu setzen.

(Beifall bei den Regierungsparteien.)

Dieser Appell erwartet nicht mehr, allerdings auch nicht weniger, als daß Gesetz und Recht gewahrt werden. Dies ist die Aufgabe aller Organe des Staates, einschließlich der Justiz.

(Beifall bei der CDU/CSU.)

Das zu sagen, bedeutet keine Mißachtung der verfassungsmäßig garantierten und von der Bundesregierung selbstverständlich respektierten Unabhängigkeit der Richter.

(Zustimmung in der Mitte.)

Der Sinn der heutigen Debatte des Deutschen Bundestages über die innenpolitische Situation kann nicht darin bestehen, lediglich die sich im Bereich der öffentlichen Sicherheit und Ordnung ergebenden Probleme zu erörtern. Ich meine, daß die besondere Verantwortung des Bundesministers des Innern für diesen Teilbereich, den ich behandelt habe, es gerechtfertigt hat, hierzu eine Diskussionsgrundlage zu liefern.

Aber im Kern handelt es sich – ich habe das schon gesagt – um eine Frage nicht so sehr der Ordnung im polizeilichen Sinne als vielmehr um die Frage, wie wir unsere verfassungsmäßige Ordnung sehen. Die Notwendigkeit, mit den Mitteln des Rechts jeder Gewalt ganz klar entgegenzutreten, bedeutet für sich allein auch keine hinreichende Antwort auf die Unruhe, die in einem großen Teil der jungen Generation besteht. Daß sich dieser Vorgang in gleicher oder ähnlicher Form weltweit vollzieht, deutet ja auf andere Ursachen hin als auf spezifische Mängel und Fehler in unserem Bereich; aber dadurch sind wir nicht davon befreit, bei uns nach Ursachen zu forschen und, wo wir es können, Abhilfe zu schaffen. Es gibt in Deutschland, wie eine sehr kluge Darstellung eines Schweizer Beobachters der letzten Tage mit vollem Recht festgestellt hat, einen in seinem Kern ganz legitimen Grund für die Unruhe. Sie entspringt der Abwendung von der einstigen politischen Enthaltsamkeit der deutschen Intellektuellen von der Politik. Diese Entscheidung für das politische Engagement sollten wir auch begrüßen.

(Zustimmung in der Mitte.)

Ein guter Teil der bestehenden Unruhe ist auch von dem echten Willen junger Menschen zur Reform getragen. Gerade diese jungen Menschen sollten ja doch bald erkennen, daß die kleinen militanten Gruppen ihren Idealismus in zynischer Weise für ihre eigenen Zwecke ausnutzen, deren Ziele doch nur von wenigen geteilt werden, auch in dieser jungen Generation. Wenn nicht alles täuscht, hat der Prozeß der Besinnung und Differenzierung bereits begonnen. Er wird um so erfolgreicher sein, je eher auch unsere Bevölkerung insgesamt von den unsinnigen Pauschalurteilen über die Studenten, die jungen Leute abgeht.

(Beifall bei den Regierungsparteien.)

Und in jedem der jungen Menschen, der rebelliert und protestiert, ist ja zugleich auch der Vater angesprochen; und damit ist eigentlich jeder einzelne Staatsbürger gemeint.

(Beifall im ganzen Hause.)

Wir in diesem Hause wissen, wie viele schwerwiegende und drängende Fragen es gibt, auf die noch keine überzeugenden Antworten gefunden sind. Die verfassungsmäßige Ordnung des freiheitlichen Staates schließt ein, daß die staatlichen und gesellschaftlichen Verhältnisse stets verbesserungsfähig und stets verbesserungsbedürftig sind. Meine Damen und Herren, ich verstehe alles, was wir hier in zwanzig Jahren gemacht haben, als eine Chance zur Demokratie hin. Demokratie wird niemals ein utopischer Zustand sein, in dem es nichts zu verbessern gibt.

(Abg. Lücke: Sehr gut!)

Sie ist immer ein Ideal, das von neuem angestrebt werden muß. Aber Chance zur Demokratie bedeutet zugleich, daß wir bei aller berechtigten, oft auch notwendigen Skepsis doch die Zuversicht haben, das noch Fehlende oder noch Verbesserungsbedürftige erreichen oder doch in größere Nähe bekommen zu können, wenn wir es nur wollen.

Eben diese eigentümliche Mischung von Skepsis und Zuversicht entspricht natürlich nicht dem natürlichen Überschwang der Jugend; aber auch die Jugend kann und wird begreifen, daß diese Haltung, diese Mischung von Skepsis und Zuversicht zugleich, vielleicht zum eigentlichen Wesen des demokratischen und freiheit-

lichen Staates gehört.
(Beifall bei den Regierungsparteien.)
Ich halte es nicht für meine Aufgabe, mich im einzelnen zu den offenen Sachfragen zu äußern; wenige Stichworte mögen genügen. Hierzu gehören neben den Fragen der Hochschulreform, die übrigens für die radikalen Gruppen längst keine Rolle mehr spielt, z. B. auch Probleme des Pressewesens. Diese Frage beschäftigt uns länger und intensiver, als offenbar viele Kritiker wissen. Die von der Bundesregierung eingesetzte Kommission zur Untersuchung des Standes der Pressekonzentration und der hieraus zu ziehenden Folgerungen wird demnächst ihren Bericht abschließen. Das Ergebnis wird dann mit der Stellungnahme der Bundesregierung dem Bundestag zur Beratung vorgelegt werden. Der Bericht wird eine breite und gründliche öffentliche Diskussion aller Fragen ermöglichen. Ich möchte dieser Debatte nicht vorgreifen, aber doch sagen, daß Ausgangspunkt aller Überlegungen das Ziel sein muß, die im Grundgesetz verankerte Pressefreiheit nicht etwa einzuschränken, sondern im Gegenteil zu stärken. Enteignung, Begrenzung der wirtschaftlichen Expansion, auch Auflagenbeschränkung sind für mein Empfinden schon verfassungsrechtlich unzulässig, jedenfalls höchst problematisch.
(Beifall in der Mitte.)
Zu den konstruktiven Möglichkeiten, die sich vielmehr anbieten, zähle ich die Maßnahmen, welche die wirtschaftliche Kraft gerade der kleinen und mittleren Presse stärken.
(Beifall bei Abgeordneten in der Mitte.)
Noch wichtiger könnten Maßnahmen auf freiwilliger, vielleicht auch auf gesetzlicher Grundlage sein, welche die Unabhängigkeit der Journalisten und Redaktionen gegenüber den Eigentümern der Publikationen verbessern.
(Beifall bei den Regierungsparteien.)
Es gibt hierfür in der in- und ausländischen Presse eine Reihe von sehr interessanten Modellen – ich erwähne »Le Monde« um ein Stichwort zu sagen –, die einer sehr gründlichen Untersuchung wert sind.
(Beifall in der Mitte.)
Wenn man über die Situation der Presse spricht, muß man zugleich auch das Maß der Einflußmöglichkeiten auf die öffentliche Meinung sehen, welches die öffentlich-rechtlichen Rundfunk- und Fernsehanstalten haben.

(Lebhafter Beifall bei den Regierungsparteien.)
Der folgende Satz ist jetzt beinahe überflüssig, ich wollte sagen: Einzelbeispiele auch der jüngsten Vergangenheit zeigen,
(Abg. Stingl: Gestern abend!)
daß hier auch ein erörterungsbedürftiges Problem besteht.
(Beifall bei der CDU/CSU und Abgeordneten der SPD. – Zuruf von der Mitte: Dringend! – Abg. Schmidt [Wuppertal]: Ohne jede Legitimation! Arrogante Gesellschaft!)
Das Bekenntnis zur parlamentarischen Demokratie als eines Kernbestandteils der verfassungsmäßigen Ordnung hat natürlich auch zur Konsequenz, daß unser Parlament in seiner Arbeitsfähigkeit der heutigen Zeit anzupassen ist. Hier sind nach meiner persönlichen Meinung weitgehende Reformen notwendig.
(Beifall bei den Regierungsparteien.)
Das gleiche gilt für Arbeits- und Führungsstil der Bundesregierung.
(Beifall bei den Regierungsparteien.)
Die Zuständigkeit für die Modernisierung und Rationalisierung der Verwaltung gehört zu meinen wichtigsten Obliegenheiten in meinem Amt.

Über alle Fragen der bloßen Technik hinaus, über die wir nachdenken müssen, geht es auf diesen Gebieten ja auch um ein Stück Glaubwürdigkeit der parlamentarischen Demokratie. Der oft nicht nur in der jungen Generation vorhandene antiparlamentarische Affekt gewinnt oder verliert in dem gleichen Maße an Anziehungskraft, in dem Parlament, Regierung und Verwaltung sich als unfähig oder als fähig erweisen, die Probleme einer sich wandelnden Zeit rasch, energisch und erfolgreich anzupacken und zu lösen.
(Beifall bei den Regierungsparteien.)
Dabei bleibt die Entscheidung für unsere parlamentarische Demokratie unantastbar. Jede antiparlamentarische Aktion ist grundgesetzwidrig; ihr muß und wird mit Entschiedenheit begegnet werden. Dagegen kann eine außerparlamentarische Diskussion dem Parlamentarismus auch da nützlich sein, wo sie Parlament und Regierung in demokratischem Sinne herausfordert. Jede nicht antiparlamentarische Gruppe, welche die Meinung mündiger Bürger auf dem Boden der verfassungsmäßigen Ordnung äußert, sollte dem Parlament stets willkommen sein. Wo es um eine solche geistige, von mir aus ruhig auch kämpferische Auseinandersetzung geht, werden wir uns ihr nicht entziehen.
In vielen Erscheinungen unserer Zeit ist zu spüren, daß sich ein

Wandel zu Neuem ankündigt. Inhalt und Richtung dessen, was sich vor unseren Augen anbahnt, lassen sich noch nicht eindeutig erkennen und bestimmen; aber die Winde des Wandels regen sich. Was wir heute vielleicht erst undeutlich ahnen, wird in wenigen Jahren offenbar sein. Es gehört vielleicht zu dem gesunden Instinkt junger Menschen, daß sie den Wechsel eher spüren als mancher von uns. Was wir beizutragen haben, ist dies: die Bereitschaft, uns allen Fragen unserer Zeit, jeder Herausforderung dieser Zeit unerschrocken zu stellen und zugleich die Grundwerte dieses unseres Staates, den wir erhalten und immer neu verbessern wollen, energisch zu verteidigen. Dies wird unsere Arbeit sein. In der Erfüllung beider Aufgaben sehe ich die Bewährung unserer freiheitlichen parlamentarischen Demokratie.

(Anhaltender lebhafter Beifall bei den Regierungsparteien. – Beifall bei Abgeordneten der FDP.)

Rede vor dem Politischen Club
der Evangelischen Akademie Tutzing

Die politische Lage in der Bundesrepublik nach Verabschiedung der Notstandsgesetzgebung ist das Thema der Tutzinger Rede vom 8. Juli 1968. Benda beschränkt sich nicht auf eine Darstellung der damaligen innenpolitischen Situation aus der Sicht des Innenministers, er stellt die Ereignisse des Jahres 1968 in einen größeren Zusammenhang und umreißt seine Grundvorstellungen von den notwendigen Reformen in Staat und Gesellschaft. Der Politiker Ernst Benda geht dabei von der Überzeugung aus, daß konservative Parteien immer dann am erfolgreichsten gewesen sind, wenn sie sich zugleich als Reformparteien verstanden.

In der Wochenzeitung »Die Zeit« hat kürzlich Theo Sommer eine Abkehr von der Außenpolitik und eine allgemeine und weltweite Hinwendung zur Innenpolitik festgestellt. Ich halte diese Beobachtung für zutreffend. Der Vorgang, daß dem traditionellen Primat der Außenpolitik nunmehr ein Primat der Innenpolitik zu folgen scheint, hängt offenbar auch damit zusammen, daß alle großen außenpolitischen Entwürfe der Nachkriegspolitik gescheitert sind, so die politische Einigung Europas, die Atlantische Gemeinschaft, die Gemeinschaft Nord- und Südamerikas, aber auch die Einheit des kommunistischen Blocks. Kein Wunder, daß die enttäuschten Völker sich ihren innenpolitischen Problemen zuwenden, und jedenfalls erklärlich, daß sie die Fragen, die nun ihre Aufmerksamkeit beanspruchen, gelegentlich für gewichtiger nehmen, als sie vielleicht in Wirklichkeit sind.

Zugleich wird die innenpolitische Auseinandersetzung nicht mehr allein durch die besonderen, jeweils bestehenden inneren Verhältnisse eines Landes geprägt, sondern es ergibt sich eine erstaunliche Parallelität der Vorgänge mit der Tendenz, die gesellschaftspolitischen und sozialen Besonderheiten der einzelnen Länder und die doch erheblichen Unterschiede ihrer politischen Struktur zugunsten einer Betrachtungsweise zu vernachlässigen, die so tut, als ob es nur noch weltweite, nicht mehr für die einzelnen Länder und Völker individuelle Probleme gäbe.

Die neuen »Symbole«

Dutschke sieht die »bundesrepublikanische Umwälzung im Kontext der internationalen Auseinandersetzung zwischen Revolution und Konterrevolution«, und wir alle wissen, in wie starkem Maße sich die deutsche außerparlamentarische Opposition ebenso wie ihre Gesinnungsgenossen in vielen Teilen der Welt der gleichen Symbole bedient, die zu einem weltweiten Markenartikel des Protestes geworden sind. Daß dabei Mao, Guevara und andere vielleicht taktisch bedeutsame Signale zu setzen vermögen, aber im übrigen mit der deutschen innenpolitischen Situation wenig zu tun haben, stört keineswegs. Das wird ohne jede innere Schwierigkeit überspielt, und es ist immerhin bemerkenswert, daß solche eher exotischen Symbole bei einem beachtlichen Teil der deutschen jungen Generation latente Begeisterungsfähigkeit zu wecken vermögen. Sicher spielt dabei eine Rolle, daß die modernen technischen Mittel der Nachrichten- und Verkehrsverbindungen Entfernungen überbrücken, so daß die ganze Welt näher zusammengerückt zu sein scheint. Es bleibt aber doch bemerkenswert, daß die fortbestehenden Unterschiede zwischen den Ländern und Völkern eine unangemessen geringe Bedeutung behalten.

Eine weltweite Krise

All dies deutet darauf hin, daß wir es mit einer über weite Teile der Welt verbreiteten Krise von historischer Bedeutung zu tun haben. Jakob Burckhardt beschreibt im 4. Kapitel seiner Weltgeschichtlichen Betrachtungen, in dem er von den geschichtlichen Krisen spricht, den Ablauf wiederkehrender historischer Krisen in einer Weise, die zum Teil bis in die Einzelheiten mit der gegenwärtigen Situation jedenfalls unseres Landes übereinstimmt: Er sagt, daß der »Drang zu periodischer großer Veränderung« trotz »durchschnittlicher Glückseligkeit« bestehe; die Unzufriedenheit finde — schon vor dem Einbruch der modernen Technik, z. B. des Nachrichtenwesens – rasche Verbreitung »über Hunderte von Meilen und über Bevölkerungen der verschiedensten Art ... Die Botschaft geht durch die Luft, und in dem Einen, worauf es ankommt, verstehen sich plötzlich alle, und wäre es nur ein dumpfes: Es muß anders werden.«

Die Anklage gegen die bisherigen Zustände geht bis zur Ungerechtigkeit: »Die einzelnen und die Massen schreiben überhaupt alles, was sie drückt, dem bisherigen letzten Zustand auf die Rechnung, während es meist Dinge sind, die der menschlichen Unvollkommenheit als solcher angehören.« Hinzu kommt »eine schreckliche Unbilligkeit gegen alles Bisherige; es sieht aus, als wäre die eine Hälfte der Dinge faul gewesen, und die andere Hälfte hätte längst gespannt auf eine allgemeine Änderung gewartet«. Die Probleme, welche die Krise auslösen, lassen sich auch nicht isoliert sehen oder gar lösen, denn »die um einer Sache willen beginnende Krisis hat den übermächtigen Fahrwind vieler anderer Sachen mit sich«. Den Anfang machen nicht »die Elendsten, sondern die Emporstrebenden«, und schließlich zeigt sich auch schon das Mittel, dessen sich die Unruhe bedient, nämlich die Demonstration: »denn schon die bloße Demonstration kann ein Machtbeweis sein und soll in der Regel einer sein; man soll sehen, wieviel sich die bisherige Macht muß bieten lassen«.

Die aktuelle innenpolitische Situation

Diese Darstellung beschreibt die aktuelle innenpolitische Situation, vor der wir stehen, präziser als manche in den letzten Monaten veröffentlichte Untersuchung über das, was vereinfacht als die Unruhe der Studenten beschrieben wird. Andererseits reicht es aber auch sicher nicht aus, den beunruhigenden Vorgang als unvermeidliches und unabwendbares historisches Ereignis hinzunehmen, das nun einmal sich im Rhythmus der Geschichte ereigne und seinen zwangsmäßigen Lauf nehme, dem nichts entgegenzusetzen sei.

»Die heute das bestehende Gesellschaftssystem zusammenbrechen lassen wollen, sind selbst ihrer Sache nicht so sicher und wissen nicht, ob sie ihr Ziel auch erreichen werden: Sie (die Bourgeoisie) ist so wenig wie wir dazu verurteilt, die Geschichte als blindes Geschehen über sich ergehen zu lassen, sie kann – ähnlich wie wir – aktiv und autonom in den Prozeß der Geschichte eingreifen, um die Unterordnung der Massen, um die Ausbeutung und das Elend zu perpetuieren«, sagt Dutschke. Wenn man die polemischen Bestandteile dieser Aussage vernachlässigt, dann bleibt immerhin die ganz zutreffende Erkenntnis, daß die Auseinandersetzung, die in den Osterunruhen ihren vorläufigen Höhepunkt gefunden hat und mir keineswegs beendet zu sein scheint, nicht nach unabänderlichen mechanistischen Regeln ablaufen wird. Vielmehr wird ihr Ausgang von der Fähigkeit derjenigen abhängen, welche die freiheitliche und demokratische Grundordnung und die parlamentarische Demokratie für die uns und unserer Zeit gemäße Ordnung halten, die Ursachen der Unruhe zu erkennen und den Willen zur Reform aufzubringen, ohne den allerdings Anlaß zu schwerster Sorge besteht. Dabei sind notfalls energische Maßnahmen zur Aufrechterhaltung von Sicherheit und Ordnung selbstverständlich notwendig. Sie zu befürworten und die praktischen Fragen durchzudenken, die sich hierbei für die Verantwortlichen in Bund und Ländern stellen, hat nichts mit polizeistaatlicher Gesinnung zu tun.

Achtung vor dem Recht

Wenn die Funktionsfähigkeit des Rechts zerstört oder auch nur ernsthaft beeinträchtigt wird, bricht eine der tragenden Säulen des Rechtsstaats zusammen. Der Versuch, die ohnehin schwere Arbeit der Gerichte und der Polizei lächerlich oder verächtlich zu machen, ist überhaupt kein Zeichen für freiheitlichen Geist, sondern ein oft böswilliger Angriff auf die Rechtsstaatlichkeit, die auch von der Fähigkeit des Staates abhängt, den in Gesetzesform geäußerten Willen des Volkes gegen Einzelgänger oder Minderheiten durchzusetzen. Wer z. B. meint, daß man Rechtsverletzungen, wie sie anläßlich der Osterunruhen vielfach geschehen sind, unverzüglich mit einer Amnestie für die Rechtsbrecher beantworten sollte, schafft das geschehene Unrecht nicht aus der Welt, sondern verdeckt es mit der zwangsläufigen Folge, daß der Verlust der Autorität des Staates weitere Fortschritte machen muß.

Ohnehin bildet der Autoritätsverlust, den hergebrachte Institutionen wie Staat, Elternhaus, Schule und Kirche ständig erleiden, ein wesentliches Kennzeichen unserer Zeit und eine der Hauptursachen der Unruhe. Keine dieser Institutionen kann behaupten, an dem Vorgang ganz unschuldig zu sein. Er ist auch nicht neu; neu ist nur, daß sich dieser Prozeß mit wachsender Beschleunigung vollzieht. Wohlstand und Massenkommunikation begünstigen den Vorgang, aber auch der Umstand, daß Normen und Symbole dieser Institutionen sich dem wandelnden Zeitgeist nicht oder nicht schnell genug anpassen können. Wo einmal natürliche Autorität verlorengegangen ist, kann sie kaum wiedergewonnen werden, auch wenn die Personen wechseln, die die Institutionen repräsentieren.

Von dem entstandenen Autoritätsverlust sind nicht nur die staatlichen Ämter betroffen, sondern auch die politischen Parteien und ihre Repräsentanten. Die Bereitschaft innerhalb der Bevölkerung, sich aktiv an der Arbeit der politischen Parteien zu beteiligen, war stets gering; aber sie war eher eine – an sich sehr bedauerliche – Folge mangelnden Willens zum Engagement, als einer prinzipiell parteifeindlichen Einstellung. Leider haben die politischen Parteien wenig oder nichts getan, um sich selbst für eine aktive Mitarbeit der Staatsbürger attraktiv zu machen. Sie haben nicht selten aus der Not eine Tugend gemacht und die Exklusivität, in der über Ämter und Mandate entschieden wurde, nicht so sehr für ein Übel als vielmehr eine bequeme Art von Parteiendemokratie gehalten. Niemand, der sich selbst zu fein war, aktiv an der Arbeit der Parteien mitzuwirken, kann sich berechtigterweise über mangelnde Mitwirkungsmöglichkeiten beklagen; aber oft genug hat er damit dem heimlichen Wunsch der vielfach nach dem Honoratiorenprinzip ausgestalteten Parteien entsprochen, die ganz gern unter sich bleiben wollten.

Eine Chance für die politischen Parteien

Heute könnte sich aus der verstärkten Bereitschaft jedenfalls der jüngeren Generation zum politischen Engagement eine Chance auch für die politischen Parteien ergeben, neue Kräfte zur Mitarbeit zu gewinnen. Wenn die Parteien – gemeint sind dabei vor allem die Älteren, die in den Organisationsstufen das Honoratiorenprinzip verkörpern – sich dem Wunsch der Jüngeren nach aktiver Mitarbeit widersetzen sollten, wird die Partei, die sie vertreten, auf längere Sicht zu einem, dann allerdings natürlichen, Tode verurteilt sein. Wenn sie, wie es auch geschieht, die Unruhe, die sich z. B. innerhalb der CDU auch in der Jungen Union und im RCDS zeigt, aus den innerparteilichen Diskussionen mit allen Mitteln heraushalten wollen, werden sie schon auf sehr kurze Sicht unfähig sein, die Unruhe innerhalb der jungen Generation überhaupt zu verstehen. Sie werden sich damit selbst die heute noch gegebene Möglichkeit nehmen, das beherrschende innenpolitische Problem unserer Zeit zu verstehen. Eine Partei, die so handelte, wäre nicht nur zum Tode verurteilt, sie beginge Selbstmord, vielleicht ohne es zu wissen.

Ich habe nicht die Illusion, daß es etwa gelingen könnte, die ganze Unruhe unserer Zeit gewissermaßen in den politischen, vor allem den Parteienalltag zu kanalisieren und damit die außerparlamentarische Opposition wie von selbst verschwinden zu lassen. Aber in dem gleichen Maße, in dem sich zeigt, daß die Verständigungsmöglichkeiten der Älteren, zu denen wohl auch schon meine Generation der etwa 40jährigen gehört, schwinden, wenn sie sich nicht wenigstens der Hilfe der in ihrer Mehrheit keineswegs radikalen, aber insgesamt reformerisch gesinnten, politisch interessierten und zur Aktivität bereiten Jüngeren versichern, wird es für jede der demokratischen Parteien lebensnotwendig, sich der Diskussion und auch der Unruhe in den eigenen Reihen mit allen zur Verfügung stehenden Mitteln zu versichern. Unter diesem Gesichtspunkt halte ich die Herabsetzung des Wahlalters bei allen Fragen, die sie sonst aufwerfen mag, für empfehlenswert.

Überhaupt haben die Parteien nur die Wahl, sich der Unbequemlichkeit der Diskussion zu stellen oder abseits von den oft ärgerlichen Realitäten ihr Dasein zu fristen, die ihnen nach dem Grundgesetz anvertraute Macht in großartiger Isolation von der Gesellschaft zu verwalten, aber auf die Dauer zu im Grunde überflüssigen, weil nicht mehr die Vielfalt der Meinungen der Bevölkerung integrierenden Klubs ehrenwerter, aber weltfremder Herrschaften zu werden.

Die Bereitschaft der freilich bei weitem zu schwachen Mitgliedschaft der Parteien, dem Auftrage des Grundgesetzes entsprechend an der politischen Willensbildung des Volkes mitzuwirken, ist durchaus vorhanden. Jahrelang hat im Management der großen Parteien die Meinung gegolten, daß es auf eine grundsätzliche, auch theoretische Orientierung der Politik im Grunde nicht mehr ankomme, sondern daß es nur notwendig sei, Macht intern zu verteilen und mit den Mitteln der bekannten Markenartikelwerbung zu erweitern. Dies hat sich nun jedenfalls für die nähere Zukunft als Irrtum erwiesen. Karl Mannheim hat schon 1929 vorhergesagt,

»es dränge eine Bewußtseinshaltung zur Weltgestaltung, für die sich alle Ideen blamiert, alle Utopien zersetzt haben«, und die Geschäftsführer in Parteien und Fraktionen haben sich alle Mühe gegeben und viel Geschick aufgewendet, um dieser Erkenntnis gemäß Politik zu machen. Heute stellt sich heraus, daß der Mangel an Ideen oder ihre Verwechslung mit dem augenblicksbestimmten Einfall, wie man eine Sache möglichst geschickt und geräuschlos erledigen kann, dem insoweit vollauf berechtigten Protest einer Generation begegnet, die es ablehnt, auch noch in der Politik in die passive Rolle des reinen Konsumenten versetzt zu werden.

Der Pragmatismus der Parteien, der oft nur Opportunismus ist, wird nicht zu Unrecht als Grundsatzlosigkeit und mangelnde Profilierung empfunden. Dem Establishment ist nicht so sehr vorzuwerfen, daß es Macht verkörpert, von der andere ausgeschlossen sind, sondern, daß es diese Macht bloß verwaltet, statt den mit der Macht verliehenen Auftrag zur Führung auch über die Entscheidung des Augenblicks hinaus auszuüben.

Der Wunsch nach stärkerer Profilierung der Parteien hat nichts mit einer Re-Ideologisierung im Sinne der Rückentwicklung zur Weltanschauungs- oder gar Konfessionspartei oder zur »Klassen-Partei« zu tun. Dies wäre in der Tat ein Rückschritt, zumal er die ohnehin aus staatspolitischen Gründen dringend notwendige und hoffentlich in absehbarer Zeit mögliche Entscheidung für das Mehrheitswahlsystem verzögern oder sogar verhindern würde.

Das Mehrheitswahlrecht wird, wie in der Wahlrechtsdiskussion wiederholt gesagt worden ist, die innere Struktur der Parteien und ihre geistig-politische Haltung grundlegend ändern und auch ändern müssen. Selbst wenn die Hoffnung, daß die im Zeitpunkt meiner Amtsübernahme offenbar auf sehr lange Zeit unmögliche Wahlrechtsreform doch in naher Zukunft noch gelingen könnte, täuschen sollte, würden die Parteien nicht gehindert sein, wenigstens in ihrer eigenen Arbeit die inneren Voraussetzungen für einen dann später vielleicht möglichen Wechsel des Wahlsystems zu schaffen. Dazu gehört insbesondere die Beseitigung des Mißverständnisses, daß eine breite Schichten umfassende Volkspartei konzeptionslos und nur dem Opportunismus zugeeignet sein muß. Das Gegenteil ist richtig: je größer die Bevölkerungskreise sind und je vielfältiger die geistigen Strömungen, die eine Partei zu repräsentieren bereit und in der Lage ist, desto lebendiger muß die innerparteiliche Diskussion sein, weil auf potentielle Mitglieder und

Wähler nicht das verwaschene Bild der Meinungslosigkeit und des nur taktisch verständlichen Opportunismus, sondern die Vielfalt der Meinungen anziehend wirken wird, welche sich in einer demokratischen Partei äußern und sich in fairer Weise mit anderen Meinungen und Interessen messen können.

Dringende Aufgabe: Parlamentsreform

Die außerparlamentarischen Kritiker werfen dem parlamentarischen System vor, daß es zu klaren und durchgreifenden Entscheidungen und damit zu Reformen nicht fähig sei, daß sich Interessen und Interessentengruppen gegenseitig paralysieren, daß notwendige Entscheidungen zur Beseitigung auch erkannter Mißstände jahrelang verzögert würden, weil der permanente Ausgleich partikularer Interessen die großen Lösungen verhinderte und das taktische Arrangement im Vordergrund stehe. Dutschke sagt, daß es die Spätliberalen, – womit er wohl alle heute im Bundestag vertretenen Parteien meint, – auszeichne, sich nicht entscheiden zu können.

Diese Kritik, die ja übrigens in ganz ähnlicher Weise auch von rechts zu hören ist, verrät einen erheblichen Mangel an Verständnis für die parlamentarische Demokratie, aber sie ist nicht schlechthin unbegründet. Niemand, schon gar nicht der aktive Parlamentarier, wird die Umständlichkeit, Schwerfälligkeit und Langsamkeit des mit den Mitteln der parlamentarischen Demokratie vorgenommenen Prozesses der Staatswillensbildung bezweifeln, aber es ist kein sehr gutes Argument für eine Diktatur, daß sie, wie es ja wohl unbestreitbar ist, sehr viel schneller arbeitet und überhaupt energisch auftreten kann. Wer so denkt, verkennt den Sinn der Sicherungen, die in einer parlamentarischen Demokratie vorgenommen werden, um nicht nur den Machtmißbrauch zu verhindern, sondern die von einer ausführlichen Diskussion der Sachfragen erhofften Einsichten zu gewinnen. Dabei ergibt sich allerdings unverkennbar die zwingende Notwendigkeit, den mindestens in seiner Technik nicht mehr zeitgemäßen parlamentarischen Stil zu modernisieren. Eine baldige und durchgreifende Parlamentsreform, die die heute weitgehend verlorengegangene Chance der Parlamentarier wiederherstellt, sich gegenüber dem Spezialwissen und dem hochgezüchteten technischen Apparat von Regierung und Bürokratie durchsetzen zu können, gehört zu den dringendsten Aufgaben unserer Zeit.

Ein Beispiel hierfür bildete in der Diskussion um die Rolle des Parlaments im Notstand die Frage, ob das Parlament in der extremen Situation einer äußeren Gefahr überhaupt noch seine Kontroll- und Entscheidungsfunktion aufrechterhalten könnte. Hierfür bot sich bei illusionsloser Betrachtung der mutmaßlichen Gegebenheiten einer solchen Lage nur ein drastisch verkleinertes Gremium von Abgeordneten an, die an Stelle des Parlaments dessen Interessen wenigstens im Kern vertreten könnten. Der Vorschlag, das Notparlament mit solchen Vollmachten auszustatten, ist in der schließlich verabschiedeten Notstandsverfassung nur zum Teil durchgeführt worden. Die Beschränkung der ursprünglich weitergehenden Vorstellungen ist vielfach als ein Sieg des parlamentarischen Prinzips gefeiert worden. In Wirklichkeit dürften aber auf diese Weise zwar das Prestige des Parlaments gestärkt, aber seine effektiven Möglichkeiten zur Mitwirkung in einer Notstandssituation eher geschwächt worden sein.

Auch dort, wo nicht technische oder persönliche Mängel des Parlamentarismus oder der Parlamentarier die Entscheidung verzögern, wird der Parlamentarismus nicht sehr schnell handeln können. Er darf es auch nicht, wenn die zeitliche Straffung der Beratungen auf Kosten der Sorgfalt der Diskussion und ihrer Breite in dem Sinne ginge, daß vor der Entscheidung alle wesentlichen Argumente sich äußern können.

Das Lebenselement, das eigentliche Wesen des Parlaments ist die freimütige und kämpferische Erörterung aller Fragen von öffentlichem Interesse. Wenn dem Bundestag ein Vorwurf zu machen ist, so kann er sicher nicht lauten, daß hiervon zuviel, sondern eher, daß hiervon zuwenig Gebrauch gemacht worden ist. Wenn sich eine leidenschaftliche außerparlamentarische Diskussion bildet – und wir haben sie im Bereich vieler innen- und außenpolitischen Fragen –, so deutet dies darauf hin, daß das Parlament drängende Fragen nicht oder nicht genügend oder nicht freimütig genug behandelt hat. Solche notwendige Diskussion bedeutet nicht die Schwäche des parlamentarischen Systems, das von den antiparlamentarischen Kräften von links und rechts dann als »Schwatzbude« diffamiert wird, sondern entspricht seinem ureigensten Wesen. Fände sie nicht mehr statt, wäre nicht einzusehen, weshalb man sich überhaupt einer so aufwendigen und mit offenbaren Problemen behafteten Apparatur bedienen sollte, statt die Entscheidungen einfach den Vertretern der Exekutive zu überlassen.

Kompromiß – parlamentarische Tugend

Dann würde vielleicht auch der Vorwurf entfallen, daß der Parlamentarismus nicht zu Entscheidungen, jedenfalls nicht zu grundlegenden Reformen fähig sei. Der Kompromiß als Tugend des Parlamentarismus leuchtet verständlicherweise gerade den Jungen nicht ein, die nichts weniger als die Verwirklichung reiner Idealvorstellungen wollen. Auch jeder Parlamentarier wird mindestens einmal in einer Wahlperiode Anlaß zur Klage haben, daß seine eigenen Vorstellungen sich nur zu einem als recht gering empfundenen Teil durchgesetzt haben. Auch diese Unzufriedenheit mit dem schließlich Erreichten gehört zu den notwendigen Antriebselementen des Parlamentarismus, weil ja der Kompromiß und der schließliche Ausgleich der entgegengesetzten Meinungen und Interessen die eigene Überzeugung nicht entbehrlich macht, sondern vielmehr voraussetzt.

Anders als in kämpferischer Auseinandersetzung der unterschiedlichen Auffassungen kann nicht erkannt werden, welche dieser Meinungen dem Test der freien Diskussion wirklich standhält. Wer dies als Schwäche des Parlamentarismus ansieht, handelt in der Tat nur konsequent, wenn er ihn möglichst radikal beseitigen will; aber dies ist nicht die Position des Grundgesetzes. Die verfassungsmäßige Ordnung nimmt die vermeintliche Schwäche des Parlamentarismus nicht nur in Kauf, sondern sieht in der freien und kämpferischen, aber in der Tendenz auf Schonung und Ausgleich der Interessen aller, damit auch auf den vernünftigen Kompromiß gerichteten Auseinandersetzung die eigentliche Stärke der freiheitlichen Demokratie.

Dies kann nicht bedeuten, daß nun eigentlich alles in bester Ordnung ist und wir keinerlei Anlaß haben, über die Reform unseres Staatswesens nachzudenken. Unsere verfassungsmäßige Ordnung ist auch von der Überzeugung beherrscht, daß die bestehenden, historisch gewordenen staatlichen und gesellschaftlichen Verhältnisse und die Denk- und Verhaltensweisen der Menschen vom Grundgesetz weder schlechthin sanktioniert werden noch grundsätzlich abgelehnt werden; vielmehr geht diese Ordnung, wie das

Bundesverfassungsgericht sagt, davon aus, daß sie verbesserungsfähig und -bedürftig sind. Jedes vom Parlament beratene und be-
schlossene Gesetz stellt ein größeres oder weniger wichtiges Stück
Reform auf einem Teilgebiet dar; es ist die ureigenste Aufgabe des
Gesetzgebers, in mühsamer Alltagsarbeit die Normen, welche das
Verhalten des Staates und der Bürger bestimmen, zu verändern
und zu verbessern. Der größere Teil dieser Alltagsarbeit vollzieht
sich im stillen und ohne den Glanz, den ein gelungenes großes Re-
formwerk beanspruchen kann; aber jedes Teilstück verändert den
Normenkatalog und damit auch die politische oder gesellschaftliche Wirklichkeit. Über die Richtung, in der diese Entwicklung sich
vollzieht, wird man streiten können; aber die Leistung an sich
sollte nicht bestritten werden. Anzuerkennen ist freilich, daß weder
die Regierung noch das Parlament ihre Tätigkeit dem Staatsbürger
so verdeutlichen, wie es in ihrem eigenen Interesse liegen würde.
Dies ist nicht nur eine Frage einer besseren Öffentlichkeitsarbeit,
sondern auch, was wohl noch wichtiger wäre, einer größeren
Öffentlichkeit insbesondere der Arbeit des Bundestages, die zum
Beispiel dadurch verbessert werden könnte, daß mehr als bisher
auch die Tätigkeit der Parlamentsausschüsse der Öffentlichkeit,
jedenfalls der Presse, zugänglich gemacht werden könnte.

Notwendigkeit einer Reform des Wahlsystems

Die geschichtliche Krise, von der ich am Anfang meiner Ausführungen im Anschluß an die Betrachtungen von Burckhardt sprach,
möchte ich auch darauf beziehen, daß das Ende der Ära Adenauer
den wohl wesentlichsten Einschnitt in der deutschen Nachkriegs-
geschichte auch in der Innenpolitik bedeutet. Als Erhard bei seiner
Amtsübernahme davon sprach, daß die Nachkriegszeit nunmehr
beendet sei, wurde er von vielen mißverstanden, von den meisten
belächelt. Heute erweist sich, daß er etwas ganz Richtiges gesagt
hat. Der neue Staat, den Adenauer in einer unvergleichlichen geschichtlichen Leistung geschaffen hat, war doch zugleich ein Staatswesen, das sich in Form und Denkweise noch als Produkt des 19.
Jahrhunderts, allenfalls der Weimarer Epoche darstellte. Daß die
heute junge Generation sich mit diesem Staat, der wohl unvermeid-
licherweise so aufgebaut werden mußte, nicht mehr identifizieren
will, sondern neue Formen und neue Inhalte fordert, wird ver-

ständlich, wenn man die Tiefe des Einschnitts erkennt, der das Ende der Ära Adenauer bedeutete.

Heute stehen wir vor der Frage, ob wir uns damit bescheiden wollen, eine nach meiner Überzeugung in ihrer Zeit im wesentlichen richtige, jedenfalls damals so notwendige Politik fortsetzen wollen, oder ob insbesondere auf dem Gebiet der Gesellschaftspolitik sich ein eigenständiger Fortschritts- und Erneuerungswille durchzusetzen in der Lage ist, der sich nicht scheut, auch unbequeme Fragen zu stellen. Es reicht nicht mehr aus, unter dem Druck der außerparlamentarischen, in Wirklichkeit ja oft antikonstitutionellen Kräfte mehr oder weniger widerwillig die Bereitschaft zu einzelnen Reformmaßnahmen zu zeigen, die die wirklichen oder vermuteten Ursachen der Unzufriedenheit beseitigen könnten. Auch wenn es diese Opposition nicht geben würde, müßten die Fragen aufgeworfen und beantwortet werden, welche durch vielfach ganz abwegige Forderungen oder utopische Gedanken der Kritiker vielfach eher verdeckt als gezeigt werden.

Das Dilemma der großen Koalition liegt darin, daß sie an sich in besonderem Maße zu den großen Reformen befähigt ist oder sein müßte, weil sie eine breite Basis parlamentarischen Reformwillens bilden kann und auch die Schranken überwinden kann, die im Falle der Notwendigkeit von Grundgesetzänderungen bestehen. Zugleich bewirkt das Fehlen einer jedenfalls zahlenmäßig wirksamen parlamentarischen Opposition um so mehr eine zunehmende Versuchung zur außenparlamentarischen oder antiparlamentarischen Opposition. Dies wiederum bedeutet, daß die fälligen Reformen mindestens dem Anschein nach unter dem Druck dieser außerparlamentarischen Kritik vorgenommen werden müssen und die Mehrheit der Bevölkerung Mühe haben wird, die Notwendigkeit der Reform wirklich einzusehen. Was geschieht, sieht wie ein schwächliches Nachgeben der Parlaments- und Regierungsmehrheit vor ihren Kritikern aus und fördert die Opposition von der anderen Seite, die in zunehmendem Maße nach Ruhe, Ordnung und starker Hand des Staates ruft, welcher sich nicht unter Druck setzen lassen dürfe. Die Regierung verliert so ihre Glaubwürdigkeit, auch wenn sie aus eigenem, nicht aus aufgezwungenem Reformwillen handelt. Daher bleibt die Notwendigkeit einer Änderung des Wahlsystems, ohne die eine Beendigung der großen Koalition kaum möglich ist, eine drängende Notwendigkeit, und es ist nicht einzusehen, weshalb die wirklich notwendigen Reformen, wenn sich die Überzeugung hierfür gebildet hat, einem klar in Regierungsmehrheit und Opposition getrennten Parlament nicht möglich sein sollten.

Überprüfung der politischen Vorstellungen

Über die Sachgebiete, auf denen sich die großen Reformfragen stellen, kann ich nur in Stichworten sprechen. Ohnehin stellen sich die Probleme mit zunehmender Deutlichkeit, und die politischen Parteien scheinen erkannt zu haben, daß sie ihre Vorstellungen auf allen diesen Gebieten überprüfen müssen. In der Außen- und Deutschlandpolitik, die außerhalb meines Themas liegt, zeigt sich übrigens, daß es hier nicht so sehr darum geht, neue Wege einzuschlagen, als vielmehr, die Begründung für unsere Politik deutlicher als bisher zu machen. So ist die Frage, weshalb der andere Teil Deutschlands nicht anerkannt werden kann, weniger ein formaljuristisches als vielmehr ein politisches Problem, ohne daß die rechtlichen Folgen einer Anerkennung ganz übersehen werden sollten. Es sollte deutlich gemacht werden, welche politischen Voraussetzungen geschaffen werden müßten, um von unserer Seite aus über eine Normalisierung der Beziehungen zum anderen Teil Deutschlands reden zu können. Dies ist aber nur ein Beispiel für eine Frage, in der eine an sich richtige Politik von manchen, insbesondere in der jungen Generation, offenbar nicht mehr verstanden wird. Auf dem Gebiet der Gesellschaftspolitik ist die Diskussion um die Erweiterung der Mitbestimmung im Bereich der Wirtschaft, die Gewinnbeteiligung, die Vermögensbildung und -verteilung, die Machtkonzentration in der Wirtschaft, die Strukturpolitik im landwirtschaftlichen und mittelständischen Bereich und über viele andere Fragen bereits in vollem Gange.

Die Mitbestimmungsdiskussion könnte zu einem der wichtigsten Themen der innenpolitischen Auseinandersetzung von 1969 werden. Sie wird für mein Empfinden bisher von allen Seiten noch nicht im Sinne einer auch verfassungspolitisch höchst bedeutsamen Frage, sondern nur so geführt, als ob es um wirtschaftliche Macht der Unternehmer einerseits oder um gewerkschaftliche Macht andererseits ginge. Natürlich ergeben sich sehr gewichtige wirtschaftspolitische Probleme und auch Rechtsfragen; aber ich fürchte, daß die meisten der bisher öffentlich vorgetragenen Argumente im Für und Wider an dem Kern des Problems vorbeigehen. Bei nüchterner Betrachtung der Frage werden weder die Gewerkschaften ihre Behauptung aufrechterhalten können, daß bei einer Ausdehnung der Mitbestimmung die Position des einzelnen Arbeitnehmers in Betrieb und Unternehmen irgendwie verbessert wird, noch die Unternehmer ihren Protest, daß die Eigentumsrechte der Aktionäre unter Verletzung der Verfassung beeinträchtigt würden. Beide Behauptungen sind unter taktischen Gesichtspunkten verständlich, besagen aber wenig für die Antwort auf eine Forderung, bei der es in Wirklichkeit in erster Linie um das verfassungspolitische Problem geht, ob auf die Dauer die dem Staate gegenüber loyale Haltung der Gewerkschaften erhalten werden kann, ohne ihnen stärkeren Einfluß auf das wirtschaftliche Geschehen zu geben. Das Gegenproblem, das sich dann sofort stellt, besteht freilich darin, ob ein solcher Machtzuwachs unkontrolliert geduldet werden kann und ob die heute allen selbstverständliche Autonomie der Tarifpartner in der herkömmlichen Form weiter bestehen kann. Dies ist natürlich keine Antwort auf die Sachfrage, deutet aber die Richtung an, in der meiner Meinung nach eine Lösung gesucht werden sollte.

Schließlich sind aus der Fülle der Gebiete, auf denen in naher Zukunft umfassende und vorausschauende Reformvorstellungen zu entwickeln sind, die Themen der Verfassungspolitik zu erwähnen. Die Forderung nach einem neuen Grundgesetz und nach der Einberufung einer verfassunggebenden Nationalversammlung, die neuerdings erhoben wird, ist mindestens verfrüht; aber es wird kaum bei der gegenwärtigen Praxis fortlaufender Verfassungsergänzungen oder -änderungen von Fall zu Fall bleiben können, die mehr und mehr eine grundsätzliche Orientierung an einer verfassungspolitischen Gesamtkonzeption vermissen lassen. Zu einer solchen Konzeption gehören Fragen wie die, wie eigentlich das Verhältnis von Staat und Gesellschaft vor allem unter der Herrschaft der Sozialstaatklausel zu sehen ist – ein Thema, zu dem ich mich in einer größeren Arbeit vor zwei Jahren um einen eigenen Standort bemüht habe –, wie die Funktion der Grundrechte nicht nur dem Staat gegenüber, sondern auch gegenüber Machtbildungen innerhalb der Gesellschaft und dem Mißbrauch gesellschaftlicher Macht zu sehen ist, wie die Funktionsfähigkeit des parlamentarisch-demokratischen Regierungssystems gesichert werden kann, wie das Verhältnis von Parlament und Regierung neu zu bestimmen ist, für das das herkömmliche Schema der Gewaltenteilung nicht mehr paßt, und natürlich auch, wie das Prinzip des Föderalismus in einer hochkomplizierten industriellen Massengesellschaft aufrechterhalten, aber den drängenden Forderungen der Gegenwart angepaßt werden kann.

Die Fragen der Bildungspolitik und insbesondere der Hochschulreform glaube ich lediglich erwähnen zu müssen. Daß hier durchgreifende Reformen nötig sind, gehört inzwischen zum unvermeidlichen Bestandteil aller innenpolitischen Reden, und es ist zu hoffen, daß hier wirklich etwas geschieht. Die Initiative, die der Herr Bundeskanzler vor kurzer Zeit ergriffen hat, stellt ein ermutigendes Zeichen dafür dar, daß die Schranken des Föderalismus und der Autonomie der Hochschulen einer vernünftigen Zusammenarbeit nicht ewig entgegenstehen müssen. Auch auf dem Gebiet der Modernisierung der Verwaltungs- und Regierungsarbeit, der eine Reform des öffentlichen Dienstes folgen müßte, sind immerhin ernsthafte Ansätze zu erkennen.

Ich hoffe, daß Sie den skizzenhaften Charakter meiner Bemerkungen eher der Kürze der zur Verfügung stehenden Zeit als meiner mangelnden Fähigkeit zurechnen, konkrete Vorstellungen zu den Einzelfragen zu entwickeln. Ich halte daran fest, daß wir im Begriff sind, in eine geschichtliche Krise einzutreten. Es ist unsere Aufgabe, uns allen Fragen unserer Zeit, jeder Herausforderung dieser Zeit zu stellen, und zugleich die Grundwerte unseres Staates, den wir erhalten und wo immer möglich verbessern wollen, mit Entschiedenheit zu verteidigen.

Die tragenden Prinzipien des Berufsbeamtentums

Rede auf dem 7. Deutschen Beamtentag
des Deutschen Gewerkschaftsbundes
am 28. November 1968 in Bremen

In dieser Rede nimmt Benda aus Anlaß streikähnlicher Aktionen
in Teilen der öffentlichen Verwaltung, die als »Dienst nach Vor-
schrift« getarnt waren, insbesondere zur Einführung des Streik-
rechts für Beamte, das vom DGB gefordert wird, und zu notwen-
digen Reformen des öffentlichen Dienstrechts Stellung.

Meine Damen und Herren!

Der Bundeskanzler hat mich beauftragt, Ihnen seine Grüße und
die der ganzen Bundesregierung zu überbringen; er wünscht Ihrer
Tagung einen guten Verlauf.

Der festliche Rahmen dieser Veranstaltung wird niemanden darüber hinwegtäuschen, daß gegenwärtig im Bereich des öffentlichen
Dienstes, zumal in der Beamtenschaft, und sicherlich auch in diesem Kreise nicht gerade Festtagsstimmung herrscht. Ich hielte es
für naiv, dies zu übersehen; und ich hielte es einem so bedeutsamen
Kreise gegenüber für unhöflich, wenn ich zu Ihnen nur im Stil eines
Festredners sprechen würde, der unverbindliche Freundlichkeiten
ausspricht und sich den Fragen nicht stellt, welche die Beamten
gerade an den Bundesminister des Innern richten wollen. Mein
Vertrauen geht dahin, daß Sie eben dies von mir erwarten und das
Gespräch mit mir in dem gleichen Geist der Offenheit und der Fairneß, sicher auch der gegenseitigen Achtung führen, wie ich dies vor
wenigen Tagen aus aktuellem Anlaß mit Ihren führenden Vertretern in Bonn tun konnte.

Die funktionsfähige Demokratie bedarf der Diskussion

In der Unruhe unserer Zeit macht mir der Protest, ja auch die Rebellion der Jugend am wenigsten Sorge; ich verstehe diese als eine
Herausforderung an uns alle, die uns zur ständigen auch selbstkri-
tischen Überprüfung unseres eigenen Standpunktes zwingt und

dort, wo wir uns von neuen Gedanken überzeugen lassen, und dort, wo wir nach sorgfältiger Prüfung unsere bisher vertretene Meinung bestätigt finden, uns nur stärken kann. Was wirklich Anlaß zur Sorge gibt, ist die auch in einem Teil der jungen Generation – aber nicht nur bei dieser – deutlich werdenden Intoleranz. Hier wird nicht Meinung gegen Meinung gesetzt, sondern man will mit Mitteln der ordinären Akustik, mit Einschüchterung oder sogar schon mit Gewalt verhindern, daß sich die Meinung des anderen äußern kann.

Gewerkschaftlern brauche ich nicht besonders zu sagen, daß die funktionsfähige Demokratie von der Diskussion abhängt; wer Diskussion verhindert, macht Demokratie unmöglich. Die wirkliche Diskussion setzt ebenso die Fähigkeit, dem anderen zuzuhören, wie die Bereitschaft voraus, seine eigene Meinung zu sagen, die man dann freilich zunächst einmal haben muß.

Die Krise des Berufsbeamtentums

Ich sage dies alles, weil es durchaus zum Thema gehört. Die Darstellung der beamtenpolitischen Zielvorstellungen des Bundesinnenministers kann, wenn sie sich nicht in Gefälligkeiten erschöpfen soll, nicht daran vorbeigehen, daß in dem Verhältnis zwischen der Bundesregierung und jedenfalls einem Teil der Beamtenschaft eine Verhärtung eingetreten ist, die aktuelle Anlässe hat, aber wohl auch dann in die Zukunft wirken wird, wenn, wie man wohl annehmen kann, der aktuelle Streit sich in einer einigermaßen befriedigenden Weise beilegen läßt. Daß ein solcher Zustand besteht, ist in sich ein Anzeichen dafür, daß die Institution des Berufsbeamtentums vor einer wirklichen Krise stehen könnte, und zwar auch dann, wenn man einmal die ohnehin fruchtlose Diskussion darüber, wer an dieser Entwicklung schuld sei, ganz beiseite läßt.

Das ist ohne jeden Versuch einer Dramatisierung und auch ohne romantisierende Verkennung der Wirklichkeit gemeint. Meinungsverschiedenheiten, Verärgerung, Unmut – um nicht die oft recht drastischen Formulierungen mancher Briefe und Telegramme zu zitieren, die mich trotz »Dienst nach Vorschrift« in diesen Tagen in reichlicher Zahl und offenbar ganz pünktlich erreichen – sind an sich weder ungewöhnlich noch besorgniserregend. Wer sie nicht ertragen kann, ist zu gut oder auch zu naiv für diese Welt. Nur muß man wohl zugeben, daß die Idee des Berufsbeamtentums von einer anderen Vorstellung ausgeht, und die Krise des Berufsbeamtentums, von der ich sprach, könnte darauf beruhen, daß Idee und Wirklichkeit nicht mehr voll übereinstimmen.

Die Beamtengesetze sprechen, der institutionellen Gewährleistung des Berufsbeamtentums folgend, von einem »Dienst- und Treueverhältnis«, das den Beamten mit dem Staat und den Staat mit dem Beamten verbindet. Der Dienstherr sorgt für das Wohl des Beamten und seiner Familie, und der Beamte hat sich, wie z. B. § 54 des Bundesbeamtengesetzes wörtlich sagt, »mit voller Hingabe« seinem Beruf zu widmen. Damit ist der Idee nach die unverbrüchliche gegenseitige Verbundenheit, das volle gegenseitige Vertrauen normiert. Mit anderen Worten: Ist eine Situation wie die gegenwärtige eigentlich im Beamtenrecht vorgesehen, eine Situation, in der – um z. B. aus einer Entschließung der Deutschen Postgewerkschaft, Landesleitung Berlin, zu zitieren – nicht nur von »Unrecht«, sondern von einer »unlauteren und würdelosen Politik« der Bundesregierung den Beamten gegenüber gesprochen wird?

Ich fände es gut, sich dieser Frage in ihrer ganzen grundsätzlichen Bedeutung zu stellen und nicht in die Empfindlichkeit gegenüber solchen oder ähnlichen Einzelformulierungen oder in den nur vorübergehend interessanten und hoffentlich bald nicht mehr aktuellen Streit darüber auszuweichen, wer denn an der gegenwärtigen Situation schuld ist.

Das Verhältnis der Tarifpartner der freien Wirtschaft

Im Verhältnis der Tarifpartner der freien Wirtschaft zueinander wird zwar auch von den Prinzipien der Fürsorge- und der Treuepflicht gesprochen; und die im modernen Arbeitsrecht allseits anerkannte Auffassung von der personenrechtlichen Natur des Arbeitsverhältnisses schließt auf beiden Seiten Verpflichtungen ein, die über die bloße Leistung der vereinbarten Arbeit gegen das vereinbarte Entgelt hinausgehen – insofern hat sich das Arbeits- dem Beamtenverhältnis in einem wichtigen Punkte angenähert. Aber bei aller auf Betriebsfesten so gern, auch vom Vertreter des Betriebsrates, betonten gegenseitigen Partnerschaft zwischen, wie es dann heißt, »unserer Firma« und »unseren Mitarbeitern« stößt sich mit Recht niemand vernünftigerweise daran, daß Löhne und Gehälter oder sonstige Arbeitsbedingungen mit aller Härte ausgehandelt und notfalls mit den Mitteln des Arbeitskampfes erzwungen werden. Die Arbeit wird in sehr nüchterner Weise als ein »Job« verstanden, und der Betrieb ist auch dann, wenn er sich seiner sozialen Verpflichtung bewußt ist, weniger als eine Heimat; der »totale Betrieb« wird mit vollem Recht abgelehnt.

Das Verhältnis des Beamten zum Dienstherrn

All dieses scheint im Verhältnis des Beamten zu seinem Dienstherrn anders zu sein. Daß dem Beamten kein Streikrecht zusteht, ist mindestens einstweilen unbestritten – auf die Problematik des »Dienstes nach Vorschrift« werde ich noch zu sprechen kommen –; und so scheinen Konflikte von der Natur der Sache her undenkbar zu sein. Dennoch existieren sie, und es wäre töricht, dies nicht zur Kenntnis zu nehmen. Bedeutet dies, daß das Beamtenverhältnis in unserer Zeit nur eine romantisierende Verklärung einer viel raueren Wirklichkeit ist, oder gar, daß für das Beamtenverhältnis heute kein Raum mehr ist und es besser wäre, hieraus nüchtern die rechtlichen Konsequenzen zu ziehen?

Um keinem Mißverständnis zu unterliegen, möchte ich deutlich sagen, daß auch mir Formulierungen wie die des § 54 Bundesbeamtengesetz an sich nicht liegen. Die volle Hingabe, mit welcher der Beamte seinen Dienst zu versehen habe, ist der Sprache nach anderen, der sehr persönlichen Sphäre des einzelnen zuzurechnenden Bereichen entnommen, und wir haben allen Grund, gefühlsbetonten Formulierungen zu mißtrauen. Dennoch enthält die Bestimmung einen sehr nüchternen und rechtlich erfaßbaren Kern, der unveränderte Gültigkeit beansprucht; aus ihr ergibt sich z. B., daß der Beamte neben seinem Dienst keine andere hauptberufliche Tätigkeit übernehmen darf und Nebenbeschäftigungen nur unter bestimmten und begrenzten Voraussetzungen zulässig sind, und ebenso, daß er sich dann nicht auf den Büroschluß berufen darf, wenn dringende dienstliche Gründe seine Arbeit auch über den normalen Feierabend hinaus erfordern. Außerdem muß der Beamte nicht nur die vorgeschriebenen Pensen schlecht oder recht erledigen, sondern wirklich seine gesamten Fähigkeiten einsetzen, um das beste überhaupt erreichbare Ergebnis zu erzielen. Die Zielrichtung ist nicht das Wohlgefallen des Vorgesetzten, sondern, wie § 52 des Bundesbeamtengesetzes sagt, das Wohl der Allgemeinheit, d. h. des ganzen Volkes.

Verpflichtung des Beamten zum Dienst
an der Allgemeinheit

Ich finde, daß wir hier am Kern der Problematik angelangt sind. Auch der private Arbeitnehmer hat Verpflichtungen, die über die bloß routinemäßige Erledigung der ihm aufgetragenen Verrichtung hinausgehen, aber diese Verpflichtungen bestehen dem einzelnen Arbeitgeber gegenüber, und wenn das beiderseitige Verhältnis sich, aus welchen Gründen immer, nicht befriedigend gestaltet, können die Beziehungen zueinander gelöst werden. Ob das Unternehmen am Markt Erfolg hat oder nicht, ist in erster Linie die Sorge des Arbeitgebers. Auch der Arbeitnehmer wird davon positiv oder negativ betroffen – das ist wohl mit eine der Wurzeln der Diskussion um die Mitbestimmung. Aber das Ausmaß der privatrechtlichen Verpflichtungen des Arbeitnehmers hängt keinesfalls davon ab, welche volkswirtschaftliche Bedeutung die Produktion des betreffenden Unternehmens hat.

Der Beamte dagegen steht zwar dem Dienstherrn, im Bunde dem Minister oder der Bundesregierung gegenüber, und im Konfliktsfalle mag und wird er, wie die heutige Situation zeigt, seinen Unmut oder seine Empörung auf diese loslassen; aber der in Wirklichkeit Dienstberechtigte ist nicht der Dienstherr, der im Grunde wie er Diener ist oder sein sollte, sondern Dienstherr ist die Allgemeinheit, d. h. nach der früheren Vorstellung der Staat, nach der heutigen, demokratischen Idee das ganze Volk, also eben die Allgemeinheit.

Ich hätte nichts dagegen, sondern würde es sehr begrüßen, wenn diese Verpflichtung auch von dem einzelnen Beamten sittlich begründet würde, auch wenn man Formulierungen wie die von dem Ethos des Beamten nicht überstrapazieren sollte. Es ist leicht und ein wenig billig, über solche etwas verstaubt klingenden Formulierungen zu spotten; aber es wäre ein verhängnisvoller Irrtum und eine wirkliche Krise des Beamtentums, wenn man ihren unverändert gültigen Kern nicht mehr zu erkennen fähig wäre. Früher galt diese sittlich begründete, oft sogar religiös bekräftigte Verpflichtung der Person des Souveräns. Auch heute ist der Beamte einem Souverän verpflichtet; dieser Souverän ist das Volk, von dem in der Demokratie letztlich alle Staatsgewalt ausgeht und dem sie stets zu dienen hat. Die Bundesregierung, die Minister oder die sonstigen Dienstvorgesetzten sind nur Repräsentanten dieses Souveräns.

Wenn dies richtig ist, kann mich eine Argumentation nicht überzeugen, die meint, daß die Beamtenpflicht dann ende, wenn der Dienstvorgesetzte – wirklich oder vermeintlich – die ihm seinerseits obliegenden Verpflichtungen vernachlässige. Selbstverständlich sind solche Situationen denkbar, und auch wer, wie ich, in der aktuellen Lage natürlich die Auffassung der Bundesregierung zu vertreten hat, braucht die wohl mittlerweile im ganzen Bundeskabinett durchgesetzte Meinung nicht zu verhehlen, daß in Einzelfragen nicht alles ideal gelaufen ist.

Das Beamtenverhältnis verlangt »volle Hingabe« des Beamten an die Pflichten seines Amtes, nicht aber an die jeweilige Regierung oder den unmittelbaren Dienstvorgesetzten. Das Verhältnis zwischen Beamten und Dienstherrn sollte, ähnlich wie im privaten Arbeitsverhältnis, von dem Bemühen um Partnerschaft, auch von der Bereitschaft zu gegenseitigem Vertrauen und möglichster Achtung, beeinflußt sein; aber das schließt die nüchterne, energische Wahrung der eigenen Interessen keineswegs aus. Insofern ist das Beamtenverhältnis heute in der Beziehung zwischen »Arbeitnehmer« und »Arbeitgeber« – und insoweit passen auch diese rechtlich natürlich falschen Begriffe – dem Arbeitsverhältnis bei anderen Berufsgruppen vergleichbar; es sollte weder verschwiegen werden, daß es Konfliktsmöglichkeiten enthält, noch sollte der Wahrung der eigenen Interessen des Beamten, zu der er nicht minder als ein anderer Staatsbürger berechtigt ist, gleich der moralisierende Hinweis auf das »Beamtenethos« entgegengestellt werden.

Aber damit ist eben nur die eine Seite des Beamtenverhältnisses angesprochen, nämlich die Beziehung zwischen Beamten und Dienstherrn, und ich sehe keine Möglichkeit, die von dem Verhalten des Dienstherrn unabhängige und unbedingte Verpflichtung des Beamten zum Dienst für die Allgemeinheit zu leugnen oder auch nur zu relativieren, ohne damit zugleich das Institut des Berufsbeamtentums zum Schaden unseres Volkes in seinem Kern zu treffen.

Die Problematik des »Dienstes nach Vorschrift«

Sie werden bereits gemerkt haben, daß ich mich in Richtung auf die Hauptfrage zubewege, welche Gegenstand der aktuellen Diskussion ist: die Problematik des »Dienstes nach Vorschrift«. Hierzu liegen amtliche Verlautbarungen der Bundesregierung, auch Erklärungen von meiner Seite vor, die ich nicht zu wiederholen brauche. Ich will nicht den Versuch unternehmen, in einer juristischen Frage alte Argumente zu wiederholen oder neue zu liefern, sondern mich bemühen, Ihnen verständlich zu machen, aus welchen grundsätzlichen Erwägungen die Bundesregierung die von ihr vertretene Haltung eingenommen hat.

Zunächst meine ich, daß wir miteinander und mit der Öffentlichkeit, die sich jedenfalls für die praktischen Folgen solcher Vorgänge interessiert, ehrlich umgehen sollten. Die Hinweise darauf, daß es dann, wenn bestimmte Forderungen oder Erwartungen nicht erfüllt würden, zu »Schwierigkeiten im grenzüberschreitenden Verkehr« kommen könnte, daß der vorweihnachtliche Brief- und Paketverkehr auch in den anderen Teil Deutschlands nicht reibungslos ablaufen werde oder daß Verspätungen im Zugverkehr nicht vermeidbar sein würden, verraten mehr, als die treuherzige, aber doch wohl mit einem Augenzwinkern vorgetragene Formel hergeben will, daß es ja doch nur um die Einhaltung der Dienstvorschriften gehe.

In den Klartext übersetzt läuft die Argumentation derer, die den »Dienst nach Vorschrift« ankündigen, darauf hinaus, daß die Beamten ihre Dienste für die Allgemeinheit einzuschränken entschlossen seien, weil, nach ihrer Meinung, der Dienstherr im Bunde seinerseits mit der Erfüllung seiner Fürsorgepflicht in Verzug geraten sei. Dies ist die Situation, sie sollte nicht beschönigt werden.

In meinen Gesprächen mit Ihren führenden Vertretern habe ich auf meine Bemerkung, daß die Bundesregierung sich nicht unter Druck setzen lassen dürfe, das Gegenargument gehört, daß es sich nicht um Druck, sondern nur um eine Demonstration des Unmutes handele. Dieses Argument zieht aber nur, wenn man behauptet, daß die heute bestehende Situation normal sei, also die Allgemeinheit die ihr zustehenden Dienste in vollem Umfange erhalte, und ich bezweifle, daß man dies nach den tatsächlichen Verhältnissen wirklich behaupten kann.

Es mag sein, daß die Rechnung tatsächlich aufgeht, weil offenbar die Vorstellung, daß Post oder Bahn nicht mit der gewohnten Pünktlichkeit funktionieren, bereits genügt, um die Politiker in Panikstimmung zu versetzen. Das ist, nebenbei bemerkt, ein merkwürdiger Vorgang, weil doch im Bereich der privaten Wirtschaft mit vollem Recht davon ausgegangen wird, daß Arbeitskämpfe zwar im Einzelfall volkswirtschaftlich unbequem sein mögen, aber in einer freien Gesellschaft ein normaler Vorgang sind, die solche Unbequemlichkeiten zu ertragen fähig sein muß; aber offenbar ist die pünktliche Abfahrt der Züge in manchen Köpfen ein Kriterium dafür, ob die Welt noch in Ordnung ist.

Volle Dienstleistung nach dem Sinn
der Dienstvorschriften

Meine Befürchtung, daß die Anerkennung oder auch nur die faktische Hinnahme von Kampfaktionen wie des »Dienstes nach Vorschrift« sich auf längere Sicht gegen das Berufsbeamtentum selbst wenden muß, beruht nicht einfach auf der Sorge, daß in der doch direkt betroffenen Bevölkerung eine Verärgerung entstehen könnte, die sich dann nicht so sehr gegen die angeblich uneinsichtige Bundesregierung, sondern vielmehr gegen die Beamtenschaft richtet. Ich vermute, daß es dem Postkunden, der in betont umständlicher Weise bedient wird, oder auch dem Flugreisenden, der lange Wartezeiten hinnehmen muß, im Regelfall gleichgültig ist, ob alle Beamte ein 40prozentiges Weihnachtsgeld erhalten und ob die Bundesregierung nicht hierfür rechtzeitig hätte Vorsorge treffen können. Was er erwartet, ist, daß er den Dienst erhält, für den er Steuermittel und Gebühren entrichtet. Aber dies sind taktische Überlegungen, die die Initiatoren solcher Aktionen selbst anstellen mögen. Die Kernfrage liegt darin, ob ein Berufsbeamtentum denkbar ist, das sich in Art und Ausmaß seiner Pflichterfüllung nach dem Verhalten des Partners im »Arbeitsverhältnis«, also nach der Frage orientiert, ob der Dienstherr seinerseits seine Pflichten den Beamten gegenüber erfüllt, und nicht vielmehr nach dem im Beamtenverhältnis einzig zulässigen Maßstab, der in dem Wohle der Allgemeinheit, also ganz konkret darin liegt, daß der Bürger von dem Beamten objektive, unabhängige Amtsführung und volle Dienstleistung nicht nach dem Buchstaben, sondern dem Sinn von Dienstvorschriften erwarten kann.

Wird dies aus im Einzelfall noch so verständlicher Verärgerung über politische Entscheidungen nicht durchgehalten, so werden wir uns über die Frage nicht wundern dürfen, die ohnehin manche im Bereich der Politik bewegt, ob die überkommenen Grundsätze des Berufsbeamtentums eigentlich noch zeitgemäß sind. Auch diese Fragestellung müßte uns nicht schrecken. Ohnehin wird sich auch im Bereich des öffentlichen Dienstes ebenso wie in vielen anderen Bereichen des staatlichen und gesellschaftlichen Lebens der Ruf nach durchgreifenden Reformen nicht unterdrücken lassen, und wir würden schlecht beraten sein, wenn wir hier wie anderswo auf überkommenen Privilegien und traditionellen Vorstellungen beharren und uns nicht vielmehr der Herausforderung der Zeit stellen würden.

Aber es wäre tief bedauerlich, wenn der notwendige Reformwille ausgerechnet dort ansetzen würde, wo zwischen Beamtentum und Demokratie der tiefste Berührungspunkt ist, nämlich in der durch keine Zeitumstände zu erschütternden Verpflichtung des Beamten, nicht der jeweiligen Regierung und dem jeweiligen Dienstvorgesetzten, sondern der Allgemeinheit, der Gesamtheit der Bürger seines Volkes, mit seiner Arbeit zu dienen. Der Beamte muß seiner Dienstvorschrift gehorchen, aber er dient nicht ihr, sondern dem Bürger. Früher mochte es ausreichen – wenn auch die besten Kräfte des deutschen Beamtentums ihre Aufgabe stets anders gesehen und so der Staatsauffassung und Politik gegenüber fortschrittlich waren –, den in Paragraphen fixierten Willen des Dienstherrn, des Souveräns, auszuführen und die Frage, ob der Buchstabe des Gesetzes auch Sinn ergab, dem Verfasser der Norm zu überlassen.

Die nur buchstäbliche Erfüllung einer Dienstvorschrift heute ist ein Rückfall in eine vordemokratische Denkweise. Schon das um die Jahrhundertwende entstandene Bürgerliche Gesetzbuch weist darauf hin, daß Verträge nicht nach ihrem Buchstaben, sondern nach Sinn und Zweck und unter Berücksichtigung von Treu und Glauben zu erfüllen sind. In einer Zeit, die das rein formalistische Denken überwunden haben sollte, kann ich es niemandem abnehmen, wenn er behauptet, daß die wortgetreue, aber deren Sinn übersehende oder gar bewußt umkehrende Ausführung einer Dienstvorschrift eine ausreichende Erfüllung beamtenrechtlicher Pflichten sei, zumal dann, wenn dies sich unvermeidlicher und sogar gewollter Weise in Unbequemlichkeiten, Ärgerlichkeiten und wirtschaftlichen Schäden für die Allgemeinheit auswirkt.

Die Fürsorgepflicht des Dienstherrn

Es kommt mir bei dieser Gelegenheit nicht darauf an, Belehrungen oder gar rechtliche Hinweise erteilen zu wollen; ich möchte versuchen, Verständnis für die von der Bundesregierung vertretene Auffassung zu wecken, die in rechtlicher Hinsicht ja im übrigen von der Rechtswissenschaft voll geteilt wird. Niemand kann in einer Atmosphäre der Gereiztheit und der Verärgerung, die ganz verständliche Ursachen hat, schnelle Ergebnisse erwarten; aber es wäre schon ein bedeutsamer erster Schritt, wenn die beiderseitige Bereitschaft, die Argumente auch der Gegenseite anzuhören und zu überdenken, wachsen würde.

Solche Bereitschaft erbitte ich nicht nur von anderen, sondern ich habe sie selbst aufzubringen. Die Fürsorgepflicht des Dienstherrn ist ebenso wie die Treuepflicht der Beamten ein anerkannter hergebrachter Grundsatz des Berufsbeamtentums; die Krise des Berufsbeamtentums kann auch dann entstehen, wenn diese Fürsorgepflicht nicht voll ernst genommen wird. Die Beamtenschaft hat selbstverständlich einen Anspruch darauf, daß ihr Gerechtigkeit auch in ihren materiellen Belangen widerfährt und daß sie, wie andere Gruppen der Gesellschaft auch, in angemessener Weise an der wirtschaftlichen Entwicklung teilnimmt.

An dieser Stelle liegt einer der Gründe dafür, daß von einer Krise des Beamtentums gesprochen wird. Ob die Besoldungspolitik des Staates wirklich gerecht ist, mag in den konkreten Einzelpunkten besprochen werden, und es ist ein normaler Vorgang, wenn die Vorstellungen der Betroffenen oft weitergehen, als Regierung und Parlament für richtig oder für möglich halten. Die besondere Problematik liegt darin, daß der Beamte zwar im äußersten Falle einen klagbaren Anspruch auf angemessene Besoldung und andere Leistungen hat; aber außerhalb dieser praktisch nur in Ausnahmefällen in Frage kommenden Möglichkeit der gerichtlichen Auseinandersetzung fehlt ihm und seiner Berufsvertretung, im Gegensatz zu dem privaten Arbeitnehmer, das wirksame Instrument, um seine Forderungen mit wirklichem Nachdruck zu vertreten.

Der Ausschluß des Streikrechts macht einen unverzichtbaren Bestandteil des Berufsbeamtentums aus, weil Forderungen gegen den Dienstherrn nicht auf dem Rücken der Allgemeinheit ausgetragen werden können; aber man muß verstehen, daß in dieser Hinsicht der Beamte in einer schwächeren Position ist als selbst sein Berufskollege, der sich als Arbeitnehmer im öffentlichen Dienst der nachhaltigen Einwirkungsmöglichkeiten der Gewerkschaften auf die Tarifpolitik im öffentlichen Dienst bedienen kann. Der Streit um die Weihnachtszuwendung macht dies ganz deutlich, ja es besteht sogar die latente Gefahr, daß bei begrenzten finanziellen Möglichkeiten des Staatshaushaltes das, was die Arbeitnehmer im öffentlichen Dienst notfalls unter Androhung von Kampfmaßnahmen durchsetzen können, dann zwangsläufig zu Lasten der Beamten geht, die solche Möglichkeiten nicht haben.

Der Staat, der den Beamten abzieht oder – jedenfalls im Bereich sozialer Leistungen – nicht gewährt, was er im Tarifbereich zugesteht, handelt unredlich und verstößt seinerseits gegen ein tragendes Prinzip des Berufsbeamtentums.

Ich werde auch bei den bevorstehenden Tarifverhandlungen darauf achten, daß einer solchen Versuchung nicht nachgegeben wird. Konkret: Was im Haushaltsplan für 1969 und in der mittelfristigen Finanzplanung für die Beamtenbesoldung bereitgestellt ist, muß voll den Beamten zugute kommen und darf weder für Tarifabschlüsse noch erst recht für andere Staatszwecke verwendet werden.

Verpflichtung zur Anhörung der Spitzenorganisationen

Damit ist aber die grundsätzliche Frage noch nicht beantwortet, die sich aus der im Vergleich zu den Arbeitnehmern ungünstigeren Position der Beamten ergibt. Die Beamtenschaft hat zwar gute und einflußreiche Freunde in allen Fraktionen des Bundestages und kann so auf die Beamtengesetzgebung Einfluß nehmen; aber es ist nicht sicher, ob diese sich immer gegenüber den Ansprüchen anderer Gruppen durchsetzen können. Eine wichtige Möglichkeit, auf die Gesetzgebung Einfluß zu nehmen, liegt in der Verpflichtung zur Anhörung der Spitzenorganisationen nach § 94 BBG. Die Beamtenrechtler meines Hauses haben Anweisung, alles zu tun, um die volle Ausschöpfung der hierin liegenden Möglichkeiten zu erleichtern, und ich glaube, daß sie dieser Verpflichtung vollauf nachkommen. Die Vorstellungen Ihrer Verbände, die den Rahmen des § 94 BBG noch erweitern wollen, sind mir bekannt, und ich habe für diese Wünsche nicht nur Verständnis, sondern bin bereit, diese Vorstellungen ernsthaft und wohlwollend zu prüfen.

Die Fürsorgepflicht des Dienstherrn, die im Grundsatz unbestritten ist, darf nicht mehr nur patriarchalisch verstanden werden in dem Sinne, daß der Dienstherr als guter Hausvater schon selbst wissen werde, was notwendig und angemessen ist. Vielmehr muß durch eine möglichst starke Handhabung der Anhörungs- und Beteiligungsrechte ein Ausgleich für die fehlende Möglichkeit der unmittelbaren Mitbestimmung über Tarifverträge, die in der privaten Wirtschaft und auch bei den Arbeitnehmern des öffentlichen Dienstes selbstverständlich ist, geschaffen werden. Im engeren Bereich der Mitbestimmung im öffentlichen Dienst bin ich zu gemeinsamen Überlegungen im Bereich des Personalvertretungsrechts bereit.

Ich fände es auch erwägenswert, ob nicht der Bundesminister des Innern als der zuständige Ressortminister etwa einmal jährlich in offener Aussprache mit den legitimierten Vertretern der Beamtenschaft seine eigenen beamten- und besoldungspolitischen Vorstellungen entwickeln, die Auffassung der Bundesregierung darlegen und die größeren finanzpolitischen Zusammenhänge, in denen solche Fragen zu sehen sind, erläutern und vor allem die Vorstellungen der Beamtenschaft selbst anhören sollte. Zu einem Gespräch über eine derartige weitere institutionelle Zusammenarbeit, die natürlich die laufenden Kontakte nicht beeinträchtigen sollte, bin ich jederzeit gern bereit.

Meine eigene beamtenpolitische Konzeption möchte ich in wenigen zusammenfassenden Worten entwickeln: Ich sehe es schlechterdings als eine staatspolitische Notwendigkeit an, auch die materiellen Voraussetzungen zu schaffen, zu erhalten und weiter zu entwickeln, damit der Beamte seine Aufgaben in innerer und äußerer Unabhängigkeit und frei von Neidgefühlen gegenüber anderen Bevölkerungsgruppen erfüllen kann. Rang, Ansehen und Selbstbewußtsein der Beamtenschaft, die auch von ihrem Lebensstandard und auch von ihrem Sozialprestige abhängen, bestimmen schließlich auch das Ansehen des Staates selbst. Keine verantwortungsbewußte Regierung kann die Aufgabe vernachlässigen, den öffentlichen Dienst in allen seinen Zweigen angemessen zu honorieren. Personalausgaben sind keine unproduktiven Geschenke des Steuerzahlers, sondern notwendige und auch rentable Investitionen.

Ich weiß wohl, daß solche Erklärungen kein Ersatz für eine vernünftige Besoldungspolitik sind, sondern diese voraussetzen und bedingen. In der Alltagspraxis ist es auch dann, wenn Sie meine Erklärungen ernst zu nehmen bereit sind, sehr schwer, die für richtig erkannten Grundsätze in die Tat umzusetzen. Bei den Beratungen in Regierung und Parlament kann der öffentliche Dienst nicht isoliert gesehen werden.

Die Anforderungen an den Staatshaushalt sind so vielfältig und sowohl hinsichtlich ihrer sachlichen Notwendigkeit als auch ihrer zeitlichen Reihenfolge nach so komplex, daß es ungewöhnlich schwierig ist, die vorhandene Finanzmasse nach Prioritäten fachlich und politisch richtig, zweckmäßig und auch noch gerecht zu verteilen. Es ist nur selbstverständlich und an sich kein Zeichen für bösen Willen oder mangelnde Einsicht, daß die Meinungen im Kabinett, im Parlament und in der Öffentlichkeit sehr oft auseinandergehen. Ebenso natürlich ist es, daß dann diejenigen, die ihre Forderungen nicht oder nur zum Teil erfüllt sehen, Kritik üben. Auch der Beamtenschaft steht das Recht zu einer solchen Kritik zu, ebenso aber auch der Bundesregierung, die dabei freilich die Beamten nicht nur als eine Gruppe unter vielen anderen sehen darf, sondern als die ihrer Fürsorge im besonderen Maße anvertrauten, für ihre eigene Arbeit unverzichtbaren Helfer.

Verstärkte Aufmerksamkeit möchte ich der Notwendigkeit widmen, die innere Struktur des Personalkörpers der Verwaltung in Ordnung zu bringen. Hier hängt viel von der Laufbahngestaltung ab. Im Vordergrund einer Reform des Dienstrechts wird daher eine Neuordnung des Laufbahnrechts stehen. Die Verwaltung benötigt heute mehr denn je Spezialisten der verschiedensten Berufe, vor allem Techniker, Naturwissenschaftler und Wirtschaftswissenschaftler. Schon heute sind nur noch 30 Prozent der höheren Beamten Juristen. Den Angehörigen anderer Berufsgruppen muß der Zugang zum öffentlichen Dienst erleichtert werden.

In einer Zeit, in der die Anforderungen an die Verwaltung immer größer werden, kann man dabei auf Wissen und Erfahrung weniger denn je verzichten. Auf allen Gebieten der Verwaltung muß der Fachmann gewonnen werden. Der Fachbeamte, der keinen Vorbereitungsdienst geleistet und keine Laufbahnprüfung abgelegt hat, sollte in einer modernen Verwaltung kein Außenseiter sein.

Alle Vorschriften, die ihn benachteiligen oder Vorurteile gegen ihn enthalten, müssen abgebaut werden. Eine gründliche Reformierung des derzeitigen Laufbahnwesens einschließlich der darauf bezogenen besoldungsrechtlichen Systeme ist also vordringlich.

Die Forderung nach leistungsgerechter Bewertung und Besoldung darf kein Schlagwort bleiben; vielmehr müssen auch im öffentlichen Dienst Anreize für größere Leistungen gegeben werden; Tüchtigkeit, Initiative und Vorwärtsstreben müssen auch belohnt werden. Das zu stark ausgeprägte Dienstaltersprinzip lähmt den Leistungswillen. Dabei wird man ohne ein Minimum an Ordnungsvorschriften, die auch Willkür ausschalten, nicht auskommen können; daher ist ein vernünftiger Kompromiß anzustreben zwischen einer an der Leistung orientierten Personalpolitik und einem System von Ordnungsvorschriften, die der Objektivierung dienen.

Intensivierung der Fortbildung und Ausbildungsförderung

Die Fortbildung der Angehörigen des öffentlichen Dienstes wird intensiviert werden. Nach der inzwischen erfolgten Billigung meiner Vorschläge durch den Kabinettsausschuß für wissenschaftliche Bildung und Ausbildungsförderung wird eine Akademie für öffentliche Verwaltung errichtet werden, die mit den modernsten didaktischen Methoden für Erwachsenenbildung arbeiten soll.

In der Akademie erfolgt die Fortbildung der Bundesbediensteten in einem vierstufigen, auf die Bedürfnisse der modernen Verwaltung zugeschnittenen Fortbildungssystem:

1. Einführung in die Aufgaben der Verwaltung für die Nachwuchskräfte, die dabei mit der besonderen Struktur und den komplexen Funktionszusammenhängen moderner Verwaltung vertraut gemacht werden.

2. Berufsbegleitende Fortbildung, bei der fachbezogenes Wissen vermittelt und der Stoff der Einführungslehrgänge aktualisiert wird.

3. In den Lehrgängen für Führungsaufgaben und für internationale Verwendung sollen besonders qualifizierte Kräfte für verantwortliche nationale und supranationale Positionen geschult werden.

4. Ein Fortbildungsseminar für Führungskräfte hat die Aufgabe, die bereits in leitenden Positionen Tätigen insbesondere mit den neuen Methoden der Führungs- und Planungstechnik vertraut zu machen.

Mehr Beteiligung an der Verantwortung

Insgesamt wird der öffentliche Dienst seine Aufgabe in unserer Zeit nur erfüllen können, wenn er sich bald und durchgreifend von den heute noch bestehenden engen und veralteten Strukturen befreit. Die Arbeit der Verwaltung wird von einer Unzahl von Gesetzen, Verordnungen, Richtlinien, Dienstanweisungen, Ausführungserlassen und den umfangreichen Kommentierungen hierzu gehemmt und überlagert; wenn der »Dienst nach Vorschrift« uns den Unsinn so mancher Vorschrift drastisch vor Augen führt, hat er bei aller sonstigen Problematik immerhin etwas Nützliches geleistet. Der heutige Verwaltungsstil ist durch die übermäßige Zahl von Vorschriften zur Schwerfälligkeit verurteilt; mit ihm werden wir die Zukunft nicht gewinnen, ja nicht einmal die Gegenwart meistern können.

Ein moderner öffentlicher Dienst kann nur geschaffen werden, wenn man den in ihm tätigen Menschen mehr Initiative beläßt und sie viel stärker, als dies bisher üblich ist, an der Verantwortung beteiligt. Ich habe den Eindruck, daß wir den Angehörigen des öffentlichen Dienstes zu wenig Vertrauen entgegenbringen und sie, indem wir ihnen praktisch jeden Handgriff vorschreiben, wie Unmündige behandeln. Keine moderne Unternehmensführung kann heute daran vorbeigehen, daß der Arbeiter längst mündig geworden ist, nur der öffentliche Dienst glaubt sich das noch leisten zu können. Ich bin dafür, es einmal umgekehrt zu versuchen. Wenn wir Zuständigkeiten und Verantwortung nach unten delegieren, das Zutrauen in die eigenen Fähigkeiten wecken und einen echten Ansporn zur Leistung geben, können wir auf viele Dienstanweisungen verzichten. Daß dabei ein »Dienst nach Vorschrift« praktisch kaum noch möglich sein würde, würde ich in Kauf zu nehmen bereit sein. Die Starrheit des Verwaltungs- und Beamtensystems muß aufgelockert werden und einer wesentlich größeren Freizügigkeit Platz machen.

Dies alles sind keine abstrakten Proklamationen ferner Ziele, sondern unmittelbar vor uns stehende Aufgaben. Das Bundeskabinett hat die Notwendigkeit einer durchgreifenden Modernisierung der Arbeit von Bundesregierung und Bundesverwaltung erkannt und für die Durchführung dieser Arbeiten einen besonderen Kabinettsausschuß eingesetzt.Der Bundesminister des Innern hat nicht nur die eine sich aus seiner Zuständigkeit ergebende Verantwortung dafür, daß diese Arbeiten zügig und energisch vorangetrieben werden; ich bin auch dabei, in meinem eigenen Hause praktische Maßnahmen mit Modellcharakter zu ergreifen, die in absehbarer naher Zukunft dieses Ministerium im Sinne der skizzierten Grundsätze an die Anforderungen unserer Zeit anpassen werden.

Die Krise des Berufsbeamtentums, von der ich gesprochen habe, fordert uns alle über die aktuellen Streitfragen hinaus in grundsätzlicher Weise dazu auf, über die Anforderungen unserer Zeit nachzudenken. Die Unruhe der Gegenwart hat weite Kreise der Bevölkerung erfaßt. Niemand wird sie meistern, der meint, daß mit der zweifellos notwendigen Wahrung des Rechts und der Wiederherstellung einer gestörten Ordnung alles getan sei.

Die Unruhe deutet an, daß sich ein gesellschaftlicher Wandel von vielleicht geschichtlicher Bedeutung ankündigt; ihm begegnet man nicht mit dem ängstlichen Beharren auf Hergebrachtem, oft schon Überlebtem, sondern mit dem entschiedenen Willen zur Reform, die nicht blindwütig alle Werte zerstört, sondern unvoreingenommen und kritisch die Frage beantwortet, was Recht auf Bestand hat und was dem Wandel der Zeit weichen muß.

Der öffentliche Dienst, vor allem das Beamtentum, werden sich dieser Entwicklung nicht entziehen können. Je mutiger wir auch hier die Herausforderung annehmen, um so erfolgreicher werden wir sie bestehen.

Stärkung des Vertrauens
in den demokratischen Rechtsstaat

Rede vor dem Überseeclub in Hamburg
am 16. Januar 1969

Die stilleren Wochen um die Jahreswende haben Gelegenheit gegeben zur Rückschau auf das hinter uns liegende Jahr 1968 und
zur Vorausschau auf die kommenden Monate. Mir ist beim Lesen
oder Hören vieler Kommentare, die bei uns zur Jahreswende erschienen sind, immer wieder aufgefallen, daß zwar scharfsinnige
Analysen und gelegentlich sogar kühne Voraussetzungen zur welt-
politischen Entwicklung gegeben wurden – so wenig Anlaß zu
Optimismus sie auch geliefert hat –, daß dagegen die Betrachtung
der innenpolitischen Szene merkwürdig blaß und unbestimmt aus-
gefallen ist. Wenn sich in den zahlreichen Kommentaren überhaupt ein gemeinsamer Nenner finden läßt, dann liegt er in der
fast allgemeinen, zumindest sehr weit verbreiteten Unsicherheit
bei der Bewertung dessen, was wir im vergangenen Jahr erlebt
haben und erst recht in dem, was in der näheren Zukunft zu erwarten ist.

Die Unruhen des Jahres 1968

Diese Unsicherheit läßt sich zum Teil damit erklären, daß der richtige Zeitpunkt für ein Urteil über die innenpolitische Tätigkeit der
gegenwärtigen Bundesregierung noch nicht gekommen ist, sondern
das Urteil erst in der zweiten Hälfte dieses Jahres fällig wird. Dann
aber wird dieses Urteil mit verbindlicher Wirkung von der hierzu
in erster Linie legitimierten Bevölkerung abzugeben sein, die auf-
gerufen ist, zugleich mit der Bewertung von Leistungen oder Fehl-
leistungen der Vergangenheit den künftigen Kurs der Politik zu
bestimmen. Wahlkampf und Wahlentscheidung sind insoweit
zu verbindlicheren Aussagen fähig und berufen, als Betrachtungen,
die an das zufällige Datum eines Jahreswechsels anknüpfen.
   Dieser Wahlentscheidung, die das wichtigste innenpolitische
Ereignis des Jahres 1969 bilden wird, kommt auch ein ungleich
größeres Gewicht zu als den lautstarken Äußerungen des Protestes
und des Unmutes, die uns durch einen erheblichen Teil des Jahres

1968 begleitet haben. Wahrscheinlich wird sich zeigen, wie gering die Resonanz ist, die radikale Parolen in der breiten Masse der Bevölkerung zu finden vermögen; und die demokratischen Parteien werden, wie immer der Wettkampf zwischen ihnen auch ausgehen mag, aller Voraussicht nach insgesamt ihre Behauptung bestätigt finden, daß sie, und nicht die außerparlamentarischen Gruppierungen und auch nicht die neu entstandenen radikalen Parteien von dem Vertrauen der Bevölkerung getragen werden.

Ich hielte es jedoch für durchaus gefährlich, sich hiermit zu beruhigen. In den erwähnten Kommentaren zum Jahreswechsel ist fast übereinstimmend gesagt worden, daß die Gruppen der außerparlamentarischen Opposition bei aller Unruhe von 1968 ihr Ziel nicht erreicht hätten; und vielfach ist die – mehr einem Wunschdenken entspringende – Hoffnung geäußert worden, daß die Unruhe selbst irgendwie, d. h. ohne besonderes Tun, durch bloßen Zeitablauf, in absehbarer, aber naher Zukunft vorübergehen werde. In der Tat tragen manche Erscheinungsformen des Protestes geradezu modischen Charakter; sie werden gewiß wieder verschwinden oder anderen Formen weichen, sobald der Reiz der Neuheit bei den aktiv Beteiligten und der Überraschungseffekt bei den passiv Betroffenen abgenützt sind.

Schon heute ist eins zu erkennen: Die in der zweiten Jahreshälfte 1968 aufgetretene Hemmungslosigkeit, bei der auch eindeutig kriminelle Verhaltensweisen als Ausdruck revolutionären Eifers für notwendig gehalten wurden, hat alle diejenigen nachdenklich gemacht, die ihren eigenen revolutionären Parolen doch nicht so recht trauen und die eine Revolution jedenfalls nur in guter Ordnung durchgeführt wissen wollen. Dieser Vorgang isoliert die wirklichen Aktivisten, die sich selbst lange genug eingeredet haben, sie besäßen wirklich das Format von Lenin oder Liebknecht, immer mehr von den vielen anderen, die zwar Che Guevara und andere Vorbilder auf ihren Plakaten herumtragen, die aber mit den Lebensverhältnissen ihrer Idole keinesfalls tauschen möchten.

Daß dieser Vorgang der Selbstisolierung wiederum den immer kleiner werdenden Rest zu weiterer Radikalität veranlaßt, konzentriert insoweit die Verantwortung für die weitere Auseinandersetzung mit diesem Teil der Unruhe auf diejenigen, denen die Wahrung der Rechtsordnung anvertraut ist. Hieraus ergibt sich jedoch überhaupt keine Antwort auf die um so dringender werdende Frage, wie denn die unruhige, aber sich von den Aktionen

der Extremisten distanzierende oder doch an diesen Aktionen nicht
mehr teilnehmende junge Generation zu neuem Vertrauen für den
demokratischen Staat gewonnen werden kann. Die Rechnung geht
weder so einfach auf, wie es die Prediger der schon nicht mehr
differenzierten Gewalt der Straße wünschen, noch so, wie es der
auch bei uns laut gewordene Ruf nach »law and order« wünscht.

Aufrechterhaltung der öffentlichen Ordnung

Die Forderung, der Gewalt entschlossen entgegenzutreten, hat
natürlich ihre Berechtigung. Daß es überhaupt notwendig ist, hierüber zu sprechen, ist für sich schon ein tief beunruhigendes Zeichen. Daß sich Straftaten ereignen, die ihren Ursprung in politischen Meinungen haben, die von der Norm abweichen und zu
deren Rechtfertigung die abenteuerlichsten Thesen bemüht werden,
ist nicht erfreulich; es ist aber in erster Linie ein praktisches Problem und damit eine Frage an die Fähigkeit von Polizei und Justiz,
hiermit fertigzuwerden, ebenso, wie mit der allgemeinen Verbrechensbekämpfung.

Selbstverständlich ist hierbei noch viel zu verbessern; aber überall dort, wo die politisch verantwortlichen Stellen den – freilich
unentbehrlichen – Willen aufgebracht haben, jeder Störung der
Rechtsordnung mit deren eigenen Mitteln in aller Entschiedenheit
entgegenzutreten, hat sich sehr bald gezeigt, daß es durchaus gelingt, mit dem Rechtsbruch fertig zu werden. Beunruhigender ist,
daß manchmal auch Leute, die selbst unter keinen Umständen auch
nur den städtischen Rasen betreten würden, die Meinung äußern,
man solle geltende, rechtsstaatlich einwandfreie Bestimmungen
nicht oder nicht voll ausschöpfen, um Verstößen gegen die Rechtsordnung zu begegnen.

Die Diskussion darüber, ob einzelne Vorschriften, z. B. des Strafrechts, noch zeitgemäß sind oder ob sie den Befugnissen des Staats-
bürgers, die sich aus den Grundrechten der Versammlungs- und
Meinungsfreiheit ergeben, vielleicht nur in ungenügender Weise
Rechnung tragen – diese Diskussion ist nicht nur legitim, sondern
notwendig. Aber ein noch viel ernsterer Verstoß gegen den Rechtsstaat als eine übermäßige Reaktion des Staates gegen bloße Ord-
nungswidrigkeiten wäre der, Angriffe auf die Rechtsordnung ohne
weiteres hinzunehmen, ganz gleichgültig, ob dies aus opportunisti-

175

schen Erwägungen oder nur aus Schwäche geschieht. Dies wäre nicht nur untunlich, weil es denjenigen, der innere Hemmungen ohnehin nicht mehr zu überwinden hat, zu weiteren Handlungen ermutigt, sondern es wäre dem normalen Bürger gegenüber auch höchst ungerecht, weil ihm die Staatsgewalt ja z. B. schon dann entgegentritt, wenn er nur falsch parkt oder schräg über die Straße geht.

Die öffentliche Ordnung, die solche ohnehin unpopulären Maßnahmen verlangt, kann entweder nur unter polizeistaatlichen Verhältnissen aufrechterhalten werden, die niemand wünschen kann, oder aber es ist erforderlich, daß jedermann wenigstens einsichtig genug ist, um zuzugeben, daß er sich im Interesse der Allgemeinheit gewissen Beschränkungen seiner persönlichen Freiheit unterwerfen muß.

Gleichbehandlung aller im Rechtsstaat

Der wichtigste Grund dafür, daß solche Bereitschaft zur Einhaltung der Regeln geschaffen wird – auch wenn ihr tieferer Sinn im Einzelfall nicht immer erkennbar ist – liegt in der Gleichbehandlung aller. Der Rechtsstaat kann durch unbesonnene oder übermäßige Anwendung staatlicher Machtmittel gefährdet werden. Er kann aber ebenso dadurch gefährdet werden, daß solche Machtmittel nur dem gegenüber eingesetzt werden, der keine Proteste vorzubringen wünscht, oder der es nicht wagt, in anderer Weise seinen Mißmut zu zeigen, während demjenigen, der zuvor seine Opposition erklärt hat, solche Regelwidrigkeiten einfach nachgesehen werden. Der in seiner Verallgemeinerung auch juristisch falsche Satz, die Demonstrationsfreiheit habe den Vorrang vor der Freiheit, sich im Straßenverkehr zu bewegen, verkennt gerade, daß unter rechtsstaatlichen Verhältnissen die Gleichheit aller Bürger vor dem Gesetz unverzichtbar ist.

Aber ich bleibe dabei, daß mit dem Ruf nach Einhaltung der Gesetze noch überhaupt nichts gewonnen ist, sondern nur auf eine Selbstverständlichkeit hingewiesen wird, die allerdings gelegentlich in Erinnerung gerufen werden muß. Mit denen, die dazu aufrufen, die Bestände von Warenhäusern oder Filmkameras zu »vergesellschaften«, kann man nicht anders umgehen als mit denen, die einen Bankraub vorbereiten. Oder man muß schon gewillt sein, mit einem besonderen Maß an Humor, den aufzubringen wohl nicht mehr jeder fähig sein wird, die Ankündigungen solcher Aktionen als Beweis für die Harmlosigkeit derer zu werten, die so etwas verkünden.

Der praktische Anschauungsunterricht, den wir in den letzten Monaten hierüber bekommen haben, hat zu der schon erwähnten Differenzierung beigetragen. Wenn sie Bestand und Erfolg haben soll, dann ist erforderlich, daß auch der Staat zwischen den einzelnen und den Gruppen unterscheidet, die die Rechtsordnung aktiv bekämpfen, und der großen Mehrzahl der anderen, die in der Leidenschaftlichkeit ihrer Anklagen zugleich die Sehnsucht erkennen lassen, verstanden zu werden.

Vielfach wird gesagt, daß die Gruppen der außerparlamentarischen Opposition schon deswegen zum Mißerfolg verurteilt seien, weil sie nur in der Ablehnung des Bestehenden geeint seien, ihnen aber das konkrete Ziel fehle. Sicher ist richtig, daß die wirren Utopien der Anarchisten und der Anhänger rätedemokratischer Modelle allenfalls ganz vorübergehend die Lust an intellektuellen Spielereien zu befriedigen vermögen; und es ist schwer zu erkennen, auf welches konstruktive Programm sich die ja selbst innerhalb des SDS vollkommen zerstrittenen Gruppen einigen könnten. Nur bedeutet das Fehlen wirklicher Ziele für sich allein jedenfalls nicht notwendigerweise eine Garantie für den Mißerfolg.

In der Ablehnung der bestehenden Ordnung sind sich die militanteren Vertreter der Opposition durchaus einig; und es ist immer leichter, sich in der Kritik als in dem Entwurf einer neuen Ordnung einig zu werden. Würde die völlige Überschätzung der eigenen Möglichkeiten, die die Beteiligung von Rockern an Gewalttaten für den Beginn einer Massenbasis hält, würde der beispiellose Zynismus, der Gewaltakte selbst dann für gerechtfertigt erklärt, wenn sie zu Todesopfern führen, nicht immer wieder diejenigen abschrecken, die sich bei aller Kritik an den bestehenden Verhältnissen ein Mindestmaß an Einsicht, Vernunft und schlichtem Anstand bewahrt haben, so hätten die Erfolge der Oppositionellen größer sein können.

Ich meine, daß die Vertreter der radikalen Opposition 1968 in erster Linie an sich selbst und ihren Führern gescheitert sind; und ich fürchte daher, daß weder für den Staat – in Bund und Ländern – noch für die Politiker Anlaß besteht, sich zu einem Erfolg zu beglückwünschen.

Wenn dies richtig ist, dann wird das Problem der Unruhe der jungen Generation erst eigentlich zu dem zentralen Thema der deutschen Innenpolitik um die Jahreswende, weil die nach wie vor notwendige Auseinandersetzung mit den extrem-radikalen Spitzen der unruhigen Generation die wirklichen Fragen gar nicht erfaßt und erst recht nicht löst. So selbstverständlich es bleibt, daß Polizei, Justiz, Universitätsverwaltungen und andere beteiligte Stellen Gewaltakten und Rechtsbrüchen entgegentreten müssen, so wenig würde die hierdurch vielleicht erreichbare Wiederherstellung der äußeren Ordnung auch nur eines der Probleme gelöst haben, welche die offene Absage an die Rechtsordnung überhaupt erst ermöglichen.

Ich wiederhole, daß sich, abgesehen von allen staatlichen Maßnahmen, die extrem Radikalen allein schon durch ihr Verhalten immer deutlicher von ihrer eigenen Generation isolieren werden. Aber damit ist nichts von dem Vertrauen zurückgewonnen, das die Demokratie in den letzten Jahren eingebüßt hat.

Wenn meine Voraussage richtig ist, daß die demokratischen Parteien auch 1969 die große Mehrheit der Wähler für sich gewinnen werden, dann reicht das natürlich aus, um als Mandat für den Sieger der Wahlen und als Auftrag an alle demokratischen Kräfte verstanden zu werden, in welcher Koalition immer ihre Arbeit fortzusetzen. Aber es ist leichter, aus Gründen der Vernunft solches Mandat zu verlängern oder innerhalb der großen demokratischen Parteien neu zu vergeben, als damit eine wirkliche Vertrauenserklärung zu verbinden.

Die demokratischen Parteien haben bisher noch jede Wahlentscheidung als eine Bekundung des Vertrauens interpretiert; sie werden vielleicht lernen müssen, daß in Wirklichkeit die Wahlentscheidung nur Chance und Auftrag für den Sieger bedeutet, sich in besonderem Maße um solches Vertrauen zu bemühen. Mandat wird also künftig nicht schon ohne weiteres Erfolg bedeuten. Das bestehende Wahlsystem hat solches Mißverständnis vom Wesen des Mandats begünstigt; dies liegt in der Natur der Verhältniswahl, die nicht den Auftrag zur Regierungsbildung, sondern unverbindliche Bekundung der Sympathie für die bevorzugte Partei beinhaltet.

Das bisherige Ausbleiben einer Wahlrechtsreform muß aber einer Besinnung der Parteien auf ihre eigentliche Aufgabe nicht entgegenstehen. Der näherrückende Wahlkampf wird wohl schon erste Schlüsse darüber ermöglichen, ob die Parteien tatsächlich der Versuchung unterliegen, sich mit bloßer Sympathiewerbung zu begnügen, die freilich bei hinreichender Anwendung moderner Werbemethoden risikolos erscheinen mag. Mit Sicherheit würde dadurch die große Chance vertan, das Vertrauen des Wählers wirklich zu gewinnen. Daß die großen Parteien dabei die schwierige Frage lösen müssen, wie man nach gemeinsamer Regierungstätigkeit sich in der Gegensätzlichkeit der Auffassungen gegeneinander profilieren kann, muß nicht von Nachteil sein. Wer bei sauberer Argumentation nicht alle Erfolge der Vergangenheit nur für sich kassieren kann, wird wie von selbst auf die Frage gelenkt, was er denn mit der Zukunft anfangen will, wenn ihm für deren politische Gestaltung das Mandat verliehen werden sollte. Auch hierin steckt die große Versuchung, sich mit den großartigsten Versprechungen gegenseitig zu überbieten.

Es könnte sein, daß solche Spekulation auf die Leichtgläubigkeit und Vertrauensseligkeit des Wählers heute weniger denn je aufgeht. Schon gar nicht wird sich eine kritische junge Generation auf diese Weise gewinnen lassen; aber die Kritik der Jugend ist gar nicht auf diese Generation beschränkt; sondern diese Jugend zeigt nur gleichsam wie ein Seismograph, der besonders empfindlich reagiert, die Skepsis vieler auch älterer Menschen an. Auch wenn sie Alter und Erfahrung zur Mäßigung und zu größerem Verständnis gebracht haben mag, so empfinden auch sie zu ihrem Teil und auf ihre Weise die Unruhe einer Zeit, die einen wahrscheinlich historischen Wandel anzeigt.

Es ist eine Zeit, in der nicht mehr das Versprechen genügt, alles möglichst wie bisher, wenn auch natürlich viel besser zu machen, sondern in der der unausweichliche Ruf zur Reform nach den politischen Kräften fragt, die bereit sind, sich diesem Reformwillen zu stellen, ja ihn zu tragen. Wenn die Unruhe der jungen Generation dies bewirkt hat, dann hat sie die Demokratie nicht in Frage gestellt, sondern ihr gedient. Der Herausforderung, vor die wir uns gestellt sehen, können wir ohnehin nicht ausweichen, sondern nur sie entweder meistern oder an ihr scheitern.

Ich weiß wohl, daß die Bekundung des Reformwillens allein noch nichts bewirkt, im Gegenteil! Es ist so sehr Mode geworden, von der Notwendigkeit von Reformen zu reden, und oft nur zu reden, daß nicht nur die Glaubwürdigkeit der Politiker leicht strapaziert, sondern auch der Sache kein guter Dienst erwiesen wird. Denn so entsteht der falsche Eindruck, als ob es darauf ankomme, möglichst schnell auf möglichst vielen Gebieten möglichst alles anders zu machen als bisher. Das hat mit wirklicher Reform überhaupt nichts zu tun, sondern ist deren genaues Gegenteil! Dem Wesen der Reform entspricht nicht die blinde Zerstörung des Vorhandenen, sondern dessen Erhaltung unter rascher, entschiedener Anpassung an die Notwendigkeiten einer sich wandelnden Welt.

Im Bereich der Staatsverfassung z. B. ist es heute üblich geworden, für viele offenkundige Mängel das föderalistische Prinzip des Grundgesetzes verantwortlich zu machen, das eine moderne Finanzverfassung, eine energische Verbrechensbekämpfung oder die überfällige Reform des Bildungs-, insbesondere des Hochschulwesens unmöglich mache. Man muß aber kein blinder Anhänger des nach dem Zusammenbruch geschaffenen Verfassungssystems sein, um gegenüber der Behauptung skeptisch zu sein, daß die – nach Art. 79 Abs. 3 des GG ohnehin unzulässige – Beseitigung des Föderalismus das geeignete Zaubermittel zur Lösung fast aller staatlichen Probleme wäre. In vielen Einzelfragen sind Änderungen möglich und notwendig; aber die Aufgabe liegt nicht darin, ein tragendes Verfassungsprinzip abzuschaffen, sondern es zu reformieren; d. h. seinen berechtigten Kern zu erhalten, Auswüchse zu beseitigen, die Gewichte nach beiden Seiten neu zu überprüfen und u. U. zu ändern, um insgesamt nicht nur den Föderalismus im 20. Jahrhundert möglich zu machen, sondern – was weitaus wichtiger ist – dafür zu sorgen, daß wir den Erfordernissen des zu Ende gehenden Jahrhunderts nicht im aufreibenden Kampf gegen das Verfassungsprinzip, sondern mit dessen Hilfe gerecht werden.

Wenn alle Beteiligten nicht um den Erwerb oder die Beseitigung von Privilegien, also um die Verteilung von Macht, streiten, sondern wenn sie unter Anerkennung und Beachtung des Bund und Länder verfassungsrechtlich gegenseitig verpflichtenden Grundsatzes der Bundestreue die anstehenden Sachfragen vorurteilslos überprüfen, wird sich wahrscheinlich letztlich herausstellen, daß die

Zusammenarbeit von Bund und Ländern und damit der oft zitierte Gedanke des kooperativen Föderalismus die beste Sachlösung darstellt.

Ich kann mit großer Genugtuung sagen, daß es in der ständigen und engen Zusammenarbeit der Innenminister der Länder mit dem Bund zwar durchaus eigene Meinungen, aber damit stets eine Grundlage für Diskussionen gibt, die an den Sachfragen orientiert sind. In meiner Amtszeit ist mir in diesem Bereich jedenfalls noch niemals ein Streit um Zuständigkeiten zwischen Bund und Ländern, sondern nur das gemeinsame Bemühen begegnet, die Aufgaben richtig zu lösen. Das mag damit zusammenhängen, daß die Interessenlage aller Beteiligten gleich ist und durch einen Streit niemand gewinnen, sondern nur alle zusammen verlieren könnten.

Ich nehme an, daß auch in vielen anderen Bereichen ähnlich gute Erfahrungen vorliegen und daß dort, wo Schwierigkeiten entstehen, die Vermutung verständlich ist, daß hierbei andere als nur rein sachliche Erwägungen eine Rolle spielen.

Für alle Reformarbeiten scheint mir zu gelten, daß sie zwar die Bereitschaft zur Änderung deutlich erkennen lassen, aber nichts um des bloßen Effekts willen unternehmen sollten. Für den Anstoß, den die Unruhe des Jahres 1968 gegeben hat, kann man sogar dankbar sein; aber der bloße Opportunismus, der »Reform« sagt, weil es unruhige junge Leute zu beruhigen gelte, wird dieses Ziel, das sehr bald durchschaut werden wird, weder erreichen, noch hat er irgend etwas mit wirklichem Reformwillen zu tun.

Ich nehme an, daß auch der Wähler des Jahres 1969 zwischen solcher Effekthascherei und der Bereitschaft derer zu unterscheiden weiß, die gewillt sind, notwendige Änderungen zügig und entschieden, aber wohlüberlegt vorzunehmen.

Das Parlament als Forum der Nation

Ohnehin wird in der öffentlichen Diskussion bei aller auch oft berechtigten Kritik an der Arbeit des Parlaments übersehen, daß dessen eigentliche, oft ganz unauffällig und ohne anspruchsvolle Worte vollzogene Arbeit die der ständigen Reform des geltenden Rechts ist. Die laufende Anpassung der Vorschriften auf allen Sachgebieten an die geänderten Verhältnisse ist, über einen längeren Zeitraum betrachtet, vielleicht sogar noch wichtiger als die

Diskussion und Entscheidung neuer Konzeptionen und kühner Entwürfe. Freilich ist das Parlament stets in Gefahr – und es ist ihr auch schon erlegen –, sich vornehmlich als die Werkbank des Staates zu verstehen, auf der in emsiger Arbeit an den Regierungsentwürfen gefeilt und gebastelt wird, bis sie brauchbar erscheinen.

Es sollte aber vielmehr als Forum der Nation verstanden werden, das in der bloßen Diskussion, der freien und freimütigen Erörterung der großen politischen Fragen auch dann eine große und notwendige Aufgabe sieht, wenn am Ende keine gesetzgeberische Entscheidung steht oder stehen kann. Wo wirklich große Gesetzesreformen notwendig werden – und sie sind nach dem Abschluß der Aufbauphase zweifellos auf vielen Sachgebieten erforderlich –, gelingt es oft nicht, sie bei aller notwendigen Sorgfalt so zügig voranzutreiben, daß die Gefahr vermieden wird, nach dem Ablauf einer Wahlperiode wieder ganz von vorn anfangen zu müssen. Die große Strafrechtsreform, die auf einen freilich in wesentlichen Teilen heute schon überholten Regierungsentwurf von 1960 zurückzuführen ist, hat auch in dieser Wahlperiode nur Teillösungen erreichen können; sie wird wahrscheinlich nach dreimaligem Anlauf und unendlicher Kleinarbeit aller Beteiligten erst mit Ende der nächsten Wahlperiode vollendet werden können.

Das Prinzip der Diskontinuität des Bundestages schafft eine objektive, kaum überwindbare praktische Schwierigkeit, der auch schon früher große Gesetzesvorhaben erlegen sind. Wahrscheinlich ist vor den Sachreformen, jedenfalls soweit sie die Tätigkeit des Bundesgesetzgebers voraussetzen, eine Parlamentsreform erforderlich. Auch an ihr wird z. B. in der verdienstvollen Interparlamentarischen Arbeitsgemeinschaft seit langem gearbeitet; aber konkrete Erfolge stehen noch aus. Das Parlament würde sich nicht nur seine oft entsagungsvolle Arbeit erleichtern, sondern schon verlorenes oder doch gefährdetes Vertrauen zurückgewinnen, wenn es hierin eine vordringliche Aufgabe der nächsten Wahlperiode erkennen würde.

Reform der Arbeit von Regierung und Verwaltung

Für die dringend notwendige Reform der Arbeit von Regierung und Verwaltung hat die Bundesregierung eine eigene Verantwortung, wenn auch Gesetzes-, vielleicht sogar Grundgesetzänderungen, zum Vollzug erforderlich sein werden. Auch für dieses gewaltige Vorhaben gilt, daß es zügig, aber nicht überstürzt und unüberlegt vorgenommen werden muß. Es geht um weitaus mehr als um nur technische Änderungen des Verwaltungsablaufs, wenn auch bereits die Einführung moderner technischer Hilfsmittel, wie besonders der elektronischen Datenverarbeitung, tiefgreifende strukturelle Änderungen sogar der Gesetzgebungstechnik erforderlich machen wird. Dies ist ein Problem, das mit dem Schlagwort von der EDV-gerechten Gesetzgebung nur unzureichend umschrieben wird, weil hierdurch der Sachkonflikt noch nicht deutlich wird, der zwischen den Erfordernissen einer maschinengerechten, d. h. weithin schematisierenden Gesetzgebung, und den Erfordernissen des auf immer weitere Differenzierung tendierenden Sozialstaates entsteht.

Aber mit dieser Teilfrage ist nur ein kleiner Ausschnitt aus einem Gesamtvorhaben angesprochen, das sich neben der Reform des Bildungswesens als das für die Zukunft unseres Gemeinwesens vielleicht wichtigste Reformvorhaben der nächsten Jahre erweisen wird. So wie die deutsche Hochschule, nach einem Wort von James B. Conant, die beste Hochschule der Welt für das 19. Jahrhundert ist, ist auch die deutsche Verwaltung der Gegenwart überwiegend ein Kind des gleichen vergangenen Jahrhunderts und damit weder den Anforderungen der Gegenwart, noch erst recht der Zukunft gewachsen.

Da zugleich dem Staat immer erhöhte Leistungen für seine Bürger abverlangt werden, die ihrerseits ständig wachsende Anforderungen an den Bürger und an die Wirtschaft zur Folge haben, und unter der Herrschaft des sozialstaatlichen Prinzips des Grundgesetzes ohnehin eine scharfe Trennung zwischen Staat und Gesellschaft nicht mehr möglich ist, geht es nicht nur um die bloße Verbesserung einer Arbeitstechnik. Es geht vielmehr um die Antwort auf die Frage, ob die vorhandene Apparatur insgesamt den Erfordernissen dieses Jahrhunderts angepaßt werden kann.

In der Modernisierung von Regierung und Verwaltung, verbunden mit der ebenso notwendigen Parlamentsreform, kann eine Schlüsselaufgabe unserer Zeit und eine der Antworten auf die Frage liegen, wie der Unruhe dieser Jahre zu begegnen ist. Auch hier gilt, daß die Dringlichkeit der Aufgabe nicht zu überstürzten, kurzfristig effektvollen Maßnahmen veranlassen sollte, die sich auf eine grundlegende und damit notwendigerweise zeitraubende Arbeit schließlich nur nachteilig auswirken könnten.

Die von der Bundesregierung und besonders in meinem Hause eingeleiteten Vorarbeiten dienen dem Ziel, die organisatorischen Voraussetzungen für eine zügige, aber planvolle Arbeit zu schaffen; insbesondere wird ein Zeit- und Prioritätenplan erarbeitet, der unter Berücksichtigung der Gegebenheiten, wie z. B. dem bevorstehenden Ablauf der Wahlperiode und der anschließenden Neubildung der Bundesregierung sowie des insgesamt vorhersehbaren Zeitbedarfs, realistische Termine setzt.

Die Einzelarbeiten werden unter Leitung eines besonders eingesetzten Kabinettsausschusses, der unter dem Vorsitz des Bundeskanzlers tagt, von einer beim Bundesminister des Innern eingerichteten Projektgruppe durchgeführt; sie ist von besonders qualifizierten Beamten verschiedener besonders interessierter Bundesressorts beschickt und wird sich auch auf den Rat und die Hilfe von Vertretern der Wissenschaft und der Praxis etwa aus dem Bereich der Wirtschaft stützen.

Es ist kaum anzunehmen, daß in sehr naher Zukunft spektakuläre Ergebnisse vorgelegt werden können. Der Wert solcher Reformarbeit liegt nicht in ihrem Sensationseffekt, sondern in der Solidität und Dauerhaftigkeit der Sachergebnisse selbst. Das setzt Vertrauen in die Ernsthaftigkeit des Willens und die Fähigkeit voraus, nicht nur gute Vorsätze zu entwickeln, sondern sie auch zu verwirklichen.

Vertrauen als Wesenselement der Demokratie

An dieser Stelle stellt sich die Frage nach dem Vertrauen, das die Demokratie in sich selbst zu setzen bereit und fähig ist. Der Schwund an Autorität, der in den letzten Jahren erfolgt und zunächst unbemerkt geblieben oder nicht ernstgenommen worden ist, bis die Unruhe gerade des letzten Jahres ihn auf vielen Lebensgebieten offensichtlich gemacht hat, kommt nicht von ungefähr, und er ist nicht leicht auszugleichen.

Wenn mancher Professor auch mit den Studenten nicht mehr fertig wird, die ihm seit längerer Zeit als Schüler anvertraut waren, kann das nicht immer nur an den Studenten liegen. Wenn das Parlament seine bei genauerer Betrachtung unbestreitbaren Leistungen nicht mehr voll anerkannt sieht, nützt es wenig, nur das Unverständnis der Bürger zu beklagen, sondern es muß wohl mindestens auch damit zusammenhängen, daß der Bundestag für sich selbst nicht zu werben versteht.

Für die Parteien, die bisher nur winzige Minderheiten der Bevölkerung zur Mitarbeit gewonnen haben und oft ganz froh waren, auf diese Weise in ihren Reihen ein ungestörtes Honoratiorendasein pflegen zu können, gilt schon lange nicht mehr die billige, aber in der Nachkriegszeit übliche Ausrede, daß die Zeit des Nationalsozialismus und seiner Folgen den Deutschen eben die Lust an der Parteipolitik verleidet habe. Denn die jahrelang beklagte Entfremdung gerade der jungen Generation von der Politik ist heute einer lebhaften Anteilnahme gewichen. Auch in den Versammlungen der Parteien fehlen nicht mehr die Teilnehmer, aber oft genug noch die Vertreter der Parteien selbst, die in der Lage und bereit sind, sich einer oft leidenschaftlichen, oft auch polemischen und anklagenden Diskussion zu stellen. Diese Diskussion ist zwar unangenehmer und schwieriger; sie ist aber auch chancenreicher als die Atmosphäre gepflegter Langeweile, die in vielen Parteikundgebungen alten Stils verbreitet worden ist.

Die Beispiele ließen sich beinahe beliebig vermehren. Sie rechtfertigen die Vermutung, daß ein wirklicher Schwund an Vertrauen und Autorität eingetreten ist; ja auch die äußerlich mit einer Position der Macht verbundene Autorität ist deswegen und insoweit geringer geworden als sie zugleich auch der inneren Autorität, nämlich der Zustimmung derer bedarf, die solcher Autorität unterworfen sind.

Viele, die mit anarchistischen Gedanken spielen und jede Herrschaftsposition beseitigen wollen, meinen vielleicht im Grunde etwas ganz Richtiges, nämlich, daß die in jeder Gesellschaftsordnung und auch im demokratischen Staat unaufhebbare Spannung zwischen Machtträgern und Machtunterworfenen dann ungerechtfertigt und fragwürdig wird, wenn die Herrschaft auf Vertrauen und Zustimmung verzichten muß, oder wenn sie gar meint, hierauf ohne einen Substanzverlust verzichten zu können; sie würde dadurch willkürlich und also auch undemokratisch.

Der erste notwendige Schritt ist dann getan, wenn der Verlust des Vertrauens erkannt und wenn eingesehen wird, daß damit ein Wesenselement der Demokratie in Gefahr geraten ist.

Wille zur Reform bedeutet, über die Lösung der sich ergebenden Sachaufgaben hinaus, die Bereitschaft, immer neu um Vertrauen zu werben. Allein schon die Ernsthaftigkeit des Bemühens wird – erst recht, wenn sie nicht nach schnellen Effekten schielt –, die Bereitschaft zwar nicht zu blindem Vertrauen, aber vielleicht zu kritischer, sicher skeptischer und zunächst noch zurückhaltender Mitarbeit bei vielen wecken, die auf die Dauer in der Pflege antiparlamentarischer oder antidemokratischer Affekte keine Befriedigung finden werden.

Ebenso notwendig ist freilich, daß die demokratischen Kräfte in Staat und Gesellschaft bei aller Bereitschaft zur kritischen Überprüfung ihrer eigenen Position nicht in Panik geraten, insbesondere die Stärke ihrer Gegner nicht mit deren Lautstärke verwechseln, kurz: das Vertrauen in sich selbst nicht verlieren.

Demokratie bedarf des Vertrauens der Bürger in die auf Zeit mit der Ausübung von Macht Beauftragten; sie bedarf ebenso des Vertrauens in die eigene Fähigkeit, mit ihren Gegnern ebenso wie mit den eigenen Problemen fertig zu werden.

Die objektive Betrachtung der gegenwärtigen innenpolitischen Lage liefert weder Anhaltspunkte für die bequeme Annahme, daß sich alles von selbst in beser Weise ergeben werde, noch für die Befürchtung, daß wir furchtsam auf wirtschaftliche Krisen oder gefährliche außenpolitische Entwicklungen warten müßten, denen wir auch innenpolitisch nicht gewachsen wären.

Wiederum muß ich sagen, daß dies weder der Ausdruck eigener Sorglosigkeit oder der Appell an eine durch nichts zu erschütternde Selbstzufriedenheit sein darf. Die aktuelle Diskussion um die Grundgesetzbestimmungen, die sich gegen verfassungswidrige Parteien oder Vereinigungen wenden und die die Konzeption einer »wehrhaften Demokratie« zum Ausdruck bringen, liefert hierfür ein über den Einzelfall hinausreichendes bedeutsames Beispiel.

Die Frage eines Verbotsverfahrens gegen die NPD

An dieser Stelle und zu diesem Zeitpunkt kann ich mich nicht zu der vom Bundeskabinett noch nicht abschließend beratenen Frage äußern, ob ein Verbotsverfahren gegen die rechtsradikale NPD rechtlich begründet und politisch sinnvoll ist; hierüber wird wahrscheinlich in naher Zukunft eine Entscheidung fallen. Die Grundfrage, die ein solcher Vorgang aufwirft, stellt sich unabhängig von den rechtlichen und tatsächlichen Faktoren, die die Entscheidung des Einzelfalles bestimmen. Vielfach ist in der Kommentierung der NPD-Verbotsdiskussion bezweifelt worden, ob überhaupt ein im Vergleich zu anderen Verfassungen so ungewöhnliches Instrument wie das Parteienverbot durch Gerichtsentscheid das einer freiheitlichen Demokratie angemessene Mittel sei und ob nicht vielmehr allein die politische Auseinandersetzung angemessen und geboten sei.

Die Vorschrift des Art. 21. Abs. 2 GG, welche die Möglichkeit eines Parteiverbots geschaffen hat, wird als eine Ausnahmeregelung angesehen, die in der Zeit nach dem Zusammenbruch unter dem frischen Eindruck des Untergangs der Weimarer Republik und zum Schutze einer noch jungen Entwicklung ihren Sinn gehabt haben mochte, aber auf die Dauer dem demokratischen Standard widerspreche. Auch ein Staat müsse – so heißt es – »aus der Phase der sorgsamen Hege herauswachsen und sich zum reifen Selbstbewußtsein entwickeln können«.

Mit solchen Äußerungen wird meines Erachtens eine Institution prinzipiell in Zweifel gezogen, über deren Anwendung im Einzelfall man immer streiten kann und von der ich auch nicht unter allen Umständen sagen möchte, daß sie nicht in einzelnen Punkten neu durchdacht werden könnte; zu fragen wäre etwa, ob es stets dabei verbleiben soll, daß ein einmal vom Bundesverfassungsgericht ausgesprochenes Parteienverbot auf alle Zeit unabänderlich ist. Zumindest aber hat diese Institution der Verfassung jedenfalls das Argument für sich, daß sie Bestandteil des geltenden Verfassungsrechts ist.

Solange die Vorschrift den heute geltenden Inhalt hat, können die zuständigen staatlichen Stellen sich nicht so verhalten, als ob es sie nicht gäbe, sondern müssen im Einzelfall prüfen, ob die rechtlichen Voraussetzungen für ihre Anwendbarkeit gegeben sind und ob politische Erwägungen in dem bestehenden, aber nicht unbegrenzten Spielraum, den die Vorschrift hierfür läßt, für oder gegen ein Verbotsverfahren sprechen.

Es trifft zwar zu, daß die Bundesregierung auch dann, wenn sie im Einzelfall von der Verfassungswidrigkeit einer Partei (das gleiche gilt für verfassungswidrige Vereinigungen nach Art. 9 GG) überzeugt ist, nicht unter allen Umständen einen Verbotsantrag stellen muß, sondern nach pflichtgemäßem Ermessen, also unter sorgfältiger Prüfung der dafür und dagegen sprechenden und auf das Wohl des Staates gerichteten politischen Erwägungen auch davon absehen kann, wenn sie dies für den besseren Weg hält; aber die Bundesregierung darf nicht bereits eine solche Prüfung ablehnen, weil sie von dem Instrument, das die Verfassung bereitlegt, nichts hält. Ein solches Verhalten würde auf die Dauer die grundgesetzliche Vorschrift obsolet machen und damit das Verfassungsrecht ändern, ohne den hierfür im Grundgesetz vorgeschriebenen Weg einzuhalten.

Aber dies sind nur Randbemerkungen zu einem aktuellen Diskussionsthema, die in der grundsätzlichen Frage nicht viel weiterhelfen. Es geht mir immer noch um die Frage, ob es dem Selbstbewußtsein und dem Selbstvertrauen, ohne die die Demokratie nicht bestehen kann, eher dient, wenn der Staat sich auf den gesunden Sinn seiner Bürger verläßt und dem freien Spiel der politischen Kräfte selbst in Extremfällen freien Raum läßt, oder ob er in der Ausnahmesituation, die die Verbotsbestimmung des Grundgesetzes beschreibt, zu diesem außergewöhnlichen Mittel greifen darf.

Grundgedanken des Schutzes der Demokratie

Die Väter des Grundgesetzes wären über den Gedanken, der heute oft geäußert wird, überrascht gewesen, nämlich daß es ein Zeichen der Stärke, des gesunden Selbstbewußtseins und der demokratischen Reife sei, wenn man sich extremen Kräften gegenüber auf die Entwicklung verlasse. Sie haben im Gegenteil, durch leidvolle Erfahrungen geführt, mit der Aufgabe der Toleranz gegenüber den Feinden der Demokratie das Bekenntnis zu einer streitbaren Form der Demokratie verbinden wollen; diese Demokratie hielten sie gewiß nicht für schwächer, sondern für kraftvoller als die von liberalen Auffassungen geprägte Haltung der Weimarer Verfassung.

Wie das Bundesverfassungsgericht im KPD-Verbotsurteil sehr zutreffend darstellt, hatte die Weimarer Verfassung gerade in dieser Frage auf eine Lösung verzichtet und ihre politische Indifferenz beibehalten; sie ist deshalb der aggressivsten der totalitären Parteien erlegen. Das Bundesverfassungsgericht stellt in dem erwähnten Urteil den Grundgedanken des Grundgesetzes so dar: das Grundgesetz folge einerseits noch der traditionellen freiheitlichdemokratischen Linie, die den politischen Parteien gegenüber grundsätzliche Toleranz fordere, aber es gehe doch nicht mehr so weit, »aus bloßer Unparteilichkeit auf die Aufstellung und den Schutz eines eigenen Wertsystems überhaupt zu verzichten. Es nimmt aus dem Pluralismus von Zielen und Wertungen, die in den politischen Parteien Gestalt gewonnen haben, gewisse Grundprinzipien der Staatsgestaltung heraus, die, wenn sie einmal auf demokratische Weise gebilligt sind, als absolute Werte anerkannt und deshalb entschlossen gegen alle Angriffe verteidigt werden sollen; soweit zum Zwecke dieser Verteidigung Einschränkungen der politischen Betätigungsfreiheit der Gegner erforderlich sind, werden sie in Kauf genommen. Das Grundgesetz hat also bewußt den Versuch einer Synthese zwischen dem Prinzip der Toleranz gegenüber allen politischen Auffassungen und dem Bekenntnis zu gewissen unantastbaren Grundwerten der Staatsordnung unternommen. Art. 21 Abs. 2 GG steht somit nicht mit einem Grundprinzip der Verfassung in Widerspruch; er ist Ausdruck des bewußten verfassungspolitischen Willens zur Lösung eines Grenzproblems der freiheitlichen demokratischen Staatsordnung, Niederschlag der Erfahrungen eines Verfassungsgebers, der in einer bestimmten historischen Situation das Prinzip der Neutralität des Staates gegenüber den politischen Parteien nicht mehr rein verwirklichen zu dürfen glaubte, Bekenntnis zu einer – in diesem Sinne, ›streitbaren Demokratie‹.«

Bekenntnis zur streitbaren Demokratie

Ich finde nicht, daß solche Haltung Ausdruck der Schwäche oder des mangelnden Selbstvertrauens ist. Ich meine im Gegenteil, daß es über das Einzelproblem des Parteienverbots und erst recht über die Entscheidung von Einzelfragen hinsichtlich radikaler Gruppierungen hinaus geboten ist, zu dem Bekenntnis zur streitbaren Demokratie zurückzufinden, die das Grundgesetz gewollt hat. Es ist ohnehin ein Irrtum, anzunehmen, daß uns damit die politische Auseinandersetzung erspart bliebe. Erst recht kann man bei der Auseinandersetzung mit dem Radikalismus von links oder rechts nicht einfach hoffen, das Problem werde sich in dem Sinne »politisch« lösen lassen, daß es sich auf irgendeine Weise von selbst erledige.

Was das Bundesverfassungsgericht zur Frage des Parteienverbots entwickelt hat, gilt weit über dieses Einzelproblem hinaus für die Art, in der wir die Aufgaben unserer Zeit zu erkennen und anzugehen haben: Niemandem darf es verwehrt werden, seine politischen Ziele und Wertungen innerhalb oder außerhalb der politischen Parteien vorzutragen und zu vertreten; und die Kräfte, die diesen Staat tragen und gestalten, dürfen, ja müssen sich hier jeder Herausforderung stellen, sie annehmen, den Mut zu Reformen aufbringen und um Vertrauen ringen. Hier ist Intoleranz oder geistige Enge kein Zeichen des Vertrauens in die eigene Auffassung, sondern Ausdruck der Überheblichkeit, die selbst die Möglichkeit des eigenen Irrtums oder der besseren Argumente anderer nicht einräumen will, oder Ausdruck der eigenen Unsicherheit, die den eigenen Standpunkt nicht zu verteidigen bereit ist, weil er diese Auseinandersetzung nicht erfolgreich bestehen könnte.

Aber die Grundprinzipien der Staatsgestaltung, die in dem Begriff der freiheitlich-demokratischen Grundordnung zusammengefaßt sind, sind als absolute Werte anzuerkennen und deshalb entschlossen gegen alle Angriffe zu verteidigen; wer hier mit dem Argument der Toleranz arbeitet, muß zugleich das Bekenntnis zu den unantastbaren Grundwerten der Verfassung relativieren. Die Entschlossenheit, solche Angriffe nicht hinzunehmen, sondern ihnen mit den nach der Rechtsordnung zulässigen Mitteln entgegenzutreten, halte ich nicht für ein Zeichen mangelnden Selbstvertrauens oder für ein bequemes Ausweichen vor der ohnehin notwendigen politischen Auseinandersetzung, sondern eher für ein Zeichen der gewachsenen Stärke eines demokratischen Staatswesens, das keinen Anlaß hat, vor solchen Angriffen der Radikalen gleich in Panik auszubrechen, das aber auch keinen Zweifel über seine Entschlossenheit entstehen lassen sollte, sich erforderlichenfalls kräftig zur Wehr zu setzen.

Beides, die Bereitschaft zur offenen Auseinandersetzung mit jeder Herausforderung und die Entschlossenheit zur Verteidigung der Grundordnung des demokratischen Rechtsstaates, halte ich für die Aufgabe unserer Zeit.

Ansprache bei der Schaffer-Mahlzeit
in Bremen

In der Rede auf die auswärtigen Gäste ist auf meine Sonderstellung hingewiesen worden, die darin liegt, daß ich als einziger der auswärtigen Gäste eine Rede halten darf. Die besondere Auszeichnung fasse ich zugleich als eine Verpflichtung auf, auch im Namen aller anderen auswärtigen Gäste herzlichen Dank für die uns gewährte Gastfreundschaft zu sagen.

Ehrwürdige Traditionen gelten in unserer unruhigen Gegenwart nicht viel, sondern werden gern als Zeichen des Altmodischen, des Hinter-der-Zeit-her-Seins, ja als Ausdruck der Reaktion aufgefaßt. Wer jedoch so denkt und redet, wird kaum imstande sein, den Wandel der Zeit zu begreifen oder gar zu meistern. Dieser Wandel ist ja nicht einfach durch die tollwütige Zerstörung des Bestehenden gekennzeichnet, sondern durch die mutige und entschlossene Anpassung an den Prozeß der Veränderung, die zugleich aber auch die entschiedene Erhaltung und Verteidigung der Werte beinhalten muß, die zu allen Zeiten und unter allen Verhältnissen die Würde menschlicher Existenz und den Sinn menschlichen Zusammenlebens ausmachen. Traditionen können zur leeren und sinnlosen Hülse entarten; dann sollte man sich schnell und radikal von ihnen trennen; aber wo sie ehrwürdig nicht bloß in der äußeren Form, sondern in der Substanz ihrer Aussage sind, gehört ihre bewußte, ja liebevolle Pflege zu der modernsten Form des Umgangs mit der Zeit, nämlich der bewußten Verbindung unserer Gegenwart mit Vergangenheit und Zukunft. Gerade die Hansestädte, unter denen Bremen einen hervorragenden Platz einnimmt, vermögen solche Traditionen in glücklicher Weise zu pflegen. Der heutige Tag beweist dies einmal mehr. So können Ihre Gäste Ihnen mehr noch als für gewährte Gastfreundschaft dafür danken, daß sie heute, einmal in ihrem Leben, an einem solchen Beispiel bewußter, würdiger und zugleich ganz und gar natürlicher und ungespreizter Pflege einer alten Überlieferung haben teilnehmen dürfen.

Auf die besonderen Beziehungen, die ich zur Küste und Schifffahrt gehabt habe und noch habe, hat der erste Schaffer in freundlicher Weise hingewiesen. Dabei macht die kriegerische Betätigung zur See nur einen Teil meiner seemännischen Zeit aus, in der ich zugleich auch das Laster des Pfeifenrauchens erwarb, das ja auch eine bremische Eigenschaft ist. Noch heute bin ich der Seefahrt durch aktive Mitgliedschaft im Deutschen Hochseesportverband Hansa und viele Seereisen anderer Art verbunden, wobei ich allerdings eine Vorliebe für die wärmeren Gewässer des Mittelmeeres zugeben muß.

Daß die kurze Zeit seit meiner Amtsübernahme als Bundesinnenminister im Frühjahr 1968 mir schon mehrfach Anlaß zu einer unmittelbaren Begegnung mit Bremen gegeben hat, mag ein Zufall sein, deutet aber doch auch auf die besondere Bedeutung dieser Hansestadt für das politische und kulturelle Leben der Bundesrepublik hin. Der Deutsche Bürgertag im Herbst 1968 und der Beamtentag des Deutschen Gewerkschaftsbundes einige Wochen später waren zwei wichtige Veranstaltungen, die mir zugleich eine Gelegenheit boten, zu den dort behandelten, heute noch aktuellen Sachfragen Stellung zu nehmen. Die Jubiläumsveranstaltung der »Bremer Nachrichten«, an der ich leider entgegen meiner ursprünglichen Absicht nicht selbst teilnehmen konnte, erinnerte an die auch in Bremen lebendige Tradition einer wichtigen Zeitung ebenso wie an die heute vieldiskutierten Fragen des Pressewesens. Sie werden nach der nunmehr endlich erfolgten Stellungnahme der Bundesregierung zu dem Bericht der Günther-Kommission über Fragen der Pressekonzentration in naher Zukunft sicher wieder ein erhöhtes öffentliches Interesse beanspruchen. Schließlich wird in diesem Monat im Bereich des Landes Bremen das erste einer Serie von neuen Patrouillenbooten des Bundesgrenzschutz-See vom Stapel laufen. Damit rückt der Bundesminister des Innern auch in seinem dienstlichen Bereich in den Kreis der Seefahrttreibenden ein. Der bisher nur sehr behelfsmäßig ausgerüstete Bundesgrenzschutz-See wird in absehbarer Zeit in die Lage versetzt, seine wichtigen polizeilichen Aufgaben auch im Küstenbereich besser als bisher erfüllen zu können.

Alle die Sachfragen, die mich zu solchen Begegnungen mit Bremen in dem vergangenen Jahr veranlaßt haben, haben seither nichts an Aktualität verloren, sondern sind eher noch drängender geworden. Der heutige Tag soll nicht von mir dazu mißbraucht werden, sehr lange Ausführungen zu solchen politischen Themen zu machen, aber einige Überlegungen dürfen in der gebotenen Kürze vorgetragen werden.

Alle der eben erwähnten Bremer Begegnungen standen ausgesprochen oder unausgesprochen unter dem Generalnenner der Notwendigkeit von Reformen. Dies ist kein Zufall, sondern entspricht dem Geist unserer Zeit, in der mit vollem Recht auf fast allen Gebieten im Bereich von Politik und Gesellschaft nach neuen Antworten auf die drängenden Fragen gesucht wird, nicht weil alle bisherigen Wege sich als falsch erwiesen hätten, – aber doch so, daß das Bewährte und auch für die Zukunft Brauchbare nicht anders von dem in neuer Weise zu Gestaltenden getrennt werden kann, als daß zunächst beides radikal in Frage zu stellen ist, um sich entweder zu bewähren oder Neuem, Besserem zu weichen. Heute kann man weder bloß konservativ noch bloß fortschrittlich sein, sondern muß überall konkret fragen, was erhaltenswert und was änderungsbedürftig ist. Dabei reicht der Respekt vor noch so ehrwürdigen Traditionen nicht aus, um Reformen dort, wo sie notwendig sind, zu unterlassen; aber der Ruf nach Reform, den ich hier wie bei jeder anderen Gelegenheit mit Überzeugung aufnehme, beruft sich auch auf ein Wort, das noch keine Sachfrage beantwortet, und ein mitunter trügerisches, schillerndes und in der oft unklaren Vorstellung dessen, was eigentlich reformiert werden soll, auch gefährliches Zauberwort ist. Was zu geschehen hat – und auf vielen Gebieten ist die Notwendigkeit von durchgreifenden Reformen unverkennbar – soll nach zügiger, aber gründlicher Sammlung und Sichtung der sachdienlichen Kriterien alsbald erfolgen; jedoch voreilige, zumal noch durch emotionalen oder gar radikalen Druck erzwungene Scheinreformen, die großartig aussehen mögen, aber keinen Bestand haben können, weil sie sich bald als falsch erweisen werden und dann womöglich nur unter hohen Verlusten rückgängig gemacht werden können, sind schlimmer als das Beharren auf dem Bestehenden, das immerhin die Hoffnung auf eine wirkliche Reform offenläßt.

Auf dem Bürgertag in Bremen habe ich das Thema der politischen Radikalisierung angesprochen. Das Thema ist seither noch aktueller und drängender geworden. In naher Zukunft sind hier Entscheidungen fällig, die so oder so die politische Entwicklung in der Bundesrepublik in erheblicher Weise beeinflussen können. Dies betrifft sowohl die Radikalisierungstendenzen von links wie die von rechts. Die übliche Unterscheidung zwischen Links- und

Rechtsradikalismus hilft ohnehin nicht weiter, zumal sie die gegenseitige Abhängigkeit übersieht, in der sich beide Erscheinungsformen des Radikalismus zueinander befinden. Das Grundgesetz hat sich zu dem Konzept der wehrhaften Demokratie bekannt; das heißt, es hat allen demokratischen Kräften im Staat und in der Gesellschaft, in Regierung, Parlament und in der Bevölkerung die Verpflichtung auferlegt, politischen Radikalismus nicht hinzunehmen, sondern ihn mit den nach der Verfassungsordnung zur Verfügung stehenden Mitteln zu bekämpfen. Ob der Radikalismus nach der herkömmlichen Einteilung von rechts oder links kommt – eine Einteilung, die nach der neuesten, zutreffend als »Linksfaschismus« gekennzeichneten Entwicklung ohnehin fragwürdig geworden ist –, ist ganz gleichgültig, und ich warne davor, sich darüber zu zerstreiten, ob heute die größere Gefahr von rechts oder von links kommt, und hierbei zu übersehen, daß die Gefahr als Ganzes droht und auch nur als Ganzes bekämpft werden kann. Konkret gesagt, stärkt Existenz und Tätigkeit der NPD den SDS und ähnliche Kräfte, und Existenz und Tätigkeit des SDS oder ähnlicher Kräfte stärkt wiederum die NPD. Die Konsequenz hieraus ist, daß man sich gegen alle derartigen demokratie- und verfassungsfeindlichen Tendenzen wehren muß. Ich lege in diesen Tagen dem Bundeskabinett auf dessen Aufforderung sehr detailliertes Material vor, das alle zur Beurteilung der Gefährlichkeit derartiger Gruppen maßgeblichen Angaben enthält und die Regierung in die Lage versetzt, die zur Abwehr der Gefahren notwendigen Entscheidungen zu treffen. Dabei muß ein Verbot nicht das einzige in Frage kommende Mittel sein, und ich weiß selbst gut genug, daß man über die rechtliche und die politische Seite solcher Verbotsverfahren natürlich unterschiedlicher Meinung sein kann, ohne daß ich meine eigene Auffassung mir hierzu nicht gebildet hätte. Notwendig ist aber, daß die Regierung sich bald und klar entscheidet, welche Wege sie zur Bekämpfung der unserer Demokratie drohenden Gefahren einschlagen will.

Bei meinem Besuch in Bremen anläßlich des Beamtentages des Deutschen Beamtenbundes ging es um ein aktuelles und um ein langfristig bedeutsames Thema. Was ich zu dem damals in einigen Bereichen noch laufenden Bummelstreik, der weniger volkstümlich und weniger korrekt als »Dienst nach Vorschrift« bezeichnet wird, gesagt habe, hat in der Öffentlichkeit und vor allem bei denen, die eine Mitverantwortung für die künftige Stellung des Berufsbeamtentums tragen, seine Wirkung gehabt, und ich habe Anlaß, hierüber zufrieden zu sein. Das Berufsbeamtentum steht in einer Zeit, in der auf vielen Gebieten sich grundlegende Veränderungen anbahnen, vor einer Krise, die es nur dann bewältigen kann, wenn es sich den Erfordernissen der Gegenwart und der Zukunft anpaßt, also sich auf das Jahr 2000 hin orientiert. Es kann diese Krise nur dann bewältigen, wenn es nicht seinen wesentlichen Kern mutwillig selbst zerstört. Die Öffentlichkeit wird für die Privilegien, deren sich der öffentliche Dienst auch heute noch erfreut, kein Verständnis mehr aufbringen, wenn der Beamte sein Verhalten an einer buchstäblichen oder sogar schikanösen Einhaltung von Dienstvorschriften und nicht vielmehr daran ausrichtet, was im Interesse des Gemeinwohles, also der Bürger, erforderlich ist. Die nur buchstäbliche, den Sinn mißachtende oder gar verzerrende Erfüllung einer Dienstvorschrift ist in einer Zeit, in der der Beamte im Dienst der Allgemeinheit steht, ein Rückfall in eine vordemokratische Denkweise.

Die Arbeit von Regierung, Verwaltung und öffentlichem Dienst steht in Bund und Ländern vor dringlich notwendigen und durchgreifenden Reformen.

Die Verwaltung kann heute in einer Zeit, in der sie mehr und mehr zur Leistungsverwaltung geworden ist, nicht mehr allein nach den Regeln des liberalen Polizeirechts des 19. Jahrhunderts tätig werden. Damit zeichnen sich auch schwerwiegende Änderungen der inneren Struktur des öffentlichen Dienstes ab, der bereits heute, aber erst recht in den kommenden Jahrzehnten, nicht mehr nur den in der allgemeinen inneren Verwaltung tätigen Juristen benötigt, sondern die Spezialisten der verschiedensten Berufe, wie Techniker, Naturwissenschatfler und Wirtschaftswissenschaftler. Schon heute sind in der Bundesverwaltung im höheren Dienst – entgegen einer verbreiteten Meinung – nur noch 30 Prozent der Beamten Juristen. Es wird erforderlich werden, den Zugang zum öffentlichen Dienst für die Angehörigen anderer Berufsgruppen zu erleichtern, das derzeitige Laufbahnrecht gründlich und alsbald zu reformieren und auch die hierauf bezogenen besoldungsrechtlichen Systeme zu überprüfen. Das Ziel dieser Bemühungen ist aber nicht etwa, das Berufsbeamtentum abzubauen, das ich nach wie vor, auch im internationalen Vergleich, für das beste und potentiell leistungsfähigste System des öffentlichen Dienstes halte, wenn es den modernen Anforderungen entsprechend umgewandelt wird.

Das Berufsbeamtentum soll nicht abgebaut werden, sondern es soll ihm eine Zukunft gegeben werden. Die Änderung seiner inneren Struktur muß von gründlichen Reformen der Ausbildung und vielfach erweiterten Möglichkeiten der Fortbildung begleitet werden. Der Beamte von morgen soll die traditionellen Tugenden des deutschen, wenn Sie wollen, des preußischen Beamten haben, die durch Solidität der Arbeit, Fleiß und Zuverlässigkeit und ähnliche Eigenschaften, auch durch ein im guten Sinne verstandenes Beharrungsvermögen gekennzeichnet sind. Daneben werden aber ganz neue, heute weitgehend im öffentlichen Dienst ungern gesehene, ja unterdrückte Eigenschaften treten müssen, zu denen ich vor allem die schöpferische Phantasie, geradezu unternehmerische Initiative und technisches Verständnis zähle. Hier steht eine gewaltige, im Bereich des Bundes eben angelaufene, aber mit großer Energie eingeleitete Arbeit vor uns, die zu einem der Schwerpunkte der Reformarbeit der nächsten Jahre werden wird.

Ich halte die Reform auf dem Gebiet des Bildungswesens – über den besonders notleidenden Bereich der Hochschule hinaus – und die Reform und Modernisierung von Regierung und Verwaltung für die entscheidenden Aufgaben der unmittelbaren Zukunft. Diese Aufgaben, die von einer ebenfalls überfälligen Parlamentsreform begleitet sein müssen, werden in der kommenden Wahlperiode des Bundestages – wobei freilich auch die Bundesländer angesprochen sind – Aufschluß darüber geben und die Entscheidung darüber bedeuten, ob unser Gemeinwesen den Erfordernissen der Gegenwart gewachsen ist oder an ihnen scheitert. Meinen eigenen Anteil hieran beabsichtige ich zu leisten. Ich habe daher auch über die Mitwirkung an der allgemeinen Regierungs- und Verwaltungsreform hinaus in meinem eigenen Hause, dem Bundesministerium des Innern, konkrete Schritte eingeleitet, um dieses in möglichst naher Zukunft zu einer wirklich modernen Behörde umzugestalten.

Die zweite Rede des ersten Schaffers hat einer anderen Reformfrage einen breiten Raum gewidmet, nämlich den Problemen der Mitbestimmung, die ja auch im öffentlichen Dienst eine Rolle spielt. Wahrscheinlich wird die Mitbestimmungsdiskussion in der Wahlkampfauseinandersetzung dieses Jahres eine wichtige Rolle spielen, wenn auch Entscheidungen in den wenigen Monaten bis zum Ende der Wahlperiode sicherlich nicht mehr fallen dürften.

Viele der ernsten Bedenken, die heute gegen die gewerkschaftlichen Vorschläge zur Erweiterung der Mitbestimmung geäußert worden sind, verstehe ich nicht nur, sondern teile sie auch; aber ich bin zugleich der Überzeugung, daß das bloße Nein auf solche Vorschläge für sich allein keine abschließende Antwort auf die damit aufgeworfene Frage gibt. Auch im Bereich der Wirtschaft sind wir auf der Suche nach einer neuen Ordnung, die auf Gerechtigkeit und auf Freiheit aufgebaut sein soll; damit ist die unverzichtbare Freiheit des Unternehmers ebenso gemeint wie die Aufgabe, eine Form der Mitwirkung des Arbeitnehmers zu finden, die den historischen Weg des Arbeiters aus der Passivität des »Wirtschaftsuntertans« zur aktiven Mitgestaltung des »Wirtschaftsbürgers« vorzeichnet. Hierauf gibt es keine einfachen Antworten, aber auch nicht das bloße Nein.

Bereits auf dem Deutschen Bürgertag in Bremen habe ich zu diesem Thema angemerkt, daß die eigentliche Frage der Mitbestimmung auch ein höchst bedeutsames verfassungspolitisches Problem beinhaltet, nämlich, ob und wie auf die Dauer die dem Staat gegenüber loyale Haltung der Gewerkschaften erhalten werden kann, ohne daß sie einen eigenen Einfluß auf das wirtschaftliche Geschehen erhalten. Das Gegenproblem, das sich dann sofort stellt, besteht darin, ob ein solcher Machtzuwachs, wenn er erfolgen sollte, unkontrolliert denkbar ist. Verfassungspolitisch noch bedeutsamer ist, ob die heute anerkannte Form der Tarifautonomie, die ja auch eine ganz wesentliche Form gewerkschaftlichen Einflusses auf die unternehmerische Tätigkeit und auf das wirtschaftliche Geschehen insgesamt ist, im Falle eines solchen Machtzuwachses unverändert weiterbestehen kann. Dies ist eine Frage, die sich auch die Gewerkschaften selbst im eigenen Interesse einmal vorlegen müßten, und es kann wohl sein, daß die wirkliche Antwort auf die Mitbestimmungsproblematik in Wirklichkeit im Bereich des Tarifvertragsrechts zu suchen ist. Jedenfalls will ich hiermit die Richtung andeuten, in der meiner Meinung nach eine Lösung des Konflikts denkbar ist.

Im Rahmen meiner notwendigerweise flüchtigen Bemerkungen sollten einige Hinweise zu Fragen der Raumordnungspolitik nicht fehlen, für die auf Bundesebene der Bundesinnenminister zuständig ist. Auf die Frage der Neugliederung des Bundesgebietes möchte ich gesondert zu sprechen kommen. Ihr Land erfüllt zusammen mit Hamburg eine wichtige Funktion für die Bundesrepublik Deutschland. Der Bund hat daher zu seinem Teil darauf hinzuwirken, daß diese wichtige Hafenstadt ihre Aufgaben erfüllen kann. Bremen hat seit Jahren eine Wirtschaftspolitik betrieben, die diesen Gegebenheiten Rechnung trägt. Ich erwähne nur den Ausbau des Hafens, den Ausbau Bremerhavens und vor allem den Ausbau des Container-Hafens. Aber beide Hansestädte sind in eine Randlage zu den wirtschaftlichen Schwerpunkten im EWG-Bereich gekommen; ihre Wettbewerbsfähigkeit gegenüber den an der Rhein- und Scheldemündung gelegenen Häfen ist beeinträchtigt. Die verfassungsrechtliche Diskussion, die hinsichtlich der Erörterungen um die Finanzreform noch nicht abgeschlossen ist, läßt die Durchführung wirtschaftlicher Entwicklungsmaßnahmen durch den Bund nicht zu oder zieht diesen doch, wenn man hinsichtlich der Zukunft der Finanzreform einigermaßen optimistisch sein darf, sehr enge Grenzen. Der Bund hat sich aber, im Rahmen seiner verfassungsmäßigen Zuständigkeiten, seiner Verantwortung gegenüber den Hansestädten nie entzogen. Er wird dies auch in Zukunft nicht tun. Mit dem Bau der Autobahn Bremen/Bremerhaven, mit der Eröffnung der Hansalinie, mit der Elektrifizierung der Bundesbahn zum Ruhrgebiet hin hat der Bund wesentliche Beiträge für die Verkehrserschließung dieses Raumes getan. Mein Haus unterstützt auch die Pläne für den Bau einer Nordseeautobahn, die Bremen über den ostwestfälischen Raum direkt an das Frankfurter Verdichtungsgebiet anschließen soll. Diese Autobahn würde eine sinnvolle Ergänzung der an und um den Rhein konzentrierten Autobahnlinien darstellen. Die vielfältigen Aufgaben, vor denen Bremen steht, werden sich nur im Wege einer umfassenden Gesamtplanung lösen lassen. Daß die Bremer gewohnt sind, über ihren Kirchturm hinauszusehen, wie es in der dritten Rede des ersten Schaffers zum Ausdruck gekommen ist, ermutigt zu der Zuversicht, daß eine kooperative Lösung nicht an der Haltung Bremens scheitern würde.

Eng im Zusammenhang mit der Raumordnung wird die Frage der Neugliederung des Bundesgebietes gesehen, obwohl es bei diesem Verfassungsauftrag nicht um eine Frage der Raumordnungspolitik im engeren Sinne geht. Die Frage nach der Berechtigung des Föderalismus wird heute vielerorts ohne Rücksicht auf seine besondere Sicherung in Artikel 79 Abs. 3 des Grundgesetzes gestellt. Der Föderalismus ist meiner Meinung nach – ohne daß ich ihn in seiner heutigen Form für hinreichend durchdacht halte – zum unverdienten Prügelknaben vieler Reformenthusiasten geworden. Es kann nicht darum gehen, dieses tragende Verfassungsprinzip zu beseitigen, sondern es ist notwendig, es im Sinne eines kooperativen Miteinander so zu verbessern und auszugestalten, daß der Föderalismus ein volltaugliches Instrument in der Hand der Regierenden bleibt. In der Diskussion um eine zeitgemäße Form des Föderalismus wird auf die in Artikel 29 des Grundgesetzes vorgeschriebene Neugliederung des Bundesgebietes verwiesen, die bis heute noch nicht vollzogen ist. Dieser Verfassungsauftrag wird als ein Mittel dargestellt, den Fortbestand des Föderalismus zu sichern und seine Glaubwürdigkeit zu stärken. Ich muß es mir hier versagen, auf die zahllosen und schwierigen Probleme politischer und rechtlicher Art einzugehen, die mit der Frage der Neugliederung verbunden sind. Ich müßte sonst den Rahmen meiner Ausführungen sprengen, wobei ich naturgemäß keiner Entscheidung, wie immer sie auch getroffen werden mag, vorgreifen kann. Es gibt zahlreiche Vorschläge, die zur Lösung dieser Frage gemacht werden. Weder kann ich auf alle diese Vorschläge eingehen, noch vermag ich Ihnen heute Angaben über den Zeitpunkt einer kommenden Neugliederung oder über die Konzeption, die ihr zugrunde liegen wird, zu machen. In dieser Frage gibt es jedoch für das Land Bremen so etwas wie eine »Magna Charta«, das Gutachten der von der Bundesregierung eingesetzten Luther-Kommission. Der Bericht stammt aus dem Jahre 1955 und ist in der Tat die letzte umfassende Diskussionsgrundlage zu diesem Thema. Sie kennen die Bremer Thesen, die dort enthalten sind, vor allem den schwerwiegenden Satz unter These 5: »Das Land Bremen entspricht den Richtbegriffen des Artikels 29 und kann deshalb in seiner gegenwärtiger Gestalt erhalten werden . . .«

Ohne irgendeine Stellungnahme der Bundesregierung zu präjudizieren, darf ich wohl doch feststellen, daß die Hansestädte wegen ihrer besonderen Aufgaben auf dem Gebiet der Schiffahrt, des Schiffbaues, des Außenhandels und der Hafenwirtschaft unter den übrigen deutschen Großstädten eine Sonderstellung einnehmen. Das ist eine unleugbare Tatsache und wird – wie wir alle hoffen – auch künftig der Fall sein. Die Bundesregierung wird deshalb bei einer kommenden Neugliederung diese besondere Aufgabenstellung nicht außer Betracht lassen können. Die Hanseaten, deren nüchterner Sinn und deren Verständnis für wirtschaftliche und politische Notwendigkeiten allseits gerühmt wird, können daher ihrer politischen Zukunft ohne Besorgnis entgegensehen. Bei der Durchsicht des Luther-Gutachtens habe ich eine Passage gefunden, die ich als Bekenntnis dieser Stadt zur Demokratie im Sinne des rechtsverstandenen Gemeinwohls interpretieren möchte. Mit dem Zitat dieser Passage, die Zeugnis gibt für echten Bürgersinn, möchte ich schließen. Es heißt dort:

»Kennzeichnende Eigenschaften der bremischen Bevölkerung sind nüchtern-realistisches Denken und Handeln, Bedächtigkeit und Sparsamkeit sowie die Ablehnung theoretischer Systeme und radikaler Lehren . . . Wenn es um die entscheidenden Fragen der Seeschiffahrt, der Häfen und des Handels geht, haben die Bremer ohne Unterschied der Parteien und Berufe, Kaufleute wie Arbeiter, zu allen Zeiten einmütig zusammengestanden, auch wenn große finanzielle Opfer und Lasten notwendig waren.«

Norm und Wirklichkeit der Pressefreiheit

Rede auf dem Festakt der Jahrestagung
des Bundesverbandes Deutscher Zeitungsverleger
am 24. April 1969 in Bad Godesberg

Ihre freundliche Einladung, auf diesem Festakt anläßlich Ihrer
Jahrestagung zu sprechen, betrachte ich nicht nur als Auszeichnung,
sondern zugleich als Aufforderung, mich über den Austausch der
üblichen Höflichkeiten hinaus zu Themen zu äußern, für deren
Behandlung ich mitverantwortlich bin und bei deren Erörterung
ich auf Ihr Interesse hoffen kann. Es bereitet mir gar keine Schwierigkeiten, solche Themen zu finden, sondern sehr viel mehr Mühe,
diese so auszuwählen, daß ich den mir gesetzten zeitlichen Rahmen einhalten kann. Ohnehin kann der Politiker bei Presseleuten,
zu denen man ja wohl auch die Zeitungsverleger rechnen darf,
im allgemeinen auf Interesse hoffen, das er nur nicht unbedingt
mit Wohlwollen verwechseln muß, sondern sich auch so erklären
kann, daß seine Tätigkeit zu seinem Teil den Rohstoff ausmacht,
aus dem die Ware Zeitung hergestellt wird. Der Zeitungsunter-
nehmer mag den Politiker und seine Arbeit mit gleichen Empfindungen betrachten, die der Inhaber eines Steinbruchs hat, wenn
er sich seine potentielle Ausbeute – Kiesel oder Felsbrocken – auf
ihre Verwertbarkeit hin ansieht. Diese durchaus zweckgerichtete
Beziehung zueinander schafft eine Verbindung, die sich für den
Bundesinnenminister auch umkehren läßt: die traditionelle Zuständigkeit des Innenministeriums für das Presserecht beruhte in
ihrem Ursprung ebenfalls auf einer sehr nüchternen Einschätzung
der Presse, nämlich auf der Verantwortung für das Polizeirecht
und der Beurteilung der Zeitungen dahin, daß man sie unter diesem Gesichtspunkt im Auge behalten müsse, weil sie eine Quelle
von Störungen der öffentlichen Sicherheit und Ordnung darstellen könnten. Im Zeichen einer gewandelten Staatsauffassung die
die Tätigkeit des Staates nicht mehr unter der Herrschaft des liberalen Polizeibegriffes – des Polizeibegriffs des 19. Jahrhunderts
also – versteht, hat sich das Verhältnis zwischen Staat und Presse
glücklicherweise längst verändert. Abgesehen davon, daß der
Bundesinnenminister schon nach dem Katalog seiner Zuständigkeiten nicht mehr nur der Polizeiminister ist und schon gar nicht

sein will, ergibt sich heute seine unveränderte Verantwortung für das Presserecht, soweit hierfür der Bund zuständig ist, aus dem Gesichtspunkt seiner Verantwortlichkeit für kulturelle Fragen auf Bundesebene im weitesten Sinne, und es ist daher folgerichtig, daß das für Pressefragen zuständige Referat seines Hauses nicht etwa der Abteilung für öffentliche Sicherheit, sondern der Kulturabteilung angehört.

Das Verhältnis zwischen Staat und Presse ist damit nicht problemlos geworden. Lange Zeit schien es auszureichen, die verfassungsrechtlich gewährleistete Pressefreiheit als Schutz vor staatlicher Bevormundung, als Zensurverbot, also als Ablehnung der früheren These zu verstehen, daß der Staat die Zeitungen polizeilich zu überwachen oder gar zu regulieren habe. Heute läuft die aktuelle Diskussion, die vor allem durch den Bericht der Pressekommission und durch innenpolitische Ereignisse ausgelöst worden ist, doch wieder auf die Frage hinaus, ob nicht gerade der dem Staat obliegenden Pflicht, die Freiheit der Presse zu sichern, nicht nur mit Förderungsmaßnahmen wirtschaftlicher oder steuerlicher Art, sondern auch und vor allem dadurch nachzukommen ist, daß um der Pressefreiheit willen Eingriffe in die Betätigung der Verlage möglich und notwendig sind. Diese Betrachtungsweise, die in dem Bericht der Pressekommission ihren Niederschlag in konkreten Vorschlägen für Staatseingriffe gefunden hat, vermeidet natürlich die Verwendung polizeirechtlicher Begriffe und bezieht sich statt dessen auf Maßnahmen wirtschaftslenkender und kartellrechtlicher Art; aber im Kern ist gar kein anderes Ziel gemeint, als das vom liberalen Polizeirecht angestrebte, nämlich der Schutz der Allgemeinheit vor im gesellschaftlichen Bereich drohenden Gefahren, wobei nur die Art der Gefährdung und natürlich auch das hiergegen anzuwendende Mittel dem Wandel der Verhältnisse unterliegen.

Die verfassungsrechtliche Grundfrage, die Gegenstand der aktuellen Diskussion ist, geht dahin, ob Art. 5 GG nur den Schutz der Presse vor staatlichen Eingriffen oder auch den Schutz der Presse, den sie um ihrer Bedeutung für die Gesellschaft willen genießt, vor den sich in ihr selbst ergebenden Gefahren meint, also die Presse auch vor sich und damit gegen sich selbst zu schützen hat. Das verfassungsrechtliche Problem wird nach meiner Auffassung nicht, wie es z. B. Forsthoff in seinem veröffentlichten Gutachten »Der Verfassungsschutz der Zeitungspresse« tut (S. 18), einfach dahin beantwortet werden können, daß »den Schutz der gesellschaftlichen Freiheit ... die rechtsstaatliche Verfassung nicht übernommen« habe, mithin rechtlich jede staatliche Reaktion auf Gefahren verboten sei, die im gesellschaftlichen Bereich, im Verhältnis der Presseorgane zueinander oder im Verhältnis der Tagespresse zu den sonstigen Massenmedien entstehen könnten. Andererseits ist ein staatlicher Eingriff nur im Rahmen des verfassungsrechtlichen Grundsatzes der Verhältnismäßigkeit und unter Beachtung der durch die Grundrechte, vor allem Art. 12 und 14 GG gezogenen Grenzen zulässig. Aber es fehlt mir an der Zeit, die schwierige verfassungsrechtliche Frage im einzelnen zu erörtern.

Auch soweit die Rechtsordnung dem Staat die zur Erörterung stehenden Eingriffe erlauben sollte, steht er vor der politisch zu entscheidenden Frage, ob solche Maßnahmen nicht den Freiheitsraum der Presse, den sie zu schützen meinen, in Wirklichkeit und auf längere Sicht in prinzipiell fragwürdiger Weise angreifen. Der Staat kann sich, wenn er in die freie Tätigkeit einzelner Verlage am Markt begrenzend eingreift, eine Weile damit trösten, daß er das nicht willkürlich, sondern nach objektiv ermittelten Kriterien der Größe tue, wobei die Schwierigkeiten, wirklich objektive Daten zu gewinnen, freilich auch gesehen werden sollten. Aber der so mit Argumenten aus dem Bereich des Kartellrechts begründete Eingriff hat die Kehrseite, daß nicht der Vertrieb von Schweinehälften oder Stahlrohren, sondern von Meinungen und Informationen von Staats wegen verhindert wird, und die Versuchung liegt nahe, sich dann damit zu trösten, daß es um die in den betroffenen Massenblättern geäußerten Meinungen oder verbreiteten Informationen nicht so schade sei, weil ihre Qualität zu Bedenken Anlaß gäbe. Wenn dieser Schritt auch nur in Gedanken gegangen wird, ist jener Teil der Pressefreiheit bereits zerstört, der den staatlichen Instanzen untersagt, Zeitungserzeugnisse nach der Wert- oder Unwertschätzung, die sie nach ihrer Meinung genießen sollten, zu unterscheiden, also sich jeder Einflußnahme auf deren Inhalt zu enthalten.

An dieser Stelle ergibt sich die Gelegenheit zu einer Bemerkung zu den von der Bundesregierung auf meinen Vorschlag beschlossenen Verfahren gegen die »Nationalzeitung« nach Art. 18 GG. Der Vorgang hat natürlich eine über den Einzelfall hinausreichende prinzipielle Bedeutung für die Frage, wie Pressefreiheit heute zu verstehen ist. Die Kompliziertheit und Schwerfälligkeit des Verfahrens, durch das nach Art. 18 GG Grundrechte einschließlich des Rechts der Meinungs- und Pressefreiheit verwirkt werden können, bietet zwar unter praktischen Gesichtspunkten wohl hinreichende Garantie gegen die Versuchung, etwa auf diesem Wege von Staats wegen gegen unbequeme Veröffentlichungen vorzugehen. Ohnehin liegen mit dem Institut der Verwirkung von Grundrechten bisher keine Erfahrungen vor, und das jetzt eingeleitete Verfahren wird über die Behandlung des Einzelfalles hinaus, der ohnehin einen Extremfall darstellt, dem Bundesverfassungsgericht Gelegenheit geben, Inhalt und Grenzen dieses als Institut zur Verteidigung der Demokratie gedachten rechtlichen Instruments zu bestimmen. Auch verfassungsrechtlich, aber jedenfalls verfassungspolitisch ist es bedeutungsvoll, daß das Grundgesetz, wie ein Vergleich der Garantie der Pressefreiheit in Art. 5 GG einerseits und der Hinweis auf die mögliche Verwirkung auch dieses Grundrechts in Art. 18 andererseits zeigt, mit dieser Möglichkeit der Regelung extremer Fälle in einem besonderen, nicht zufällig auch im Verfahren mit außerordentlichen rechtsstaatlichen Garantien versehenen Prozeß zugleich negativ zu sagen scheint, daß staatliche Eingriffe in die Pressefreiheit wegen aus dem gesellschaftlichen Bereich drohender oder vermuteter Gefahren jedenfalls in drastischer Weise nur dann zulässig sind, wenn 1. eine gegen den Bestand der freiheitlich-demokratischen Grundordnung gerichtete Tendenz besteht und 2. dieser Angriff auf die demokratische Ordnung unter Mißbrauchs des Grundrechts, also unter Ausnutzung des mit der Gewährleistung der Pressefreiheit verliehenen Privilegs zum Kampf gegen die Freiheitsordnung insgesamt erfolgt.

Auch wenn diese äußersten Voraussetzungen vorliegen, ist es weder Sache des Gesetzgebers noch der Exekutive, sondern allein des Bundesverfassungsgerichts, die Entscheidung zu treffen und die Rechtsfolgen, nämlich Art und Ausmaß der Grundrechtsverwirkung, zu bestimmen. Es mag sein, daß manchem die vorgeschlagenen Maßnahmen gegen unerwünscht erscheinende Konzentrationstendenzen im Pressewesen im Vergleich zu dem groben Geschütz des Verwirkungsverfahrens nach Art. 18 GG als unvergleichbar erscheinen, und ich verkenne nicht, daß die praktischen Auswirkungen sich in beiden Fällen nur schwer miteinander messen lassen; aber die prinzipielle Bewertung eines Freiheitsrechts verträgt keine Relativierung unter rein quantitativen Gesichtspunkten. Jedenfalls sollte der Gesetzgeber, wenn er Staatseingriffe in Erwägung zieht, hierbei nicht übersehen, daß auch wirtschaftspolitisch motivierte Maßnahmen im Bereich der Presse sehr schnell in den Kernbereich eines Freiheitsrechts eindringen und dieses damit gefährden können.

Die Bundesregierung hat in der Ihnen bekannten Stellungnahme zu dem Schlußbericht der Pressekommission keine drastischen Maßnahmen vorgeschlagen, sondern sich auf eine Reihe von Einzelvorschlägen beschränkt, die der wirtschaftlichen Stärkung vor allem der kleineren und mittleren Verlage und damit der möglichsten Bewahrung ihrer Unabhängigkeit dienen sollten. Die Beratungen Ihrer Arbeitssitzungen haben sich bereits mit diesen Vorschlägen befaßt, und ich brauche auf Einzelheiten nicht einzugehen. Die Beratung der Stellungnahme der Bundesregierung im Parlament, die hoffentlich bald erfolgen kann, wird die öffentliche Diskussion weiter anregen und zur Klärung der Standpunkte beitragen; aber auch bei dieser Gelegenheit wird es kaum schon ein Schlußwort in einem aktuellen Streit, sondern nur eine Zwischenstufe in einer auch in Zukunft notwendigen weiteren Erörterung geben können.

Die Stellungnahme der Bundesregierung mag in der Sicht vor allem der von Konzentrationserscheinungen gefährdeten kleineren Unternehmen unbefriedigend erscheinen. Dies liegt aber wesentlich auch daran, daß wesentliche Grundlagen für die Beurteilung der gegenwärtigen Situation auch nach dem Inhalt des Berichts der Pressekommission heute noch nicht vorliegen und unter Mithilfe der Wissenschaft erst erarbeitet werden müssen. Dies gilt etwa für die Frage, welchen Einfluß auf die Meinungsbildung der Bevölkerung die Presseerzeugnisse haben und wie das Verhältnis von Presse, Rundfunk und Fernsehen zueinander unter dem Gesichtspunkt der Informationsfreiheit des Bürgers zu beurteilen ist, also die Frage, ob die auch angesichts der Konzentrationserscheinungen im Bereich der Presse unbestreitbar vorhandene, in der Vergangenheit in diesem Umfang niemals erreichte Fülle an Informationsmöglichkeiten der verschiedensten Art wirklich gewährleistet, daß der politisch interessierte mündige Staatsbürger die zu einer unabhängigen Meinungsbildung erforderlichen Informationen und Meinungen so präsentiert bekommt, daß ihm das eigene Urteil möglich ist. Die heute noch nicht erreichte Klärung dieser Frage halte ich für viel wichtiger als die nur statistische Betrachtung.

Während so die politische Diskussion um Norm und Wirklichkeit der Pressefreiheit weitergehen wird, stand für andere das Ergebnis schon seit längerer Zeit fest: es fällt heute schon fast schwer, sich daran zu erinnern, daß am Beginn der vor allem im studentischen Bereich entstandenen Unruhen die leidenschaftliche Kritik an, wie man etwas verschämt sagt, »einem bekannten Großverlag« stand. Seit fast einem Jahr ist es bei denen, die die radikale Veränderung der Verhältnisse fordern, in dieser Beziehung ruhig geworden, und auch wer die Diskussionen in Regierung, Parlament und Öffentlichkeit sehr positiv bewertet, wird kaum annehmen dürfen, daß hier die Ursache für die überraschende Unlust der radikalen Gruppen liegt, sich weiter mit diesem Thema zu beschäftigen. Der Grund hierfür liegt vermutlich ganz einfach darin, daß sie das Interesse verloren haben, so wie sie keine Neigung zeigen, sich weiter mit Fragen der Hochschulreform zu beschäftigen. Das erweckt den Verdacht, daß es von vornherein nicht um die ernsthafte Erörterung eines Sachproblems, sondern um einen Ansatzpunkt dafür ging, an einer fast beliebigen Stelle des ja für notwendig gehaltenen »langen Marsches durch die Institutionen« anzufangen. Daß ich diesen Teil der Erörterungen dennoch berühre, liegt nicht an meinem Wunsch, ein solches Thema mit den Vertretern der Gruppen zu diskutieren, die hieran offensichtlich kein Interesse mehr haben, sondern führt mich auf die eingangs angeschnittene grundsätzliche Frage zurück, ob wirklich jede Gefahr vorüber ist, daß der Staat die Presse unter polizeilichen oder quasi-polizeilichen Gesichtspunkten bewertet. Inzwischen liegen eine Anzahl von Urteilen verschiedener, meist unterer Gerichte zu den Vorgängen um die Osterzeit 1968 vor, bei denen mit unterschiedlicher Eigenaktivität der Täter und in abweichender Begehungsweise jeweils die Auslieferung von Zeitungen des Springer-Verlages behindert wurde. Die Urteile sind in ihrer rechtlichen Bewertung uneinheitlich; die Ergebnisse schwanken zwischen Ablehnung der Eröffnung der Hauptverhandlung und der Verurteilung zu einem Jahr Gefängnis.

Es ist weder meine Aufgabe noch meine Zuständigkeit, diese Entscheidungen im Einzelfall auf ihre Richtigkeit und Angemessenheit zu beurteilen, zumal vielfach Rechtsmittel eingelegt sind und abschließende Entscheidungen erst bevorstehen. Die Uneinheitlichkeit der Rechtsprechung ist zwar der Preis für die Unabhängigkeit der Rechtsprechung und wird nur durch höchstrichterliche

Entscheidungen oder Änderungen der Gesetzgebung, die im Bereich gerade derartiger Straftaten bevorstehen, wenigstens zu einem Teil korrigiert werden können; aber für das Verhältnis von Staat und Presse ist von grundsätzlicher Bedeutung, welche Bedeutung ein Gericht, das ja eine staatliche Instanz ist, dem Umstand beimißt, daß es eine Diskussion um die Konzentration im Pressewesen und natürlich auch Meinungen über die vom Springer-Verlag herausgegebenen Zeitungen gibt. Ich glaube, daß man einem Teil der Urteile den Vorwurf machen muß, daß sie zur Beurteilung der »Sozialadäquanz« der zu erörternden Verhaltensweisen – Versuch der Verhinderung der Auslieferung von Tageszeitungen mit verschiedenen Mitteln und unterschiedlichem individuellen Tatbeitrag – dem Verhalten des oder der Demonstranten in gelegentlich recht unkritischer Weise ihre subjektiven Werturteile über die Konzentration im Pressewesen allgemein oder über Axel Springer im besonderen gegenüberstellten. Sich über beide Fragen eine Meinung zu bilden, bleibt natürlich jedermann, auch jedem Richter, unbenommen. Eines der Urteile enthält Wertungen wie die, daß der Verleger seine Machtstellung bei der öffentlichen Meinungsbildung wie auch im wirtschaftlichen Leben rigoros ausnütze, daß seine Zeitungen »Musterbeispiele publizistischer Verantwortungslosigkeit« seien, daß in ihnen nicht objektiv berichtet, sondern »aus Stimmungsmache, oder um einen Knüller zu haben, die Wahrheit gebogen« werde, ja daß »effektiv gelogen« werde.

Der Jurist, der solche Sätze aus einem Urteil eines Amtsgerichts in einer angesehenen juristischen Fachzeitschrift liest, erinnert sich des juristischen Lehrsatzes, daß ein Urteil nichts enthalten solle, was nicht für die Urteilsfindung von Bedeutung ist, und die weitere Lektüre des Urteils ergibt in der Tat, daß mit solchen Argumenten das Handeln, der die Auslieferung so qualifizierter Presseerzeugnisse behindert hatte, nicht rechtswidrig, sondern vielmehr die »staatsbürgerrechtlich gebotene Auflehnung gegen Pressekonzentration und Meinungsdiktat« sei. Mit dieser Begründung wurde die Eröffnung der Hauptverhandlung abgelehnt.

Ich meine, daß dieser Vorgang höchst beunruhigend ist, und zwar ganz abgesehen davon, ob man die subjektive Auffassung dieses Richters teilt oder nicht. Wenn ein Richter, der in seinem Amt Staatsgewalt ausübt, so seine an Gesetz und Recht zu orientierende Entscheidung von seiner persönlichen politischen Überzeugung über Wert oder Unwert bestimmter Presseerzeugnisse abhängig macht, dann behauptet er prinzipiell das Recht oder sogar die Pflicht des Staates, Zeitungen von Staats wegen je nachdem unterschiedlich zu behandeln, ob ihr Inhalt oder ihre Gesamttendenz staatlicherseits erwünscht ist oder nicht. Dies ist, ungeschminkt gesagt, die Rückkehr zu dem polizeirechtlichen Verständnis der Presse und damit ein Rückfall in die Zeit vor der Paulskirchen-Verfassung von 1848. Der Einzelfall, der durch einige ähnliche Beispiele ergänzt werden könnte, mag ohne Bedeutung sein, aber gegen das Maß an staatlicher Machtanmaßung gegenüber der verfassungsrechtlich gewährleisteten Freiheit der Presse sollte auch der protestieren, der gegenüber den Konzentrationserscheinungen im Pressewesen besorgt ist oder dem die Zeitung, um die es konkret geht, persönlich nicht zusagt.

Das Verhältnis zwischen Presse und Staat wird niemals in den Zustand völliger Harmonie gelangen, in dem es keine Probleme mehr zu erörtern gibt. Jeder Politiker kennt das Spannungsverhältnis zwischen seiner Tätigkeit, die zwar auf Publizität angewiesen ist und daher die positive Meldung oder Kommentierung nicht nur begrüßt, sondern mit den erlaubten Mitteln der offenen oder verschleierten Werbung zu erreichen sucht; der Wahlkampf, der ja irgendwann einmal beginnen muß, wird die uns allen bekannten Vorgänge auf diesem Gebiete wieder hervorbringen. Unerwünscht ist die vorzeitige Bekanntgabe von Vorgängen, die man einstweilen diskret behandelt sehen möchte, die aber gerade deswegen auf ein gesteigertes Interesse der Presse stoßen, und natürlich der kritische Kommentar. So werden sich die Interessenlagen des Journalisten einerseits und des Politikers andererseits ebenso wie die des Staates und der Presse niemals in völlige Übereinstimmung bringen lassen. Hieraus können sich Auseinandersetzungen und Konflikte ergeben; aber wer auch nur etwas politische Erfahrung hat, wird gelernt haben, daß er auf längere Sicht am besten fährt, wenn er in dem Journalisten nicht den Gegner sieht, selbst wenn dieser seine Arbeit kritisch beurteilt, sondern den wirklichen oder mindestens potentiellen Partner.

Der Staat ist auf die Unabhängigkeit und Freiheit der Presse schon um der Bürger willen angewiesen; er wird ihre Arbeit schützen und fördern, aber sie nicht zu reglementieren haben. Der Begriff der Partnerschaft, der auch für das Verhältnis von Presse und Staat gilt, schließt Interessengegensätze nicht aus, sondern kennt sie und versucht sie, mit realistischen, rechtlich zulässigen Mitteln zu klären, aber er geht auch von der Gemeinsamkeit des Zieles aus. Ich bin sicher, daß die Bundesregierung an dieser Haltung festhalten wird.

Parlamentarische Demokratie
in einer pluralistischen Gesellschaft –
Ausdrucksform
der persönlichen Freiheit

Rede auf dem 5. Verbandstag
des Christlichen Metallarbeiterverbandes Deutschlands
am 12. Juli 1969 in Köln

Das mir gestellte Thema ist, so theoretisch es klingen mag, von höchster politischer Aktualität und größter praktischer Bedeutung. Wer sich mit ihm auseinandersetzt, muß die Gefahr erkennen und möglichst vermeiden, sich in abstrakte Betrachtungen zu verlieren, die den Fragen unserer Zeit ausweichen. Man muß aber zugleich der Versuchung widerstehen, sich gegenüber den mit dem Thema gestellten sehr grundsätzlichen Problemen nur in die Kommentierung einiger Erscheinungen unserer heutigen politischen Wirklichkeit zu flüchten.

Die zutreffende Feststellung, daß sich die Große Koalition seit dem Winter 1966 als leistungsfähig erwiesen und sich somit bewährt hat, besagt wenig darüber, ob eine solche Koalition in einer parlamentarischen Demokratie an sich erstrebenswert ist, wie freilich auch umgekehrt der zutreffende Hinweis auf die Problematik, die jeder Koalition – zumal einer großen – notwendig innewohnt, für sich allein keine Antwort auf die schließlich vom Wahlergebnis abhängige und nüchternen politischen Überlegungen zugängliche Frage liefert, was z. B. nach den Wahlen vom 28. September weiter geschehen soll. Man kann auch, um ein zweites Beispiel zu nennen, sehr schnell mit dem in den letzten Jahren deutlich gewordenen antiparlamentarischen Affekt und erst recht mit den wirren Vorstellungen der Befürworter rätedemokratischer Utopien fertigwerden, ohne damit allein schon irgendeinen Beweis für die Bewährung der parlamentarischen Demokratie geliefert zu haben. Mit dem, was heute an oft wirren Thesen und schrillen Anklagen über die Zustände in Staat und Gesellschaft der Bundesrepublik Deutschland gesagt wird, kann man schnell zu Ende kommen; aber wirklich bedenklich wäre es, wenn wir uns angesichts der überspitzten und maßlos ungerechten Vorwürfe der Extremisten in einen Zustand der Selbstgerechtigkeit zurückziehen und nicht mehr die Herausforderung erkennen wollten, die unsere Zeit für die parlamentarische Demokratie und für die pluralistische Gesellschaft bedeutet. Die Grundfragen, die sich hierbei stellen, sind nicht neu; aber die Antworten, die zu geben sind, müssen aus unserer Zeit kommen und werden daher auch aktuelle Probleme berühren.

Die Freiheitsrechte des einzelnen sind ein ewiges Menschheitsthema, das sich insoweit unabhängig von den besonderen Zeitumständen stellt. Was der Grundrechtskatalog der Verfassung zur Sicherung der Menschenwürde fordert, gilt nach unserem Verständnis des Menschen immer und unter allen politischen und gesellschaftlichen Verhältnissen; daher ist keine politische Theorie annehmbar oder auch nur diskutabel, die, unter welchem Vorwand auch immer, den Kernbestand der Grundrechte in Frage stellt; und es ist keine mit noch so praktisch klingenden Argumenten begründete Meinung annehmbar, die uns überreden will, z. B. die Mauer in Berlin und die Minenfelder an der Zonengrenze als bedauerliche, aber irgendwie vernünftige Lösung des Problems anzuerkennen, wie man den unerwünschten Weggang von Arbeitskräften aus dem anderen Teil Deutschlands verhindern kann. Ebensowenig kann den Predigern der Revolution die Behauptung abgenommen werden, daß die unvermeidlichen Opfer auf dem ja nicht geleugneten langen Marsche eben hingenommen werden müßten, weil am Ende eines langen und leidvollen Weges schließlich die allgemeine und vollkommene Glückseligkeit aller stehen werde. »Es ist«, wie Adolf Arndt sagt, »der wohl bezeichnendste Zug in jedem Totalitarismus, daß seine Machthaber so handeln, als wären sie zum jüngsten Gericht berufen. Wo Menschen so verfahren, endet jede Barmherzigkeit.« Nicht anders verhalten sich die Klassenkämpfer, für die das Gegenwärtige nur Mittel auf ein fernes Ziel hin ist, zumal wenn sie, wie die marxistischen Klassenkampfideologen alter und neuer Prägung, die Verschärfung der Widersprüche zwischen Kapitalisten und Arbeitern und die angebliche zunehmende Verelendung des Proletariats nicht nur als historisch unausweichlich hinstellen, sondern sie sogar begrüßen, weil hierdurch der Sieg der Arbeiterklasse um so unvermeidbarer werde. Diese Auffassung ist der des sozialen Rechtsstaates völlig entgegengesetzt. Der soziale Staat ist auf die Zukunft hin angelegt, und er wird sich nicht damit begnügen dürfen, nur die unmittelbaren Interessen der Gegenwart zu befriedigen; aber

er ist eher bereit, sich mit weniger zufrieden zu geben, als sich über
unverzichtbare Einzelrechte hinwegzusetzen. Wer die Freiheitsrechte der Menschen verteidigen will, kann der Frage nicht ausweichen, von welcher Seite sie bedroht werden. In dieser Beziehung
deutet sich in den letzten Jahren ein grundlegender Wandel an.
Bisher waren wir gewohnt, vor allem die Bedrohung der Freiheitsrechte des einzelnen durch den Staat als das Hauptproblem anzu-
sehen; auch das Grundgesetz versucht vor allem, dieser Gefahr zu
begegnen; und die Grundrechte sichern den menschlichen Freiheitsraum gegen Staatseingriffe. Diese Aufgabe wird selbstverständlich
ihre Bedeutung behalten; aber in neuester Zeit hat sich immer
deutlicher herausgestellt, daß hiermit allein keine hinreichende
Antwort auf die Herausforderung unserer Zeit gegeben ist. Das
beherrschende innenpolitische Thema der siebziger Jahre wird
vielmehr die Frage sein, wie unsere gesellschaftlichen Verhältnisse gestaltet sein müssen, damit auch die Stellung des einzelnen in der Gesellschaftsordnung den weitgehenden Freiheitsrechten des Menschen im Staat und gegenüber dem Staat entspricht.
Der Schutz des einzelnen gegenüber gesellschaftlichen Mächten
wird weitaus wichtiger werden als die freilich fortbestehende Aufgabe der Sicherung gegen Staatseingriffe. Nur wenn diese zentrale
Aufgabe des kommenden Jahrzehnts gelöst wird, kann auch in der
Zukunft von einer Bewährung der parlamentarischen Demokratie
gesprochen werden; wenn hier die Demokratie versagt, wird man
den heute oft erhobenen Vorwurf, wir lebten nur in einer Formal-
Demokratie, kaum widerlegen können.

Es gibt heute schon wichtige Anzeichen für diese neue Problemstellung. Bei der aktuellen Diskussion über Fragen der Pressekonzentration hat sich herausgestellt, daß das in Artikel 5 GG
gesicherte Grundrecht der Pressefreiheit als Freiheit von Staats-
eingriffen verstanden wird. So gefährlich der Irrweg wäre, etwa,
zumal noch im Namen der Pressefreiheit, mit Mitteln des staatlichen Dirigismus in die freie Entfaltung der Presse einzugreifen,
so wenig läßt sich leugnen, daß nach dem Stande heutiger Erkenntnis die gesellschaftlichen Probleme der Presse keineswegs hinreichend gelöst sind. Die nüchterne Betrachtung der Situation
ergibt, daß viele Vorwürfe in ihrer Übertreibung maßlos sind und
daß wirtschaftliche Gegebenheiten manche Konzentrationsvor-
gänge unvermeidlich erscheinen lassen; aber damit wird das Problem einstweilen nur erläutert, nicht jedoch abschließend beant-

wortet. Würden die Protestrufe der letzten Jahre weniger schrill gewesen sein und hätten die Protestierenden nicht allzu schnelle Lösungen angeboten, ließe sich immerhin sagen, daß an diesem Einzelbeispiel ein allgemeineres Problem von ihnen aufgedeckt wurde.

Die Hauptaufgabe der siebziger Jahre wird darin bestehen, eine soziale Strukturpolitik zu entwickeln, die das Spannungsverhältnis zwischen individuellen Freiheitsrechten und der gesellschaftlichen Bezogenheit des Menschen erkennt und mindestens in Ansätzen löst. Manche der vom Bundestag in letzter Zeit verabschiedeten Gesetze kündigen diese Entwicklung an; zu nennen sind z. B. das Arbeitsförderungsgesetz, das Berufsbildungsgesetz, das Ausbildungsförderungsgesetz und das Gesetz über die Lohnfortzahlung. Die schwierigsten Fragen sind freilich noch ungelöst und werden in den kommenden Jahren entschieden angepackt werden müssen; zu ihnen gehören die Probleme der Bildungsreform, der durchgreifenden Änderung der Struktur der Verwaltung auf allen Ebenen und des öffentlichen Dienstes, die Mitbestimmungsfrage und die Fragen der Raumordnung auf Bundesebene; schließlich erhebt sich hinter dem Thema der Vermögensbildung der Arbeitnehmer die weitgreifende Problematik einer gerechten Vermögensverteilung überhaupt.

Alle diese Probleme können nur im Zuge einer planmäßigen umfassenden Gesellschaftsreform gelöst werden. Sie muß das Ziel haben, dem einzelnen die gleichen Chancen für seine Entwicklung in der Gesellschaft zu gewährleisten; und sie muß gleichzeitig versuchen, damit auch solide Grundlagen persönlicher Freiheit im Rahmen dieser Ordnung zu legen. Die Verfassungsordnung der Bundesrepublik Deutschland kann als die einer parlamentarischen Demokratie in einer pluralistischen Gesellschaftsordnung gekennzeichnet werden. Diese Ordnung bietet größere Möglichkeiten als je eine Verfassungsordnung in unserem Bereich zuvor, um die gesellschaftspolitischen Probleme der siebziger Jahre im freiheitlichen Sinne zu lösen. Es wäre wahnwitzig, diese Chance auszuschlagen und sich statt dessen den wirren und übrigens größtenteils fast eineinhalb Jahrhunderte alten und seither ausreichend widerlegten Utopien zuzuwenden, die von Fanatikern und auch einigen Gutmeinenden als angeblich neue Ideen zur Lösung der sich heute stellenden Fragen angeboten werden.

Aber andererseits ist noch nicht mehr als die Verteidigung der für die Lösung der Sachfragen zur Verfügung stehenden Instrumente erreicht, wenn, wie dies selbstverständlich geschehen wird, den Revolutionären der verschiedenen Richtungen verwehrt wird, ihre Vorstellungen in die Praxis umzusetzen. Es wäre verhängnisvoll, wenn nach der vorhersehbaren Niederlage der radikalen Kräfte sich die Vertreter des Staates einreden wollten, sie hätten damit einen Erfolg errungen, und es könnte nun eigentlich alles beim alten bleiben. Daß die Linksextremen und Pseudorevolutionäre heute allenfalls Krawalle inszenieren und hier und dort einige Fensterscheiben einschlagen und andere Gewaltakte versuchen, aber keine Aktionen unternehmen können, die sich aus der Ebene des teils Unreifen oder Spielerischen, teils Widerwärtigen oder schlicht Kriminellen in den Bereich des eigentlich Politischen erheben, wo wesentliche Sachfragen wenigstens zur Diskussion gestellt werden, – dies ist übrigens kein Verdienst des Staates oder der demokratischen Kräfte, sondern nur das Ergebnis der inzwischen deutlich gewordenen völlig unpolitischen Gedankenleere der Extremisten. Nur gehört es auch zum Bild unserer Zeit, daß der ganze politische Radikalismus um so schneller und um so nachhaltiger verschwinden wird, je mehr die großen Reformen nicht nur als notwendig erkannt, sondern entschlossen in Angriff genommen werden.

Die parlamentarische Demokratie in einer pluralistischen Gesellschaft ist der Hüter sowohl der Belange des Gemeinwohls wie auch der Freiheit des Einzelmenschen. Ihre Funktionsfähigkeit hängt davon ab, daß ihre Träger, die politischen Parteien, in der Zukunft politische Zielvorstellungen entwickeln, und zwar insbesondere auf dem Gebiet der Gesellschaftspolitik. Dem Staat steht der organisierte Interessenpluralismus der Gesellschaft gegenüber. Damit stellt sich die Frage, die das Hauptthema jeder Gesellschaftspolitik bildet, die Frage, welches in dieser Situation die eigentliche Aufgabe des Staates ist, und wie er dieser Aufgabe gerecht werden will. Heute fehlt es noch weitgehend an derartigen gesellschaftspolitischen Zielvorstellungen.

Auf dem Wirtschaftstag der CDU/CSU 1969 in Bonn hat Prof. Biedenkopf – übrigens der Vorsitzende der von der Bundesregierung eingesetzten Kommission zu Fragen der Mitbestimmung – diese Situation mit aller Deutlichkeit angesprochen: die Fragen der Nachkriegsgeneration nach dem ordnungspolitischen Gehalt der sozialen Marktwirtschaft blieben zunehmend unbeantwortet.

Diese junge Generation

»stellt der Dominanz ökonomischer Zweckmäßigkeit die Frage nach der Sinnhaftigkeit der Wirtschaft entgegen. Wachstum und Stabilität sind für sie Indikatoren einer erfolgreichen Wirtschaftsentwicklung, aber keine verbindlichen Ziele einer politischen Gestaltung des Ganzen. Das magische Viereck des Stabilitätsgesetzes liefert keine Vision unserer Gesellschaft.

Es ist nicht verwunderlich, daß sich die Angriffe der Nachkriegsgeneration gerade gegen die Wirtschaft, ihre Verbände und Organisationen und gegen die politische Berechtigung ihrer rechtlichen Ordnung und Institutionen richten. Es ist eine Wirtschaft, die in den Augen dieser Generation nicht mehr dem Ganzen dient, sondern sich selbst, deren Grundsatz nicht Freiheit und Personenwürde, sondern ökonomische Opportunität ist, die nicht von dem Volke und seinen Bürgern, sondern von Organisationen und Verbänden getragen wird und dem einzelnen, dem sie zu dienen vorgibt, keinen Raum bietet. Dieses Bild ist verzerrt und deshalb falsch. Aber Radikalität und der Rückgriff auf alte Ideologien sind die Antwort der Nachkriegsgeneration auf eine Wirtschaftspolitik, die der Frage nach ihren Werten mit dem Hinweis auf ihre Produktivität, dem Begehren nach erneuter Rechtfertigung mit dem Stolz auf Vollbrachtes und der Forderung nach freiheitlicher Legitimation mit dem Anspruch auf Pragmatismus begegnet . . .

Die wirkliche Krise unserer Wirtschaftspolitik ist eine Krise ihrer Plausibilität und Glaubwürdigkeit. Weil das Verhältnis von staatlicher Politik und Gesamtordnung gestört ist, ist auch das Vertrauen in die Erwartung gestört, daß die Verwirklichung der »Neuen Wirtschaftspolitik« zu einer gerechten und freiheitlichen Ordnung führen werde. Vermögen und damit Wohlstand ist gemünzte Freiheit, sagt man. Aber das Verhältnis von Wohlstand und Freiheit ist nicht umkehrbar. Wohlstand ermöglicht Freiheit, aber schafft sie nicht. Eine freie Gesellschaft und die Sicherung persönlicher Freiheit ist eine Aufgabe, die über den Bereich der Wirtschaft hinausgeht und der sich auch die Wirtschaftspolitik unterordnen muß.«

Diese Aufgabenstellung ist schon früher gerade von den führenden Vertretern der sozialen Marktwirtschaft erkannt und ausgesprochen worden. Müller-Armack hat schon 1962 gesagt, daß das weitere wirtschaftliche Wachstum allein nicht mehr genüge und daß nunmehr »gesellschaftspolitische Aufgaben ergänzend die

Ziele unserer Ordnung bestimmen« müßten, und nach Etzel wird »in der gegenwärtigen Phase der sozialen Marktwirtschaft« das »Schwergewicht auf der Einheit von Wirtschafts- und Gesellschaftspolitik« zu liegen haben. Das Wort von der »ganzheitlichen Wirtschaftspolitik«, – also einer Politik, die den ganzen Menschen sieht, kennzeichnet die Aufgabe. In einer 1966 erschienenen größeren Arbeit habe ich gesagt, daß im sozialen Rechtsstaat, der eine auf die Herstellung der Gerechtigkeit angelegte Wirtschaftsverfassung will, die möglichste Mehrung des Sozialprodukts, für die sich die Marktwirtschaft immer noch als die geeignetste Wirtschaftsform erwiesen habe, nicht mehr ausreiche. Die Aufgabe sei heute nicht anders zu sehen, als es der Gründungsaufruf des Vereins für Sozialpolitik 1872 ausgesprochen habe, nämlich: »das wohlerwogene Eingreifen des Staates zum Schutze der berechtigten Interessen aller Beteiligten zeitig wachzurufen, um damit die Erfüllung der höchsten Aufgaben unserer Zeit und unserer Nation zu garantieren«. Dies ist keine Aufgabenstellung gegen die pluralistischen gesellschaftlichen Kräfte, sondern nur mit diesen gemeinsam zu bewältigen.

Pluralistisch ist eine Gesellschaftsordnung, in der der Mensch seine Interessen nicht nur als einzelner frei verfolgen kann, sondern in der es ihm freisteht, sich zur Durchsetzung dieser Interessen auch »gruppenindividualistischer Organisationen« (Götz Briefs) zu bedienen.

Bei der bestehenden ungleichen Verteilung gesellschaftlicher Macht wären die meisten Menschen, vor allem die Arbeitnehmer, ohne die Freiheit einer organisierten Vertretung ihrer Interessen nicht in der Lage, ihr Leben unter dem Einfluß auch ihrer eigenen Vorstellungen zu gestalten. Organisierte Vertretung eigener Interessen eröffnet und sichert eine gewisse persönliche Handlungsfreiheit im Rahmen der bestehenden Gesamtstruktur der Gesellschaft, darüber hinaus aber auch eine gewisse Einflußnahme auf die Gestaltung und die Entwicklung dieser Struktur selbst. Schließlich bietet auch die pluralistische Gesellschaft eine gewisse Gewähr für eine kontinuierliche fortschrittliche Entwicklung der gesellschaftlichen Verhältnisse, d. h. eine solche, die darauf ausgerichtet ist, den Freiheitsraum der Masse der Einzelmenschen innerhalb der Gesellschaft zu erweitern oder mindestens in dem bisherigen Umfange zu erhalten.

Die Verfassungsordnung der Bundesrepublik Deutschland erkennt den gesellschaftlichen Pluralismus, also die organisierte Vertretung von Gruppeninteressen an. Damit unterscheidet sich die parlamentarische Demokratie des Grundgesetzes scharf von dem Demokratieverständnis Rousseau'scher Prägung, das am schärfsten in Artikel 1 des Gesetzes der französischen Republik vom 14./17. Juni 1791 zum Ausdruck kam: »Die Vernichtung aller Arten von Vereinigungen der Bürger desselben Standes und desselben Berufes ist ein Grundprinzip der Französischen Verfassung. Es ist verboten, sie wieder zu errichten, unter welchem Vorwand und in welcher Form auch immer.« In der Begründung dieses Gesetzes in der Gesetzgebenden Versammlung hieß es: »Es gibt keine Korporation mehr im Staat. Es gibt nur noch das Einzelinteresse jedes Individuums und das allgemeine Interesse. Niemandem ist es erlaubt, den Bürgern ein intermediäres Interesse einzuflößen und sie durch Korporationsgeist von den Angelegenheiten der Öffentlichkeit zu entfernen.« Unsere Verfassungsordnung versucht dagegen, die organisierte Vertretung von Gruppeninteressen dadurch in Einklang mit den Belangen der Gesamtgesellschaft und der staatlichen Gemeinschaft als solcher zu bringen, daß sie das Prinzip des gesellschaftlichen Pluralismus mit dem der repräsentativen Demokratie verbindet.

Niemand wird bestreiten können, daß die organisierte Interessenwahrnehmung ihre eigenen Probleme hat und für sich allein noch keine hinreichende Gewähr dafür schafft, daß jede Bevölkerungsgruppe und jeder einzelne den angemessenen Platz in der Gesamtgesellschaft findet. Eine gewerkschaftliche Organisation, die sich gegenüber anderen Gewerkschaften in einer Minderheitsrolle befindet, kennt die Spannungen selbst sehr gut, die sich aus einer ungleichen Machtverteilung auch in diesem Bereich ergeben; aber noch schwieriger haben es die Gruppen, die nicht organisierbar sind oder in sich so viele eigene Konflikte entwickeln, daß sich eine Gesamtrepräsentation nicht oder nur sehr schwer bilden läßt. Weder *die* Kinder, *die* Jugendlichen, *die* unheilbar Kranken, die Hausfrauen, lassen sich überhaupt oder jedenfalls ohne Spannungen unmittelbar repräsentieren; und doch haben diese und viele andere Gruppen ganz legitime Interessen, deren Wahrung auch unter dem Gesichtspunkt des Gemeinwohls nicht gleichgültig sein kann.

Die Vertreter der Beamten klagen nicht zu Unrecht darüber, daß ihre Besoldungsforderungen, die ja nicht mit gewerkschaftlichen

Kampfmitteln erzwungen werden können, im Hinblick auf die unvermeidliche Begrenzung der insgesamt für den öffentlichen Dienst zur Verfügung stehenden Mittel immer wieder in Gefahr geraten, hinter den im Tarifsektor des öffentlichen Dienstes erhobenen und u. U. mit massiven Mitteln durchgesetzten Lohn- und Gehaltsforderungen zurückzustehen. Wenn der Staat seine Fürsorgepflicht gegenüber den Beamten ernst nimmt, kann – und sollte – er selbst der beste Anwalt dieser für ihn besonders wichtigen Gruppe sein; aber zugleich ist er natürlich selbst Betroffener, der aus dem Gesamthaushalt nicht nur diese Wünsche, sondern die Forderungen vieler anderer Gruppen befriedigen und schließlich auch die Belange der Steuerzahler wahren muß, deren Beitrag ihm überhaupt Leistungen an irgendeine Gruppe ermöglicht. Die Vertretung der nichtorganisierbaren oder nicht repräsentierten Gruppeninteressen muß von anderen Instanzen übernommen werden, aber je kleiner die Zahl der Betroffenen ist, desto größer ist die Versuchung für die hierfür ja in erster Linie berufenen politischen Parteien, sie zu vernachlässigen zugunsten größerer und damit wählerstärkerer Gruppen, die dabei gewöhnlich nach ihrem Organisationsgrad ohnehin leichter in der Lage sind, ihren Forderungen notfalls Nachdruck zu verleihen. In dieser Richtung fehlt es noch an einleuchtenden Lösungsvorschlägen, die, soweit es den Staat betrifft, z. B. in einem weiteren Ausbau des Petitionsrechts gesucht werden könnten; im übrigen ergibt sich hier eine wichtige Aufgabe für die die öffentliche Meinung mitformenden Massenmedien, die es als eine ihrer Aufgaben ansehen sollten, diejenigen Stimmen zu verstärken, die für sich selbst nicht mit genügender Lautstärke eintreten können.

Die Fülle der weiteren Fragen, welche die organisierte Interessenwahrnehmung aufwirft, kann in folgenden Hauptpunkten zusammengefaßt werden:

1. Die Organisation des einzelnen Gruppeninteresses muß jeweils stark genug sein, um sich gegenüber den anderen Interessengruppen zu behaupten und durchzusetzen, jedenfalls muß sie stark genug sein, eine absolute Vorherrschaft anderer organisierter Interessen zu verhindern und wenigstens einen erträglichen Kompromiß erreichen zu können;

2. Es muß Vorsorge für den Fall getroffen werden, daß die freie Auseinandersetzung organisierter Interessengruppen auf die Dauer doch nicht zu einem auch aus der Gesamtschau annehmbaren Interessenausgleich kommt, sondern permanente Friedlosigkeit herrscht;

3. Die Organisation einer Interessengruppe darf nicht zu einer Beeinträchtigung der persönlichen Freiheit des einzelnen innerhalb und außerhalb der Gruppe führen, die über das Maß dessen hinausgeht, was der einzelne um des Prinzips der organisierten Interessenwahrnehmung willen notwendigerweise in Kauf nehmen muß; die Freiheit, sich nicht zu organisieren, gehört zu den zu schützenden Rechten des einzelnen;

4. Größte Gefahr entsteht dann, wenn eine Interessengruppe auf der Grundlage einer im gesellschaftlichen Raum erreichten Machtposition sich in den Besitz der staatlichen Institutionen setzt und durch Ausübung öffentlicher Gewalt, etwa durch Gesetzgebung und den Einsatz von Machtmitteln der Exekutive, den Staatsapparat einseitig für gruppenegoistische Zwecke mißbraucht. Der Freiburger Staatsrechtler Kaiser, der sich besonders intensiv mit den Problemen der organisierten Interessenwahrnehmung beschäftigt hat, nennt zwei wesentliche Voraussetzungen dafür, daß unter den Bedingungen der industriellen Massengesellschaft die Freiheit des einzelnen und seine soziale Sicherheit gewährleistet bleiben: »Erstens müssen staatsunabhängige Organisationen in der Lage sein, die Interessen der Einzelperson und der Gruppen gegenüber anderen Gruppen und gegenüber der Staatsgewalt wahrzunehmen; zweitens muß der Staat stark genug sein, den einzelnen gegen die willkürliche Handhabung der Organisationsmacht und die nationale Gemeinschaft gegen den Machtmißbrauch einer Minorität zu schützen.« Der Staat ist daher die einzige Sicherung für die Freiheit des Individuums gegenüber gesellschaftlichen Machtgruppierungen, und vor dieser Aufgabe kann er nicht ausweichen.

In den modernen Staatsverfassungen ist diese Problemstellung im allgemeinen noch nicht hinreichend erkannt worden; die sozialen Machtgruppen werden entweder ganz ignoriert oder nach den Regeln des Vereinsrechts behandelt. Auch das Grundgesetz gewährleistet zwar in Art. 9 die Vereinigungs- und Koalitionsfreiheit, schweigt aber zu den besonders umstrittenen und politisch hochbrisanten Fragen wie z. B. der nach den Grenzen des Arbeitskampfrechts oder der nach der inneren Organisation von Interessenverbänden oder der Gewährleistung der Rechtsstellung des einzelnen gegenüber der organisierten Gruppenmacht. Die Gefahren, die dem individuellen Freiheitsbereich des einzelnen drohen, werden, wie Kaiser sagt, »auch durch die traditionellen individuellen Freiheitsrechte nicht gebannt, da diese nicht gegen die zu sozialen

Gewalten ausgewachsenen Interessengruppen, sondern gegen die Staatsgewalt aufgerichtet wurden und darum gegenwärtig jedenfalls noch ihre Schießscharten nur auf einer Seite haben«. Allerdings möchte ich auch in verfassungsrechtlicher Sicht dem hinzufügen, daß die in der Sozialstaatsklausel des Grundgesetzes enthaltene verfassungsrechtliche Grundentscheidung den Staat nicht nur berechtigt, sondern u. U. verpflichtet, im Interesse des Schutzes einzelner oder von Minderheitsgruppen oder nicht hinreichend repräsentierter Gruppen auch gegen übermächtige gesellschaftliche Kräfte einzugreifen. »Im sozialen Rechtsstaat wird die Trennung von Staat und Gesellschaft aufgegeben«, wie ich früher an anderer Stelle gesagt habe: »Das Soziale ist in den Bereich staatlicher Tätigkeit einbezogen, und die Auffassung, daß die Wirtschafts- und Sozialordnung staatlichen Eingriffen unter allen Umständen entzogen bleiben müßte, kann nach der Entscheidung der Verfassung nicht mehr aufrechterhalten werden. Das GG sieht vielmehr die Wirklichkeit so, daß eine, der Idee nach möglicherweise erstrebenswerte, Situation eines freien, d. h. staatsfreien Spiels der Kräfte unter den Verhältnissen der Industriegesellschaft nicht durchführbar ist. Der Staat wird daher verpflichtet und damit auch berechtigt, auf dem Gebiet der Sozialordnung gestalterisch tätig zu werden.« Allerdings ist dies eine Auffassung, in der ich mich zwar mit einem großen Teil der Wissenschaft einig glaube, die aber im Grundgesetz nicht ausdrücklich enthalten ist; die Ausgleichsfunktion des Staates gegenüber Interessenkonflikten ergibt sich jedoch aus seiner sozialstaatlichen Aufgabe und damit der Gesamtentscheidung einer Verfassung, die nicht mehr der alten liberalen Auffassung von der neutralen Enthaltsamkeit des Staates entspricht.

Auch wenn man so dem Staat die rechtliche Legitimation zuerkennt, gegenüber der organisierten Wahrnehmung der Interessen die Belange des Gemeinwohls und damit auch die persönliche Freiheit des einzelnen zu wahren, muß weiter gefragt werden, wie er faktisch hierfür die notwendige unabhängige Autorität und Macht aufbringen soll; dies ist kein rechtliches, sondern ein politisches Problem. Gerade hier setzen die Kritiker der parlamentarischen Demokratie ein, die rundweg behaupten, daß der Staat sich in Wirklichkeit in der Hand von Interessenverbänden befinde und überhaupt nicht mehr die Kraft aufbringe, um den Freiheitsraum des einzelnen zu erhalten.

Es muß zugegeben werden, daß in der Weimarer Republik die parlamentarische Demokratie sich dieser Aufgabe nicht gewachsen zeigte. Wesentlich hierfür waren das Fehlen ausreichender gemeinsamer Wertvorstellungen, die starke Parteienzersplitterung und das Vorhandensein reiner Interessenparteien. Damals hat Carl Schmitt im Namen des demokratischen Prinzips nach dem Reichspräsidenten im Verein mit der ihm zugeordneten unabhängigen Beamtenschaft als dem »Hüter der Verfassung«, also dem Wahrer der Belange des Gemeinwohls gerufen. Heute gibt es eine neue Diskussion um die rechtlich freilich unvergleichbar schwächere Stellung des Bundespräsidenten, in der ich manchmal ähnliche Gedankengänge zu entdecken glaube; es könnte sein, daß der neuerdings öfter geäußerte Ruf nach der direkten Wahl des Bundespräsidenten nur der erste Schritt zu einer ähnlichen Entwicklung ist, die solche Vorstellungen aus der Weimarer Zeit übernimmt. Wenn ein solcher Weg, wie ich meine, ausscheiden muß, bleibt die entscheidende Frage an die politischen Parteien und an das Parlament als der Ort, in dem (nach Kaiser) »die Nation als politische Einheit repräsentiert werden muß«.

In allen parlamentarischen Demokratien westlicher Prägung wird heute gern von einer »Krise des Parlamentarismus« gesprochen, und es muß wohl zugegeben werden, daß das, was die radikalen Gruppen rechts und links hierzu freilich in maßloser Übersteigerung und Verzerrung sagen, der ausgesprochenen oder doch heimlichen Skepsis auch anderer Bevölkerungsgruppen entspricht, die die Arbeit des Bundestages mindestens für schwer durchschaubar halten und zusätzlich den Verdacht äußern, daß im Parlament Interesseneinflüsse vielleicht stärker seien, als dies im Gesamtinteresse erwünscht sein könnte. Was die eigentliche parlamentarische Arbeit – zunächst ohne Rücksicht auf ihren Inhalt – anlangt, bestehen erschreckend falsche Vorstellungen, die aber auch die Frage aufwerfen, ob der Bundestag es bisher verstanden hat, sich selbst vor der Öffentlichkeit darzustellen. Wenn ein sonst kenntnisreicher Gesprächspartner mir gegenüber von der »behäbigen« Arbeitsweise des Bundestages sprach, so finde ich das erschreckender, als wenn er den Verdacht geäußert hätte, das alle Abgeordneten korrupt seien. Ein solcher Vorwurf hätte eine vorgefaßte und natürlich absurde Vorstellung offenbart, während die Vermutung der »Behäbigkeit« totale Unkenntnis der Situation zeigt, denn was immer man dem Parlament sonst vorwerfen mag: nichts ist so fern von der Wirklichkeit, dort würde nicht oder nur in gemütlichem Tempo gearbeitet. Tatsächlich wird eher zuviel als zuwenig gearbeitet, und die meisten Arbeitnehmer würden weder mit der dort üblichen Arbeitszeit noch mit den äußeren Bedingungen, unter denen sich die Tätigkeit der Abgeordneten vollzieht, einverstanden sein; aber auch hier fragt sich, wieso es dem Parlament nicht gelingt, der Bevölkerung einen hinreichenden Eindruck von seiner Tätigkeit und seinen Problemen zu vermitteln. Die in den letzten Monaten endlich eingeleitete Parlamentsreform läßt hoffen, daß sich auch für die Selbstdarstellung des Parlaments positive Auswirkungen ergeben, aber bisher liegt der Schwerpunkt der sehr verdienstvollen Bemühungen um eine Parlamentsreform noch in einer Rationalisierung der Arbeitsweise, also mehr im praktischen Bereich, wobei freilich zuzugeben ist, daß durch Änderungen im Verfahrensbereich das Ansehen des Parlaments nur indirekt verbessert werden kann. Niemand, der mit der Tätigkeit des Bundestages vertraut ist, wird den Abgeordneten ihren enormen Fleiß bestreiten können, der in den nüchternen Zahlen der Abschlußbilanz am letzten Sitzungstag des Bundestages durch seinen Präsidenten unwiderleglich bewiesen worden ist.

Daß das Parlament in der Öffentlichkeit ein relativ ungünstiges Echo findet, muß auch noch andere Gründe haben. Ein amerikanischer Beobachter, Gerhard Loewenberg, der jahrelang die Tätigkeit des Bundestages aus der Nähe studiert hat, lobt mit Recht den Fleiß des Parlaments und die Geschicklichkeit seiner führenden Abgeordneten, knüpft jedoch genau hieran auch seine kritischen Betrachtungen:

»Aber gerade die Geschmeidigkeit, mit der sich die Institution ihrer Umgebung angepaßt hat, führte in mancher Beziehung zu einem Mißverhältnis von dem Bild, daß sich die Öffentlichkeit über das Parlament macht, und dessen wirklicher Tätigkeit. Die Veränderungen in Struktur und Funktionen des Parlaments haben sich vorwiegend auf dem internen Sektor vollzogen und werden durch die traditionellen Formen verdeckt ... Der Typ des Berufspolitikers, der offensichtlich die Führung im Parlament hat, genießt nur geringe Achtung. Das Gefühl einer Mitbeteiligung an der Politik durch das Parlament ist nur schwach entwickelt, und parlamentarische Aktionen sind nicht dadurch besonders legitimiert, daß sie die Entscheidungen einer repräsentativen Versammlung darstellen. Politik wird immer noch in erster Linie unter dem

Aspekt des Verwaltungsaktes gesehen, zu dem Fachwissen und Tüchtigkeit gehören, während die Rolle der Einzel- und Gruppeninteressen sowie der Parteipolitik abgewertet wird.

Auch die Abgeordneten selbst stehen unter dem Einfluß dieser kulturell bedingten Einstellung zur Politik. Sie folgen viel lieber ihrer Neigung, ihr spezielles Fachwissen auszubauen, als sich mit oder vor der Öffentlichkeit in politische Debatten einzulassen. Die Geschäftsführer und führenden Parlamentarier ... lassen es zu, daß sich der Entscheidungsprozeß von den öffentlichen Plenardebatten in die bequeme Zurückgezogenheit der Ausschuß- und Fraktionssitzungen verlagert. Kurz, die Abgeordneten beachten ihre Fraktionsführer oder den Vorstand ihrer Interessengruppe anstatt ihre Wähler als ihre eigentlichen Auftraggeber und verhalten sich gegenüber der Öffentlichkeit mit der Reserve, die eher zu einem Bürokraten als einem Politiker paßt.«

Bemerkenswert an dieser zugegebenermaßen harten Kritik ist, daß Loewenberg nicht den Vorwurf erhebt, daß das Parlament sich ganz oder überwiegend in der Hand von Interessengruppen befindet, sondern vielmehr sagt, daß das Parlament sich so verhalte, daß dieser Eindruck aufkommen müsse. Die (von Loewenberg nicht mehr berücksichtigte) Entwicklung seit der Bildung der großen Koalition könnte manches dazu beitragen, dieses Bild zu korrigieren. Insgesamt hat sich seit 1966 das Selbstbewußtsein des Parlaments gegenüber der Regierung verstärkt, und die Lebendigkeit der parlamentarischen Debatte hat eher zu- als abgenommen; die seit einigen Jahren mit Recht wieder eingeführte direkte Übertragung wichtiger Debatten in Rundfunk und Fernsehen hat hoffentlich auch der Öffentlichkeit den Eindruck von einem lebendiger gewordenen Bundestag vermittelt. Was für mein Empfinden noch verstärkt werden müßte, ist die Bereitschaft des Bundestages, sich als Forum der Nation zu verstehen, also als eine Institution, in der die wesentlichen, die Öffentlichkeit bewegenden Fragen bald und mit aller Offenheit diskutiert werden. Es liegt in der natürlichen und in gewissem Umfange verständlichen Tendenz der Regierung, gerade wichtige Vorgänge möglichst im kleinen, geschlossenen Kreise zu beraten, und oft wird dies unvermeidbar sein; aber was die breite Öffentlichkeit bewegt, kann im Parlament nicht unausgesprochen bleiben. Die Verjährungsdebatte des Jahres 1965, die wohl mit Recht als eine der bedeutenden Parlamentsdebatten des Bundestages bezeichnet worden ist, wäre vielleicht nicht zustande gekommen, wenn mich damals nicht die Bemerkung des Sprechers der Bundesregierung schockiert hätte, daß vor allem eine strittige Diskussion hierüber im Parlament verhindert werden müsse. Daß sich genügend Parlamentarier fanden, die unbeschadet ihrer Meinung in der Sache jedenfalls eine Debatte dieser die Öffentlichkeit erregenden Frage für dringend erforderlich hielten, lieferte den Anstoß für eine Diskussion, deren sich der Bundestag dann nicht zu schämen brauchte. Ich nehme an, daß sich hieraus die allgemeinere Lehre ziehen läßt, die man umgekehrt so formulieren kann: je stärker und leidenschaftlicher eine Frage in der Öffentlichkeit diskutiert wird, desto eher ist die Vermutung gerechtfertigt, daß sie der Bundestag nicht, nicht genügend oder nicht rechtzeitig in einer Weise behandelt hat, die die öffentliche Meinung zumindest hätte beeindrucken, wenn nicht gar beeinflussen können.

Ich glaube insgesamt, daß alle Chancen für eine Erneuerung und Festigung der parlamentarischen Demokratie in unserem Lande gegeben sind, solche Chancen aber wahrgenommen oder vertan werden können. Die Gefahr, daß die Parteien nur Träger von Gruppeninteressen sind, ist weitaus geringer als die Tendenz vor allem auf Bundesebene, Politik zu einer Sache für Berufspolitiker zu machen. Es gibt keine reinen Interessenparteien mehr, die sich alle als nicht lebensfähig erwiesen haben, und die Tendenz zur großen Volkspartei erzwingt den Interessenausgleich schon innerhalb der Parteien und Fraktionen. Die Vertreter von Gruppeninteressen in Parteien und Fraktionen haben im übrigen legitime Funktionen, soweit sie innerhalb der durch den guten Geschmack, notfalls auch durch Gesetz zu ziehenden Grenzen der Interessenwahrnehmung bleiben. Je mehr der Typ des hauptberuflichen Managers der Politik in die Parlamente einzieht, desto notwendiger ist der Vertreter von Gruppeninteressen, mindestens zur Verhinderung von ganz an den gesellschaftlichen Vorgängen vorbeigehenden Entscheidungen; freilich muß die Gefahr des Übergewichts einseitiger Interessenwahrnehmung gesehen und vermieden werden. Parlamentsausschüsse, die ganz oder überwiegend mit den Vertretern einer an der dort verhandelten Sache interessierten Berufsgruppe besetzt sind, werden selbst bei dem Willen zu einer gemeinwohlbezogenen Politik zu einseitigen Entscheidungen neigen. Die innerparteiliche Demokratie hängt nicht zuletzt von der Bereitschaft möglichst vieler Bürger zur Mitarbeit ab. Das Par-

teiengesetz schafft die erforderlichen rechtlichen Voraussetzungen
für eine Demokratisierung der Parteien; jedermann, der in einer
Partei tätig werden will, kann sich darauf berufen, daß nach dem
Willen des Gesetzes die Willensbildung nicht von oben nach unten,
sondern von unten nach oben zu vollziehen ist. Allerdings haben
die Parteien selbst sehr lange den Eindruck erweckt, als ob die in
ihnen versammelten Honoratioren am liebsten unter sich bleiben
und die verfügbaren Macht- oder Einflußpositionen unter sich
verteilen wollten.

Gelegentlich ist vorgeschlagen worden, bei der Kandidatenauf-
stellung nach amerikanischem Muster durch die Einführung von
Vorwahlen anderen Personen außer den Parteimitgliedern Einfluß
einzuräumen. Gegenüber solchen Vorschlägen bin ich einstweilen
skeptisch. Es ist sehr viel bequemer, sich der mühsamen und gewöhnlich undankbaren Kleinarbeit in den Parteien zu entziehen,
als hierbei mitzuwirken. Der zutreffende Vorwurf, daß nur ein
verschwindend kleiner Teil der Bevölkerung bei der Kandidaten-
aufstellung faktisch einen erheblichen Teil der Abgeordneten im
voraus bestimmt und jedenfalls eine negative Entscheidung hinsichtlich der nicht Benannten trifft, kann am ehesten durch die Bereitschaft der Bürger, sich in einer der Parteien zu betätigen, aus-
geräumt werden. Vorwahlen honorieren die Trägheit derer, die
nicht mitarbeiten, aber dennoch mitreden wollen.

Die Funktionsfähigkeit der parlamentarischen Demokratie hängt
von der Unabhängigkeit der politischen Parteien gegenüber den
organisierten Interessengruppen ab. Die umstrittene staatliche
Wahlkampffinanzierung dient tendenziell diesem Zweck; ich halte
es für immer noch besser, den Parteien so einen Teil ihrer Finanz-
mittel zukommen zu lassen, als sie in die finanzielle und damit
auch politische Abhängigkeit der Interessengruppen zu drängen.

Schließlich braucht der Wähler das Bewußtsein, daß er zwischen
wirklichen Alternativen wählen kann. Seine Wahlentscheidung
soll nicht nur in unverbindlicher Weise seine Zu- oder Abneigung
gegenüber den Parteien widerspiegeln, sondern ihm Einfluß auf
Regierungsbildung und Regierungsprogramm einräumen. Der
Übergang zu einem mehrheitsbildenden Wahlrecht ist daher nach
wie vor von wesentlicher Bedeutung für die Zukunft der parlamentarischen Demokratie.

Die wichtigste Voraussetzung für die Erhaltung und Verstärkung der Funktionsfähigkeit der parlamentarischen Demokratie

habe ich schon an früherer Stelle genannt: die politischen Parteien müssen, insbesondere auf dem Gebiet der Gesellschaftspolitik, Zielvorstellungen entwickeln. In einem Wahljahr fehlt es nicht an programmatischen Erklärungen über die unmittelbare Zukunft, und es ist legitim, wenn die Parteien dabei vor allem diejenige Form der Selbstdarstellung wählen, die sie im Hinblick auf die erwünschte Wählerentscheidung für besonders ansprechend halten.

Aber Programme, die weit in die Zukunft reichen – und unter Zielvorstellungen verstehe ich solche, die über den Tag der Wahl und die darauffolgende Wahlperiode hinausreichen –, werden, wenn sie ehrlich sind, nicht nur angenehme Sätze oder die Erinnerung an die Leistungen der Vergangenheit enthalten dürfen. Die »Vision unserer Gesellschaft«, von der Biedenkopf in seinem vorhin erwähnten Beitrag spricht, muß auch Probleme zeigen, Schwierigkeiten anerkennen, ja Opfer ankündigen, freilich auch Wege zeigen, die hoffen lassen, daß das Ziel erreicht wird. Das Ziel heißt sicher auch Wohlstand, aber nicht dies allein, sondern eine gerechte und freiheitliche Ordnung.

Beitrag zu Fragen der Verfassungs- und der Kabinettsreform in der Debatte über die Regierungserklärung Bundeskanzler Brandts

Auszug aus dem Protokoll des Deutschen Bundestages vom 30. Oktober 1969

Herr Präsident! Meine sehr geehrten Damen und Herren! Wir haben gestern und heute einen langen Marsch durch die Institutionen hier durchgeführt. Wenn mich mein Eindruck nicht täuscht, sind wir nunmehr bei dem Bereich angelangt, der bei der Bildung dieser Bundesregierung mit am Ausgangspunkt stand, bei dem Bereich der Innen- und der Rechtspolitik im engeren Sinne. Die mir zur Verfügung stehende Zeit wird es nur erlauben, in Stichworten einige der Bereiche anzusprechen. Ich bitte um Entschuldigung, wenn ich manches, was der Erwähnung wert wäre, jetzt nicht behandeln kann.

Ich darf Ihnen, Herr Minister Genscher, zur Frage der Verfassungsreform im Anschluß an die Diskussion vor zwei oder drei Stunden nur noch ein Wort sagen. Ich habe natürlich sehr gern gehört, daß Sie die Antwort der früheren Bundesregierung auf die Anfrage der Kollegen der CDU zum föderalistischen System als eine sehr qualifizierte Arbeit bezeichnet haben. Ich bin dafür um so dankbarer, als ich persönlich mich sehr intensiv um die Formulierung dieser Antwort bemüht habe; ich erwähne es nicht deswegen. Wäre es nicht bei der Möglichkeit, die Sie aufgezeigt haben, sich in einer Kommission den Fragen der Verfassungsreform zu widmen, eine gute Idee, wenn eine Fraktion oder eine Gruppe von Kollegen dieses Hauses, zu denen ich dann vielleicht auch ganz gern gehören würde, diese Anfrage alsbald wieder einbrächte? Die neue Bundesregierung würde Gelegenheit haben – ich würde das mit sehr großem Interesse verfolgen –, entweder die gleiche oder eine in diesem oder jenem Punkt vielleicht unterschiedliche Antwort zu geben und uns dann die Möglichkeit zu geben, zu einem möglichst frühen Zeitpunkt in diesem 6. Bundestag die Fragen, die damals auch zu meinem lebhaften Bedauern hier nicht diskutiert werden konnten, erneut zu behandeln. Ich würde das für einen guten Weg halten. Ich sehe, daß die Initiative natürlich nicht bei der Regierung, sondern beim Parlament liegt. Aber ich würde mich freuen, wenn wir auf diesem Wege alsbald eine Gelegenheit hätten, darüber zu sprechen.

(Beifall bei der CDU/CSU.)

Meine Damen und Herren, ich will jetzt – das soll der einzige Punkt sein, den ich im wesentlichen behandeln möchte – einige Worte über die Kabinettsreform, die uns hier angekündigt worden ist und von der wir mittlerweile einiges erfahren haben, sagen. Auch Herr Bundesinnenminister Genscher hat vorhin noch einmal diese Kabinettsreform als eine, wie er meinte, sehr bedeutende Leistung angekündigt. Ich möchte dazu folgendes sagen. Die Regierungserklärung sagt auf Seite 16 der umgedruckten Fassung: »Die Regierung muß bei sich selbst anfangen, wenn von Reform die Rede ist.« So weit, so gut. Ich kann nur sagen, meine Damen und Herren und Herr Bundeskanzler: Wenn die anderen Reformen, die die Bundesregierung angekündigt hat, in der gleichen Weise verlaufen wie die Reform der Bundesregierung, dann bin ich über die Durchführung der von Ihnen angekündigten Reformen etwas in Sorge.

(Beifall bei der CDU/CSU.)

Wir haben hier eine Menge Vorablob gehabt, das von denjenigen, die die Sache veranstaltet haben, selber gekommen ist. Wir haben eine ganze Reihe von Ankündigungen, spektakuläre, zum Teil auch durchaus werbewirksame Ankündigungen gehabt. Aber die Werbung hält das, was sie verspricht, nicht.

(Beifall bei der CDU/CSU.)

Der Herr Kollege Dorn hat am 15. März 1967 – das war die zweite und dritte Lesung des Gesetzes über die Rechtsstellung der Parlamentarischen Staatssekretäre – hier im Hause gesagt, ich darf das zitieren: »Wir Freien Demokraten haben schon in der ersten Lesung« – nämlich dieses Gesetzes – »darauf hingewiesen, daß wir uns unter Kabinettsreform eigentlich etwas anderes vorgestellt haben als eine Ausweitung der Minister und Staatssekretäre um weitere sieben Damen oder Herren dieses Hauses.« Nun gut, das war 1967. Der Herr Parlamentarische Staatssekretär Dorn – meinen Glückwunsch zuvor! – kann nun natürlich sagen: »Mit fünf Prozent sind Sie dabei.«

Heiterkeit und Beifall bei der CDU/CSU. – Zuruf des Abg. Dr. Rutschke.)

Heute handelt es sich ja – ich werde darauf noch ein wenig einzugehen haben, Herr Kollege Rutschke – im Bereich der Parlamentarischen Staatssekretäre nicht um sieben, sondern um mehr als das Doppelte. Wenn man die Prinzipien, die damals hier verkündet worden sind, heute anwenden wollte, dann könnte man – um wieder einen der populären Werbeslogans aufzugreifen – sagen: Es mag ja sein, daß Sie meinen, daß Sie die richtigen Männer haben; aber müssen die unbedingt alle einen Posten in dieser Regierung haben?

(Heiterkeit und Beifall bei der CDU/CSU.)

Ich werde mich jetzt mit der Abgrenzung der Ressorts nicht im einzelnen beschäftigen können. Dazu würde die Zeit nicht reichen. Der Herr Bundeskanzler hat ja auch angekündigt – dafür bin ich dankbar –, daß eine Übersicht über die Abgrenzung der Zuständigkeiten demnächst vorgelegt werden wird. Das wird Gelegenheit zu einer Detaildiskussion entweder hier im Plenum oder in den Fachausschüssen geben. Manches, was in der Ressortabgrenzung durchgeführt worden ist, halte ich für sachgerecht und zweckmäßig, manches halte ich für fragwürdig, einiges für bedenklich.

Für mit am bedenklichsten, auch in der Art und Weise, wie es gemacht wurde, halte ich folgendes. Die ursprüngliche Meinungsbildung innerhalb der Koalition oder jedenfalls bei dem Herrn Bundeskanzler, war, das Wohnungsbauministerium nicht fortzuführen, wofür in der Tat eine Reihe von Sachargumenten spricht; ich kann und will die Sache jetzt nicht diskutieren. Dann hat sich in einer sehr massiven Weise die einschlägige Lobby eingeschaltet, und dann hat man es dennoch gemacht. Ich glaube nicht, daß dies eine sehr glückliche Entscheidung gewesen ist.

Für wesentlich wichtiger und wesentlich ernster halte ich den Umstand, daß zwar auf der einen Seite – und dessen rühmt sich diese Regierung – eine Reihe von Ministerpositionen eingespart worden sind, fünf an der Zahl, daß statt dessen aber sofort im ersten Zugriff fünfzehn Parlamentarische Staatssekretäre geschaffen worden sind.

Ich will hier gleich, um einer verbreiteten, populären, aber, wie ich glaube, irrigen Meinung entgegenzutreten, sagen, daß es überhaupt nicht oder jedenfalls nicht in erster Linie um die hierdurch entstehenden finanziellen oder haushaltsmäßigen Auswirkungen geht. Ich werde mich mit den Parlamentarischen Staatssekretären sogleich noch etwas im einzelnen zu beschäftigen haben. Aber ich

meine, daß diese Regierung nicht mit hinreichender Sorgfalt geprüft hat, auch bei den beamteten Staatssekretären nicht – dazu
gleich noch ein Wort –, wie die Führungsspitze der Ministerien so
einzurichten ist, daß sie wirklich mit Effizienz – nicht unter finanziellen Gesichtspunkten sparsam, sondern eben rationell und politisch wirksam – arbeiten können.

(Beifall bei der CDU/CSU.)

Eine unrationell arbeitende Regierung ist zweifellos das teuerste
und etwas, was wir uns unter gar keinen Umständen leisten können.

(Beifall bei der CDU/CSU.)

Ich halte es, um es an einem Beispiel aus dem Bereich der beamteten Staatssekretäre zu sagen, Herr Kollege Genscher – ich habe
es Ihnen persönlich im Gespräch schon gesagt –, schlechthin für
unüberlegt, daß das Bundesinnenministerium bei veränderten Zuständigkeiten – auch dazu später vielleicht einmal ein Wort – als
erstes wieder von bisher einem beamteten Staatssekretär zu zwei-
en, genau genommen zu dreien gekommen ist; denn der bisherige
Staatssekretär im Bereich des bisherigen Vertriebenenministeriums
ist ja – was ich in der Sache an sich für zweckmäßig und richtig
halte – gebeten worden, seine Tätigkeit, ich glaube, bis auf weiteres – ich weiß es nicht genau –, fortzuführen.

Herr Kollege Genscher, ich habe, als ich das Amt übernommen
hatte, mit, wie ich glaube, sehr guten Gründen eine Gelegenheit
wahrgenommen, dieses Haus mit einem beamteten Staatssekretär
zu führen. Ich glaube, daß es – darüber gibt es ja Papiere und Stu-
dien im Hause, die ich Ihrer Aufmerksamkeit nur anempfehlen
kann – für die Wirksamkeit der Arbeit in diesem Hause nicht
schlechter, sondern besser ist, es so zu machen wie bisher. Leider
sind diese Vorabentscheidungen zunächst einmal getroffen, und Sie
haben sich, wie ich fürchte, in Ihrem Bereich die Möglichkeit zu
einer wirklichen Modernisierung im Sinne der Empfehlungen, die
Ihnen vorliegen, bereits verbaut. Das führt dann – und das nur
nebenbei – zu teilweise, fürchte ich, Herr Bundesinnenminister,
grotesken Situationen.

Ich verstehe überhaupt nicht – um das an einem Beispiel zu
sagen – eine der organisatorischen Maßnahmen, die wohl getroffen worden ist, nämlich die Teilung der bisherigen Abteilung
öffentliche Sicherheit in eine Unterabteilung I mit Unterstellung
unter den einen der beamteten Staatssekretäre und zwei andere

Unterabteilungen mit Unterstellung unter den anderen Staatssekretär. Der Herr Bundeskanzler hat sich mit der Verbrechensbekämpfung beschäftigt und sich gerühmt, daß die Bundesregierung da etwas tun werde. Darüber kann ich jetzt nicht sprechen. Ich halte es für einen geradezu grotesken Fehlweg, wenn man auf diese organisatorische Weise die Unterstellung der kriminalpolizeilichen Zuständigkeiten des Bundes unter einen beamteten Staatssekretär und der übrigen polizeilichen Angelegenheiten unter einen anderen beamteten Staatssekretär vornimmt.

(Beifall bei der CDU/CSU.)

Wie das funktionieren soll, wird wohl heute oder bei späterer Gelegenheit zu erläutern sein. Im übrigen werden wir das erleben. Ich glaube nicht, daß das funktionieren kann.

Meine Damen und Herren, es hat mit, wie ich meine, sehr großer Sachkunde erarbeitete Vorschläge einer Projektgruppe für die Reform der Bundesregierung und Bundesverwaltung auf Grund von Beschlüssen der vorigen Bundesregierung gegeben. Ich fürchte, daß sie bei den Koalitionsverhandlungen nicht bekannt waren oder jedenfalls unbeachtet geblieben sind.

Noch ein Wort zu der Zahl der Parlamentarischen Staatssekretäre. Die Institution – ich komme darauf, soweit meine Zeit recht, noch mit einigen Bemerkungen zurück – wird von uns – das hat die Debatte über das Gesetz in der vorigen Wahlperiode ergeben – bejaht. Alle Gesetzesmaterialien, von denen ich doch annehmen möchte, daß sie in den zuständigen Bundesressorts gelesen worden sind, weisen eindeutig aus, daß es die Intention des Gesetzgebers dieses Hohen Hauses war, in den am stärksten belasteten großen Häusern – aber nur in diesen – die Parlamentarischen Staatssekretäre einzurichten. Ich zitiere den Kommentar, erschienen in der Sammlung »Das deutsche Bundesrecht«, der sagt, daß es dem Sinne des Gesetzes entspricht, in diesen – und nur in diesen – Ressorts diese Institutionen einzurichten. Ich frage mich, ob sich die neue Bundesregierung überhaupt solche Gedanken gemacht hat und ob sie nicht im ersten Zugriff vielmehr gemeint hat, das einmal von den Personen her regeln zu sollen.

Das führt dann zu ganz merkwürdigen Situationen. Hier gibt es einen Vorgang, mit dem ich Herrn Bundesminister Lauritzen ansprechen möchte. Ich darf folgende Passage Ihrer, aber auch der Aufmerksamkeit des Herrn Bundeskanzlers, der zugleich angesprochen ist, empfehlen. Ich lese in der »Bonner Rundschau« vom

25. Oktober 1969, daß sich der Bundesminister Dr. Lauritzen in der Kommunalwahl um den Posten eines Bürgermeisters der Stadt Bad Honnef bewirbt.

(Hört! Hört! bei der CDU/CSU.)

Wie er dann dem Interviewer erklärt hat, sehe er keinerlei Schwierigkeiten in der Verbindung des Ministeramts mit dem des Bürgermeisters.

(Lachen in der Mitte.)

Ich will jetzt mal beiseite lassen, daß es da eine Bestimmung im Bundesministergesetz gibt – ich gehe davon aus, daß sie eingehalten wird – zu der Frage, ob ein Bundesminister ein öffentliches Ehrenamt einnehmen soll. Es heißt dort, daß er es nicht soll und daß die Bundesregierung Ausnahmen zulassen kann. In diesem Interview heißt es weiter, das würde keine Schwierigkeiten machen; denn Herrn Minister Lauritzen werde dies in dem speziellen Falle um so leichter möglich sein, als ihm, was bisher nicht der Fall war, in seinem Ministerium ab sofort ein Parlamentarischer Staatssekretär zur persönlichen Entlastung zur Verfügung stehe.

(Hört! Hört! und Heiterkeit bei der CDU/CSU.)

Das gebe ihm die Möglichkeit, politisch in der Öffentlichkeit mehr in Erscheinung zu treten als bisher. So würde es kein zeitliches Problem darstellen, Rats- und Hauptausschußsitzungen zu leiten und die repräsentativen Aufgaben eines Bürgermeisters wahrzunehmen.

(Lachen und Zurufe von der CDU/CSU.)

Meine Damen und Herren, ich sage mit aller Deutlichkeit, daß die Institution des Parlamentarischen Staatssekretärs mißbraucht würde, wenn sie dazu dienen soll, die außerdienstlichen – sicher ehrenwerten, sicher verdienstvollen, aber eben außerdienstlichen – Aktivitäten eines Bundesministers zu ermöglichen.

(Beifall bei der CDU/CSU.)

Das ist ein Verstoß – wie ich meine – nicht nur gegen den Sinn, sondern gegen den Wortlaut des Gesetzes, und zwar nicht nur des Gesetzes über die Parlamentarischen Staatssekretäre, sondern des Gesetzes über die Rechtsstellung der Bundesminister. Ich wiederhole: Ich empfehle diesen Vorgang der Aufmerksamkeit des Chefs der Regierung, des Herrn Bundeskanzlers.

Meine Damen und Herren, mir bleiben – wenn ich es richtig sehe, Herr Präsident – etwa knapp fünf Minuten. Ich möchte ein kurzes Wort zu der Institution des Bundesministers im Bundeskanzleramt sagen. Ich weiß nicht, ob Herr Minister Ehmke da ist; ich habe mich immer so gern mit ihm gestritten, und ich würde mich sehr gerne auch jetzt mit ihm streiten, so weit die Zeit reicht. – Mit dieser Institution wird, wir mir scheint, mit den Organisationsnormen des Grundgesetzes in einer merkwürdigen Weise umgegangen. Es wird ja dem Herrn Bundesminister Professor Dr. Ehmke eine Anekdote zugeschrieben, und in einer Abwandlung dieser Anekdote möchte ich sagen: Es ist in der Tat also nicht so wichtig, welchen Geschäftsbereich der Herr Bundesminister Ehmke hat, denn er wird ja, wie er sicherlich selber meint, überall gebraucht.

(Heiterkeit bei der CDU/CSU.)

Ich bin nicht sicher, Herr Bundesminister Ehmke, ob Sie nun der allmächtige Hausmeier des Bundeskanzlers oder eine Art Gebrechlichkeitspfleger der auf schwankenden Grundlagen stehenden Regierungskoalition sind; ich nehme an, beides.

(Heiterkeit und Beifall bei der CDU/CSU.)

Hier leuchtet jetzt schon die gelbe Lampe auf, und ich muß meinen Beitrag sehr abkürzen; aber ich werde Ihnen das vielleicht einmal in einer Notiz zuleiten. – Ich glaube, daß die Organisationsnormen, insbesondere Art. 62 des Grundgesetzes, in einer bedenklichen Weise tangiert sind, wenn man das so macht, wie die gegenwärtige Bundesregierung es macht.

Hinzu kommt ja, daß das Bundeskanzleramt nicht nur mit dem Bundesminister und – soll ich es so sagen – »Unterbundeskanzler« Professor Ehmke, sondern auch mit einem Parlamentarischen Staatssekretär, einer Dame, und einem beamteten Staatssekretär besetzt ist, also doch eine ganz erhebliche Kopflastigkeit aufweist.

(Zuruf von der CDU/CSU: Die haben's nötig!)

Das Amt des Stellvertreters des Bundeskanzlers, das des Vizekanzlers, bleibt ja wohl eine Farce. Es bleibt von der Institution des Vizekanzlers wohl nur der klangvolle offiziöse Titel.

Ich muß leider – und ich bedaure das – zur Frage der Parlamentarischen Staatssekretäre jetzt auf weitere Ausführungen verzichten. Einen Satz darf ich, Herr Präsident, vielleicht noch dazu sagen. Ich höre da von verschiedenen Absichten, bei denen ich nur empfehlen kann, das nachzulesen, was der jetzige Staatssekretär im Bundesinnenministerium, Herr Dr. Schäfer, in der einschlägigen Literatur geschrieben hat: Ein Ausbau dieser Institution – nach Meinung von Herrn Staatssekretär Dr. Schäfer – ohne Änderung des

Art. 62 des Grundgesetzes ist nicht möglich. – Wir bieten unsere Mitarbeit dabei an. Aber, Herr Bundeskanzler, es ist unmöglich, daß zunächst einmal vollendete Tatsachen geschaffen werden sollen und daß dann die Opposition zur gefälligen Mitarbeit an notwendigen Grundgesetzänderungen eingeladen wird.

(Beifall bei der CDU/CSU. – Zuruf von der CDU/CSU. Das ist der Beginn der neuen Demokratie!)

Dies mitzumachen sind wir nicht bereit.

Einen allerletzten Satz; denn ich kann über Fragen der Personalpolitik nichts mehr sagen; die Zeit reicht dazu nicht aus. Ich warne davor – und es wird Gelegenheit geben, sich damit zu beschäftigen — das fortzusetzen, was in einigen Bereichen – ich verallgemeinere das nicht – geschieht. Die manchmal groteske Hast, die dabei zum Teil an den Tag gelegt wird, erweckt den Eindruck, als ob die derzeitige Bundesregierung sich selbst nur hundert Tage gibt, also – um in dem Bild zu bleiben – selber meint, daß aus dieser Belle-Alliance sehr bald ein Waterloo werden wird.

(Anhaltender lebhafter Beifall bei der CDU/CSU.)

Rede zum Haushalt des Bundesinnenministeriums 1970

Auseinandersetzung mit dem Amtsnachfolger Hans-Dietrich Genscher
— einem fairen und fähigen Gegner

Auszug aus dem Protokoll des Deutschen Bundestages vom 5. Juni 1970

Frau Präsidentin! Meine sehr geehrten Damen und Herren! Ich habe, Frau Präsidentin, um eine etwas längere Redezeit gebeten – das möchte ich korrekterweise von mir aus sagen –, aber zugleich mit dem Bemerken verbunden, daß das vorsorglich geschieht und daß ich hoffe, die von mir erbetene Zeit nicht voll in Anspruch nehmen zu müssen.

Vizepräsident Frau Funcke: Die Fraktion hat 45 Minuten beantragt.

Benda (CDU/CSU): Meine Damen und Herren, das Bundesinnenministerium ist natürlich für die Betrachtung der Politik jeder Bundesregierung – und ganz sicherlich auch dieser Bundesregierung – von ganz besonderer Bedeutung. Das rechtfertigt wohl auch eine intensive Betrachtung der Politik des Herrn Bundesministers des Innern, und zwar aus verschiedenen Gründen.

Erstens. Das Bundesinnenministerium ist das zentrale Ressort für die gesamte Innenpolitik. Darüber hinaus ist es das Verfassungsministerium; es hat infolgedessen auch übergreifende Aufgaben und Funktionen bis in den Bereich der Außenpolitik hinein, z. B. wenn es um den Abschluß völkerrechtlicher Verträge geht.

(Zuruf von der CDU/CSU: Sehr wohl!)

Der zweite Gesichtspunkt ist der, daß sich die Regierung ja als eine »Regierung der inneren Reformen« vorgestellt hat. Sie ist daher bei dieser Haushaltsdebatte an diesem ihrem eigenen Anspruch zu messen. Dabei ist für die Betrachtung dieses Teils natürlich auch von Bedeutung, daß der Chef dieser Regierung offensichtlich die Außenpolitik also Solopart für sich mit Beschlag belegt.

Drittens. Die Person des gegenwärtigen Bundesministers des Innern ist für das Zustandekommen und für den Bestand dieser

Regierung von ausschlaggebender Bedeutung. Er ist ein Faktor, der nicht hinweggedacht werden kann, ohne daß der Erfolg entfiele.

Ich darf noch eine persönliche Vorbemerkung machen. Als ich vor sieben Monaten dem gegenwärtigen Bundesminister des Innern die Leitung des Hauses in der Rheindorfer Straße übergeben habe, habe ich mich an die Haushaltsdebatte über den Einzelplan des Bundesinnenministeriums im März 1969 erinnert, also jetzt vor einem Jahr. Der erste Sprecher der damaligen Opposition war der jetzige Parlamentarische Staatssekretär im Bundesministerium des Innern, Herr Kollege Dorn. Nach Herrn Dorn sprach dann als zweiter Redner Herr Kollege Genscher, der jetzige Bundesminister des Innern. Ich weiß nicht, ob ich jemand zumuten kann, sich die Mühe zu machen, die beiden Reden oder die Protokolle der damaligen Debatte noch einmal nachzulesen. Wer es tut, wird sicher verstehen, daß ich im Lichte der damaligen Diskussion sagen möchte, daß ich Herrn Kollegen Genscher als einen fairen und als einen fähigen Gegner betrachte und daß ich versuchen möchte, mich in der gleichen Art jetzt mit ihm auseinanderzusetzen, wie er es damals getan hat.

(Beifall bei der CDU/CSU.)

Herr Kollege Dorn hat in der damaligen Debatte erklärt, die Berufung meines Freundes Heinrich Köppler zum Parlamentarischen Staatssekretär im Bundesministerium des Innern sei fast die einzige Entscheidung von mir gewesen, die die FDP hätte unterstützen können. Es lohnt sich sicherlich angesichts des nordrhein-westfälischen Landtagswahlkampfes, diese Meinung von Herrn Kollegen Dorn noch einmal in Erinnerung zu rufen.

(Heiterkeit bei der CDU/CSU.)

Ich möchte mich, Herr Kollege Dorn und Herr Kollege Genscher, insoweit nicht revanchieren und heute nicht so weit gehen, daß ich sage, daß die Berufung des Herrn Dorn zum Parlamentarischen Staatssekretär im Bundesministerium des Innern die einzige Entscheidung des Bundesministers Genscher gewesen sei, die die CDU/CSU mißbilligt.

(Beifall bei der CDU/CSU.)

Meine Damen und Herren, der Bundesminister des Innern ist der Personalchef der Regierung. Er ist für das ganze öffentliche Dienstrecht auf Bundesebene verantwortlich. Er ist Organisationsminister, er ist Verfassungsminister und, Herr Genscher, ob es Ihnen nun paßt oder nicht, er ist auch Polizeiminister oder, wenn Sie diesen Ausdruck zu ruppig finden, er ist jedenfalls der für die öffentliche Sicherheit verantwortliche Bundesminister. Manchmal habe ich den Eindruck, als ob Ihnen diese Bezeichnung als Polizeiminister weh täte, aber die Verhältnisse ändern sich dadurch nicht; sie sind einmal so.

(Abg. Dr. Arndt [Hamburg]: Soweit der Bund zuständig ist!)
– Soweit der Bund zuständig ist, Herr Kollege Dr. Arndt. Zu diesem Thema werde ich mir nachher erlauben, noch ein besonderes Wort zu sagen.

Ich habe vor, mich im wesentlichen mit diesen klassischen Aufgaben des Bundesinnenministers in möglichster Kürze zu beschäftigen. Ich gehe dabei davon aus, daß das Innenministerium ein Modell für die gesamte Regierung ist oder sein könnte und daß der Innenminister in seinen Entscheidungen Vorbild für andere Kabinettsmitglieder ist oder sein könnte.

Die FDP hatte ihren Bundestagswahlkampf mit dem uns allen noch in Erinnerung befindlichen Slogan bestritten: »Wir schneiden die alten Zöpfe ab!« Als dann Herr Genscher Bundesminister des Innern wurde, haben wir mit besonderer Spannung erwartet, wie er nun dieses Motto in seinem eigenen Hause verwirklichen würde. Was die Personalentscheidungen anlangt, haben wir allerdings weniger die Kunst des Abschneidens alter, als vielmehr das Wiederankleben früherer Zöpfe in diesem Hause bei seinen Personalentscheidungen kennengelernt. Das hat zu dem Ergebnis geführt, daß die Führungsspitze des Bundesinnenministeriums vielköpfig und auch ziemlich heterogen geworden ist. Ich will mich darauf beschränken, das hier festzuhalten. Das ist, Herr Minister, ein Problem, mit dem Sie fertig zu werden haben, nicht ich.

Was die Personalpolitik des Ministers auf anderer Ebene als der seines Hauses und seines ja sehr umfangreichen Geschäftsbereiches angeht, so stellen meine Freunde und ich mit Genugtuung fest, daß sie nach anfänglichen Ungereimtheiten – wir haben sie an dieser Stelle ja schon gelegentlich erörtert – doch wesentlich rationaler geworden ist. Ich möchte Ihnen gerne bescheinigen, daß Sie nicht nur nach den Grundsätzen des Beamtenrechts handeln, sondern auch, und zwar berechtigterweise, im wohlverstandenen Eigeninteresse. Ich nehme an, Sie haben erfahren, daß ein intelligenter Beamter, selbst wenn er schrecklicherweise der CDU oder der CSU angehören sollte, für Sie immer noch ein besserer Helfer sein kann als ein weniger fähiger Beamter, der vielleicht Ihrer Partei oder der Partei des Koalitionspartners nahesteht.

(Abg. Schwabe: Sie haben heute den Schalk im Nacken!)
– Ja, Herr Kollege Schwabe, nach den erbitterten Gefechten um den Saar-Pfalz-Kanal hoffe ich, daß Sie darüber nicht allzu böse sind.

(Heiterkeit bei der CDU/CSU.)
Ich kann dem Beamtenminister jedenfalls bestätigen, daß er, was die Personalpolitik insoweit anlangt, vielleicht Vorbild für seine Kabinettskollegen sein könnte, von denen ich den Ordinarius mit der Maschinenpistole im Bundeskanzleramt nennen möchte,

(Heiterkeit bei der CDU/CSU.)
aber auch die Frau Kollegin Strobel, zu deren Personalpolitik Herr Kollege Rollmann vorgestern hier das Notwendige gesagt hat.

(Beifall bei der CDU/CSU.)
Was den Organisationsminister Genscher anlangt, kann ich ihm das gleiche Lob nicht ausstellen. Herr Genscher hat bei seinem Amtsantritt in seinem Hause eine Modellstudie für eine moderne Organisation des Bundesinnenministeriums vorgefunden.

(Zuruf von der SPD: Von wem denn wohl?)
– Ich bin gerade dabei, es zu sagen. Sie ist damals von einer Arbeitsgruppe von kompetenten Beamten, angesehenen Vertretern der einschlägigen Wissenschaften und Organisationsexperten der freien Wirtschaft erarbeitet worden und war bei der Amtsübernahme fertiggestellt und in den Gesprächen mit der früheren Leitung des Hauses gebilligt. Ich habe den Eindruck, daß diese Expertenarbeit, die ich nach wie vor für einen hochbeachtlichen Beitrag über die Organisation des Bundesinnenministeriums hinaus halte, ohne jede ernsthafte Prüfung in den Papierkorb gewandert ist, wobei ich nicht sicher bin, Herr Minister, ob es sich um Ihren Papierkorb oder um den Papierkorb des Herrn Staatssekretärs Schäfer handelt. Aber irgendwo jedenfalls liegt sie im Papierkorb.

Statt dessen feiert nunmehr die Zellteilung der Referate, ein altes Leiden des Bundesinnenministeriums, fröhliche Urstände. Das Ministerium ist um wichtige Aufgaben erweitert worden: Vertriebenenangelegenheiten, Umweltfragen und anderes. Es hätte gerade jetzt in einer organisatorischen Straffung seine Leistungsfähigkeit wesentlich verbessern können und müssen. In Wirklichkeit hat man angebaut wie an eine Villa aus der Gründerzeit. Das ist das organisatorische Bild des heutigen Bundesinnenministeriums.

In dem Zusammenhang darf ich noch einmal auf ein Thema zurückkommen, das ich schon in der Behandlung der Regierungserklärung habe anklingen lassen, nämlich die absurde Aufspaltung der Abteilung Öffentliche Sicherheit, nach der die polizeilichen Aufgaben des Bundes nicht nur unter zwei verschiedenen Abteilungen, sondern auch unter der fachlichen Leitung von zwei verschiedenen beamteten Staatssekretären wahrgenommen werden. Herr Ehmke will uns glauben machen, daß im Kanzleramt die Zukunft begonnen hat. Im Innenministerium bewegt man sich auf den ausgefahrenen Organisationsgleisen des 19. Jahrhunderts, ein Zustand, der nach meiner Auffassung dringend der Änderung bedürfte.

Ich begrüße es, daß die vom Kabinett Kiesinger eingerichtete Projektgruppe zur Modernisierung der Bundesregierung und der Bundesverwaltung ihre Arbeit fortsetzt. Ich begrüße auch, daß sie nunmehr dem Innenministerium unterstellt ist. Vielleicht wird dies einen guten Einfluß auch auf das Innenministerium selbst in seiner Organisation haben. Wir werden die Arbeitsergebnisse dieser Projektgruppe mit großem Interesse erwarten.

Ein letzter Hinweis zum Thema Organisation. In seiner Haushaltsrede am 3. April 1968 hatte mir Herr Dorn ans Herz gelegt – ich war damals einen Tag im Amt, Herr Dorn, wie Sie sich erinnern werden, und Sie gaben mir gute Ratschläge, darunter auch diesen –, mich sofort von der Abteilung Raumordnung zu trennen und sie dem Bundeswohnungsbauminister zu übergeben. Diese Gelegenheit hat ja nun unter tatkräftiger Mithilfe auch des Herrn Dorn der neue Bundesinnenminister jetzt vor sieben Monaten gehabt. Es hat in der Tat ein großes Tauziehen um die Zuständigkeiten gegeben. Nur haben wohl Herr Dorn und Herr Genscher bei dieser Gelegenheit versehentlich am falschen Ende des Taues gestanden.

(Heiterkeit und Beifall bei der CDU/CSU.)

Sie, Herr Minister Genscher, haben inzwischen auch Gelegenheit gehabt und auch genommen, sich als Verfassungsminister zu präsentieren. Sie haben Gesetzentwürfe zur Änderung des Grundgesetzes hier bzw. beim Bundesrat eingebracht. Ich will über sie heute nicht im einzelnen diskutieren, aber doch feststellen, daß diese Initiative der einstweilen einzige Ansatz in allen Ressorts der Bundesregierung zu einer Politik der inneren Reform ist, die die Regierung ja versprochen hat.

Was die Verfassungsreform angeht, so hat sich die CDU/CSU grundsätzlich bereit erklärt, an ihr mitzuwirken. Wir haben die Einsetzung einer Enquete-Kommission beantragt, da wir der Auffassung sind, daß dies eine der vornehmsten Aufgaben des Deutschen Bundestages ist.

Wir meinen, daß die Reformüberlegungen in einem weiteren Rahmen angestellt werden sollten und nicht darauf beschränkt werden dürfen, nur einfach dem Bund Zuständigkeiten zu übertragen. Es wird nach unserer Meinung neben der Frage der bundesstaatlichen Struktur oder neben den Einzelfragen aus diesem Bereich eine ganze Reihe weiterer Fragen geben, die von der Enquete-Kommission geprüft werden müssen. Ich darf in dem Zusammenhang auch die Rechtsstellung der Parlamentarischen Staatssekretäre erwähnen. Die Beantwortung einer entsprechenden Kleinen Anfrage meiner Fraktion hat gezeigt, daß die Regelung in den einzelnen Bundesressorts höchst unterschiedlich, höchst ungereimt ist und vielfach mindestens mit dem Geist des Gesetzes im Widerspruch steht.

Die uns täglich vor Augen stehende Problematik des im Grundgesetz festgelegten Ressortprinzips im Verhältnis zwischen dem Bundeskanzler und seinem Außenminister sollte auch ein Denkanstoß für die Enquete-Kommission sein. Die bisher bekannten Organisationsvorstellungen über den Ausbau des Kanzleramts zu einem Überministerium lassen auch diese Grundsatzfrage als besonders dringlich und der Nachprüfung wert erscheinen.

(Beifall bei der CDU/CSU.)

Den Verfassungsauftrag zur Neugliederung des Bundesgebiets, Herr Minister Genscher, möchte ich nur deshalb erwähnen, weil Sie selbst in den vergangenen Jahren über dieses Thema sehr viel gesprochen haben, insbesondere in Ihrer damaligen Stellung als Sprecher der Opposition. Ich nehme an, daß Sie in der Zwischenzeit die Vielschichtigkeit und die Schwierigkeit dieses Unternehmens selber von einer anderen Warte aus kennengelernt haben und vielleicht ein wenig anders sehen als damals, als Sie den damaligen Regierungen und Amtsinhabern schwere Versäumnisse auf diesem Gebiet vorhielten. Bisher haben Sie zur Frage der Neugliederung auch nicht mehr getan, als die Bildung einer Regierungskommission und allerdings die Bewilligung der Planstelle eines Ministerialdirektors anzuregen. Dies allein wird das Problem sicher nicht lösen.

(Beifall bei der CDU/CSU.)

Das ist gar nicht einmal ein Vorwurf, Herr Minister Genscher; denn ich glaube auch einiges von den Schwierigkeiten des Problems zu wissen. Es ist nur eine Betrachtung zum Funktionswandel eines Politikers angesichts eines solchen Themas.

Meine Freunde und ich begrüßen, Herr Minister Genscher, daß der Bundesinnenminister seine Zuständigkeit als Verfassungsminister dem Bundesjustizminister gegenüber energisch verteidigt. Wir sind der Auffassung, daß er der eigentliche Gesprächspartner des Parlaments in Verfassungsangelegenheiten ist und sein sollte.

(Beifall bei der CDU/CSU.)

Einige Bemerkungen zum Thema der öffentlichen Sicherheit. Dem Bundesinnenminister sind wichtige Instrumente der öffentlichen Sicherheit anvertraut, von denen ich als erstes den Bundesgrenzschutz erwähne. Sie haben bei Ihrem Amtsantritt fertig ausgearbeitete Pläne für den Ausbau des Bundesgrenzschutzes vorgefunden, auch für die Beantwortung der Frage, wie sich der BGS auf die neuen, ihm von der Notstandsverfassung übertragenen Aufgaben vorbereiten soll. Nach Ihren eigenen Darlegungen vor dem Bundestagsinnenausschuß und Ihren öffentlichen Äußerungen – ich erwähne Ihre Rede auf der Kommandeurstagung in Hangelar – möchte ich, vor allem angesichts der im Haushaltsplan eingesetzten Verstärkungsmittel, feststellen, daß Sie die unter meiner damaligen Verantwortung aufgestellte Planung organisch fortführen. Meine Freunde und ich stimmen Ihnen auch darin zu, daß die primäre Aufgabe des Bundesgrenzschutzes die Sicherung der Grenze und der Demarkationslinie bleiben muß. Ich halte es aber nach wie vor für wichtig – ich meine, daß wir uns auch darin einig sind –, daß der Bundesgrenzschutz polizeilich so ausgebildet wird, daß er seine Aufgaben im Innern des Bundesgebiets dort, wo es rechtlich zulässig und nach der Lage notwendig ist, voll wahrnehmen kann. Dazu gehören die Ausbildung und der Einsatz nicht nur in einem größeren Verband, sondern auch in kleineren Gruppen, auch im Einzeldienst, wie dies z. B. bei der Sicherung des Frankfurter Flughafens gerade in den letzten Wochen in Erscheinung trat.

Wir stimmen mit Ihnen auch darin überein, daß der Charakter des Bundesgrenzschutzes als einer disziplinierten, vorzüglichen Polizeitruppe unbedingt erhalten bleiben muß.

Schließlich unterstützen wir Sie darin, daß die Wahrnehmung grenzpolizeilicher Aufgaben einschließlich der Paßnachschau in den

Bereich des Innenressorts gehört und daher der Grenzschutzeinzeldienst erhalten bleiben muß. Ich meine, daß die soeben vorgelegte Kriminalstatistik eine andere Beurteilung nicht zuläßt. Gerade die gefährlichsten Kriminellen sind in der Mehrzahl reisende Täter, die nur von hierfür besonders vorgebildeten Polizeibeamten wirkungsvoll verfolgt werden können.

Damit bin ich bei dem allgemeineren Thema der Verbrechensbekämpfung. Auch in diesem Bereich konnten Sie auf langfristige Planungen aus der Amtszeit Ihres Vorgängers zurückgreifen: Ich meine den sogenannten Fünfjahresplan zum Ausbau des Bundeskriminalamts.

Die Bundesregierung hat bereits in ihrer Regierungserklärung ein Sofortprogramm zur Intensivierung der Verbrechensbekämpfung angekündigt. Vorgelegt ist es diesem Hause bisher noch nicht, obwohl mittlerweile sieben Monate vergangen sind. Ich meine, daß man nach diesem Zeitablauf von einem Sofortprogramm wohl nicht mehr reden kann. Ich gehe im übrigen davon aus, daß das Sofortprogramm nichts anderes darstellt als die erste Stufe des schon von mir vorgelegten Fünfjahresplans.

Wir haben vor wenigen Tagen mit Interesse die schriftliche Antwort auf die von meiner Fraktion eingebrachte Große Anfrage zur Verbrechensbekämpfung gelesen. Darüber wird in diesem Hohen Hause intensiv debattiert werden müssen. Ich möchte daher jetzt nicht auf Einzelheiten eingehen, sondern nur auf das in der Antwort – die Kriminalstatistik bestätigt das leider – dargelegte erschreckende Anwachsen der Kriminalität vor allem in drei Bereichen. Neu ist das erhebliche Ansteigen im Bereich der Gewaltverbrechen, der Rauschgiftdelikte und der Straftaten, die von Minderjährigen begangen werden.

Es besteht zwischen Herrn Minister Genscher und uns Übereinstimmung darüber, daß der personelle und organisatorische Ausbau des Bundeskriminalamts intensiv und organisch fortgesetzt werden muß. Wir begrüßen daher, daß hierfür im Haushaltsplan erhebliche Mittel in Ansatz gebracht wurden. Wir meinen aber – die Aussprache über unsere Große Anfrage wird Gelegenheit geben, das Thema weiter zu verfolgen –, daß weitere Maßnahmen im polizeilichen Bereich, insbesondere eine Verbesserung der Polizeistruktur im Bund und in den Ländern, nötig sein werden.

Ich komme nun auf einen Bereich der inneren Sicherheit zu sprechen, den der Herr Bundesinnenminister unserer Auffassung nach vernachlässigt: ich meine den Bereich der politischen Kriminalität. Es gab bald nach der Amtsübernahme die Episode – hoffentlich war er nur eine Episode – mit den »Schwarzen Panthern«. Ich will sie hier nicht intensiv nachvollziehen. Aber Sie werden sich daran erinnern, daß einer der Führer der gewalttätigen amerikanischen Negerorganisation in das Bundesgebiet einreisen wollte, um sich hier an Demonstrationen der APO gegen die amerikanischen Streitkräfte zu beteiligen. Die Beamten des Innenministeriums verhängten zunächst ein Einreiseverbot, wahrscheinlich weil sie über die Gefährlichkeit dieses Mannes von den zuständigen Dienststellen unterrichtet waren. Nachdem »Big Man«, wie er genannt wurde, bereits zurückgewiesen war, hat Herr Genscher das Einreiseverbot wieder aufgehoben, weil er, wie ich annehme, diesen Herrn für eine harmlose Erscheinung hielt.

(Abg. Dr. Rutschke: Nein!)

Wir haben über diese Entscheidung in diesem Hause mehrfach diskutiert. Nachdem nun auch in deutschen Städten von der extremen Linken geschossen wird, ist es notwendig, diesen Vorgang noch einmal aufzugreifen, Herr Kollege Dr. Rutschke.

(Beifall bei der CDU/CSU.)

Ich möchte die Frage stellen, von wem die radikalen Mitglieder der APO den Umgang mit Waffen gelernt haben. Haben sie das an der Freien Universität Berlin oder im Republikanischen Club gelernt?

(Beifall bei der CDU/CSU.)

Oder ist es vielleicht so, daß Leute wie »Big Man« oder andere »Schwarze Panther«, die sich inzwischen im Bundesgebiet aufhalten, hierfür einstweilen noch die technisch besseren Kenntnisse haben? Auch das könnte sich ändern.

Zum Thema der inneren Sicherheit gehört die Feststellung, daß die Demonstrationen der radikalen Linken insbesondere – aber nicht nur – in meiner Heimatstadt Berlin immer bedrohlichere und gefährlichere Formen annehmen. Wie gefährlich die Situation mittlerweile ist, zeigt die jüngste Äußerung des Innensenators von Berlin, der öffentlich von der Möglichkeit der Notwendigkeit des Waffengebrauchs durch die Polizei gesprochen hat.

Als ich Bundesinnenminister war – ich war es damals erst wenige Wochen –, fanden bekanntlich die sogenannten Osterunruhen und dann einige Zeit später die Aktionen und Demonstrationen anläßlich der Verabschiedung der Notstandsverfassung statt. Damals sprachen wir von dem heißen Sommer 1968. Aber kein Innenminister, kein Innensenator des Bundes und der Länder hat die Möglichkeit des Schußwaffengebrauchs auch nur zu erwähnen brauchen. Diese Situation hat sich damals sicherlich nicht ergeben. Ich sage das übrigens nicht als eine Kritik an Herrn Senator Neubauer, sondern ich sage es, um klarzustellen, wie die Lage in unserem Lande inzwischen geworden ist.

Vor wenigen Wochen, in der Debatte über Demonstrationsdelikte und die Amnestie, ist hier von den Koalitionsfraktionen im Zusammenhang mit der Amnestie der Befriedungseffekt beschworen worden. Mittlerweile hat sich diese Illusion als eine Seifenblase erwiesen, die vor aller Öffentlichkeit geplatzt ist.

(Beifall bei der CDU/CSU.)

Ich frage den Bundesminister des Innern, warum er geschwiegen hat, als die Polizeipräsidenten deutscher Großstädte vor einer Aufweichung der Strafbestimmungen über den Gemeinschaftsfrieden gewarnt haben. Ich frage, warum er geschwiegen hat und warum er nicht Einfluß genommen hat auf seine Parteifreunde, insbesondere die Kollegin Frau Dr. Diemer-Nicolaus, die sich ganz besonders für eine extreme Aufweichung des Strafrechts in diesem Bereich eingesetzt hat. Ich frage mich, warum der Bundesinnenminister zu den Straßenkämpfen bei der Kambodscha-Demonstration in Berlin schweigt, warum er zu den Vorfällen bei der alliierten Truppenparade an der Technischen Universität Berlin schweigt und warum er nur in Form eines allgemeinen Bedauerns zu der gewaltsamen Entführung des Brandstifters Bader, bei der ein Mensch lebensgefährlich verletzt worden ist, sich geäußert hat.

(Beifall bei der CDU/CSU.)

Vizepräsident Frau Funcke: Herr Kollege, gestatten Sie eine Zwischenfrage der Abgeordneten Frau Diemer-Nicolaus?

Benda (CDU/CSU): Bitte schön.

Frau Dr. Diemer-Nicolaus (FDP): Herr Kollege Benda, Sie haben mich soeben zitiert und gesagt, daß ich einen extremen Standpunkt hinsichtlich der Demonstrationsdelikte eingenommen hätte. Würden Sie bitte diese Äußerung vielleicht in der Form klarstellen, daß ich mich immer mit aller Entschiedenheit gegen die unfriedliche Demonstration gewandt und immer wieder betont habe – auch in der Haushaltsbedatte –, daß Gewalttätigkeiten unter keinen Umständen geduldet werden können?

(Beifall bei den Regierungsparteien. – Zurufe von der CDU/CSU.)

– Doch, das kann man unterscheiden. Auch die Polizei hat gesagt, sie greife nur den harten Kern. Ich möchte das von Ihnen nur gern klargestellt haben, daß Ihre Äußerung »extremer Standpunkt« nicht in diesem Sinne verstanden werden kann.

Benda (CDU/CSU): Frau Kollegin Dr. Diemer, ich habe Sie nicht zitiert, sondern ich habe Sie in Ihrer Haltung charakterisiert, und ich glaube, ich sehe Ihre Haltung so richtig.

(Beifall bei der CDU/CSU.)

Ich bestätige Ihnen sehr gern, daß Sie hier bei verschiedenen Gelegenheiten zum Ausdruck gebracht haben, daß Sie gegen Gewalttaten im Zusammenhang mit diesen Vorgängen wie überhaupt sind. Aber ich bleibe bei meiner Meinung, daß die Regelungen, die Sie hier vorgeschlagen haben und die zu einem wesentlichen Teil von der Mehrheit hier beschlossen worden sind, zu dem von Ihnen nicht gewünschten Effekt zwangsläufig haben führen müssen und auch geführt haben. Das ist meine Auffassung.

(Beifall bei der CDU/CSU.)

Vizepräsident Frau Funcke: Herr Kollege, gestatten Sie eine zweite Zwischenfrage der Abgeordneten Frau Diemer-Nicolaus?

Benda (CDU/CSU): Bitte schön.

Frau Dr. Diemer-Nicolaus (FDP): Herr Kollege Benda, darf ich sie daran erinnern, daß über diese Probleme ja schon im Zusammenhang mit dem Justizhaushalt gesprochen und debattiert wurde. Möchten Sie, daß diese Dinge heute hier noch einmal behandelt werden?

(Zurufe von der CDU/CSU.)

Benda (CDU/CSU): Frau Kollegin Diemer, für diese Frage bin ich dankbar, und ich nehme an, daß ich jetzt Gelegenheit bekomme, meine weiteren Ausführungen zu machen. Natürlich ist es legitim, dies in der Diskussion über den Justizhaushalt zu behandeln. Aber sind Sie wirklich der Meinung, daß sich der Bundesminister des Innern so verhalten kann, wie er sich in der Tat in seiner Politik bisher insoweit verhalten hat, nämlich so, als ob dieses Thema ihn nichts angehe? Ich finde – ich komme zurück auf den Einwurf des Kollegen Dr. Arndt am Beginn –: Es ist eine zentrale Verantwortung des Bundesministers des Innern, daß er in Fragen, die die öffentliche Sicherheit unseres Landes und seiner Menschen angeht, sich nicht nur eine Meinung bildet, sondern eine Konzeption vorlegt und diesem Hause vorträgt, was nach seiner Meinung hier zu geschehen hat. Das hat er im Kabinett zu tun, und das hat er vor diesem Hause zu tun.

(Beifall bei der CDU/CSU.)

Vizepräsident Frau Funcke: Herr Kollege Benda, gestatten Sie eine Zwischenfrage?

Benda (CDU/CSU): Ich darf eben diesen Gedanken zu Ende führen; vielleicht gibt er den anderen Kollegen Gelegenheit, das fortzusetzen.

Ich weiß ja – ich bin gerne bereit, das zu bestätigen; ich wollte das ohnehin noch sagen –, daß der Herr Bundesminister des Innern dann, wenn derartige Vorgänge geschehen, sagt: Das ist aber schrecklich. – Natürlich ist es schrecklich. Aber, Herr Minister Genscher, Sie reden von diesen Dingen wie jener bekannte Pfarrer in der Kirche, bei dem man fragt: Worüber hat er denn gepredigt? – Ja, er hat über die Sünde gepredigt. – Was hat er denn gesagt? – Er war dagegen. – Es mag ein Unrecht gegenüber dem betreffenden Pfarrer sein, ihn nur so zu interpretieren. Nun habe ich aber – wenn ich bei dem Bilde bleiben darf – Ihre einschlägigen Predigten entweder mitverfolgt oder nachgelesen. Ich würde, wenn ich ihren Inhalt zusammenfassen darf, bisher nicht mehr sagen können, als daß Sie dagegen sind, was, wie ich annehme, selbstverständliche gemeinsame Auffassung aller hier im Hause vertretenen Parteien und aller Mitglieder dieses Hauses ist. Insoweit haben Sie uns bisher zu diesem Thema überhaupt nichts Neues gesagt.

Vizepräsident Frau Funcke: Herr Kollege, gestatten Sie eine Zwischenfrage des Herrn Abgeordneten Dr. Lenz?

Dr. Lenz (Bergstraße) (CDU/CSU): Herr Kollege Benda, darf ich noch einmal zurückkommen auf die Zwischenfrage der Frau Kollegin Diemer-Nicolaus? Würden Sie dieses Haus darüber informieren, daß sich Frau Kollegin Diemer-Nicolaus ebenso wie die anderen Abgeordneten der Koalitionsfraktionen in diesem Hause mit großem Nachdruck für Straffreiheit für gewalttätige Demonstranten eingesetz haben?

Benda (CDU/CSU): Ich nehme an, daß die Mitglieder des Hauses die Debatte und die Ausführungen der Frau Kollegin Dr. Diemer zu diesem Punkte noch in Erinnerung haben.

Vizepräsident Frau Funcke: Gestatten Sie eine Zwischenfrage des Herrn Abgeordneten Niegel?

Niegel (CDU/CSU): Herr Kollege Benda, würden Sie meine Meinung teilen, daß es der FDP und SPD vielleicht peinlich sein könnte, wenn wiederholt diese Dinge angesprochen würden?

Benda (CDU/CSU): Diese Frage mag die FDP selber beantworten. Ich bin ja sehr gespannt. Ich habe einstweilen eine Reihe von Fragen aufgeworfen. Ich nehme an, daß der Herr Bundesminister des Innern und seine Parteifreunde Gelegenheit nehmen, die Auffassung der FDP gerade im Lichte der neuen praktischen Erfahrungen, die wir gemacht haben, hier noch vorzutragen.

Ich darf auf meinen Satz zurückkommen. Ich bin schon der Meinung, daß es die Verantwortung des Bundesministers des Innern ist, der für die öffentliche Sicherheit in unserem Lande mit verantwortlich ist. Dabei kenne ich die Zuständigkeiten sehr genau, aber auch die Bereitschaft, Herr Kollege Genscher, der Innenminister und Innensenatoren der Länder, die ich mit Dankbarkeit immer empfunden habe, mit dem Bundesminister des Innern in diesen Fragen auf das engste und vertrauensvollste zusammenzuarbeiten. Das hat sich ja doch wohl nicht geändert nach meiner Überzeugung und nach meinen Eindrücken. Daraus ergibt sich die Verantwortung vor diesem Hause und in der Bundesregierung und vor der Öffentlichkeit, nicht nur das Bedauern zum Ausdruck zu bringen, sondern eine Konzeption zu entwickeln und vorzutragen, was denn in dieser Beziehung geschehen kann. Ich habe allerdings die Stimme des Bundesministers des Innern bei der Amnestiedebatte, bei der Demonstrationsstrafrecht-Debatte und bei anderen einschlägigen Debatten in diesem Hause bisher nicht gehört. Deswegen möchte ich ihn darauf einmal angesprochen haben.

(Beifall bei der CDU/CSU.)

Vizepräsident Frau Funcke: Herr Kollege, gestatten Sie eine Zwischenfrage des Herrn Abgeordneten Kleinert?

Benda (CDU/CSU): Wenn ich es verbinden darf mit der Bemerkung, daß ich dann bitte, in diesem Zusammenhang möge es die letzte Frage sein, weil ich sonst mein Versprechen, meine Redezeit, einzuhalten, kaum erfüllen kann.

Kleinert (FDP): Herr Kollege Benda, sind Sie bereit, zur Kenntnis zu nehmen, daß, abgesehen von den aus einer ganz ungewöhnlichen Sondersituation herrührenden Verhältnissen in Berlin, im gesamten Bundesgebiet trotz verschiedener Versuche, Rotpunktaktionen und dergleichen in Gang zu setzen, seit Inkrafttreten der Gesetzesänderung die Demonstrationen unvergleichlich friedlicher verlaufen sind, als das in vergleichbaren früheren Zeiten der Fall war?

(Oho-Rufe bei der CDU/CSU.)

(Vorsitz: Vizepräsident Dr. Jaeger.)

Benda (CDU/CSU): Herr Kollege Kleinert, es gibt eine ungewöhnliche Sondersituation in Berlin in einem Punkte, ja. Es gibt ein besonders ungewöhnliches Maß an Unfähigkeit der zuständigen politischen Instanzen der Stadt Berlin, mit diesem Problem fertig zu werden.

(Beifall bei der CDU/CSU.)

Das ist allerdings etwas Besonderes. Darüber ist ja in Berlin gesprochen worden.

In diesem Zusammenhang darf ich die Frage gleich stellen – auch an den Herrn Bundesminister des Innern –, wie er eigentlich die Haltung seiner Parteifreunde und Ihrer Parteifreunde, Herr Kollege Kleinert, in Berlin beurteilt, die vor ganz wenigen Tagen gegen das von Ihrem eigenen Senat, den Sie stützen, politisch eingebrachte Gesetz gegen unmittelbaren Zwang gestimmt haben, das dann mit den Stimmen der SPD und der oppositionellen CDU verabschiedet werden mußte.

Im übrigen aber – um auf Ihre Frage, Herr Kleinert, zurückzukommen –: Sie irren über die tatsächliche Situation. Es werden in Berlin in der Tat an bestimmten Stellen und gegen bestimmte Objekte Molotow-Cocktails geworfen. Das geschieht aber z. B. auch in München.

(Abg. Leicht: Und in Köln!)

Das Merkwürdige ist, daß man das dann nur in wenigen Zeilen in der Zeitung überhaupt noch liest, offenbar weil man das für keinen besonders bemerkenswerten Vorgang mehr hält. Ich finde das eigentlich genauso beunruhigend wie den Vorgang selber. Darüber sollte man einmal nachdenken,

(Beifall bei der CDU/CSU)

statt sich in die Illusion zu hüllen: Na ja, das ist eben Berlin, und im übrigen sind die Dinge in Ordnung. Herr Kleinert, ich fürchte, Sie werden auch aus dieser Illusion noch ein Erwachen haben. Je früher Sie erwachen, desto besser wird es sein. Ich fürchte, sonst wird es ein ziemlich böses Erwachen geben.

(Abg. Dr. de With meldet sich zu einer Zwischenfrage.)

– Ich bitte um Entschuldigung, Herr Kollege de With. Ich hatte vorher gesagt, daß ich jetzt doch bitte, daß ich in meinen Gedanken fortfahren und zum Abschluß kommen kann. Ich glaube, das Thema ist auch für diese Debatte, von mir aus gesehen, zunächst mal ausführlich genug erörtert.

*(Abg. Dr. Arndt [Hamburg]: Bedenken Sie den Solidarisierungs-
effekt!)*
Ich möchte abschließend jetzt noch wenige Einzelpunkte aus dem
Bereich des Innenressorts behandeln.

Bei der Fortentwicklung und Modernisierung des Rechts des
öffentlichen Dienstes ist ein erster Schritt mit der Neufassung der
Bundeslaufbahnverordnung getan worden. Auch hierzu, Herr Minister Genscher, hat Ihnen bei Ihrem Amtsantritt ein Entwurf vorgelegen. Sie haben ihn im wesentlichen übernommen und nur in
einigen Punkten geändert, wodurch leider das ursprüngliche Konzept wieder etwas konservativer wurde. Ich hätte mir manches
fortschrittlicher gewünscht, Sie möglicherweise auch, Herr Genscher, als es dann verabschiedet worden ist.

Die weitere Entwicklung der Akademie für öffentliche Verwaltung macht mir Sorge. Ich halte die gegenwärtige Lösung und Per-
sonalunion des Leiters der Abteilung Dienstrecht Ihres Hauses, der
zugleich Leiter der Akademie ist, aus mehreren Gründen für problematisch, vor allem deswegen, weil die Leitung einer so umfangreichen und wichtigen Abteilung dem Abteilungsleiter sicherlich
kaum Zeit läßt, sich einer im Aufbau befindlichen Institution mit
der notwendigen Intensität zu widmen.

Sie werden bei Ihrem Bestreben, die Besoldungseinheit herzustellen, die Unterstützung meiner Fraktion bekommen. Ob hierzu die
von Ihnen erstrebte Änderung des Art. 74 a des Grundgesetzes
notwendig ist, werden wir sorgfältig prüfen, wie ich hoffe, mit
Ihnen zusammen besprechen und dann entscheiden. Entscheidend
wird der Wille der Bundesregierung sein, die Besoldungseinheit
auch dann aufrechtzuerhalten, wenn es nicht populär ist.

Wir werden mit Aufmerksamkeit verfolgen, ob die Bundesregierung wirksame Schritte zum Abbau des Besoldungsrückstandes
unternimmt. Wir bedauern deshalb auch, daß die Bundesregierung
unseren Antrag, allen Beamten vermögenswirksame Leistungen zu
gewähren, abgelehnt hat. Nach der gegenwärtigen Lohn- und Preis-
entwicklung scheint es mir fraglich zu sein, ob die am 1. Januar
1970 in Kraft getretene Besoldungserhöhung für das ganze Jahr
wird Bestand haben können oder ob die allgemeine Lohnentwick-
lung zusätzliche Maßnahmen erfordert.

Zum Sport, der schon in den Berichten intensiv behandelt worden ist, möchte ich nur eine ganz kurze, etwas persönlich gefärbte
Bemerkung machen. In meiner Amtszeit hatte ich beim Bundesmi-

nisterium des Innern einen Sportbeirat gebildet. Ihm gehörten aktive Spitzensportler, Sportwissenschaftler und Trainer an. Der Sinn dieser Einrichtung war, unmittelbaren Kontakt mit den aktiven Einrichtungen für eine Meinungsbildung als Sportminister zu bekommen. Dabei sollte die Zuständigkeit der offiziellen Gremien des Deutschen Sportbundes nicht angetastet werden. Soweit ich unterrichtet bin, Herr Minister, haben Sie diesen Sportbeirat nicht abgeschafft. Sie haben aber dieses Gremium bisher nicht ein einziges Mal zusammengerufen. Sie haben seine Mitglieder bisher im unklaren darüber gelassen, ob sie eigentlich einem solchen Beirat noch angehören, mit anderen Worten, ob ihr Rat noch gebraucht wird oder nicht. Ich empfinde das als eine Art Unhöflichkeit. Ich weiß, daß Mitglieder des Beirats es genauso empfinden, deswegen sage ich es. Ich empfinde es als eine Art Unhöflichkeit gegenüber den in dieser Sache sehr bereitwilligen und sehr engagierten Mitgliedern des Sportbeirats. Ich nehme an, es ist eine unbewußte Unhöflichkeit. Aber ich meine, daß Sie in dieser Frage sehr bald so oder so eine Entscheidung treffen sollten.

Eine Bemerkung zum Thema des Umweltschutzes. Wir sind der Auffassung, daß es nicht allein ausreicht, für diesen Bereich mehr Bundeskompetenz zu verlangen. Auch darüber wird zu sprechen sein. Wichtiger ist die Erarbeitung von Konzeptionen, die konkrete Lösungsmöglichkeiten für die drängenden Probleme aufzeigen.

Ich fasse meine Bemerkungen zum Haushalt des Herrn Bundesinnenministers folgendermaßen zusammen. Ich finde es bemerkenswert, daß ein sich so fortschrittlich gebender Politiker wie Herr Genscher das Bundesinnenministerium in einer vorsichtig beharrenden, ich möchte meinen, geradezu konservativen Weise führt.

(Abg. Dr. Rutschke: Das müssen Sie sagen!)

Ich freue mich einerseits über das hohe Maß an sachlicher Kontinuität. In dem umfangreichen Katalog der von Ihnen in Angriff genommenen oder in Aussicht gestellten Vorhaben habe ich keine neuen Punkte, aber dafür sehr viele alte bekannte wieder treffen können. Dagegen muß man ja nicht sein. Ich freue mich über das hohe Maß an sachlicher Kontinuität, würde mir aber auch in vielen Bereichen neue Ideen oder die Fortführung neuer Ideen wünschen. Vielleicht genügt es nicht, Herr Minister, daß man dynamisch erscheint, sondern man sollte es auch sein! Aber Sie haben ja – und auch das gehört wohl noch zu dem Bild – eine Vorliebe für das Einfliegen mit Hubschrauber bei Feuersbrünsten, Wassersnot und sonstigen Unglücksfällen, wobei ich wohl weiß: It's no business like show business, aber natürlich sollte man gelegentlich einmal auch die Frage nach der sachlichen Effizienz eines solchen Tuns stellen.

Natürlich ist die Amtsführung des Herrn Ministers geprägt von seiner Stellung als eigentlicher Führer seiner Partei. Er kommt mir oft vor wie Atlas, der die FDP auf seine Schultern geladen hat, und das ist keine so geringe Last, wie die Größe dieser Partei oder ihr Erfolg bei den Wählern es zunächst anzudeuten scheint. Um diese Aufgabe sind Sie sicherlich nicht zu beneiden. Aber man sollte auch im Ernst sagen, daß das Amt des Bundesinnenministers vollen Einsatz verlangt und daß bei einer solchen Doppelbeanspruchung auf die Dauer entweder Amtsführung oder Gesundheit des Amtsinhabers Schaden leiden müssen.

Herr Minister Genscher, meine Freunde und ich sind bei einer Kritik an wichtigen Einzelpunkten Ihrer Amtsführung bereit, Ihnen eine Chance zu geben. Ich ziehe vor, dabei weniger von einem Vertrauensvorschuß als von einer Bewährungsfrist zu reden. Wir werden bei der Abstimmung über Ihren Haushalt auch konsequent sein.

Im April 1968 hat Herr Dorn angeboten, die Freie Demokratische Partei werde sich – als eine Art Vertrauensvorschuß – bei der Abstimmung über meinen Haushalt der Stimme enthalten. Ich habe ihm damals entgegengehalten, und ich darf mich selber zitieren:

Das Angebot der Stimmenenthaltung ist unlogisch. Wenn Sie, wie Sie gesagt haben, dem neuen Minister Anspruch auf eine eigene Konzeption geben, d. h. eine Schonzeit, eine Bewährungsfrist, dann müssen Sie ihm natürlich auch Geld geben, damit er sie durchsetzen kann.

Wir werden, Herr Minister Genscher, dem Gesetz der Logik folgen; wir werden Ihrem Etat zustimmen!

(Beifall bei der CDU/CSU.)

Fünf Jahre diplomatische Beziehungen
mit Israel

Aufsatz im Deutschland-Union-Dienst
vom 14. August 1970

Vor fünf Jahren, im August 1965, wurden die diplomatischen Beziehungen zwischen der Bundesrepublik Deutschland und Israel aufgenommen. Als der damalige Bundeskanzler Erhard sich zu diesem Schritt nach vorn entschloß, setzte er die schwierigen und geduldigen Bemühungen von Konrad Adenauer fort, mit Israel und dem jüdischen Volk zu einer Aussöhnung zu kommen. Das Wort »Aussöhnung« wird auch heute, in den Wochen des deutsch-sowjetischen Dialogs, oft gebraucht. Das Beispiel der Entscheidung von 1965 zeigt ebenso wie das von Adenauer geschaffene Werk der Aussöhnung mit unseren westlichen Nachbarn, vor allem mit Frankreich, daß nur dann Aussicht auf eine wirkliche und beständige Friedensregelung besteht, wenn alle Beteiligten, ohne die Erfahrungen der Vergangenheit zu vergessen, sich entschlossen um die Bewältigung der Probleme von Gegenwart und Zukunft bemühen. Dies war der Sinn der Aufnahme diplomatischer Beziehungen zu Israel, und die Entscheidung Erhards hat reiche Früchte getragen.

Der Schritt, der vor fünf Jahren Mut erforderte, erscheint heute selbstverständlich. Das Verhältnis der beiden Völker zueinander wird auf viele Jahre hinaus einen einmaligen und unvergleichbaren Charakter behalten; aber der Aufnahme offizieller Beziehungen konnten immer stärkere wirtschaftliche, kulturelle und menschliche Kontakte folgen. Als im Juni 1967 die Existenz Israels auf dem Spiele stand, haben viele Menschen in der Bundesrepublik unüberhörbare Zeichen der Solidarität mit dem bedrängten Volk gesetzt. Das ist in Israel sehr deutlich bemerkt worden, und seitdem hat sich das Verhältnis von Volk zu Volk fortschreitend verbessert. Der Deutsche, der heute Israel besucht, kann sicher sein, dort als willkommener Gast aufgenommen zu werden. Die sich immer weiter entwickelnden Begegnungen kultureller, sportlicher oder Jugendgruppen sichern den Ausbau dauerhafter Beziehungen.

Zugleich mehren sich in Israel die Stimmen, die seit dem Regierungswechsel in der Bundesrepublik 1969 eine Verschlechterung der amtlichen Beziehungen befürchten. Solche Sorgen sind verständlich. Die neue Bundesregierung hat ihrem Verhältnis zu Israel und den Problemen des Nahen Ostens bemerkenswert wenig Aufmerksamkeit geschenkt. Der Bundesaußenminister hat in einem einer israelischen Zeitung gegebenen Interview (einer der ganz wenigen regierungsamtlichen Äußerungen zu Israel und dem Nahen Osten überhaupt) das Verhältnis der Bundesrepublik zu dem Nahost-Konflikt als »ganz eindeutig das eines völlig neutralen Beobachters« beschrieben.

Diese Haltung wird weder den Besonderheiten des deutsch-israelischen Verhältnisses, noch den auch für die deutsche Außenpolitik wesentlichen Auswirkungen des Nahost-Konflikts gerecht. Unaufgebbarer Bestandteil einer von der Bundesregierung betriebenen Friedenspolitik muß es sein, sich für das Existenz- und Friedensrecht und damit für die Friedenssicherung Israels einzusetzen. Deutsche Politik muß verdeutlichen, daß die Existenzsicherung Israels zu ihren niemandem gegenüber verhandlungsfähigen Grundzielen gehört. Die Bundesregierung muß dies nicht nur sagen – ohne daß sie damit in ihren Bemühungen um die Herstellung besserer Beziehungen auch zu den arabischen Staaten nachlassen sollte –, sondern hieraus auch praktisch Konsequenzen ziehen: die fortgesetzte wirtschaftliche Zusammenarbeit mit Israel stellt auch eine Sicherungshilfe für den in seiner Existenz bedrohten Staat dar.

Friedenspolitik bedeutet für den Nahen Osten, daß über die erstarrten Fronten hinweg Lösungen gefunden werden, die sowohl für den jüdischen Staat wie für die Gemeinschaft der palästinensischen Araber eine gesicherte Zukunft gewährleisten. Solange aber eine solche Friedensregelung nicht in Sicht ist und die existentielle Bedrohung Israels fortbesteht, müssen Engagement und Hilfe für Israel dazu beitragen, daß Israel den Konflikt durchstehen kann.

Diese Haltung, zu der sich die Bundesregierung öffentlich, klar und unmißverständlich bekennen sollte, würde in sich einen wesentlichen Beitrag zur Herstellung eines gerechten Friedens im Nahen Osten liefern, an dem die Bundesrepublik schon wegen der von einem solchen Konfliktsherd ausgehenden Gefahren interessiert ist. Je eher und eindeutiger die an dem Konflikt nicht unmittelbar beteiligten Staaten erklären, daß nach ihrer Meinung eine Friedensregelung nur unter Anerkennung der Existenz des Staates Israels möglich ist, desto größer ist die Aussicht zu einer realistischeren Einschätzung der Situation auch bei den unmittelbar Beteiligten.

Die Bundesregierung hat aber auch aus unmittelbarem eigenen Interesse allen Anlaß, sich nicht in die Rolle des »völlig neutralen Beobachters« zu begeben. Es kann für die deutsche Außenpolitik, die in diesen Tagen sich in einem feierlichen Vertrage, den sie mit der Sowjetunion abschließt, zu Frieden, Entspannung und internationaler Verständigung bekennt, nicht gleichgültig sein, daß der sowjetische Vertragspartner zur gleichen Zeit, in der er auch seinerseits diese politischen Ziele proklamiert, sein unmittelbares militärisches Engagement gegen Israel in einem besorgniserregenden Maße verstärkt. Die immer weiter entwickelte militärische Präsenz der Sowjetunion im Mittelmeer bedroht Israel, aber nicht nur diesen Staat; es kann nicht übersehen werden, daß die Sowjetunion im Herzen Europas Entspannung und Ausgleich verkündet, aber zugleich den europäischen Kontinent von der ohnehin militärisch und politisch gefährdeten Südflanke her zunehmend bedroht. Natürlich hat der israelisch-arabische Konflikt eigene Ursachen, die von solcher Entwicklung unabhängig sind, aber eine sowjetische Politik, deren eigentliches Objekt Europa ist, müßte einen solchen Spannungsherd, wenn er sich nicht anbieten würde, gerade erschaffen. Dies begründet ein eigenes und dringendes Interesse der Partner des atlantischen Bündnisses, zu dem die Bundesrepublik gehört, an einer baldigen und dauerhaften Friedensregelung im Nahen Osten, die der Sowjetunion wenigstens den Vorwand zur weiteren Intervention nehmen würde.

Der Waffenstillstand am Suezkanal hat neue Hoffnungen auf Frieden geweckt, aber noch ist eine Lösung des Konflikts nicht in Sicht. Je eher und je entschiedener die an dem Konflikt nicht beteiligten, aber von ihm betroffenen Staaten sich zu den Voraussetzungen einer Friedensregelung äußern, desto größer sind die Aussichten auf Erfolg der Bemühungen. Die Bundesregierung, die ihr Verhältnis zur Sowjetunion neu zu regeln bemüht ist, darf sich nicht länger weigern, eine weltpolitisch bedeutsame Krise zu erkennen, an deren Verschärfung oder deren Bereinigung der östliche Vertragspartner unmittelbar beteiligt ist.

Zur Mitbestimmung der Arbeitnehmer
in Betrieb und Unternehmen

Rede in der Mitbestimmungsdebatte des Bundestages
am 11. Februar 1971

In Bendas Bemühungen um Reform und Sicherung des demokratischen Rechtsstaates nehmen Beiträge zur Mitbestimmungsfrage einen wichtigen Platz ein. Für ihn ist der Kampf um die Mitbestimmung der Arbeitnehmer in Betrieb und Unternehmen nicht allein ein Problem der Verteilung wirtschaftlicher Macht zwischen Unternehmern und Gewerkschaften, sondern primär eine verfassungspolitische Frage von hohem Rang. Es geht nach seiner Überzeugung entscheidend darum, ob, wie er es in seiner Tutzinger Rede formuliert hat, »auf die Dauer die dem Staate gegenüber loyale Haltung der Gewerkschaften erhalten werden kann, ohne ihnen stärkeren Einfluß auf das wirtschaftliche Geschehen zu geben«. Diese Frage aufwerfen, bedeutet für ihn zugleich, sie zu verneinen. Das Verhältnis zwischen industrieller Herrschaft und sozialem Rechtsstaat muß neu durchdacht werden.

Auszug aus dem Protokoll des Deutschen Bundestages
vom 11. Februar 1971

Frau Präsidentin! Meine sehr geehrten Damen und Herren! Ich habe meinem Freunde Katzer sehr gern ein paar Minuten meiner Redezeit abgetreten. Frau Präsidentin, ich hatte gebeten, 40 Minuten sprechen zu können. Ich glaube, daß es mir möglich sein wird – ich will mich darum bemühen –, jetzt um so viel kürzer zu sprechen, daß die Zeit, die Herr Kollege Katzer mit Recht und mit gutem Sinn soeben in Anspruch genommen hat, von mir nicht ausgefüllt zu werden braucht.

Über das meiste, was heute vormittag und bis eben hier gesagt worden ist, will ich nicht viel sagen. Vielleicht ein Wort an Sie, Herr Kollege Schellenberg. Es sind heute viele Bilder gebraucht worden. Herr Schmidt hat die Kochkunst und Herr Buschfort hat den Sport bemüht. Herr Schellenberg, das alles kommt mir ein bißchen so vor wie die Schaubühne Hansa vom Halleschen Tor. Das reimt sich sogar.

(Abg. Dr. Schellenberg: Nun sagen Sie mal was zur Sache!)

Wenn also die künstlerische Darstellung hier zu einem mäßigen Vers inspiriert hat, so ist das ja immerhin etwas. Mein Berliner Kollege Schellenberg weiß, was ich meine. Sowohl für die Schauspielbühne Hansa als auch für Sie gilt: gute Schauspielkunst, aber sehr oft problematische Texte. Das wollte ich hier sagen.

(Beifall und Heiterkeit bei der CDU/CSU.)

Ich stimme meinem Freunde Katzer völlig darin zu, daß in unserer Diskussion seit heute morgen im Grunde die Mitbestimmungsdebatte und die Mitbestimmungsentscheidung des Düsseldorfer CDU-Parteitages eine ganz wesentliche Rolle gespielt hat. Wir werden von Ihnen darüber ja vermutlich noch mehr hören. Meine Fraktion hat überhaupt keinen Grund, diesen Gang der Debatte zu bedauern. Im Gegenteil! Es steht doch fest, daß – wie immer man die Vorschläge unseres Gesetzentwurfes im einzelnen beurteilen mag – sich das Interesse nicht nur dieses Hauses, sondern auch der deutschen Öffentlichkeit gar nicht auf die Vorstellungen der Bundesregierung, sondern auf den von der Opposition vorgelegten Entwurf konzentriert.

(Abg. Dr. Schellenberg: Die Spannung!)

Wenn man die Texte vergleicht, ist das völlig natürlich.

»Am Thema Mitbestimmung zeigt sich, daß Politik auch heute die Kunst des Möglichen ist« –

(Zuruf von der SPD: Sehr wahr!)

so der Bundeskanzler

(Heiterkeit bei der CDU/CSU)

am 27. April 1970 gegenüber dem Bundesvorstand des Deutschen Gewerkschaftsbundes bei einem Abendessen, das er dem Bundesvorstand gegeben hat. Das bedeutet nun, ganz nüchtern gesagt – auch die Debatte hat es erneut erwiesen –, daß die Regierungskoalition einen von beiden Parteien der Koalition getragenen Mitbestimmungsentwurf eben nicht vorlegen kann. Sie muß vielmehr, dies zeigt auch die Stellungnahme der Bundesregierung zum Biedenkopf-Bericht und ebenfalls die bereits erwähnte Rede des Herrn Bundeskanzlers vom 27. April 1970, weiter – und hier wieder ein Zitat aus dieser Rede – »auf einen fruchtbaren Dialog zwischen den verschiedenen Gruppen unserer Gesellschaft hoffen«. Das ist auch gut so. Die Hoffnung geht aber auch dahin, daß dieser Dialog mindestens bis zum Ablauf der Wahlperiode weitergeht, also die Entscheidung, die einmal unvermeidlich sein wird, hinauszögert.

Der Opposition, uns, ist es dagegen möglich, hier und heute unsere Vorstellung auf den Tisch zu legen und eine solche Stellungnahme auch von den Kollegen der anderen Fraktion zu erzwingen.

(Zuruf von der SPD: Aber keine Mitbestimmung!)

Wenn Fortschritt die Fähigkeit beinhaltet, ja voraussetzt, zu konkreten Sachentscheidungen zu gelangen, dann stellen wir uns sehr gern jeder kritischen Prüfung der Frage, wer heute die Probleme anfaßt und wer sie ausklammern muß.

(Erneuter Zuruf von der SPD.)

Die Beobachter der Düsseldorfer Mitbestimmungsbedatte, die ja nicht sämtlich einem Freundeskreis der CDU angehören,

(Zuruf von der SPD: CSU!)

haben mit großem Fleiß die unterschiedlichen Meinungen der Sozialausschüsse einerseits und der der Wirtschaft verbundenen Delegierten des Parteitags andererseits registriert. Mein persönlicher Eindruck ist, daß bei dieser Beobachtung, bei der Berichterstattung, die Meinung der großen Mehrheit des Parteitags, die weder der einen noch der anderen Seite von vornherein zugerechnet werden kann, vielleicht etwas zu kurz gekommen ist.

(Zuruf von der SPD.)

Nun will niemand bestreiten – das ist genau das Gegenteil von dem, was Sie zu unterstellen versuchen –, daß es in den Sachfragen der Mitbestimmung in Düsseldorf unterschiedliche Meinungen gegeben hat. Ob ausgerechnet – auch das sage ich dem Herrn Zwischenrufer – eine Koalition, die eine öffentliche Debatte über die bei ihr bestehenden Streitfragen in puncto Mitbestimmung gar nicht führen kann, ohne sich damit ernstlich in Gefahr zu bringen, ob ausgerechnet eine solche Koalition besonders zur Schadenfreude legitimiert ist, will ich einmal dahingestellt sein lassen.

(Beifall bei der CDU/CSU.)

Wir dagegen können und werden die von uns auf dem Parteitag und von der Fraktion getroffenen Entscheidungen gemeinsam tragen, weil wir eben nichts ausgeklammert, weil wir keine Kontroversen gescheut, weil wir die unterschiedlichen Meinungen in gegenseitiger Achtung voreinander ausgetauscht, uns in einer demokratischen Weise entschieden, uns nicht zuletzt alle miteinander bereit erklärt haben, das erreichte Ergebnis solidarisch zu tragen.

Nun mag mancher meinen, dies seien alles nur taktisch bedingte Kompromisse, die wir vorlegen. Wer so denkt, sollte sich zunächst einmal genauer über Verlauf und Ergebnis der Düsseldorfer Verhandlungen unterrichten.

(Zuruf von der SPD: Es gibt keine Tagesprotokolle?)
– Die wird es geben.

(Weiterer Zuruf von der SPD: Wann?)
In ihnen wird Wort für Wort alles aufgezeichnet sein. Herr Kollege, Sie sollten über die Praxis unserer Parteitage und ihre demokratische Offenheit etwas besser unterrichtet sein.

Die wirklich zentrale Frage, welcher keine Debatte über Mitbestimmung in irgendeinem gesellschaftlichen Bereich ausweichen sollte, liegt für mein Empfinden gar nicht so sehr in den schwierigen und wichtigen Fragen der Unternehmensverfassung. Sie liegt vielmehr – hierüber möchte ich einige Worte sagen – in dem in vielfachen Variationen, übrigens auch heute morgen, immer wieder geäußerten Gedanken der »Demokratisierung der Gesellschaft«. Das ist bereits in der Regierungserklärung von 1969 vom Bundeskanzler angesprochen worden. Hier liegt der entscheidende Punkt, von dem aus sich alles andere leichter ergibt.

Auch hierüber haben wir auf unserem Düsseldorfer Parteitag gesprochen, allerdings in einer weniger dramatischen, deswegen vielleicht von der Öffentlichkeit weniger intensiv beobachteten Weise als in der eigentlichen Mitbestimmungsdebatte.

Viele wissen, daß über den Demokratiebegriff lange gestritten wird. Der Parteivorsitzende der SPD, der jetzige Bundeskanzler, hat in einem Aufsatz in der »Neuen Gesellschaft« vom Mai 1969 den Standpunkt seiner Partei so formuliert – ich darf dies zitieren –:

Für die SPD bedeutet Demokratie ein Prinzip, das alles gesellschaftliche Sein der Menschen beeinflussen und durchdringen muß.

Dies bedeutet, wenn ich es richtig interpretiere, im Bereich der wirtschaftlichen Mitbestimmung wohl die Parität im Sinne der gewerkschaftlichen Forderungen, dagegen, wie ich annehme, nach der Mehrheitsmeinung bei Ihnen nicht Wirtschaftsdemokratie in dem von Fritz Naphtali 1928 formulierten Sinne – ich nehme an, daß ich in diesem Zusammenhang die Meinung bei Ihnen richtig interpretiere –, nämlich als Vorstufe zur Sozialisierung. Es bedeutet sicher auch nicht Arbeiterkontrolle oder Betriebsparlamentarismus. Immerhin wissen die Kollegen der SPD, daß die Diskussion über diese Vorstellungen aktuelle Bedeutung hat. Stellvertretend für manche jüngeren Theoretiker in den Gewerkschaften erwähne ich Herrn Rudolf Kuda vom Hauptvorstand der IG Metall, der in einem Vortrag vor den ostwestfälischen Sozialdemokraten im Dezember 1970 meinte.

(Zuruf von der SPD: Sachbearbeiter!)

– sicher, beim Hauptvorstand der IG Metall, da sind wir uns einig – ich zitiere Herrn Kuda –, daß die Arbeitnehmerschaft ihre Interessenvertretung selbst in die Hand nehmen müsse und das nicht dem Staat überlassen dürfe. Es gehe um den Aufbau einer Gegenmacht zur Einleitung einer gesellschaftlichen Umgestaltung mit dem Ziel sozialer Gerechtigkeit. Mitbestimmung dürfe daher nicht den Effekt einer Anpassung an das spätkapitalistische System haben, sondern sie müsse Chancen zur Systemänderung eröffnen. So weit Herr Kuda.

Bei anderen leben Vorstellungen wieder auf, die der Gewerkschaftler Wilhelm Haferkamp 1964 mit vollem Recht als den Versuch charakterisiert hat, den Mitbestimmungsgedanken dadurch in Mißkredit zu bringen, daß er zu einer abwegigen Form der betrieblichen Urdemokratie karikiert werde. Immerhin hat sich schon Josef Schumpeter gegen die »lächerliche Idealisierung« einer zukünftigen sozialistischen Ordnung gewandt, die absurde Vorstellungen wie die enthalte, daß »die Arbeiter mittels intelligenter Diskussion, während sie sich von angenehmen Spielen ausruhen, zu Entscheidungen gelangen, worauf sie sich erheben, um sie in freudevollem Wetteifer auszuführen«.

Das klingt vielen sicher wie eine überflüssige Erinnerung an Utopien vergangener Zeiten. Wer die Lage an manchen unserer Universitäten kennt, der weiß aber, daß dort solche Vorstellungen gar nicht mehr nur in der Theorie, sondern heute bereits in der Praxis exerziert werden, mit dem einzigen Unterschied, daß die angenehmen Spiele, die der notwendigen Vorbereitung dienen, natürlich nicht am eigentlichen Arbeitsplatz, sondern in Berlin etwa auf der Spielwiese am Kranzler-Eck oder an ähnlichen Ecken stattfinden.

(Zuruf von der SPD: Wessen Söhne sind das denn!)

Und die Theoretiker, die das als Modell für eine vernünftige Gesellschaftsordnung erklären, beginnen, den einen oder anderen Lehrstuhl einzunehmen. In wenigen Jahren werden die Nationalökonomen, so nehme ich an, mit professoraler Autorität verkünden, daß dies auch für die wirtschaftliche Mitbestimmung die richtigen Vorstellungen seien. Wir alle werden uns dann damit auseinanderzusetzen haben.

Es wäre ungerecht – und ich tue das nicht –, solche Utopien etwa der SPD anzulasten. Aber Sie fordern eine Präzisierung darüber, was mit dem Begriff der Demokratisierung der Wirtschaft, der auch heute von Ihnen, von Herrn Schellenberg und anderen, gebraucht worden ist, denn nun konkret gemeint sei. Es gibt eine öffentliche Kontroverse mit unserem Kollegen Dr. Bruno Heck, bei der der Parteivorsitzende der SPD – Herr Schellenberg hat es heute zitiert, und deswegen will ich es noch einmal aufnehmen – den Kollegen Dr. Heck in nicht korrekter Weise zitiert hat und diesem nicht korrekt unterstellt hat, daß er und mit ihm die CDU die Demokratie zwar für gut für den Staat, aber gar nicht gut für die Gesellschaft hielten. Ich habe die Zitate alle da, Sie können die Texte gern nachprüfen, wenn notwendig. Herr Kollege Heck wird das sicher auch von sich aus tun. Da steht von alledem kein Wort.

Wir haben in Düsseldorf in unser Programm geschrieben – dies ist unsere Position, und ich zitiere die entsprechende Ziffer des Düsseldorfer Programms der Christlich-Demokratischen Union –:

Die Grundwerte der Demokratie gelten nicht nur für den staatlichen Bereich. Die schematische Übertragung der Strukturprinzipien parlamentarischer Demokratie auf den gesellschaftlichen oder privaten Bereich ist aber nicht möglich. Wir fordern mehr Öffentlichkeit, Durchsichtigkeit, Mitwirkung und Information in Staat und Gesellschaft.

Dies ist unsere Position, und dies halten wir für den notwendigen und richtigen Ausgangspunkt aller weiteren Überlegungen.

Demokratie setzt den mündigen Bürger voraus. Die Entscheidung der Verfassung für die unbedingte Wahrung der Menschenwürde, das Bekenntnis zur freien Entfaltung der Persönlichkeit, zur Achtung des sozial gebundenen Eigentums gelten für alle und in allen Bereichen, übrigens auch für die Unternehmer. Gerade um dieser Grundwerte willen muß dem einzelnen in seiner persönlichen Sphäre ein Bereich verbleiben, in dem er in gleicher Weise vor dem Zugriff des Staates wie vor dem Zugriff der gesellschaftlichen Kräfte unbedingt geschützt und frei bleiben muß.

(Beifall bei der CDU/CSU.)

Andererseits wissen wir wohl, daß der gesellschaftliche Bereich, zu dem ohne Zweifel die wirtschaftlichen Unternehmen und ganz

gewiß die Großunternehmen gehören, nicht einfach Privatsache
– weder der Unternehmer noch der Anteilseigner noch der Arbeitnehmer noch etwa der Gewerkschaften – ist. Er stellt vielmehr
Anforderungen an die im Grundgesetz dem Sozialstaat vorgegebene Gestaltungsaufgabe.

Die wirkliche, praktische Schwierigkeit liegt gar nicht so sehr in
diesen Grundentscheidungen, von denen ich glaube, daß sie in
einer freiheitlichen Demokratie an und für sich selbstverständlich
sein sollten, sondern natürlich in der Notwendigkeit, unverzichtbare Rechte des einzelnen und die Ansprüche der Gemeinschaft miteinander in Einklang zu bringen, d. h. also das nicht ganz aufheb-
bare Spannungsverhältnis zwischen beiden doch so weit, als das
eben möglich ist, auszugleichen.

Ich finde, daß wir uns dieser Aufgabe auch in dieser Debatte mit
dem Ernst widmen sollten, der der Schwierigkeit und Gewichtig-
keit dieser Aufgabe entspricht. Wir sollten sie nicht mit Sprüchen
wie dem überdecken, den ich heute erwartungsgemäß mehrfach
gehört habe, daß sich CDU und CSU in der Mitbestimmungsfrage
wieder einmal als erzkonservative Unternehmerparteien entpuppt
hätten.

(Zurufe von der SPD.)

Niemand in diesem Hause, wo immer er sitzen möge, wird Sprache oder Inhalt jener Eingabe des Gesamtverbandes Deutscher Me-
tallindustrieller an den Reichstag um die Jahrhundertwende aufnehmen wollen oder können, der damals erklärte:

In der Politik und vor dem Gesetz hat der Arbeiter in unserem
Vaterland die volle Gleichberechtigung. In wirtschaftlicher und
sozialer Beziehung ist er von ihr durch unsere bestehende Wirt-
schafts- und Gesellschaftsordnung unbedingt ausgeschlossen.
Als unser Recht nehmen wir in Anspruch, daß der Arbeitgeber
Herr in seinem Betriebe sein und bleiben muß. Für eine Mitwirkung bzw. Mitbestimmung der Arbeiter gibt es weder Raum
noch Recht.

Soweit die Sprache der Jahrhundertwende.

Der Vergleich zwischen dieser Äußerung und dem heute vorgelegten Entwurf der Fraktion der CDU/CSU zeigt, wie weit der Weg
ist, den wir alle miteinander zurückgelegt haben.

(Beifall bei der CDU/CSU. – Abg. Liehr: Den Sie zurückgelegt
haben!)

– Wir alle miteinander, Herr Kollege Liehr. Politiker und Gewerkschaftler gerade der christlich-sozialen Prägung haben im Kampf für die Anerkennung der Mündigkeit – und das heißt für die Anerkennung der Menschenwürde – des arbeitenden Menschen in vorderster Linie gestanden. Das sollte in dieser Debatte wohl auch einmal gesagt werden.

(Beifall bei der CDU/CSU.)

Auf diese Tradition sind wir in der Christlich-Demokratischen und Christlich-Sozialen Union stolz, und diese Tradition verpflichtet uns.

(Abg. Buschfort meldet sich zu einer Zwischenfrage.)

– Herr Kollege Buschfort, ich möchte meinen Gedankengang fortsetzen. Ich bitte dafür um Verständnis. Ich mache es wie einige meiner Vorredner.

Keine Partei braucht sich zu schämen, daß sie ihre Meinung zu den großen Fragen der Zeit in einer lebendigen, ja in einer leidenschaftlichen Debatte bildet. Ich sage ganz freimütig, daß wir es in der CDU sehr viel bequemer gehabt hätten, wenn wir nicht die Mitbestimmungsdebatte von Berlin 1968, von Düsseldorf vor wenigen Wochen und in der letzten Woche in der Fraktion in Bonn gehabt hätten, aber wir wären auch ärmer gewesen und ärmer geworden, als wir heute sind. Wer hofft, das am Ende die Fortsetzung des Meinungsstreites und nicht die Solidarität aller steht, der wird diese seine Hoffnung enttäuscht sehen.

(Beifall bei der CDU/CSU.)

Die Koalition sieht sich dagegen heute und für den Rest der Zeit ihrer Zusammenarbeit nicht in der Lage, zur Frage der Mitbestimmung ein übereinstimmendes Konzept vorzulegen. Auch hier sind Meinungsverschiedenheiten keine Schande. Aber ich finde, es ist von einer über das Thema des heutigen Tages hinausgehenden grundsätzlichen Bedeutung, ob die Bundesregierung und die sie tragenden Parteien ein Mindestmaß an Übereinstimmung erreichen können, ohne daß grundlegende gesellschaftspolitische Fragen – und nur diese Fragen verdienen den anspruchsvollen Rang der inneren Reformen – überhaupt nicht bewältigt werden können.

(Vorsitz: Vizepräsident Dr. Schmitt-Vockenhausen.)

Die Sozialdemokratie hat, meine ich, mit ihrer Forderung nach Demokratisierung aller Lebensbereiche eine klare Position bezogen. Die Freien Demokraten werden entscheiden müssen, ob sie hier ihrem Partner folgen können. In der Mitbestimmungsfrage, Herr Kollege Schmidt, hat die FDP dies wiederholt verneint, und ich nehme an, daß dies nicht nur aus taktischen, sondern aus grundsätzlichen Erwägungen geschehen ist. Das bedeutet, daß man sich vielleicht in den Einzelfragen pragmatisch verständigen kann, aber eben kein geschlossenes und in sich folgerichtiges Konzept innerer Reformen finden kann. Ich sage das ganz ohne Vorwurf. Hier, meine Damen und Herren, und nicht etwa nur in den wahrscheinlich bevorstehenden finanziellen oder konjunkturpolitischen Schwierigkeiten der näheren Zukunft liegt das eigentliche Problem dieser Koalition auf innenpolitischem Gebiet.

In einem Vortrag vor der Katholischen Akademie Bayern hat Waldemar Besson vor einem Jahr gesagt, die politische Aufgabe der siebziger Jahre sei die Stabilisierung der staatlichen und gesellschaftlichen Institutionen auf neuem Niveau. Heute geht es um die Bewältigung einer wichtigen Teilaufgabe. Wir werden sehr bald, bei der Beratung des Hochschulrahmengesetzes, neben anderen Fragen vor der im Kern genau gleichen Frage stehen. Auch in dem z. B. in Nordrhein-Westfalen noch ungelösten Streit der Parteien um die Mitbestimmung der Eltern in den Schulen geht es um gar nichts anderes. Ist es denn wirklich ein Zufall, daß die Düsseldorfer Landtagsmehrheit der Sozialdemokraten und Freien Demokraten sich seit Jahren weigert, entsprechend den Vorschlägen der CDU den Eltern ein angemessenes, sachbezogenes, funktionsgerechtes Maß an Mitbestimmung im schulischen Bereich zu ermöglichen? Kann es nicht vielmehr sein, daß man hier genauso wie im Hochschulbereich und bei der wirtschaftlichen Mitbestimmung dem Grundirrtum erlegen ist, der die Ausführungen des Kollegen Schellenberg über weite Strecken durchzogen hat, dem Grundirrtum, daß man schematisch und unkritisch die Organisationselemente der parlamentarischen Demokratie auf diesen wichtigen gesellschaftlichen Bereich – und den Bereich der Hochschule und Schule genau entsprechend – übertragen kann, ohne zu bedenken, daß die Hauptaufgabe, nämlich die Stärkung der Rechte des arbeitenden, des lehrenden oder des lernenden Menschen, und die Erziehungsaufgabe der Eltern dabei dann notwendigerweise zu kurz kommen müssen?

Unser Modell für den Hochschulbereich entspricht nicht urdemokratischen Utopien, wie sie bei der wirtschaftlichen Mitbestimmung von den Gewerkschaften mit Recht als bloße Karikatur abgelehnt werden. Unser heute vorgelegtes Mitbestimmungsmodell im Bereich der Unternehmen denkt zuallererst an den Menschen am Arbeitsplatz, an die Rechte der von ihm unmittelbar und demokratisch gewählten Vertreter im Betriebsrat oder in Arbeitsgruppen und an die Wirkung des Integrations- und Kooperationszwanges in den Unternehmensorganen, von welchen die Biedenkopf-Kommission mit Recht gesagt hat, daß sie die eigentliche Aufgabe, das eigentliche Ziel und die eigentliche Rechtfertigung der Mitbestimmung im Bereich der Unternehmensleitung seien.

Meine Damen und Herren, wir haben heute von der Bundesregierung die Forderung nach paritätischer Mitbestimmung, die im Mittelpunkt der gewerkschaftlichen Vorstellung steht, nicht zu hören bekommen. Dies würde die Koalition auch nicht tragen können. Es gibt in der Stellungnahme der Bundesregierung zum Bericht der Biedenkopf-Kommission durchaus erwägenswerte Gedanken über viele hiermit zusammenhängende Fragen. Was dort als ein Mittel gedacht ist, die Entscheidung der Koalition zu vertagen, muß hier und heute ausgetragen werden. Wir brauchen keiner Frage auszuweichen, sondern haben sie mit der Vorlage unseres Modells beantwortet. Herr Kollege Dr. Kley hat bereits erwähnt – ich möchte dies ganz gerne wiederholen –, daß auf Seite 6 der Stellungnahme der Bundesregierung zum Biedenkopf-Bericht in der Drucksache VI/1551 eine der wesentlichsten Fragen aufgeworfen, aber nicht beantwortet worden ist. Es wird nämlich gesagt, daß die Auswirkungen einer institutionellen Mitbestimmung auf die marktwirtschaftliche Ordnung, das Eigentum, die Tarifautonomie und die Auswahl des Führungspersonals einer sorgfältigen Prüfung bedürften. Auch hierüber ist in einer nunmehr seit zwei Jahrzehnten andauernden Diskussion um Mitbestimmung so oft nachgedacht worden, daß man sich doch wohl eine eigene Stellungnahme der Bundesregierung zu dieser zentralen Frage hätte wünschen können. Auch Biedenkopf hat nicht so sehr in dem Bericht der Kommission, sondern in einem von ihm persönlich verfaßten Artikel, erschienen im Jahre 1966 in der »Zeit«, den Tarifvertrag als die wichtigste Form der Mitbestimmung im Unternehmen bezeichnet und als eine Form der Mitbestimmung im Unternehmen, bei der die Arbeitnehmer, vertreten durch ihre Gewerkschaften, den Arbeitgebern gleichberechtigt gegenüberstehen.

Hier, meine Damen und Herren, liegt jedenfalls nach meiner Überzeugung der zentrale, der entscheidende Einwand gegen die paritätische Mitbestimmung; denn das Recht der Tarifvertragsparteien zur Regelung der Arbeitsbedingungen schließt die Möglichkeit ein, Wirtschaftspolitik zu betreiben. Hierbei kommt der öffentlichen Meinung, wie Biedenkopf sagt, eine unentbehrliche Kontrollfunktion zu, weil sie das labile Gleichgewichtsverhältnis unter den Tarifvertragsparteien zugunsten einer Beachtung des öffentlichen Wohls stabilisiere. Die paritätische Mitbestimmung, so folgert Biedenkopf in dem erwähnten Aufsatz, ist die Große Koalition der Wirtschaftsdemokratie. Das ist ein Umstand, der doch mindestens viele unter uns über Sinn und Problematik der paritätischen Mitbestimmung nachdenken lassen sollte.

Das Mitbestimmungs- und Betriebsverfassungskonzept, das meine Fraktion vorlegt, entspricht unserer Vorstellung von der sozialstaatlichen Aufgabe unserer Zeit. Wir wehren uns in gleicher Weise gegen die Gleichgültigkeit, mit der ein liberalistisch eingestellter Staat das Entstehen und das kaum kontrollierte Tätigwerden industrieller Herrschaftsverhältnisse zuließ, wie gegen das ebenso überlebte Aufnehmen klassenpolitischer Vorstellungen, die auch nur ein Rückfall in das 19. Jahrhundert sind.

(Beifall bei der CDU/CSU.)

Ich habe vor einigen Jahren an anderer Stelle meine eigenen Vorstellungen zu der sozialstaatlichen Aufgabe einmal zu formulieren versucht, und ich würde ganz gern, wenn ich mich selbst zitieren darf, dies in wenigen Sätzen abschließend vortragen. Ich meine, daß es vielleicht bei der Begründung unseres Entwurfs in dieser oder ähnlicher Formulierung auch gesagt werden kann. Ich habe damals geschrieben:

Der heute überholte Klassenkampfgedanke entwickelte seine mitreißende Anziehungskraft für die Arbeiterbewegung vielleicht vor allem deswegen, weil damals als Ergebnis eines allerdings bitteren und langen Kampfes die vollständige Umwälzung der Verhältnisse in Aussicht gestellt wurde, zumal damals ja jede Art der Veränderung der unzureichenden Situation der Arbeitnehmer vorzuziehen schien. Dagegen fehlt der sozialstaatlichen Idee jede Dramatik. Sie ist, wie das Ideal der Demokratie, leise und unaufdringlich, oft auch innerlich unsicher und den eigenen Leistungen gegenüber skeptisch. Diese eigentümliche Mischung von Skepsis und Zuversicht verlangt weniger kämpferischen Schwung als vielmehr Vertrauen, das nicht weniger anspruchsvoll, aber vielleicht stiller ist. Der Sozialstaat bietet keine schnellen Lösungen an und verzichtet auf dramatische Veränderungen, ohne das Verharren im Status quo zu seinem Leitbild zu machen.

Mit diesen Vorstellungen sollte sich auch die Koalition auseinandersetzen. Sie kann dabei natürlich verabreden, wie es ein Kollege der SPD formuliert hat und wie wir es von Herrn Schmidt von
der FDP in anderer Variation heute gehört haben, jeden von der
CDU/CSU gestellten Antrag abzulehnen, selbst wenn wir hier das
Godesberger Programm in Form eines Antrags vorlegen würden;
Sie kennen ja das Zitat und den Kollegen, der es gebraucht hat.
Aber die Koalition kann nicht verabreden, daß sie unsere Gedanken hier totschweigen wird. Wir legen – Herr Kollege Ruf, ich darf
eine Äußerung von Ihnen etwas modifizieren – in der Mitbestimmungsfrage gar nicht so sehr eine Alternative vor, weil Regierung
und Koalition hier in Wirklichkeit gar nichts anderes anzubieten
haben als die – allerdings feste – Absicht, untätig zu bleiben. Wir
legen eine Initiative vor, und an dieser werden Sie alle beiden
Fraktionen, SPD und FDP, nicht vorbeigehen können.

(Beifall bei der CDU/CSU.)

Probleme der inneren Sicherheit

Rede auf der Fachtagung »Verbrechensbekämpfung«
der Politischen Akademie Eichholz
am 4. Juni 1971

Der letzte Redner einer mehrtägigen Tagung hat den Vorteil, der aber zugleich ein Nachteil ist, an vieles anknüpfen zu können, aber auch anknüpfen zu müssen, was im Verlauf der Tagung in Einzelreferaten, Diskussionen und Berichten der Arbeitskreise bereits geäußert worden ist. Das, was ich heute morgen von den Leitern und Referenten der Arbeitskreise gehört habe, deckt sich, ohne daß das natürlich abgesprochen werden konnte, in weiten Zügen mit Teilen meiner Darlegungen. Ich halte das auch nicht für den Nachteil, sondern vielleicht für ein Zeichen der inneren Übereinstimmung, wenn man unabhängig voneinander an dem gleichen Thema arbeitet und zu gleichen oder ähnlichen Ergebnissen kommt.

Diese Veranstaltung verstehe ich als eine Zusammenkunft von Fachleuten auf dem Gebiete der Verbrechensbekämpfung, d. h. daß wir es hier nicht zu tun haben mit einer Propagandaveranstaltung der Christlich Demokratischen Union. Der Sinn der Tagung und auch der hier zu machenden Ausführungen ist daher nicht, möglichst publikumswirksame Aussagen zu machen, die dann vielen gefallen, jedenfalls wenigen mißfallen, sondern es geht darum, mit aller Vorurteilslosigkeit die sachlich notwendigen und sachlich vertretbaren Wege zu suchen, um dem Problem der ständig ansteigenden Kriminalität Herr zu werden.

In einer Beziehung findet die Konferenz einige Tage zu früh statt, weil nämlich die Kriminalstastistik für das vergangene Jahr kurz vor ihrer Veröffentlichung steht, aber noch nicht vorliegt. Wir können daher noch nicht anknüpfen an die genauen Zahlen über den *weiteren Anstieg der Kriminalität* in unserem Lande, den – so muß man wohl befürchten – auch die Kriminalstatistik für das vergangene Jahr ausweisen wird. Ich nehme an, daß Sie als Fachleute mit mir darüber übereinstimmen werden, daß die Kurve der Verbrechen auch im Jahr 1970 weiter angestiegen ist. Es gibt auch Anhaltspunkte dafür, daß durch die wiederum gestiegenen Zahlen begangener Straftaten zugleich auch die prozentuale *Aufklärungsquote zurückgegangen ist*, wenn man auch – in absoluten Zahlen ausgedrückt – vermutlich mit einer zahlenmäßigen Zunahme der aufgeklärten Straftaten rechnen kann. Ich bin sicher, daß insbesondere Herr Professor Geerds in seinem Referat über den Stand der Kriminalität im einzelnen hier berichtet hat. Ihnen brauche ich ohnehin die Situation eingehender nicht darzulegen, daher also ganz wenige Zahlen aus der Vergangenheit, die die Lage für uns noch einmal an einigen Beispielen beleuchten sollen:

Im Bereich der Schwerstkriminalität Mord und Totschlag in der Zeit von 1963 bis 1965 ein Anstieg um 55 Prozent, im Bereich der Verbrechen des Raubes und der räuberischen Erpressung um 71,1 Prozent im gleichen Zeitraum und im Bereich der Rauschgiftdelikte – dieses Jahr im Mittelpunkt der öffentlichen Diskussion – hier allein innerhalb eines Jahres, nämlich von 1968 bis 1969, ein Anstieg um 151,8 Prozent. Man wird wohl davon ausgehen müssen, daß auch im Jahre 1970 die Rauschgiftdelikte wiederum wesentlich zugenommen haben, insbesondere der Rauschgifthandel. Eine Deliktsgruppe mit einer besonders sprunghaften Zunahme, vielleicht von einer geringeren Sozialschädlichkeit, wenn man sie mit den erwähnten Straftaten im Bereich der Schwerstkriminalität vergleicht, sind die Kraftfahrzeugdiebstähle. Auch hier gibt es eine besonders niedrige Aufklärungsquote.

Nun wissen wir alle, daß die *Sorge um die innere Sicherheit* die Bürger in unserem Lande besonders erregt und bewegt. Es gibt zahlreiche Meinungsumfragen aus den letzten Jahren über die Probleme, die nach Meinung der Bevölkerung eine besonders hohe Priorität haben, und immer wieder hat sich dabei ergeben, daß nach Meinung der Bevölkerung der Verbrechensbekämpfung eine besonders hohe Dringlichkeit zukommt. Schon deswegen, um der Glaubwürdigkeit unseres Staatswesens und der Staatsorgane willen, ist dies eine besonders dringliche Aufgabe des Staates, des demokratischen Rechtsstaates, mit diesem Problem fertig zu werden, weil – wenn das nicht gelingt – der Schaden noch größer ist, als es die ohnehin besorgniserregende Situation im Bereich der Verbrechensbekämpfung anzeigt. Denn zusätzlich zu dem sich unmittelbar ergebenden Problem erweckt die bestehende oder entstehende Situation Zweifel in der Bevölkerung, daß ein demokratisches Staatswesen in der Lage ist, mit dem Erscheinungsbild des Verbrechens, so wie wir es heute haben, fertig zu werden. Es könnte sich daraus die Versuchung ergeben, nach anderen Staatsformen Ausschau zu halten oder jedenfalls Abwandlungen der Demokratie zu suchen, von denen man annimmt, daß sie mit dem Problem der Kriminalität leichter fertig werden würden.

Ich meine, daß der Staat in vielen seiner Organe dieser Einstellung der Bevölkerung nicht genügend Rechnung trägt. Hierzu eine nur scheinbar am Rande stehende Betrachtung, ein an sich banales Beispiel: im Land Niedersachsen diskutiert man gegenwärtig über eine offenbar wichtige Errungenschaft der Strafjustiz, nämlich das Verschwinden der Anklagebank aus den Gerichtssälen. Nun kann man darüber unter Gesichtspunkten der forensischen Innenarchitektur an sich reden. Es ist eine Frage zunächst einmal der Zweckmäßigkeit und aller möglichen hier nicht zu erörternden Fragen, wie man den Gerichtssaal ausgestaltet. Und ich will hier auch nicht unbedingt als Verfechter dieses schon zum Symbol gewordenen Requisits erscheinen, sondern ich erwähne dieses Beispiel, weil es die Frage aufwirft, ob derjenige, der diesen Gedanken als offenbar besonders aktuell und besonders wichtig gegenwärtig aufgebracht hat, sich darüber klar geworden ist, welche *psychologischen Auswirkungen* allein die Diskussion über eine solche Entscheidung auf die Bevölkerung haben wird. Jedenfalls wird man doch wohl sagen können, daß wir gegenwärtig im Bereich der Strafjustiz wichtigere und vordringlichere Fragen haben als ausgerechnet diese, die im Grunde ja darauf hinausläuft, es entweder dem Angeklagten vor Gericht – und es geht praktisch ja nur um den in Untersuchungshaft befindlichen Straftäter – möglichst bequem zu machen oder im äußeren Erscheinungsbild des Gerichtssaales den Umstand, daß er angeklagt ist, rein optisch zu kaschieren. Ich bin immer ein Anhänger des amerikanischen Strafprozesses gewesen, in der äußeren Gestaltung schon der Anklageschrift, in der das Volk des Bundesstaates als Kläger und der wirkliche oder mögliche Straftäter als Angeklagter auftritt. Schon in dieser Gegenüberstellung wird deutlich gemacht, worum es geht: daß das Verbrechen eine Herausforderung an die Gesellschaft ist, und zwar an jede Gesellschaft, aber ganz besonders an die demokratische Gesellschaft. Die demokratische Gesellschaft, die von ihrer Anlage her jedem einzelnen einen möglichst großen Freiheitsraum und eine möglichst große Sicherheit vor der Beeinträchtigung dieses Freiheitsraumes durch die staatliche Gewalt sichern will und dieses mit einer Fülle von uns allen bejahten rechtsstaatlichen Mitteln auch tut, muß sich aber um so entschiedener gegen denjenigen wenden, der nicht bereit ist, die vereinbartenSpielregeln einzuhalten. Dies ist, wie mir scheint, das Grundproblem, und diese, wenn Sie wollen, optische Betrachtungsweise ist möglicherweise noch viel wichtiger, wenn ich das in aller Bescheidenheit sagen darf, als so unendlich wichtige und notwendige und heute schon im einzelnen erörterte und von mir auch noch zu behandelnde praktische Fragen.

Meine Damen, meine Herren, die wichtigsten Problemkreise im einzelnen, um die es bei unserem Thema geht, sind nicht nur aus dem Programm der Tagung zu ersehen, sie haben Sie im einzelnen beschäftigt und sind in der guten Zusammenfassung heute morgen vorgetragen worden. Ich darf sehr gerne die Gelegenheit benutzen, mich nicht nur für die CDU/CSU-Bundestagsfraktion und insbesondere den zuständigen Arbeitskreis der Fraktion für eine Fülle von Anregungen zu bedanken, soweit sie an den Gesetzgeber, und das wird fast immer der Bundesgesetzgeber sein, gerichtet sind, sondern auch für den von mir geleiteten Arbeitskreis und sicher für die gesamte Fraktion der CDU/CSU zuzusagen, daß wir eine Fülle von Anregungen, die in den Berichten heute morgen gebracht worden sind, möglichst bald zum Gegenstand parlamentarischer Initiativen machen werden.

Die Themen im einzelnen brauche ich nur stichwortartig aufzuzählen:

— Organisation der Verbrechensbekämpfung —
— Ausbildung der Polizei für die Verbrechensbekämpfung —
— Technische Ausrüstung der Polizei —
— Strafverfahrensrecht —

Wiederum darf ich sagen, daß vieles, was ich hier vorzutragen habe, Ihnen aus den Berichten der Arbeitskreise, aus Einzelreferaten, aus Diskussionsbeiträgen durchaus bekannt vorkommen wird, und ich halte das nicht für ein schlechtes, sondern für ein gutes Zeichen.

Zum Thema *Organisation der Verbrechensbekämpfung* möchte ich mich auf einige wenige, vielleicht schlagwortartigklingende, jedenfalls knapp vorgetragene Thesen beschränken:

Erstens würde ich sagen, *wir brauchen keine Bundespolizei*, ein altes, immer wieder diskutiertes Thema. Ich gehöre nicht zu denjenigen, die meinen, daß durch eine durchgreifende Kompetenzveränderung zwischen Bund und Ländern, soweit es die Polizeihoheit anlangt, wesentliche Fortschritte erreicht werden können. In diesem Sinne bitte ich die sehr knappe These »Wir brauchen keine Bundespolizei« zu verstehen. Auf die besondere Rolle des Bundesgrenzschutzes werde ich nachher kurz in einem anderen Zusammenhang noch zurückkommen.

Zweitens brauchen wir eine *nach einem einheitlichen Organisationsschema gegliederte Polizei der Länder*, und zwar sowohl die Schutz- wie auch die Kriminalpolizei. Dieses deckt sich, soweit ich sehen kann, voll mit dem Bericht, der heute morgen von dem zuständigen Arbeitskreis gegeben worden ist.

Drittens – auch dieses kann wohl übereinstimmend gesagt werden mit dem heute morgen gegebenen Bericht – wir brauchen eine *Stärkung der Stellung der Landeskriminalämter* mit unmittelbarer Weisungsbefugnis an jede Kriminalpolizeidienststelle im Lande, also – um es deutlich zu sagen – eine straff zentralistisch organisierte Kriminalpolizei innerhalb der Länder.

Viertens: Wir brauchen eine *Verbesserung der Zusammenarbeit und der Koordinierung der Länderpolizeien*. Hierzu gehört auch die organisatorische Zusammenfassung von Kriminalpolizeidienststellen über Ländergrenzen hinweg nach kriminalgeographischen Erfordernissen. Der Weg dorthin mag entweder durch Staatsverträge oder Verwaltungsabkommen der Länder gefunden werden. Um das am Rande zu bemerken: in diesem Zusammenhang ist auf die Neugliederung der Länder hingewiesen worden, ohne Frage ein wichtiger Aspekt, und ich hoffe, daß die Erwartung, die der Herr Referent ausgedrückt hat, daß die Länderneugliederung in absehbarer Zeit gelingen wird, eine realistische Hoffnung ist.

Fünftens: Die *Koordinations- und Unterstützungsfunktion des Bundeskriminalamts* muß ausgebaut werden. Ich teile die heute morgen geäußerte Meinung – das ist ja Gegenstand aktueller Diskussionen auch gegen Ende der vorigen Wahlperiode gewesen –, daß auch der damals erreichte Kompromiß bei der Novelle zum BKA-Gesetz noch nicht das erstrebte Ziel darstellt. Wir haben uns darauf geeinigt, um das damals politisch Mögliche zu erreichen. Ich bin nicht der Meinung, daß damit wirklich alles, was wünschenswert wäre, erreicht worden ist. Wir sprechen ohnehin über die verschiedenen Fragen einer Verfassungsreform im Rahmen einer Enquete-Kommission, die der Deutsche Bundestag eingesetzt hat. Es wird dabei auch sicher vorurteilslos zu prüfen sein, ob es notwendig ist, dem Bundeskriminalamt die federführende Zuständigkeit für bestimmte Verbrechensarten, die internationale Zusammenarbeit in besonderem Maße erfordern, zuzuweisen – beispielsweise das vorhin erwähnte Thema der Rauschgiftkriminalität.

Sechstens: Die Länder müssen sich über eine *Standardisierung der technischen Ausrüstung der Polizei* verständigen. Ich komme dann auch sofort zu dem hier auch schon behandelten Thema der technischen Ausrüstung für die Verbrechensbekämpfung. Die Berichte, die gegeben worden sind, kann man wohl dahin zusammenfassen, daß der heutige Stand der technischen Ausrüstung sowohl der Schutz- wie auch der Kriminalpolizei in der Bundesrepublik einer führenden Industrienation nicht würdig ist.

Mit der Einführung der Elektronischen Datenverarbeitung und des Bild-Funknetzes allein ist es nicht getan. Hierüber wird in der Öffentlichkeit besonders viel geredet, und es findet verständlicherweise das besondere Interesse der Presse, was es da alles an interessanten technischen Neuerungen gibt. Natürlich ist der Einsatz moderner EDV-Anlagen und ähnlicher Dinge notwendig und wünschenswert. Aber der in der Öffentlichkeit erzeugte Wunderglaube an den »Kommissar Computer« wächst sich allmählich zu einem Problem für die sinnvolle Reorganisation der polizeilichen Technik an der Basis aus. Denn hier sitzt, wie mir scheint, das wirklich gravierende Problem. Ich habe bereits in der Bundestagsdebatte über die Fragen der Verbrechensbekämpfung im November 1970 auf das Beispiel jener Bonner Demonstration hingewiesen und auf die einschlägigen Presseberichte, die darauf hinausliefen, daß es nicht möglich war, daß die an Ort und Stelle ja zahlenmäßig recht starken Polizeieinheiten sich verständigen konnten, weil ihre Funkgeräte im einzelnen unterschiedliche Frequenzen oder sonstige verschiedenartige technische Voraussetzungen hatten, die eine rein technisch gesprochene Abstimmung, und das ist ja auch praktisch eine Abstimmung des polizeilichen Einsatzes der verschiedenen Polizeieinheiten eines Bundeslandes, nicht etwa verschiedener Bundesländer, unmöglich machten oder jedenfalls sehr erschwerten.

Es geht also um die kleine Technik des Alltags. Gegenstände, die in unserem Privatleben überall eine blanke Selbstverständlichkeit sind – Schreibmaschinen, Telefone, Autos und derartige im Grunde banale, aber eben für eine Polizei, die technisch einigermaßen ausgerüstet sein will, lebensnotwendige Dinge. Vor diesem Kreise braucht man die bekanten, im Grunde ja in einem traurigen Sinne nun schon kabarettreifen Beispiele mangelhafter Ausrüstung der Polizei gar nicht mehr zu nennen. Durchgreifend geschehen ist bisher leider so gut wie nichts. Es gibt immer noch Polizeidienststellen, in denen Telefongespräche über weite Entfernungen der Genehmigung höherer Vorgesetzter bedürfen. Viele Dienststellen sind in unwürdigen und unbrauchbaren Diensträumen untergebracht, auch die Kriminalpolizei der Bundeshauptstadt Bonn. In den deutschen Großstädten sind die Schutzpolizeibeamten und Kriminalpolizeibeamten nicht sämtlich mit Kleinfunkgeräten ausgestattet, wie es etwa bei der Londoner Polizei durchgängig der Fall ist. Vor ungefähr zwei Jahren hatte ich Gelegenheit, bei einem Besuch in Scotland Yard mich damit zu beschäftigen. Und Herr Dr. Pfennig hat ja in seinem Referat dieses Thema und den Stand der Funktechnik der Polizei dargestellt.

Bei der Betrachtung der Kriminalität in den großstädtischen Ballungsgebieten wollen und dürfen wir, gerade was die technische Ausrüstung anlangt, nicht die besonders schwierige Arbeit der Polizei in den Landkreisen vergessen. Hier kommt es ganz besonders auf moderne Transportmittel und Nachrichtenverbindungen an, denn die Kriminalität auf dem Lande gewinnt durch die Zunahme des Pendlerverkehrs und die Verstädterung der Landschaft immer mehr an Bedeutung.

Die Innenminister des Bundes und der Länder sollten im Zuge der von ihnen beschlossenen Erarbeitung eines Programms »Innere Sicherheit« ernsthaft prüfen, ob das *Beschaffungswesen* für die Schutz- und Kriminalpolizei der Länder nicht in einer ähnlichen Weise vereinheitlicht werden könnte, wie dies bereits bei der Bereitschaftspolizei der Fall ist. Ähnliche Forderungen haben wir bereits in unserem anläßlich der Debatte zur Verbrechensbekämpfung eingebrachten Entschließungsantrag dem Deutschen Bundestag vorgelegt. Die Beratungen hierüber in dem zuständigen Innenausschuß sind noch nicht abgeschlossen. Zu dem Thema »*Ausbildung der Polizei für die Verbrechensbekämpfung*« gehören natürlich die Themen Laufbahnreform der Polizei, neues Berufsbild für den Polizeibeamten und nicht zuletzt die Besoldung. Hierüber ist, wie ich eigentlich dankbar anerkenne, heute morgen nur zurückhaltend berichtet worden. Ich möchte nun nicht Salz in irgendwelche Wunden streuen, aber doch wenigstens einige Worte zu dem Thema sagen, weil ich glaube, daß Sie einen Anspruch darauf haben, jedenfalls meine persönliche Meinung – und ich glaube auch annehmen zu dürfen die Meinung sehr vieler Kollegen in der Bundestagsfraktion – zu diesem Thema zu hören.

Die künftige Gestaltung der Laufbahn in der Polizei und die damit zusammenhängenden Fragen der Ausbildung und Nachwuchswerbung bilden eine nahtlose Einheit mit dem Besoldungsproblem. Ich sage etwas zur Einheitslaufbahn in dem Bewußtsein, daß es zwar noch eine *Einheitslaufbahn,* aber sicherlich auch in diesem Kreis keine Einheitsmeinung über die Einheitslaufbahn gibt. Die Einheitslaufbahn ist in der deutschen Polizeitradition gewachsen. Sie geht historisch auf Vorstellungen zurück, daß die Polizei in ähnlicher Weise organisiert sein müßte wie das Militär; der einzige Unterschied ist der, daß die Mannschaftsdienstgrade wegfallen und eine Zweiteilung in Unteroffiziere (bei der Polizei Wachtmeister) und Offiziere vorgenommen wird. Meine Meinung hierzu ist, daß das Modell der Einheitslaufbahn für die Anforderungen, die an die Kriminalpolizei in der modernen Industriegesellschaft gestellt werden müssen, nicht mehr geeignet ist. Vielmehr sollte der Sachbearbeiter bei der Kriminalpolizei künftig hinsichtlich seiner Vorbildung, Ausbildung und Besoldung dem Sachbearbeiter des allgemeinen Verwaltungsdienstes gleichgestellt sein, d. h. Mittlere Reife oder Realschulabschluß, Vorbereitungsdienst als Kommissaranwärter, Laufbahnprüfung, Anstellung als Kommissar in Besoldungsgruppe A 9. Um die ohne jede Frage notwendige Durchlässigkeit des Polizeidienstes zu gewährleisten, muß durch großzügige Aufstiegsregelungen sichergestellt werden, daß geeignete und hierzu bereite Beamte der Schutzpolizei und des Bundesgrenzschutzes in den gehobenen Kriminaldienst aufsteigen können. Dies ist die andere Seite, und man kann, meine ich, das eine ohne das andere nicht sehen, sonst redet man über die Hälfte des Problems.

Bei der Neugestaltung der kriminalpolizeilichen Laufbahn sollte auch darauf geachtet werden, den künftigen gehobenen Kriminaldienst für sogenannte Außenseiter aus der freien Wirtschaft zu öffnen, die für eine moderne Kriminalpolizei von großem Nutzen, ja unentbehrlich sein können, wie etwa Buchhalter, Ingenieure und ähnliche Fachleute.

Ich halte es für notwendig, eine *Differenzierung im polizeilichen Laufbahnwesen* vorzunehmen. Das bedeutet aber keine Abwertung des Dienstes der Schutzpolizei, sondern die Erkenntnis, daß der Dienst in der Schutzpolizei seinem Wesen nach nicht weniger wichtig, sondern andersartig ist als der der Kriminalpolizei. Der Kriminalpolizeibeamte in der modernen Industriegesellschaft muß erhöhte Bildungsvoraussetzungen mitbringen, insbesondere der Sachbearbeiter der Kriminalpolizei, der einen Fall selbständig bearbeitet, braucht eine verbesserte Allgemeinbildung, mehr geistige

Beweglichkeit und Sprachkenntnisse, als dies regelmäßig der Fall ist. Nun wird sofort zweierlei entgegengehalten, und ich mache es mir selbst zu eigen:

1. All dieses – erhöhte Bildungsvoraussetzungen, größere Beweglichkeit, größeres Allgemeinwissen – gilt auch für den Schutzpolizeibeamten;

2. der Schutzpolizeibeamte auf dem erwähnten flachen Lande, der im Einzelfall oft über einen längeren Zeitraum selbständig tätig werden muß, bis er überhaupt die Möglichkeit hat, einen Kriminalbeamten aus der nächstgelegenen Stadt herbeizubekommen und u. U. ein schweres Verbrechen oder einen schweren Verkehrsunfall aufklären muß, soweit das innerhalb der Zeit möglich ist, steht natürlich in einer der Tätigkeit des Kriminalbeamten vergleichbaren Lage, und man wird hieraus Konsequenzen ziehen müssen.

Ich sage aber allgemein, daß man bei der Laufbahnreform nicht weiterkommt, wenn man versucht, nur möglichst allen Beteiligten das zu sagen, was wahrscheinlich gerne gehört wird, sondern indem man die sachlichen Notwendigkeiten zu erkennen versucht und daraus Schlußfolgerungen zieht. Ich glaube, daß das sogenannte *Berliner Modell* der kriminalpolizeilichen Laufbahn den modernen Erfordernissen weitgehend Rechnung trägt. In wesentlichen Elementen ist es im Bereich des Bundeskriminalamts bereits verwirklicht, wobei ich zugebe, daß sich die Verhältnisse beim Bundeskriminalamt nicht schematisch auf die Kriminalpolizei der Länder übertragen lassen. Man wird hier auf einen mittleren Kriminaldienst, der in seiner Laufbahngestaltung dem mittleren Verwaltungsdienst entspricht, wohl nicht verzichten können. Jedenfalls aber sollte konsequent die Linie des Bundeskriminalamts verfolgt werden, den Kriminalpolizeibeamten sowohl des mittleren als auch des gehobenen und höheren Dienstes von Schreibarbeit schematischer oder verwaltungsmäßiger Natur soweit wie irgend möglich zu entlasten.

Die Erhöhung der Bildungsvoraussetzung für den Kriminaldienst findet ihre Parallele in der Neugestaltung der Lehrerbildung, die in den letzten Jahrzehnten erfolgt ist. Hier finden wir ganz ähnliche Probleme. Ich glaube, daß man nur von der Laufbahnreform her und der notwendigen Verbesserung von Bildung, Ausbildung und Fortbildung das Besoldungsproblem wirklich durchgreifend lösen kann. Das bedeutet nicht, daß wir einfach warten oder notwendige Besoldungsregelungen in eine unabsehbare Zukunft hinausschieben. Vor einer solchen von mir für dringlich gehaltenen Reform sind die unbedingt notwendigen Besoldungsverbesserungen für Schutz- und Kriminalpolizei vorzunehmen, die dann notgedrungenerweise natürlich noch von dem bisherigen Laufbahnsystem ausgehen müssen.

Die Beschlüsse der Innenministerkonferenz Anfang Dezember 1970 könnten hierfür eine Basis liefern, sie bilden ja auch die Grundlage für die Vorschläge des Innenausschusses des Bundesrates für die Polizeibesoldung, über die zur Stunde im Plenum des Bundesrates Auseinandersetzungen, wie ich vermute, zwischen den Finanzministern und den Innenministern der Länder, also den Empfehlungen einerseits des Innen-, andererseits des Finanzausschusses des Bundesrates, stattfinden. Ich möchte dem Ergebnis dieser wahrscheinlich zur Stunde laufenden Debatte nicht vorgreifen und kann auch kein Ergebnis vorhersagen, möchte aber doch ohne parteipolitische Polemik hier einmal feststellen, daß der Vorsitzende des Finanzausschusses des Bundesrates, der nordrheinwestfälische Finanzminister Wertz, in diesen Auseinandersetzungen leider eine sehr unglückliche Rolle gespielt hat. Ich nehme an, daß jeder Innenminister, nicht nur derjenige, der der CDU bzw. CSU angehört, mir darin recht geben wird. Herr Wertz trägt auch die Verantwortung dafür, daß in der interfraktionellen Arbeitsgruppe zur Neuordnung des Besoldungsrechts, die die Entscheidung des Bundestages in der Besoldungsfrage vorbereitet hat, der unrealistische Termin 1. Mai 1971, der um mehr als einen Monat überschritten worden ist, für die Erarbeitung der Vorschläge des Bundesrates zur Neuordnung der Besoldung bestimmter Laufbahngruppen festgelegt wurde. Ich kann nur hoffen, daß die heutigen Beschlüsse des Bundesrates die Grundlage für eine wenigstens einigermaßen befriedigende Regelung der noch ausstehenden Besoldungsprobleme bieten. Wenn dies nicht der Fall sein sollte, ist, wie mir scheint, der Bundesinnenminister angesprochen, der dann wohl den Scheck einlösen muß, den er damit ausgestellt hat, daß er die konkurrierende Gesetzgebung über das Besoldungsrecht für den Bund in Anspruch genommen und in einem veröffentlichten Schreiben an den Vorsitzenden des Deutschen Beamtenbundes nach der erfolgten Kompetenzübertragung versprochen hat, die *Führungsrolle im Besoldungswesen* zu übernehmen. Es gibt sehr publikumswirksame und auch zutreffende Sprüche wie den, daß manchmal ein Polizeibeamter in einer Nacht oft schwerwiegendere Entscheidungen zu treffen habe als ein Beamter der Besoldungsordnung B in seiner ganzen Laufbahn. Das ist alles nicht falsch und klingt vor allem recht gut, aber damit allein, meine Damen und Herren, ist es eben nicht getan; man wird dann wohl die Konsequenzen, die sich daraus ergeben, auch ins Auge fassen müssen.

Ich komme nun zum Thema *Strafverfolgungsrecht*, hinter dem sich vor allem die Problematik der durch die Strafprozeßnovelle des Jahres 1964 vorgenommene Liberalisierung des Haftrechts verbirgt. Diese Novelle zur Strafprozeßordnung ist von allen Fraktionen des Bundestages mitgetragen worden, alle haben daher die Verantwortung für diese Rechtsänderung und ihre Folgen in der Praxis mit zu übernehmen. Ich sage freimütig, daß ich damals als Mitglied des Rechtsausschusses des Deutschen Bundestages mit zu den Befürwortern dieser Änderung der Strafprozeßordnung gehört habe. Um so stärker empfinde ich die Verantwortung und Verpflichtung, das nun geltende Haftrecht, mit dem wir nun sieben Jahre haben Erfahrungen sammeln können, einer kritischen Würdigung zu unterziehen und es neu zu durchdenken. Hierzu hat der bereits mehrfach erwähnte Entschließungsantrag meiner Fraktion im Bundestag zur Verbrechensbekämpfung einen notwendigen Anstoß gegeben. Der Rechtsausschuß des Bundestages hat im Zuge der Beratung dieser Ziffer der von uns vorgelegten Entschließung eine sehr ausführliche und detaillierte Fragestellung an die Bundesregierung gerichtet, mit der er diese um einen Bericht über die Erfahrungen mit dieser Novelle von 1964 gebeten hat. Der Bericht steht noch aus, ich hoffe, daß wir ihn bald bekommen werden, und möchte dem Ergebnis nicht vorgreifen. Aber es gibt doch nach meinem Dafürhalten sehr starke Anhaltspunkte dafür, *daß das Haftrecht im Sinne einer Verschärfung revidiert werden muß.* Der Gesetzgeber, der auch schon nach wenigen Jahren zu der Erkenntnis kommt, daß er von nicht zutreffenden oder jedenfalls von nicht völlig zutreffenden Voraussetzungen ausgegangen ist, sollte sich dann auch nicht scheuen, seine Meinung zu ändern. Daß auch die Bundesregierung die Auswirkungen des Strafprozeßänderungsgesetzes von 1964 kritisch sieht, ergibt sich übrigens bereits aus der Antwort auf die Große Anfrage meiner Fraktion zur Verbrechensbekämpfung vom 18. Mai 1970, wo jedenfalls in einer vorsichtigen Weise gesagt ist, daß man eine weitere Erschwerung – so etwa ist die Formulierung – der Arbeit der Polizei und der Strafverfolgungsbehörden insgesamt nicht mehr hinnehmen könne. Das zeigt wohl die Richtung des Standes des Nachdenkens im Bundesinnenministerium deutlich an.

Eine Revision würde sicher in der Richtung vorzunehmen sein, daß die Feststellung der Fluchtgefahr, die nach geltendem Recht nur auf Grund bestimmter Tatsachen getroffen werden kann, was in der Praxis gerade bei einem skrupellosen, raffinierten Täter meist nicht möglich ist, in einer den praktischen Bedürfnissen besser angepaßten Weise modifiziert wird. Weiterhin könnte der Haftgrund der Wiederholungsgefahr, der nach geltendem Recht nur sehr eingeschränkt herangezogen werden kann, auf weitere Deliktsgruppen ausgedehnt werden. Dies etwa könnten die Hauptpunkte sein, es ist keine abschließende Würdigung dieses Problemkreises, sondern die Andeutung der Richtung, in der nach meiner Auffassung die Überlegungen gehen sollten. Entsprechende Arbeiten sind im Bereich des Arbeitskreises I der Fraktion im Gange, und wir würden, wenn wir das in der Fraktion durchberaten haben, in der Lage sein, konkrete Initiativen auf diesem Gebiete dem Deutschen Bundestag vorzulegen.

Eine erneute Änderung des Haftrechts setzt aber voraus, daß das Ermittlungsverfahren im Zuge der Strafprozeßreform wesentlich gestrafft wird. Hierzu hat es heute morgen in dem ersten Referat sehr dankenswerte und interessante Anregungen gegeben mit dem Ziel, die Ermittlungen früher als bisher abzuschließen und früher die Entscheidung der Staatsanwaltschaft über die Erhebung der Anklage oder die Einstellung des Verfahrens zu ermöglichen. Nur dadurch und durch eine zügige Abwicklung des Hauptverfahrens kann die Dauer der Untersuchungshaft auf ein vertretbares Maß beschränkt werden. Die *Stellung der Staatsanwaltschaft gegenüber der Kriminalpolizei wird dann auch neu durchdacht werden müssen*, denn die tatsächlichen Verhältnisse entsprechen schon seit Jahrzehnten nicht mehr dem vom Gesetzgeber in der Mitte des 19. Jahrhunderts konzipierten Modell. Bei der aus anderem Anlaß beabsichtigten Novellierung des sogenannten Artikel 10-Gesetzes über die Post- und Telefonkontrolle sollte vorgesehen werden, daß bei Rauschgiftdelikten, insbesondere dem unbefugten Handel mit Rauschgift, eine Post- und Telefonkontrolle angeordnet werden kann.

Vor allem der Initiative des Kollegen Karl-Heinz Schmitz ist es zu verdanken, daß wir uns im Arbeitskreis I der Fraktion mit

Überlegungen beschäftigen, wie man wesentlich mehr als bisher *den Opfern von Verbrechen helfen* kann, die körperliche oder Vermögensschädigungen davontragen. Hierzu gibt es konkrete Überlegungen bei uns, und ich hoffe, daß wir in naher Zukunft ein abschließendes Ergebnis der Öffentlichkeit vorlegen können.

Lassen Sie mich einige wenige *Schlußbemerkungen* machen. Der Bundesminister des Innern bereitet gegenwärtig eine Neufassung des Gesetzes über den Bundesgrenzschutz vor. Wir wissen alle, daß es über die Frage, welche Rechtsstellung der Bundesgrenzschutz innerhalb des Sicherheitssystems der Bundesrepublik hat, Meinungsverschiedenheiten mit den Ländern gibt, die teilweise dem Bund jegliche polizeiliche Zuständigkeit bestreiten. Ich habe eingangs klar gesagt, daß ich mich gegen eine Bundespolizei ausspreche. Zugleich möchte ich aber auch an die Länder appellieren, den dringend notwendigen gesetzlichen Regelungen der Zuständigkeit beim Einsatz des Bundesgrenzschutzes nicht kleinliche Hindernisse in den Weg zu legen. Wir müssen erkennen, daß beim ständigen Personalfehlbestand der Polizei, dessen Ende leider nicht abzusehen ist, das Potential des Bundesgrenzschutzes im Rahmen seiner Möglichkeiten von den Ländern unter ihrer eigenen Verantwortung genutzt werden sollte, so wie es in Einzelfällen bisher ja auch geschehen ist. Der Bundesinnenminister hat die Unterstützung der CDU/CSU-Fraktion, wenn es um die *Erhaltung des Bundesgrenzschutzes in seiner gegenwärtigen Form* geht, und es lohnt sich wohl, daran zu erinnern, daß die unqualifizierten Angriffe, die kürzlich erst gegen den Bundesgrenzschutz gerichtet worden sind, von jemandem ausgehen, der zugleich Landtagsabgeordneter der Sozialdemokraten in Nordrhein-Westfalen ist. Ich meine auch, daß die Bevölkerung, wenn wir über Polizei oder Verbrechensfragen reden, ganz andere Sorgen hat als die von Herrn Kuhlmann immer wieder angesprochenen Fragen des Führungsstils oder meinetwegen auch der Gestaltung der Stahlhelme des Bundesgrenzschutzes oder die Granatwerfer für die Bereitschaftspolizei und schließlich auch das Koppelzeug der Schutzpolizei. Dieses mögen Fragen sein, über die man reden kann und muß, aber *vordringlich* sind im Bereich der Verbrechensbekämpfung ganz andere Probleme als diese.

Ich kann aus langer und, wie ich glaube, sehr guter Zusammenarbeit mit dem Bundesgrenzschutz nur sagen: Wenn wirklich alle Staatsorgane, die für die innere und äußere Sicherung unseres Landes verantwortlich sind, den gleichen Geist haben, den der Bundesgrenzschutz bisher immer wieder gezeigt und bewiesen hat, dann würden wir auf dem Gebiete der Sicherheitspolitik im weitesten Sinne sehr viel geringere Sorgen haben, als wir heute vielfach haben müssen.

Meine Damen und Herren, das Problem der Verbrechensbekämpfung kann nur durch *gemeinsame Anstrengungen aller politischen Kräfte* verwirklicht werden. Die CDU/CSU hat hierbei eine besondere Verantwortung. Sie ergibt sich nicht nur daraus, daß sie die stärkste Fraktion im Deutschen Bundestag ist, sondern auch daraus, daß wir im Bundesrat die Mehrheit und in vielen Ländern die politische Verantwortung haben. Die Erfolge, die unsere Partei und die CSU in den Landtagswahlen dieses und des vergangenen Jahres errungen haben, erhöhen die Verpflichtung, die aus dieser politischen Verantwortung in den Ländern erwächst. Das Polizeiwesen ist in erster Linie Sache der Länder, und es soll meiner Meinung nach hierbei auch bleiben. Es kann aber dabei nur bleiben, wenn sich die Länder entschließen, in der polizeilichen Organisation und in allen anderen wichtigen Fragen des Polizeiwesens zu einheitlichen Lösungen zu kommen. Das kann nur durch eine vorurteilslose Betrachtung geschehen, die in die Zukunft gerichtet sein muß. Die Zeit sollte damit nicht vergeudet werden, sich wirkliche oder angebliche Versäumnisse der Vergangenheit gegenseitig vorzuhalten oder kleinliche machtpolitische Eigeninteressen mit staatspolitisch verbrämten Argumenten zu verfechten, wie dies z. B. bei der gegenwärtigen Auseinandersetzung über die Verstaatlichung der Polizei in Bayern immer noch geschieht.

Die von der Innenministerkonferenz in Angriff genommenen Reformbestrebungen können nach meinem Dafürhalten nur dann zum Erfolg führen, wenn man sie nicht allein den Fachleuten überläßt. Ich möchte um Entschuldigung bitten, wenn ich ein solches unfreundlich klingendes Wort gerade auf einer Fachtagung vor Fachleuten ausspreche. Der Arbeitskreis II der Innenministerkonferenz ist ein von mir wegen seiner fachlichen Qualifikation hoch geschätztes Expertenkollegium. Gerade hieraus ergibt sich – ohne daß ich daraus einen Vorwurf ableiten möchte –, daß er vielleicht aus seiner Struktur heraus eben doch nur begrenzt fähig ist, wirklich durchgreifende Reformvorschläge zu machen. Die Mitglieder des Arbeitskreises II haben vielfach selbst die gegenwärtigen und leider sehr unterschiedlichen Strukturen der Polizei in den Ländern geschaffen. Es ist ganz klar, daß sie davon überzeugt sind, in ihrem Lande jeweils die beste Lösung gefunden zu haben, sonst hätten sie sie ja nicht vorgeschlagen und durchgeführt. Wir müssen aber erkennnen, daß so durchgreifende Änderungen der polizeilichen Struktur, wie ich sie umrissen habe, nur durch eine *Entscheidung auf politischer Ebene* verwirklicht werden können. Die Länder haben eine große Chance, auf dem Gebiet der inneren Sicherheit die Funktionsfähigkeit und die innere Berechtigung des Föderalismus der Bevölkerung darzulegen. Ich wiederhole hier meinen Hinweis auf die Parallele zwischen der Reform der Polizei und der unseres Schulwesens. Zweifellos sind weite Bevölkerungskreise in zunehmendem Maße gegenüber dem föderativen Staatsaufbau kritisch eingestellt. Die Wurzel für diese kritische Einstellung ist vor allem die Zersplitterung des Bildungswesens. Wenn jetzt zu dieser Vertrauenskrise, die wir bereits haben, eine Vertrauenskrise auf dem Gebiete der inneren Sicherheit hinzukäme, würde dies eine unmittelbare Gefahr für das Vertrauen in die Institution des demokratischen Rechtsstaates, und dazu gehört auch der föderative Staatsaufbau, bedeuten. Es ist daher unsere Aufgabe, in Bund und Ländern rechtzeitig dafür Sorge zu tragen, daß es hierzu nicht kommt.

Die dritte Gewalt im sozialen Rechtsstaat

*Rede auf dem Justizpolitischen Kongreß
der Christlich Demokratischen Union Niedersachsen
am 2. Juli 1971 in Braunschweig*

Meine erste Frage ist, ob es die von so vielen immer wieder beschworene Krise der Justiz überhaupt gibt. Wer so fragt, beweist
damit natürlich bereits seine reaktionäre Haltung, und wenn er
sich etwa noch freuen sollte, daß eine der staatlichen Institutionen
seiner Meinung nach intakt ist, müßte man ihn für vollends unbe-
lehrbar halten. Dennoch behaupte ich, daß die Institution Rechts-
pflege – im Gegensatz zu den meisten anderen der staatlichen Institutionen – noch intakt ist. Das bedeutet keineswegs, daß alles
in diesem Bereich in Ordnung ist. Es gibt, wie zu allen Zeiten,
skandalöse Fehlurteile, es gibt Gerichtsverfahren, die man deswegen zu Recht als »schwebend« bezeichnet, weil sie sich überaus
lange Zeit bewegungslos im Raum halten können, und es gibt, wie
ebenfalls zu allen Zeiten, gute und weniger gute Richter, Staatsanwälte und Rechtsanwälte. Die Institution Justiz kann an vielen
Stellen Verbesserungen gebrauchen, aber die meisten der heute
diskutierten Vorschläge verdienen, auch wenn sie einleuchtend
sind, nicht die anspruchsvolle Bezeichnung einer Reform, also
einer weitreichenden, grundsätzlichen Veränderung, oder, wo sie
sich radikal geben, fehlt es an einer hinreichenden Begründung für
ihre Notwendigkeit.

Wenn man den Zustand der Justiz heute danach mißt, was an
Änderungen vorgeschlagen wird – und die Vorschläge rühren ja
wohl von einer kritischen Lagebeurteilung her –, kann man im
ganzen zufrieden sein. Was heute vom Bundesjustizminister angekündigt wird oder schon dem Bundestag zugeleitet ist, konnte man
seit 1967 bei Wassermann lesen: Dreistufigkeit der Gerichtsbar-
keit und andere organisatorische Veränderungen, Maßnahmen der
Prozeßbeschleunigung, Abschaffung beamtenrechtlicher Amtsbezeichnungen bei den Richtern, Einführung des rotierenden Vorsit-
zes bei den oberen Bundes- und Landesgerichten, Zulassung der
dissenting vote – mittlerweile beim Bundesverfassungsgericht verwirklicht –, Umgestaltung der Gerichtspräsidien und ähnliche teils
durchaus erwägenswerte, teils eher skurrile Gedankengänge. In

dem einzigen Punkt, bei dem wirklich ernste Nachteile der bisherigen Regelung zutage getreten sind, nämlich in der Juristenausbildung, haben sich im Bundestag die Auffassungen der CDU/CSU nahezu vollständig durchsetzen können.

Das Ansehen der Dritten Gewalt in der Bevölkerung scheint mir ungebrochen zu sein. Während die Parlamente in Bund und Ländern, sicher auch durch eigenes Verschulden, an innerer Autorität verloren haben und im Bereich der Exekutive die Regierung, vor allem aber auch die Verwaltung wachsendem Mißtrauen begegnen, haben die Richter seit Schaffung des Grundgesetzes nicht nur an realer Macht, sondern auch an Vertrauen eher gewonnen. Die Justiz wird aber von dieser allgemeinen Autoritätskrise nicht ganz verschont, sondern durch sie mittelbar beeinflußt. Mehr noch: sie kann nicht wünschen, im Strom der Zeit ein isoliertes Dasein zu führen. Dies bedeutet nicht die oft beschworene und von manchen gewünschte Politisierung der Justiz, sondern die an sich selbstverständliche Aussage, daß das Amt des Richters in Unabhängigkeit und Abstand, aber nicht in Isolierung von der Gesellschaft erfüllt werden kann.

Der amerikanische Justice Felix Frankfurter hat schon 1907 in einer Rede gesagt, daß bei der richterlichen Entscheidung über die durch die »social legislation« gestellten Fragen unabdingbare Voraussetzung sei, »that the stream of the Zeitgeist must be allowed to flood the sympathies and the intelligence of our judges«, daß also der Geist der Zeit Neigung und Weisheit der Richter beeinflussen müsse. Es ist selbstverständlich, aber noch nicht ausreichend, daß die z. B. im Bereich der Sozialgesetzgebung oder im Recht der Wiedergutmachung in den entsprechenden Gesetzen erkennbare Tendenz, den Schwachen zu helfen oder geschehenes Unrecht im Rahmen des Möglichen wiedergutzumachen, Bestandteil des Normensystems ist und den Einzelfall mit entscheiden hilft; hierbei kann das Gebot zu verfassungskonformer Auslegung in Zweifelsfragen dazu führen, daß der Rechtsgehalt der Sozialstaatsklausel zugunsten des sozial Schwachen ausgeschöpft wird. Was wirklich gemeint sein dürfte, ist die dem Richter abverlangte innere Bereitschaft, das Gesetz eben nicht nur dem Buchstaben, sondern seinem Geiste nach zu erfüllen. Der Geist des Gesetzes ist freilich Zeitgeist in dem Sinne, daß der Wille des demokratisch legitimierten Gesetzgebers im Einklang mit der Verfassung erfüllt wird, nicht etwa das Nachgeben gegenüber modischen Strömungen, Pro-

oder Anti-Affekten, und schon gar nicht die Verweigerung des Gehorsams gegenüber dem Gesetz, weil dem Richter persönlich erwünschte politische Effekte hiermit verbunden werden können.

Ein für mich besonders erschreckendes Beispiel der Politisierung der Justiz sind auch heute noch einige der von mehreren Amtsgerichten nach der Blockade von Zeitungsbetrieben vornehmlich des Hauses Springer im Jahre 1968 ergangenen Urteile oder Beschlüsse, in denen die Richter zur Feststellung der »Sozialadäquanz« der zu beurteilenden Verhaltensweisen dem Verhalten der Demonstranten in oft recht unkritischer Weise ihre subjektiven Werturteile über die Konzentration im Pressewesen allgemein oder über Axel Springer im besonderen gegenüberstellten. In einem dieser Beschlüsse hieß es z. B., daß der Verleger seine Machtstellung bei der öffentlichen Meinungsbildung wie auch im wirtschaftlichen Leben rigoros ausnütze oder daß seine Zeitungen »Musterbeispiele publizistischer Verantwortungslosigkeit« seien. Mit solchen Sprüchen wurde das Handeln dessen, der die Auslieferung so qualifizierter Presseerzeugnisse behindert hatte, als nicht rechtswidrig, sondern vielmehr als die »staatsbürgerlich gebotene Auflehnung gegen Pressekonzentration und Meinungsdiktat« bezeichnet und daher die Eröffnung der Hauptverhandlung abgelehnt. Ich habe mich als damals im Bereich der Bundesregierung für das Presserecht verantwortlicher Minister in einer Rede so hierzu geäußert: »Wenn ein Richter, der in seinem Amt Staatsgewalt ausübt, so seine an Gesetz und Recht zu orientierende Entscheidung von seiner persönlichen politischen Überzeugung über Wert oder Unwert bestimmter Presseerzeugnisse abhängig macht, dann behauptet er prinzipiell das Recht oder sogar die Pflicht des Staates, Zeitungen von Staats wegen je nachdem unterschiedlich zu behandeln, ob ihr Inhalt oder ihre Gesamttendenz staatlicherseits erwünscht ist oder nicht. Dies ist, ungeschminkt gesagt, die Rückkehr zu dem polizeirechtlichen Verständnis der Presse und damit ein Rückfall in die Zeit vor der Paulskirchen-Verfassung von 1848.«

Der Vorgang und sein Anlaß mögen heute vergessen sein, aber gelegentlich wird nicht nur in Aufsätzen oder auf Tagungen, sondern auch in Gerichtsurteilen, meist unter dem verharmlosenden und verschleiernden Motto der notwendigen Mitwirkung des Richters an einer zeitgemäßen Fortbildung des Rechts, dem Gesetz der Gehorsam aufgekündigt und eine auf angeblich fortschrittlichen politischen Wertungen gegründete freie Rechtsschöpfung proklamiert. Wenn dann noch, wie es Theo Rasehorn in »Recht und Politik« 1970 gewünscht hat, die Richterauslese nicht mehr, wie es heute geschehe, »Bürokratisch« und »Systemimmanent«, sondern »nach Gesellschaftsoffenheit und Fortschrittlichkeit« erfolgen wird, dann ist nicht nur, wie es der Untertitel des erwähnten Aufsatzes nennt, ein »Beitrag zu einer demokratischen Justizutopie« geleistet, sondern ein wesentlicher Schritt getan, damit Justiz und Recht zur Utopie werden. In der Diskussion um die Juristenausbildung sind vor allem von der Arbeitsgemeinschaft sozialdemokratischer Juristen Thesen und Forderungen aufgestellt worden, die in diese Richtung passen; der Jurist sei seiner sozialen Umwelt entfremdet; er solle zur politischen Gestaltung der Gesellschaft beitragen; die Möglichkeiten progressiver Arbeit von Juristen sollten untersucht werden. Es ehrt die sozialdemokratischen Mitglieder des Bundestags-Rechtsausschusses, daß solche Tendenzen sich nicht haben durchsetzen können; aber der Blick auf manche Universität und Referendar-Arbeitsgemeinschaft zeigt, daß wir diesen Gedanken wieder begegnen werden.

Vorhin habe ich gesagt, daß die Justiz zwar nur in geringerem Maße von der allgemeinen Autoritätskrise erfaßt ist, aber hiervon mitbeeinflußt wird. Dies lenkt den Blick auf die Stellung der Justiz in der Wirklichkeit von Staat und Gesellschaft der Bundesrepublik. Zugunsten der Dritten Gewalt wirkten bei der Gründung der Bundesrepublik Deutschland nicht nur die hervorragende Stellung, die in der verfassungsmäßigen Ordnung der richterlichen Funktion zugestanden wurde; die starke Betonung des rechtsstaatlichen Charakters des Regierungssystems war eine notwendige Reaktion auf die Zertrümmerung des Rechtsstaates im Nationalsozialismus. Aber es spricht für die Beständigkeit der Entscheidung, daß sie heute unter veränderten Verhältnissen gern zur Kenntnis genommen wird, meist unter dem Schlagwort des »Richterstaates«, aber auch dort fast allgemein Achtung und Anerkennung findet, wo, wie vor allem bei der Ausgestaltung der Funktion des Bundesverfassungsgerichts, dem Richter ein ungewöhnlich großes Maß an Macht verliehen wird, die sich an Verfassung und Recht orientiert, aber der Politik energisch Grenzen setzt. Auch wer meine These von der relativ unangefochtenen Autorität der Dritten Gewalt für zu optimistisch hält, wird wohl einräumen, daß dieses höchste Gericht zwar gelegentlich den Unmut von Parlamentariern hervorruft, die ihre Entscheidungsfreiheit ungern beschränkt wissen, aber sonst höchste Achtung genießt. Die Einführung der »dissenting vote« bei diesem Gericht halte ich in dieser Lage für eine richtige Entscheidung.

Die Integration der Dritten Gewalt in das Regierungssystem vollzog sich in einer relativ stabilen politischen Ordnung, in der staatliche Autorität Geltung hatte. Dies gilt heute nicht mehr uneingeschränkt: die technische und soziale Revolution, in der wir uns seit einigen Jahren befinden und die sich wahrscheinlich in noch schnellerem Tempo fortsetzen wird, hat vieles früher Selbstverständliche in Frage gestellt. Diese Entwicklung ist nicht umkehrbar; wenn man sich nicht scheuen müßte, die abgegriffenen und mißverstandenen Worte zu benutzen, ließe sich sagen: die Chance liegt weder in der restaurativen Versuchung noch in der radikalen Utopie, sondern in der konservativen Reform. Der kürzlich verstorbene Waldemar Besson hat in einem Vortrag über das Selbstverständnis der Unionsparteien im März 1970 als die politische Aufgabe der siebziger Jahre »die Stabilisierung der staatlichen und gesellschaftlichen Institutionen auf neuem Niveau« bezeichnet; hierfür die Voraussetzungen zu schaffen, sei die eigentliche Herausforderung für CDU und CSU, weil diese sich »geistig und historisch im Gegensatz zur linken Welttendenz« begriffen.

Von dieser Stabilisierung auf neuem Niveau sind wir gegenwärtig sehr weit entfernt. Vieles, was der Öffentlichkeit als Reformpolitik verkauft wurde, waren in Wirklichkeit Rückzugsgefechte des ins Wanken geratenen Staates, Frontverkürzungen, die nur vorübergehend Beruhigung brachten und alsbald neue und radikalere Forderungen der in Unruhe Geratenen zur Folge hatten. Die Entwicklung der Diskussion auf dem Gebiete des Straf- und des Strafprozeßrechts ist hierfür ein deutliches Beispiel. Seitdem sich herausgestellt hat, daß für wirkliche Reformen kein Geld vorhanden ist, wächst die Versuchung, um so mehr auf das Gebiet der Rechtspolitik auszuweichen, weil dort im materiellen Recht oder im organisatorischen Bereich vorgenommene Änderungen, wie die Abschaffung der Richteramtsbezeichnungen oder die Beseitigung der Anklagebank, wie sie in Hannover als offenbar brennendstes Problem der Verbrechensbekämpfung diskutiert wurde, scheinbar nichts kosten, sich aber, wie die Urheber solcher Gedanken wohl meinen, hübsch ausmachen.

Im Einzelfall läßt sich über alle derartigen Vorschläge durchaus diskutieren, aber insgesamt ist eine fatale Neigung zu bemerken, anstelle der erforderlichen Stabilisierung auf neuem Niveau die ständige Bewegung schon für ein Zeichen des Fortschritts und Beweis der Reformfreudigkeit zu halten, ohne daß oft erkennbar wird, welches der Zielpunkt solcher Bestrebungen ist. Der heute bemerkbare Emanzipationsrausch, der eine Folge der technischen und sozialen Revolution ist, erweckt Erwartungen, die mit großer Wahrscheinlichkeit überhaupt nicht erfüllbar sind (zumal die wirtschaftlichen und finanziellen Grenzen inzwischen sehr deutlich geworden sind) und der daher nur in Frustration enden kann. Die Chance unserer Zeit wäre es, Intelligenz und Energie an die Reform der gesellschaftlichen und staatlichen Institutionen zu verwenden; aber die Sehnsucht vieler gilt statt dessen der Utopie und das Handeln der radikalen Umwälzung.

Es ist nicht verwunderlich, daß auch die Dritte Gewalt von den Spannungen dieser politischen und gesellschaftlichen Entwicklungen nicht unberührt bleibt. Ihre Kritiker werfen ihr gerade vor, daß sie im Vergleich zu anderen staatlichen Institutionen sich noch relativ am stabilsten erwiesen hat. Die Ursachen hierfür werden schnell gefunden und triumphierend präsentiert: da, wie Dahrendorf und nach ihm die Kölner Rechtssoziologen herausgefunden haben, die deutschen Juristen sich vor allem aus der bürgerlichen Mittelschicht, vor allem der Beamtenschaft, rekrutieren, wachsen sie in einer »heilen Welt« auf und identifizieren sich mit strengen ethischen und moralischen Normen. Die Beamtenkinder, die den Juristennachwuchs stellen, identifizieren sich stark mit den Problemen der (staatlichen) Gemeinschaft, wobei sie den überkommenen Werten und Normen gegenüber neuen Verhaltensmustern entschieden den Vorzug geben. Dies alles ist in einem Aufsatz von Kaupen »Der Jurist als Behüter oder als Gestalter der Gesellschaft« (Recht und Politik Heft 3/1970) zu finden, und durchaus als Vorwurf zu verstehen. Sogar die Wahrnehmung der Umgebung, so ruft Kaupen aus, bleibt von diesem Prozeß der Normenidentifikation nicht verschont: »Auf die Frage nach dem Sexualverhalten von Studentinnen und Studenten schätzten Jurastudenten mit zunehmender Semesterzahl den Anteil von sexuell aktiven Kommilitonen niedriger ein, während die Schätzungen bei den Studierenden der anderen Fakultäten in die entgegengesetzte – und vermutlich realistischere – Richtung liefen.« Dies sind freilich schreckliche Feststellungen, jedenfalls dann, wenn man, wie Kaupen, das angeblich seit 100 Jahren in Inhalt und organisatorischer

Form unveränderte repressive Rechtssystem bekämpft.

Wer die bewahrende, befriedende, in diesem Sinne durchaus konservative Rolle des Rechts nicht hinnehmen will, sondern einer »demokratischen Justizutopie« anhängt, wie sie z. B. bei Theo Rasehorn (Recht und Politik, Heft 3/1970) formuliert ist, beginnt konsequenterweise im Bereich der Personalpolitik, wofür fortschrittliche Bundesländer, wie z. B. das Land Niedersachsen, ja bereits eigene Beispiele geliefert haben. Rasehorn meint: »Wir werden erst dann eine demokratische Justiz haben, wenn die Auffassung, es bestehe ein Sachzwang, daß der Justizminister ein Fachminister sei, revidiert wird, wenn es als selbstverständlich angesehen wird, daß auch ein Nichtjurist, ein Schlosser oder Kaufmann, Justizminister werden kann.« Der nächste Schritt wäre dann die Beteiligung von Laien im Bereich der Zivilgerichtsbarkeit als Versuch und schließlich die schon erwähnte Auswahl der Richter nach »Gesellschaftsoffenheit und Fortschrittlichkeit«. Dies sind Entwicklungen, die im anderen Teile Deutschlands hinreichend ausprobiert worden sind, aber von den heutigen Justizreformern mit unerschütterlichem Optimismus als ganz neue Vorschläge angeboten werden.

Der Umstand, daß die meisten der heute unter dem Schlagwort der »Demokratisierung« der Justiz angebotenen Maßnahmen kaum einer ernsthaften Diskussion würdig sind, sollte aber nicht den Eindruck vermitteln, als ob es sich bei alledem nur um ein Scheinproblem handele. Das Bekenntnis des Grundgesetzes zum sozialen Rechtsstaat, also die Verfassungsordnung, und die vorhin skizzierte rasche Entwicklung der Verfassungswirklichkeit von der ursprünglichen Stabilität der Institutionen zu einer sich noch verstärkenden politischen und gesellschaftlichen Instabilität werfen die Frage auf, wo das Recht und wo die Richter heute ihren Platz und ihre Funktion finden. Dabei sollte der immanent-konservative Charakter des Rechts nicht geleugnet werden; er hat nichts mit der sozialen Herkunft der Richter zu tun, sondern ist wesensgemäß und im Prinzip unaufhebbar. »Unter allen Mächten, denen sich die Arbeiterklasse unterworfen fühlt, steht das Recht in der vordersten Reihe«, schrieb Fritz Naphtali noch für die Zeit nach dem 1. Weltkrieg. So wurde die soziale Bewegung auch zu einem Kampf der Arbeiterschaft um die Durchsetzung der ihr gemäßen Rechtsordnung. Als dieser Kampf erfolgreich war, durfte man sagen: das moderne Arbeitsrecht hat die Arbeiterschaft befreit, indem es der

Arbeitskraft den Warencharakter genommen hat.

Das Recht ist demnach sozialen Verhältnissen gegenüber nicht ohnmächtig. Es gerät aber leicht in Verzug, zumal im wirtschaftlichen Bereich, wo es mit der raschen Entwicklung der Naturwissenschaften nicht Schritt halten kann; im allgemeinen pflegt es eher zu reagieren, als daß es eine soziologische Tendenz schon vorausschauend reguliert. Die Bedürfnisse des Rechtsfriedens und der Rechtssicherheit begünstigen die Anerkennung der einmal bestehenden Verhältnisse durch die Rechtsordnung und damit die Sanktionierung der Machtstruktur einer Gesellschaft durch das Recht. Der soziale Friede, den das Recht seinem Zweck nach erhalten will, sieht dann in den Augen der relativ Machtlosen so aus, daß das Recht Werkzeug ihrer Ausbeutung sei. Ein solcher Eindruck wird nicht völlig zu vermeiden sein. Behauptungen wie die, daß die »herrschenden Klassen« durch die Rechtsordnung begünstigt würden, sind daher nicht nur verständlich, sondern auch bis zu einem gewissen Grade berechtigt. Die immanent-konservative Einstellung des Rechts muß demjenigen, der sich selbst für fortschrittlich hält, verdächtig erscheinen, weil sie seinen Bestrebungen nach Änderung der Verhältnisse hemmend entgegenwirkt. Für ihn bedeutet es auch nur einen geringen Trost, wenn man mit René Marcic den »gemeinschaftsbildenden Sinn« des die bestehende Ordnung bewahrenden Rechts darin sieht, daß jedermann wisse oder erfahren könne, was Rechtens sei, und daß insoweit auch der »Willkür der herrschenden Klasse vorgebeugt« werde. Dies ist richtig, aber eben doch dem vorwärtsstrebenden Geiste nicht genug, wenn auch selbst in seinem Sinne nicht wenig, weil rechtlich geordnete Machtverhältnisse der Willkür und Gewalt vorzuziehen sind.

Aber das Recht beschränkt sich nicht darauf, bestehende Verhältnisse zu konservieren. Von der »normativen Kraft des Faktischen« wird viel gesprochen, aber die faktische Kraft der Normen leicht allzu gering geschätzt. Die bedeutende Rolle nicht nur des Gesetzgebers, sondern auch der Dritten Gewalt bei der Gestaltung gesellschaftlicher Verhältnisse ist aus zahlreichen Beispielen aller Rechtsgebiete bekannt. In seinem soeben erschienenen Buch über »Politische Führung« weist Karl Carstens auf den außerordentlich großen direkten und indirekten, wie er meint, im allgemeinen zu restriktiven Einfluß des Bundesverfassungsgerichts auf die Tätigkeit der Bundesregierung hin. Noch bedeutsamer ist seiner Meinung nach der Einfluß des Gerichts dort, wo es, wie z. B. im Bereich der Steuergesetzgebung, der Stellung des unehelichen Kindes oder der Parteienfinanzierung tief in den Regierungsbereich eingegriffen und die Regierung genötigt hat, Gesetze in einem bestimmten Sinne einzubringen. Das Bundesverfassungsgericht habe hier die Rechtsentwicklung und die politische Entwicklung in der Bundesrepublik in einer fortschrittlichen und konstruktiven Weise beeinflußt. Ähnliche Einflüsse gehen, wenn auch meist in weniger dramatischer Weise, von der Rechtsprechung der Zivil- und Strafgerichte aus, ganz abgesehen vom in wesentlichen Bereichen durch Richterspruch geformten Arbeitsrecht.

Wer nach der Rolle der Justiz im sozialen Rechtsstaat fragt, unterstellt zu Recht, daß Verfassungsauftrag und Verfassungswirklichkeit an der Funktion der Dritten Gewalt nicht einfach vorbeigehen können. Dem als Strukturprinzip einer liberalen Staatsordnung des 19. Jahrhunderts entstandenen Rechtsstaat, beherrscht vom Gedanken der möglichst sauberen Trennung der Gewalten, mochte es ausreichend erscheinen, die Funktion des Rechts und damit die Aufgabe der Justiz so zu sehen, wie es eben beschrieben worden ist: Wahrung der bestehenden Ordnung in korrekter Auslegung der Gesetze, Unparteilichkeit und richterlicher Unabhängigkeit. Diese Aufgabe bleibt unverzichtbar, wenn der Rechtsstaat nicht untergehen soll; daß richterliche Tätigkeit in einer Zeit des Wandels, unter den Verhältnissen einer instabilen Gesellschaft mit einem pluralistischen Normenkatalog noch schwieriger wird, läßt sich kaum bestreiten, macht die Aufgabe aber um so unverzichtbarer, wenn nicht auf jede rechtlich fixierte Ordnung verzichtet werden soll.

Der Gesetzgeber entzieht sich dabei zunehmend seiner Verantwortung und bürdet sie der Dritten Gewalt auf. Es gehört zur Wirklichkeit der Gewaltenteilung, daß die Gefahren für den Rechtsstaat nicht nur von politisierenden Richtern kommen, die im Konflikt zwischen geltendem Recht und ihren persönlichen politischen Wertungen gelegentlich dem Gesetz den Gehorsam versagen und aus politischem Opportunismus entscheiden, wie das vorhin erwähnte Beispiel aus dem Bereich der Strafverfahren gegen Anti-Springer-Demonstranten zeigt. Die Parlamente neigen dazu, sich in schwierigen Streitfragen auf inhaltlose Generalklauseln zurückzuziehen, die der Richter im Einzelfall ausfüllen muß, weil der Gesetzgeber ihn ohne hinreichende Wertentscheidung in die Lösung des Konflikts schickt. Dieser Rückzug aus der politischen

Verantwortung wird als weise Selbstbeschränkung des Staates getarnt, der nicht mehr in alles hineinregieren wolle, ist aber in Wirklichkeit nur Beweis mangelnder Bereitschaft oder mangelnder Fähigkeit, in umstrittenen Streitfragen eine Position zu beziehen.

Der soziale Rechtsstaat versteht sich nicht mehr nur als Ordnungsgarant, sondern versteht die Aufgaben des Staates in gewandelter und erweiterter Weise; er ist, wie es W. Freedman in »Law in a changing society« formuliert hat, außerdem auch »dispenser of social services«, »industrial manager«, »economic controler« und »arbitrator«. Der Staat führt im Bereich der Exekutive nicht mehr nur Hoheits-, sondern in zunehmendem Maße auch Leistungsverwaltung durch: der Gesetzgeber besinnt sich auf seinen Auftrag zur sozialordnenden Gestaltungsaufgabe. Es wäre erstaunlich, wenn allein die Dritte Gewalt von dieser tiefgreifenden Wandlung des Staatsverständnisses unberührt bleiben könnte.

Die heute im vollen Gang befindliche justizpolitische Debatte bewegt sich einstweilen am Rande der Problematik; wiederum erweist es sich, daß von den beiderseitigen Extrempositionen her zwar die Gegensätze der Auffassungen deutlich werden, was immer ein Verdienst ist, weil es die Schwierigkeiten und Spannungen hervortreten läßt, aber wenig zur Lösung beigetragen wird. Ich halte das bloß historische Verständnis des Rechtsstaatsbegriffes, also das Klammern an die hergebrachte Ordnungsaufgabe des Staates mit der sich hieraus für die Justiz ergebenden Rolle, ausschließlich Garant dieser Ordnung zu sein, für eine unschöpferische Extremposition, ebenso aber auch die Weigerung, diese Ordnungsaufgabe zu sehen, also sich mindestens auf die Einhaltung von Spielregeln zu einigen und der Justiz die Funktion des Linienrichters zuzuerkennen. Eine justiz- und verfassungspolitische Diskussion, die mit dem Hinweis auf die allein seligmachende Kraft und schöpferische Gewalt von »Utopie, Modell, Futurologie, Spontaneität und Kreativität« geführt werden soll, ist ebenso sinnlos wie die von Rasehorn geäußerte Überzeugung, es könne eine neue Justiz geschaffen werden, »die gewissermaßen am Nullpunkt beginnt, also unter der Voraussetzung, daß es noch keine Justiz gäbe«. Beide extremen Positionen sind verständlich in einer instabilen Gesellschaft mit einem pluralistischen Normenkatalog, sie entsprechen aber nicht dem Bedürfnis der Gesellschaft, zugleich den notwendigen Wandel, die »konservative Reform« (Besson), die Innovation zu erfahren und die Bindung an das natürliche und kulturelle Milieu nicht zu verlieren, also die ohnehin geschwächten Wurzeln menschlicher und gesellschaftlicher Existenz nicht zu verlieren, ohne die alles in den Strudel der Revolution gerät, die dann des gewaltsamen Umsturzes nicht einmal mehr bedarf.

Was kann die Justiz tun? Ich spreche überhaupt nicht über vielleicht nützliche organisatorische und ähnliche Maßnahmen, welche im Grunde nur die Technik der Arbeit verbessern sollen, wie Dreistufigkeit, Amtsbezeichnungen, Richterwahlausschüsse usw. Im Kern steht die Forderung nach dem politischen Richter.

Daß die Justiz nicht von der Gesellschaft isoliert leben kann, ist schon erwähnt worden und steht für mich außer Frage. Dies galt zu allen Zeiten, gilt aber erst recht in Recht und Wirklichkeit des sozialen Rechtsstaates, in dem nach der m. E. zutreffenden Beobachtung von Abendroth die Trennung von Staat und Gesellschaft zunehmend aufgehoben wird und beide Bereiche sich beeinflussen und durchdringen. Die soziale Funktion der Justiz, einen einmal im Bereich der Politik geschlossenen Kompromiß über differenzierte Regeln menschlichen Zusammenlebens zu erhalten oder in der Weise auszulegen, daß zumindest der Zustand gesellschaftlichen Friedens zwischen den Gruppen aufrechterhalten wird, führt zu einer im besten Sinne konservativen Haltung der Richter, die ihnen nicht etwa zum Vorwurf gemacht werden kann. Für ebenso selbstverständlich halte ich aber, daß die Justiz sich weder in ihrer internen Struktur noch in den Formen ihrer Rechtsfindung von den Entwicklungsprozessen einer dynamischen Gesellschaft abschließen darf; daß Rechtsprechung auch in diesem Sinne lebensnah sein muß, ist eine Binsenweisheit und keine Erkenntnis der Reformdiskussion in der Richterschaft.

Mit der verfehlten Forderung nach dem »politischen Richter« hat dies überhaupt nichts zu tun. Richtig ist ja, daß Gesetze nicht vom Himmel fallen und bei allen Bindungen an den »Zeitgeist« vor allem gesellschaftliche Konflikte regeln. Ob der Richter diese Regeln bewahrt oder sie fortentwickelnd auslegt, er handelt immer auch politisch in dem Sinne, daß seine Tätigkeit die politische Entwicklung so oder so beeinflußt. Konrad Redeker hat in einem Vortrag (»Bild und Selbstverständnis des Juristen heute«) mit Recht gesagt, daß »auch die Erhaltung der bestehenden Ordnung politische Entscheidung ist, wenn man erkennt, daß in der Rechtsordnung vorgegebene Wert- und Gesellschaftsordnungen normiert sind«. Für die mögliche Fortentwicklung des Rechts durch die

Justiz gibt es Grenzen; ein berühmtes Beispiel richtiger richterlicher Selbstbeschränkung ist die Zurückhaltung des Supreme Court der USA in »politischen Angelegenheiten«. Es kann aber keinen Richter geben, der die ökonomischen und gesellschaftlichen Probleme durch seine Rechtsfindung als politisch unverantwortlicher Über-Politiker löst. Damit wäre das System der checks und balances zwischen Dritter Gewalt und anderen Gewalten durchbrochen und das Prinzip der richterlichen Unabhängigkeit kaum aufrechtzuerhalten.

Der Richter muß imstande sein, den sozialen und ökonomischen Kontext der Gesetze zu erkennen. Er darf sich nicht auf ein wie immer verstandenes »reines Recht« zurückziehen, sondern muß das Gesetz nach dem Normenkatalog des Grundgesetzes und den »actual conditions of life« auslegen. Die inhaltlich umstrittenen Äußerungen von Gerhard Leibholz zur Sozialpflichtigkeit des Eigentums sind, wie immer man zu der verfassungsrechtlichen Aussage stehen mag, ein gutes Beispiel für die Wahrnehmung einer legitimen richterlichen Aufgabe. Die Gefahrenzone ist dann erreicht, wenn der Richter seine innere Unabhängigkeit aufgibt, nämlich die jeweils gerade tonangebenden oder nur modischen politischen Strömungen und Auffassungen seiner Rechtsprechung zugrunde legt. Wenn er dieser Versuchung erliegt, führt sie noch eher als jeder Rechtspositivismus zur Unterordnung des Richters unter den Machtanspruch anderer Träger staatlicher oder gesellschaftlicher Gewalt. Dies wäre das Ende richterlicher Tätigkeit im eigentlichen Sinne.

Eine abschließende Überlegung soll an eine der eigenwilligsten Interpretationen der Sozialstaatsklausel anknüpfen, die ich zu dieser ihrem Rechtsgehalt nach noch sehr umstrittenen Verfassungsbestimmung gelesen habe. Der österreichische Jurist René Marcic, der in einer bezeichnenderweise »Vom Gesetzesstaat zum Richterstaat« betitelten Schrift sich auch um die Auslegung dieser grundgesetzlichen Norm bemüht, gebraucht zwei Wendungen, die so sehr zum Widerspruch reizen, daß der soziale Rechtsstaat jener Staat sei, »in dem die Menschen, wenn sie einander begegnen, lächeln«. An anderer Stelle heißt es: »Der soziale Rechtsstaat ist jene politische Gemeinschaftsform, in der der Mensch von Rechts wegen zur Nächstenliebe angehalten wird«. Der Protest liegt auf der Hand, und ich teile ihn. Das Land des Lächelns, das der Sozialstaat sein soll, ist nicht unsere Welt, und zumal in Gerichtssälen wird wenig gelächelt. Die andere kühne Formulierung begegnet dem Wort von Radbruch: »Die Moral ist unerzwingbar, so wahr zwar Pflichterfüllung, aber nicht Pflichtgefühl erzwungen werden kann, das Recht dagegen ist dem Zwange zugänglich.«

Wir leben weder in einer konfliktfreien Gesellschaft, noch in einer vom Lächeln beherrschten Welt, noch wird menschliches Zusammenleben ausschließlich von Nächstenliebe bestimmt. Die staatlichen Institutionen sind gefährdet; die gesellschaftliche Auseinandersetzung wahrt im ganzen noch die äußere Ordnung, aber früher selbstverständliche Spielregeln werden oft nur noch beachtet, wenn sie einen Platzvorteil zu versprechen scheinen. Der soziale Rechtsstaat verkennt diese Konfliktlage nicht, sondern knüpft an sie an. Die bedeutsamste Aussage hierzu enthält, nicht zufällig, das KPD-Verbotsurteil des Bundesverfassungsgerichts, das damit den klassenkämpferischen und radikalen Kräften entgegentritt:

»Wenn als leitendes Prinzip aller staatlichen Maßnahmen der Fortschritt zu ›sozialer Gerechtigkeit‹ aufgestellt wird, eine Forderung, die im Grundgesetz mit seiner starken Betonung des ›Sozialstaates‹ noch einen besonderen Akzent erhalten hat, so ist auch das ein der konkreten Ausgestaltung in hohem Maße fähiges und bedürftiges Prinzip. Was jeweils praktisch zu geschehen hat, wird also in ständiger Auseinandersetzung aller an der Gestaltung des sozialen Lebens beteiligten Menschen und Gruppen ermittelt. Dieses Ringen spitzt sich zu einem Kampf um die politische Macht im Staate zu. Aber es erschöpft sich nicht darin. Im Ringen um die Macht spielt sich gleichzeitig ein Prozeß der Klärung und Wandlung dieser Vorstellung ab. Die schließlich erreichten Entscheidungen werden gewiß stets mehr den Wünschen und Interessen der einen oder anderen Gruppe oder sozialen Schicht entsprechen; die Tendenz der Ordnung und die in ihr angelegte Möglichkeit der freien Auseinandersetzung zwischen allen realen und geistigen Kräften wirkt aber . . . in Richtung auf Ausgleich und Schonung der Interessen aller.«

Mir scheint es in dieser von Spannungen und Konflikten erfüllten Welt, in einer gesellschaftlichen Wirklichkeit politischer und sozialer Konfrontation, in der nach der vom Bundesverfassungsgericht geäußerten Zuversicht dennoch die Chance zu »Ausgleich und Schonung der Interessen aller« besteht, von elementarer Bedeutung, daß der Gerichtssaal ein Ort zwar auch des Kampfes, aber zugleich der Sachlichkeit und vor allem der Gerechtigkeit bleibt, ein Ort, an dem nicht Lautstärke, Image oder Rückhalt in starken

Wählergruppen entscheidet, auch nicht die Fähigkeit des Lächelns, das der erfolgreiche Politiker wohl lernen muß, sondern nur das Recht. Was keine andere staatliche und kaum eine der gesellschaftlichen Institutionen bieten kann, könnte der Bürger hier finden. Dies zu erhalten, ist die wichtigste Aufgabe einer unruhigen Zeit.

Abschiedsrede vor der Bundestagsfraktion der CDU/CSU am 6. Dezember 1971 nach der Wahl zum Präsidenten des Bundesverfassungsgerichts

Liebe Kolleginnen, liebe Kollegen!
Dem Vorsitzenden der Fraktion bin ich für seine freundlichen Worte aufrichtig dankbar. Stunden des Abschieds haben die Tendenz, die Lage romantisch zu verklären; aber die meisten Menscher, Parlamentarier nicht ausgenommen, hören gern Gutes über sich. Nur der junge Abgeordnete folgt der Parole, daß es zunächst ganz gleichgültig ist, ob er öffentliches Lob oder öffentlichen Tadel bekommt, wenn nur überhaupt über ihn gesprochen und geschrieben wird. Wenn man älter wird, hat man zwar meist ein gewisses Maß an Gleichgültigkeit gegenüber kritischen Bemerkungen entwickelt, aber die Neigung, nur die positiven Stimmen für wahrheitsgemäße Aussagen zu halten, wird um so stärker entwickelt. Im Gegensatz zu den meisten Menschen habe ich den Vorzug, meinen Nachruf zu einem Zeitpunkt zu bekommen, in dem ich hiervon noch etwas habe. Ich höre ihn gern und möchte ihm keinesfalls widersprechen, obwohl ich jetzt erstmals in einer langen parlamentarischen Tätigkeit es mir leisten könnte, dem Vorsitzenden der Fraktion nicht zuzustimmen.

Ich bin seit 25 Jahren, seit 1946, in der CDU politisch tätig gewesen; vor 21 Jahren wurde ich Mitglied der Spandauer Bezirksverordnetenversammlung und sogleich deren Fraktionsvorsitzender; nach diesen Lehrjahren war ich drei Jahre Mitglied des Berliner Abgeordnetenhauses und seit 1957 Mitglied der Bundestagsfraktion der CDU/CSU. Das ist eine lange Zeit, wenn ich auch mein ursprüngliches Ziel, was altersmäßig möglich gewesen wäre, nicht erreicht habe, nämlich dem Bundestag etwa 40 Jahre anzugehören und dann den jüngeren Kollegen über die Zeit zu berichten, in der Konrad Adenauer Bundeskanzler war.

Der Abschied von einer langen Zeit der aktiven politischen Betätigung fällt mir sehr schwer, bei aller Freude über die vor mir stehende große Aufgabe. Der Fraktions- und Parteivorsitzende weiß, daß ich sehr lange gezögert habe, ob ich das mir angetragene Amt übernehmen sollte. Wenn die zuständigen Gremien von Partei und Fraktion anders entschieden hätten, so hätte ich dies eher mit Erleichterung als mit Enttäuschung hingenommen, so wie es umgekehrt eine selbstverständliche Pflicht erscheint, die Aufforderung, das Amt in Karlsruhe zu übernehmen, anzunehmen. Ich vermute, daß mir die neue Aufgabe nach einer notwendigerweise nicht nur angenehmen Übergangszeit viel Freude machen wird, und gewiß bedeutet sie, wenn auch in ganz anderer Weise als die Arbeit in Bonn, kein vorzeitiges Zurruhesetzen, sondern sehr intensive und hoffentlich auch befriedigende Arbeit.

Mit den Mitgliedern der Bundestagsfraktion verbindet mich eine lange Zusammenarbeit in verschiedenen Funktionen. Der gegenseitige Respekt sollte uns daran hindern, nachträglich diese Zeit so zu verfälschen, als habe es sich nur um Jahre der reinen Glückseligkeit gehandelt. Das politische wie das persönliche Leben kennt Höhepunkte und lange Talsohlen. Wir haben in Tausenden von Tagen miteinander gearbeitet und gemeinsam Siege und Niederlagen nicht nur erlebt, sondern auch selbst gewonnen oder selbst verschuldet; wir haben uns miteinander gefreut und uns auch bei Gelegenheit aneinander gerieben und übereinander geärgert. Das alles gehört dazu, und ich möchte nichts davon missen. Dem Vorsitzenden der Fraktion schulde ich besonderen Dank für eine immer angenehme, sachbezogene und von menschlicher Verbundenheit geprägte Zusammenarbeit, ebenso den Mitgliedern des Fraktionsvorstandes, des Arbeitskreises I und den Kollegen, mit denen ich vor allem im Rechts- und Innenausschuß lange Jahre viele gemeinsame Arbeiten durchführen durfte. Ich habe die Funktion der Arbeitskreise innerhalb der Fraktion immer besonders hoch eingeschätzt; hier fallen die wichtigsten Entscheidungen der Fraktion in den Sachfragen, und hier kommt es vor allem auf die streng sachbezogene, oft unauffällige und auch von der Fraktion nicht immer gedankte Kleinarbeit an, ohne die politische Arbeit nicht möglich ist.

Da dies die letzte Gelegenheit für mich ist, an den Beratungen der Fraktion teilzunehmen und meine Meinung hier zu äußern, möchte ich um die Möglichkeit bitten, zu ganz wenigen Punkten eine politische Bemerkung machen zu dürfen.

Die erste Bemerkung bezieht sich auf die mir übertragene Aufgabe und die Auseinandersetzungen, die der Wahl vorausgingen. Niemand wird behaupten wollen, daß das Verhältnis von Parlament und Bundesverfassungsgericht zueinander, die beide gleichberechtigte Verfassungsorgane sind, durch die monatelangen Auseinandersetzungen um die Richterwahl verbessert worden ist. Vor allem den Kollegen Vogel und Kohl schulde ich großen Dank für die großen und erfolgreichen Bemühungen, mich aus dem Strudel der Kämpfe herauszuhalten, die in der Schlußphase entbrannten, und zu verhindern, daß ich mit beschädigtem Ansehen die Aufgabe, die solches Ansehen zwingend erfordert, übernehmen müßte. Ich glaube, daß dies im ganzen gelungen ist. Die öffentliche Diskussion hat aber ihre schädliche Wirkung getan; es mehren sich die Stimmen, die ganz allgemein die Wahl von Parlamentariern an das Gericht für schädlich halten und am liebsten möglichst unpolitische Professoren und Richter nach Karlsruhe entsenden möchten. Hierzu will ich mich am 8. Dezember bei der Amtseinführung in Karlsruhe äußern, aber schon heute möchte ich sagen, daß ich eine solche Entwicklung für ein Unglück halten würde. Die öffentliche Diskussion hat berechtigte Kritik am Verhalten der Parteien, aber auch sachlich nicht begründbare antiparlamentarische Affekte an den Tag gebracht. Wir dürfen uns aber nicht dabei, daß es sich nur um Affekte handele, beruhigen; auch diese haben Ursachen und zeigen Gefahren auf. Das Parlament ist, wie andere staatliche Institutionen auch, nicht mehr unangefochten, und es muß ernstlich um sein Ansehen besorgt sein, d. h. selbst dafür sorgen, daß seine Autorität wiederhergestellt wird. Zu den wenigen staatlichen Institutionen, die im Bewußtsein der Bürger noch ihr volles Ansehen haben wahren können, gehört das Bundesverfassungsgericht, und bei der Entscheidung darüber, ob ich nach Karlsruhe gehen sollte, hat für mich die Erwägung eine große Rolle gespielt, daß in einer Zeit, in der die Fundamente des Staates in Gefahr geraten, die Verteidigung dieser Fundamente eine der wichtigsten Aufgaben ist. Ich bitte Sie, daran mitzuwirken, daß das Parlament mit dem Gericht pfleglich umgeht. In unseren politischen Erörterungen spielen verfassungsrechtliche Fragen eine zunehmende Rolle. Zu keiner der Einzelfragen kann ich mich hier äußern; aber ich bitte alle Kollegen, die vielleicht die Tätigkeit am Bundesverfassungsgericht und erst recht das Amt des Präsidenten für eine mehr dekorative Angelegenheit halten, sich vor Augen zu führen, daß nach der umfassenden, im Grundgesetz festgelegten Zuständigkeit des Gerichts wahrscheinlich alle großen gesellschaftspolitischen Fragen unserer Zeit früher oder später auch Gegenstand von Entscheidungen werden, die übrigens in der Zuständigkeit des 1. Senats liegen, den der Präsident leitet. Dies kann nicht in der Weise geschehen, daß die parlamentarischen Auseinandersetzungen im Gerichtssaal fortgesetzt werden, und ich widerrate der Meinung, in irgendeiner Frage könne der notwendige politische Kampf durch den juristischen Streit ersetzt werden oder eine fehlende Mehrheit in Bonn könne durch eine vermutete Mehrheit in Karlsruhe ersetzt werden. Das Gericht darf nicht zum Gegenstand parteipolitischen Kalküls werden, und seine Richter werden sich so leicht keinem Proporz unterwerfen; aber die Politiker müssen sich darauf verlassen können, daß die Wahrung der Verfassung, die Aufgabe des Gerichts ist, auch die Gewähr dafür liefert, daß keine Mehrheit in Bonn gegen die Entscheidungen des Grundgesetzes verstoßen darf.

Wir alle wissen, das CDU und CSU in den kommenden zwei Jahren vor der schwierigsten Aufgabe stehen, die ihnen bisher gestellt worden ist. Wer ohne gesundheitliche oder ähnlich zwingende Gründe aus diesem Kampf ausscheidet, bevor er in voller Härte begonnen hat, kommt sich fahnenflüchtig vor, und ich spüre dies. Ich würde nichts so sehr bedauern als den etwa entstandenen Eindruck, als zöge ich mich rechtzeitig von einer unerhört schwierigen Arbeit, deren Ausgang unsicher ist, in ruhige Gefilde zurück und überließe den Kampf den bisherigen Weggenossen. Der Fraktionsvorsitzende weiß, daß dies nicht meine Position war; Sie alle kann ich nur bitten, es mir abzunehmen, daß ich gerade unter diesem Gesichtspunkt mit großem Bedauern aus einer Arbeit ausscheide, in der ich lange und gern bei allen Kämpfen dabei war. Meine Überzeugung ist es, daß diese Fraktion und die Parteien, die sie vertritt, die schwerste ihr bisher gestellte Aufgabe erfüllen können. Die Führungsfrage ist endlich entschieden, und sie ist gut gelöst worden; die Angriffe der Gegner gegen den Vorsitzenden von Partei und Fraktion halte ich für eine Bestätigung, daß wir in Saarbrücken und vor wenigen Tagen in Bonn richtig entschieden haben. Damit ist freilich nur *eine* Voraussetzung für den Erfolg geschaffen. Ich habe keine Empfehlungen für die dringliche Aufstellung einer überzeugenden Führungsmannschaft zu geben oder andere personelle Fragen zu entscheiden, aber ich bin ohne Sorge, daß auch diese Arbeit gelingen kann.

Anläßlich der Erörterung einer aktuellen politischen Frage vor wenigen Wochen habe ich im Fraktionsvorstand auf einen Gesichtspunkt hingewiesen, den ich hier gerne wiederholen möchte:

die Fraktion erlebt bei ihrer internen Meinungsbildung immer wieder, daß die verschiedenen Meinungen mit Leidenschaft und Überzeugung aufeinanderprallen; es ist die schwierige Aufgabe der Fraktionsführung, aus den oft unterschiedlichen Ansichten eine Gesamtmeinung zu bilden, die möglichst von allen getragen werden kann. Gruppierungen landsmannschaftlicher oder soziologischer Art, auch die Vertretung legitimer Interessen spielen hierbei eine ganz wesentliche, ja eine unverzichtbare Rolle: die große Spannweite der Meinungen in CDU und CSU ist, entgegen der Meinung unserer Gegner, zwar oft unbequem, aber in Wirklichkeit eine der Quellen unserer Kraft. Die seit Gründung von CDU und CSU praktizierte innerparteiliche Demokratie, die jede Meinung respektiert und ihr die Chance gibt, um eine Mehrheit zu ringen, ist geradezu unentbehrlich für eine Partei, die Volkspartei sein will. Unsere Gefährdung liegt aber in der immer entstehenden Versuchung, von den Meinungen der in einer Sachfrage entstehenden Flügel auszugehen und den Kompromiß in einer fast mathematisch berechneten mittleren Meinung zu suchen. In Wirklichkeit sind solche Auffassungen für die Meinungsbildung unentbehrlich; aber die Überzeugungskraft der schließlich gefundenen Meinung liegt nicht nur in dem notwendigen Kompromiß, sondern in der Fähigkeit der Fraktion, eine möglichst breite Mitte zu bilden, deren Meinung weder dem einen noch dem anderen der vorhandenen Flügel zugerechnet werden kann. Die Methode der Integration der Meinungen ist schwieriger als der mathematisch errechenbare Kompromiß; aber sie allein macht die Position der Fraktion auch nach außen glaubwürdig und hilft uns, die notwendige Mehrheit der Wähler zu gewinnen.

Ich verabschiede mich von der Fraktion nicht ohne Bedauern, aber zugleich mit Freude über meine neue Aufgabe und mit großer Dankbarkeit für viele Jahre der Zusammenarbeit. Wenn immer es meine und Ihre Zeit erlaubt und die Sachzwänge des Amtes es gestatten, hoffe ich, Sie wiederzusehen. Ich werde Ihren Weg und Ihre Arbeit mit Sympathie und innerer Verbundenheit begleiten und hoffe, auch bei Ihnen nicht ganz in Vergessenheit zu geraten.

Der befangene
und der unbefangene Richter

Rede bei der Amtseinführung
als Präsident des Bundesverfassungsgerichts
am 8. Dezember 1971

Für die freundlichen Worte der Begrüßung und der Ermutigung für die mir übertragene Aufgabe bin ich aufrichtig dankbar. Auf solchen Zuspruch ist jeder angewiesen, der ein Amt beim Bundesverfassungsgericht antritt. Hier muß er sich an der hohen Qualität der in 20 Jahren geleisteten Arbeit orientieren. Der neue Präsident des Bundesverfassungsgerichts muß sich darüber hinaus einem Vergleich mit seinen Amtsvorgängern unterwerfen, die, jeder auf die ihm eigene Weise, das Gesicht dieses höchsten Gerichts der Bundesrepublik Deutschland mit geformt und dessen öffentliches Ansehen gefördert haben. Dem Neuling in Karlsruhe steht es nicht zu, die Leistungen des ausscheidenden Präsidenten und seiner Richterkollegen zu würdigen; aber die sich hieraus ergebende hohe Verpflichtung ist mir voll bewußt. Nach langjähriger parlamentarischer Tätigkeit schicke ich mich an, das Richteramt anzutreten. Takt und Neigung veranlassen zur Zurückhaltung bei der Darstellung der Gefühle, die mich dabei bewegen. Aber ich will offen sagen, daß mir der Abschied von meinen bisherigen parlamentarischen und politischen Aufgaben sehr schwer fällt. Das Gesetz über das Bundesverfassungsgericht in seiner heute geltenden Fassung schreibt die Wahl der Richter für 12 Jahre vor. Ich verstehe dies auch so, daß, abgesehen von gesundheitlichen oder ähnlichen zwingenden Gründen, sich nur der zur Verfügung stellen sollte, der auch bereit ist, das Amt für die volle vom Gesetz vorgesehene Zeit auszuüben. Jedenfalls meine Bereitschaft, mich der Wahl zu stellen, möchte ich so verstanden wissen. Eine solche Entscheidung wollte sorgfältig erwogen werden.

Wer die Bonner Szene kennt und die von Karlsruhe wenigstens ahnt, spürt deutlich, daß mit dem Wechsel der Aufgabe zugleich eine neue Welt betreten wird. Ein solcher Schritt ist auch schmerzlich, bei aller Freude über Amt und Aufgabe. Ich denke, daß der Herr Bundespräsident verstehen wird, was ich meine. Meine bisherigen Kollegen aus dem Bundestag, mit denen ich durch viele

Jahre einer oft sehr engen und guten Zusammenarbeit verbunden bin, wissen, wie sehr der Parlamentarismus die an ihm Beteiligten prägt und wie schwer es fällt, sich durch eigenen Entschluß der Faszination dieser besonderen Lebensweise zu entziehen. Es mag sein, daß die Stunde des Abschieds die oft sehr nüchternen Realitäten des Abgeordnetendaseins romantisch verklärt. Die parlamentarische Demokratie kennt Enttäuschungen und Mängel, und die oft geäußerte Skepsis gegenüber der Fähigkeit der parlamentarischen Demokratie, unter den Gegebenheiten einer industriellen Massengesellschaft sachgerechte Entscheidungen zu treffen, offenbart nicht nur die gewiß auch vorhandenen antiparlamentarischen Affekte, sondern wirft ernst zu nehmende Fragen auf. Die der heutigen Feierstunde vorausgegangenen Monate der Auseinandersetzung um die Richterwahl haben beides deutlich gemacht, und die Parlamentarier werden auch den aktuellen Anlaß zum Nachdenken darüber nutzen müssen, wie die Methodik der Entscheidungsfindung verbessert werden kann. Gelegentlich, nicht selten, sind die Artisten in der Zirkuskuppel ratlos. Dennoch sage ich, daß die besondere Faszination jener Mischung von oft harter Knochenarbeit, manchmal brillanter Artistik – einschließlich des dazugehörigen Schusses von Manegenzauber – und sehr fleißiger, auch stiller und oft ganz unbemerkter Kleinarbeit mir schon fehlen wird.

In dieser Stunde geht es mir bei aller Nachsicht, auf die ich vielleicht hoffen kann, nicht um rein persönliche Empfindungen. Die Entscheidung der Wahlgremien, für das Amt des Präsidenten des Bundesverfassungsgerichts jemanden zu wählen, der viele Jahre aktiver Parlamentarier war, berührt ja eine sehr grundsätzliche Frage. Sie ist auch in der Öffentlichkeit in den letzten Wochen oft erörtert worden. In einer kürzlich erschienenen Würdigung des Wirkens von Präsident Dr. Müller hat Bundesverfassungsrichter Ritterspach diejenigen Eigenschaften bezeichnet, die der Präsident dieses Gerichts in besonderem Maße besitzen müsse: ein hohes Maß von Geduld, Einfühlungsvermögen, Toleranz und Verständigungsbereitschaft, aber auch von Großzügigkeit im Verzicht auf die Durchsetzung eigener Ideen. Wer nur flüchtig hinschaut, wird leicht meinen, daß dies Tugenden seien, die man zuallerletzt von dem aktiv gestaltenden Politiker erwarten könne, der ja doch leidenschaftlich darum kämpfen müsse, seine eigenen Ideen durchzusetzen. Bei genauerer Betrachtung gehören die Tugenden der Toleranz, Geduld und Verständigungsbereitschaft zu den elementaren

Voraussetzungen einer funktionsfähigen parlamentarischen Demokratie. Daß mein Amtsvorgänger, der vor seiner Berufung in dieses Amt viele Jahre Politiker und Staatsmann war, solche Eigenschaften aufzubringen vermochte, wie ihm seine Kollegen bescheinigen, widerlegt das heute vielfach anzutreffende Vorurteil, daß dies dem Parlamentarier nicht gelingen könnte. Dennoch versehen beachtliche Stimmen, wie z. B. Wilhelm Hennis in einem Zeitungsaufsatz, die vereinfachende Gleichung »Verdiente Abgeordnete – gute Richter« mit einem Fragezeichen. »Glaubt man wirklich, daß frisch aus dem Bundestag nach Karlsruhe versetzte Abgeordnete gegenüber ihrem früheren Wirken zu der Distanz fähig sein werden, die man vom Richter verlangen kann?«, so fragt Hennis weiter. Dies ist eine Frage, die auch unabhängig von der Bewertung der in den letzten Wochen gewählten wie der nicht gewählten Kandidaten eine Antwort beanspruchen kann.

Die Frage der Befangenheit des Richters – als Korrelat der richterlichen Unabhängigkeit – hat viele Aspekte, denn sie ist die Kernfrage jeder Justiz. So wird heute in der Richterschaft, vor allem der jungen Richtergeneration, das Problem der Befangenheit, die sich aus den gesellschaftlichen Bezügen des Richters ergibt, seiner sozialen Herkunft, seiner Erziehung und Ausbildung, intensiv diskutiert. Ich möchte aber aus dem heutigen Anlaß mein Thema eingrenzen auf die Frage nach der politischen Befangenheit.

Der Jurist aber ist es gewohnt, vor einer Antwort das Gesetz zu befragen. Das Gesetz über das Bundesverfassungsgericht behandelt in den §§ 18 und 19 das Problem des ausgeschlossenen und des befangenen Richters. Wer als Parlamentarier an einem Gesetz mitgewirkt oder in anderer Weise sich für eine von ihm für erforderlich gehaltene Regelung eingesetzt hat, der hat sich Meinungen und Überzeugungen gebildet, die sich auch dann nicht einfach über Bord werfen lassen, wenn er die Tätigkeit des politisch Gestaltenden mit der des am Recht orientierten Richters vertauscht. Möglicherweise hat er in der neuen richterlichen Tätigkeit über die Verfassungsmäßigkeit eben des Gesetzes mitzuentscheiden, an dessen Zustandekommen er parlamentarisch beteiligt gewesen ist. Liegt es nicht nahe, ihn dann im Interesse des Gerichts, aber auch im eigenen Interesse vor einer Konfliktslage zu bewahren, in der er sich entweder von seinen früheren Überzeugungen distanzieren oder gar gegen besseres Wissen entscheiden müßte?

Wenn sich die Wahlgremien entschließen, bisher aktive Politiker in das Bundesverfassungsgericht zu wählen, wird das Problem aktuell. Es liegt nahe, solche Persönlichkeiten zu wählen, die in ihrer politischen Tätigkeit Profil gewonnen, also jedenfalls Meinungen gebildet und geäußert haben. Dem juristisch gebildeten Parlamentarier kann auch nicht unterstellt werden, daß er sich über die Verfassungsmäßigkeit der von ihm gewünschten Regelungen keine Gedanken gemacht hat. Mindestens nach seiner eigenen, durch sorgfältige Prüfung der Rechtsfragen gebildeten Überzeugung muß die angestrebte Gesetzgebung im Einklang mit der Verfassung stehen, weil niemand bewußt und vorsätzlich ein verfassungswidriges Gesetz wollen darf. Dies schließt nicht aus, daß das Bundesverfassungsgericht schließlich anders entscheidet, ohne daß den beteiligten Politikern hieraus ein Vorwurf gemacht werden kann. Aber der Parlamentarier muß mindestens verfassungsrechtliche Argumente vorzeigen können, die eine ernsthafte Prüfung beanspruchen können.

Das Gesetz über das Bundesverfassungsgericht hat anders entschieden, als die erste Überlegung nahelegen könnte. § 18 Abs. 3 BVerfGG bestimmt ausdrücklich, daß »die Mitwirkung im Gesetzgebungsverfahren« den betreffenden Richter nicht von der Amtsausübung ausschließt; man könne nicht davon ausgehen, daß er »in derselben Sache« bereits von Amts wegen . . . tätig gewesen sei. Dies gilt nach der Rechtsprechung des Bundesverfassungsgerichts in gleicher Weise im Falle der Ablehnung des Richters wegen Besorgnis der Befangenheit. Die Mitwirkung am Gesetzgebungsverfahren rechtfertigt solche Besorgnis nicht. Einem Blick in die Materialien ist zu entnehmen, daß diese Regelung nicht etwa vorsorglichen Überlegungen der Parlamentarier entsprach. Der erste dem Bundestag vorgelegte Gesetzentwurf, eine Initiative der SPD-Fraktion vom Dezember 1949, enthielt keinen vergleichbaren Vorschlag, und auch der Entwurf der Bundesregierung vom März 1950 wollte nur ausschließen, daß jemand wegen seiner Zugehörigkeit zu einer politischen Partei oder aus ähnlichen Gründen vom Richteramt ausgeschlossen wäre. Erst der Bundesrat regte die später im Gesetz enthaltene Formulierung an. Wie seine Begründung zeigt, dachte er dabei weniger an die Parlamentarier als vielmehr an die sonst am Gesetzgebungsverfahren Beteiligten, also vor allem an die Referenten der Ministerien.

Das Gesetz über das Bundesverfassungsgericht bejaht also die von Hennis und anderen aufgewofene Frage, ob der frühere Parlamentarier in seinem neuen Amt zu innerer Distanz fähig sein werde. Werner Sarstedt (JZ 1966, 316) versteht dies so: »Dem Richter beim Bundesverfassungsgericht wird also zugetraut, daß er sogar dem von ihm selbst geschaffenen Gesetz objektiv genug gegenübersteht, um es gegebenenfalls für grundgesetzwidrig zu erklären. Das ist ein Anhalt dafür, welcher Grad von innerer Souveränität einem Richter beim Bundesverfassungsgericht zuzutrauen ist; diese Richter brauchen sich nicht zu scheuen, das für sich in Anspruch zu nehmen.« Der aktuelle Anlaß, der Sarstedt zu dieser Bemerkung veranlaßt hat, wird vielen Anwesenden in Erinnerung sein. Auf eigene Anmerkungen hierzu will ich aber verzichten, weil ich insoweit – als damaliger Verfahrensbevollmächtigter des Deutschen Bundestages in einer hochpolitischen Frage – wirklich befangen bin. Allgemeiner sagt Sarstedt, daß überhaupt kein Richter seinen Beruf ausüben könne, wenn er nicht einen erheblichen Bestand an Ansichten über Rechtsfragen mitbrächte. Entscheidend sei, ob er sich durch solche Ansichten, auch wenn er sie, etwa im wissenschaftlichen Bereich, zum Gegenstand von Veröffentlichungen gemacht habe, festgelegt fühle. Wenn das der Fall sei, eigne er sich überhaupt nicht besonders gut zum Richter. Die gleichen Meinungsverschiedenheiten, die in den letzten Wochen unsere Öffentlichkeit bewegt haben, sind auch in anderen parlamentarischen Demokratien bekannt. Am 10. November berichteten die Zeitungen, daß auch die dritte gemeinsame Abstimmung der italienischen Kammer und des Senats über den von den Sozialisten vorgeschlagenen Kandidaten zum Verfassungsgerichtshof ergebnislos verlaufen sei. Der Kandidat, eine ausgeprägte politische Persönlichkeit, schien seinen Befürwortern die Gewähr für die Verteidigung der Staatsräson zu bieten; seine Gegner warfen ihm seine radikale politische Einstellung in früheren Jahren vor. Ein solcher Politiker, meinte der – italienische – christlich-demokratische Fraktionsvorsitzende, dürfe nicht die Toga des Richters für sich beanspruchen. Beim Verfassungsgerichtshof, wandte die Gegenseite ein, bestehe das Gleichgewicht aber gerade darin, daß die verschiedenen politischen Kräfte des Staates in seinem Schoß zur Geltung kämen.

Eine amerikanische Zeitschrift schrieb am 18. Oktober 1971 über die bevorstehende Besetzung einiger Richterstellen am Obersten Gericht der USA: »Man wird den Verdacht nicht los, daß die geistige Brillanz letzten Endes doch nicht den Ausschlag gibt. Statt dessen wird gesprochen von Berücksichtigung regionaler Herkunft, Zugehörigkeit zur Republikanischen Partei, Lebensalter und erstmalig von der ernsthaften Erwägung, eine Frau als Bundesrichter zu berufen... Wenn das Gericht auch künftig einen Einfluß darauf haben soll, was der Bürger sagt und denkt, dann muß bei der Auswahl neuer Richter scharfer, unbeirrbarer, juristischer Verstand als vorrangige Eigenschaft gewertet werden.« Nachdem der Präsident der Vereinigten Staaten zwei Kandidaten benannt hatte, beschloß der Rechtsausschuß des Senats, über die Bestätigung beider Kandidaten, von denen nur einer unumstritten scheint, gemeinsam abzustimmen. Dies veranlaßte einen der Senatoren zu dem Ausruf, daß es doch unerhört sei, wenn zwei Kandidaten »wie Hänsel und Gretel« zum Obersten Gerichtshof gehen müßten.

Ähnlichkeiten mit Erörterungen bei uns mögen zufällig sein, aber die Probleme gleichen sich.

Der Hinweis auf die gesetzliche Regelung des Befangenheitsproblems wird für sich allein den Konflikt nicht lösen können. Wenn das Gesetz, wie Sarstedt sagt, dem Bundesverfassungsrichter ein hohes Maß innerer Souveränität zutraut, beweist das noch nicht, daß er über diese Unabhängigkeit wirklich verfügt. Die Auswahl geeigneter Persönlichkeiten liegt in der vollen Verantwortung der Wahlkörperschaften; von dem Erfordernis des § 2 Abs. 3 des BVerfGG abgesehen, gibt es keine Auswahlkriterien, an denen sich ihre Entscheidung orientieren kann. Ich würde es allerdings für bedauerlich halten, wenn als Folge der jüngsten Auseinandersetzungen künftig Persönlichkeiten aus dem Bereich der aktiven Politik nicht mehr oder nur selten an das Gericht gelangen könnten. Es bedeutet für die jetzt Gewählten aus diesem Bereich eine besonders hohe Verantwortung, den in den öffentlichen Diskussionen gelegentlich zu beobachtenden antiparlamentarischen Affekt als unbegründet zu widerlegen, und das Parlament wird seine Verpflichtung erkennen, in Zukunft um so achtsamer mit dem Bundesverfassungsgericht umzugehen, um jeden nur denkbaren Schaden von Gericht und Staat abzuwenden. Das Gericht bedarf der Mitwirkung sowohl aus den Bereichen der Wissenschaft wie der Gerichts- und der politischen Praxis; nur aus allen diesen Elementen zusammen kann sich eine am Grundgesetz orientierte und dem Wohl der Allgemeinheit verpflichtete Rechtsprechung fortsetzen, welche die Tätigkeit des Bundesverfassungsgerichts bisher ausgezeichnet hat. Es darf wohl auch daran erinnert werden, daß in Karlsruhe Richter wirkten und wirken, die zuvor »verdiente Abgeordnete« in Bonn gewesen sind, wobei ich den etwas spöttischen Unterton dieser von Hennis gebrauchten Formulierung beiseite lassen möchte. Persönlichkeiten wie der jetzige Vizepräsident Seuffert und sein Amtsvorgänger Wagner haben die Behauptung, daß ein engagierter Parlamentarier nicht ein guter Richter werden könne, durch ihr Wirken widerlegt, und Parlament und Gericht schulden ihnen auch dafür Dank.

Der Gesetzgeber hat mit der neuerdings in § 30 Abs. 2 BVerfGG erfolgten Zulassung des Sondervotums den Bundesverfassungsrichtern ermöglicht, ihre persönliche Entscheidung in einer zur Entscheidung gelangenden Rechtsfrage zu bezeichnen und zu erläutern. Der Meinungsstreit über diese, meiner Meinung nach richtige und überfällige Entscheidung ist alt; im Zusammenhang mit dem Problem der befangenen Richter gewinnt er eine besondere Bedeutung. Der Rechtsausschuß des Deutschen Bundestages hat sich schon bei der Beratung des Entwurfs eines Deutschen Richtergesetzes im Juni 1960 in Berlin mit 12 gegen 4 Stimmen für die Einführung der dissenting vote beim Bundesverfassungsgericht und den Landesverfassungsgerichten ausgesprochen. Nach Meinung der Befürworter, zu denen ich damals gehört habe, sollte hierdurch die eigenständige Richterpersönlichkeit gestärkt werden, wobei freilich nicht nur die Gefahren der Anonymität bei Beibehaltung des Beratungsgeheimnisses, sondern auch die der Sucht nach Publizität im Falle des Sondervotums gesehen wurden. Ernst Friesenhahn hat (JZ 1966, 710) die Zulassung des Sondervotums dringlich angemahnt, als der Beschluß des 2. Senats zur Frage der Richterbefangenheit ergangen war, der auch zu den vorhin erwähnten Äußerungen von Sarstedt Anlaß gab. Dem möchte ich hinzufügen: wenn das Gesetz, wie es in § 18 Abs. 3 BVerfGG geschehen ist, die frühere, ihrem Wesen nach in aller Öffentlichkeit vollzogene, gesetzgeberische Tätigkeit eines Bundesverfassungsrichters nicht zum Anlaß nimmt, ihn in dieser Sache von der Entscheidung auszuschließen, ist es fast unvermeidbar, diesem Richter die Möglichkeit einzuräumen, seinen Standpunkt in gleicher Öffentlichkeit darzulegen. Die Versuchung, die hierin stecken mag, übersehe ich nicht. Jedenfalls aber mag angemerkt werden, daß der der Wahl von aktiven Politikern gegenüber kritisch eingestellte Beobachter auf diese Weise vielleicht in die Lage versetzt wird, sich ein eigenes Urteil zu bilden, ob seine Befürchtungen berechtigt sind. Das Institut des Sondervotums gibt dem Richter auch verstärkt die Möglichkeit, über etwaige Befangenheitsmotive zu reflektieren.

Von meinen künftigen Richterkollegen erbitte ich die Bereitschaft zur guten Zusammenarbeit und jenen Vorschuß an Vertrauen, ohne den ein gedeihliches Wirken nicht möglich ist. Ich weiß, daß dieser Kredit nicht unbegrenzt gegeben werden kann, und ich werde mich bemühen, ihn einzulösen. Ich habe freimütig gesagt, daß ich meine bisherige Tätigkeit nicht ohne Bedauern verlasse, aber ich möchte hinzufügen: Mir scheint es in dieser von Spannung und Konflikten erfüllten Welt, in einer gesellschaftlichen Wirklichkeit politischer und sozialer Konfrontation, in der nach der vom Bundesverfassungsgericht in einer seiner grundlegenden Entscheidungen geäußerten Zuversicht dennoch die Chance zu »Ausgleich und Schonung der Interessen aller« besteht, von elementarer Bedeutung, daß der Gerichtssaal ein Ort zwar auch des Kampfes, aber zugleich der Sachlichkeit und vor allem der Gerechtigkeit bleibt, ein Ort, an dem nicht Lautstärke, Image oder Rückhalt in starken Wählergruppen entscheidet, sondern nur das Recht. Was keine andere staatliche und kaum eine der gesellschaftlichen Institutionen bieten kann, könnte der Bürger hier finden. Dies zu erhalten, ist die wichtigste Aufgabe einer unruhigen Zeit.

Ich gehe mit Freude an diese große Aufgabe, und ich will versuchen, ihr gerecht zu werden.

Zur Person

Interview mit Claus H. Casdorff
und Rudolph Rohlinger
Deutsches Fernsehen am 5. April 1968

Frage: Herr Benda, vor einem Jahr sind Sie Staatssekretär geworden, und jetzt sind Sie Bundesminister, schmeichelt es Ihnen, wenn man Sie einen Mann der schnellen Karriere nennt?

Benda: Ja, ich höre es ganz gern, es trifft auch zu.

Frage: Der Durchbruch zu parlamentarischem Ruhm ereignete sich, als Sie jene Rede hielten, die zur Verlängerung der Verjährungsfrist für NS-Verbrechen führte. Würden Sie heute sagen, daß die Aufmerksamkeit, die Sie damals erregten, mehr der rhetorischen Leistung galt oder dem Mut, gegen die Meinung der Mehrheit der Fraktion anzutreten?

Benda: Ob es eine rhetorische Leistung im üblichen Sinne war, darüber kann man sich streiten. Ich hatte den Eindruck, daß die meisten Leute, die beeindruckt waren, wohl nur das Engagement beeindruckt hat, wenn Sie wollen, der Mut, der auch dazu gehörte, das zu tun.

Frage: Halten Sie sich für einen guten Rhetoriker, oder halten Sie sich vielleicht für einen guten Debattenredner, also für einen Mann der schnellen Erwiderung, wie man das bei einem Berliner eigentlich erwarten sollte?

Benda: Ich versuche schlagfertig zu sein, gelegentlich kann ich es auch. Ich würde mich selbst nicht für einen glänzenden Redner im üblichen Sinne halten, ich pflege mehr zu reden in einer Art des Anwalts, der für ein bestimmtes Anliegen plädiert, also Argumente vorträgt in der Hoffnung, daß sie verstanden werden.

Frage: Stellen Sie sich auch rebellischen Jugendlichen zur Diskussion, und macht Ihnen so etwas Freude?

Benda: Das mache ich gelegentlich, gelegentlich auch mit Freude, allerdings dann nicht mit Freude, wenn bestimmte Mindestformen des Anstandes, bestimmte Mindestumgangsformen verletzt werden, dann kann ich doch ziemlich ärgerlich werden.

Frage: Ziemlich ärgerlich werden – nun ein Hauptthema der Jugendlichen, Herr Benda, sind sicher die Notstandsgesetze. Glauben Sie zu wissen, woher sich aber weite Bevölkerungskreise voller

Widerwillen gegen jede Notstandsgesetze fühlen?

Benda: Ich bezweifle erstens, daß es wirklich weite Bevölkerungskreise sind, Meinungsbefragungen, die wir haben, sagen eher das Gegenteil aus. Diejenigen Bevölkerungskreise, wenn Sie so wollen, die dagegen sind, sind zu einem großen Teil aus Unkenntnis der wirklichen Vorschläge der Regierung dagegen.

Frage: Haben Sie neuere Befragungen? Denn Ende 1967 war doch der Anteil derer, die für Notstandsgesetze waren, von 37 Prozent im Jahr 1965 auf 25 Prozent zurückgegangen.

Benda: Ja, ich habe die Zahlen jetzt nicht so im Kopf, ich weiß auch nicht, von wann die Meinungsbefragung ist, an die ich mich jetzt zu erinnern glaube. Ich meine, daß die Zahlen, die ich in Erinnerung habe – ich mag mich täuschen –, wesentlich günstiger sind als diejenigen, die Sie eben genannt haben.

Frage: Ich wollte an sich nur fragen, ob Sie diese generelle Ablehnung, ob Sie die für etwas Sentimentales halten?

Benda: Nicht unbedingt sentimental, ich kann bis zu einem gewissen Grade auch, insbesondere bei älteren Menschen, die die Weimarer Zeit und die Nazi-Zeit mitgemacht haben, Abneigung gegen diese Dinge verstehen.

Frage: Können Sie diese Abneigung auch bei Jugendlichen, bei jungen Menschen verstehen?

Benda: Bei den Jugendlichen verstehe ich es schon schwerer oder bei den jungen Menschen. Oft steckt dahinter auch nur eine Art Attitüde, die sich, wie mir manchmal scheint, beinahe zufällig das Thema Notstand als Thema ausgesucht hat, bei dem man gegen etwas sein kann. Ich glaube nicht immer, ich will das nicht verallgemeinern, daß wirklich eine fundierte sachliche Meinung dahintersteckt.

Frage: Wie ein Antrittsgeschenk haben Sie nun gerade eine Einigung innerhalb der Koalition über die Notstandsgesetzgebung bekommen, wenn man so sagen darf. Werden Sie nun versuchen, die Opposition, die FDP, zur Zustimmung zu bewegen, und wie bewerten Sie da ihre Chancen?

Benda: Ja, ein Geschenk war es nicht, das hat eine ziemlich harte Arbeit gekostet. Aber ich glaube, daß wir es geschafft haben. Ich bin mit dem Ergebnis, wenn es so bleiben kann, sehr zufrieden. Ich wäre sehr froh, wenn die FDP mitmachen würde. Allerdings sehe ich kaum die Möglichkeit eines Kompromisses zwischen den Meinungen der FDP, wie sie bisher vertreten worden sind, und den Auffassungen der Koalition.

Frage: Herr Minister, wären Sie damit einverstanden, wenn man sagte, Sie seien staatsbejahend, also ein Mann, der bereit ist, dem Staat willig das zu geben, was des Staates ist und im Zweifelsfalle auch ein wenig mehr?

Benda: Mit dem ersten Teil wäre ich einverstanden, mit dem letzten Satz ›im Zweifelsfalle ein wenig mehr‹ nicht. Ich glaube, der Staat sollte in der Tat das bekommen, was ihm zukommt, mehr nicht.

Frage: Aber wie ist es im Zweifelsfall?

Benda: Das ist eben das Problem. Darüber kann man natürlich im Einzelfall streiten und sollte man auch streiten.

Frage: Sonst wäre es kein Zweifelsfall.

Benda: In der Tat.

Frage: Herr Minister, für Sie hält man jetzt, da man allerorts auf Sie blickt, eine ganze Reihe von Adjektiven parat, und die scheinen sich nicht selten zu widersprechen. So sind Sie – ich zitiere – »liberal« und »konservativ«, Sie sind ein »jugendlich-schnoddriger Sprecher«, und Sie sind »sehr zurückhaltend«, und dann sind Sie ein »Idealist« und auch ein »kühler Realist«, welche dieser Bezeichnungen würden Sie für treffend halten?

Benda: Ich habe eine ganze Menge Dinge über mich in den Zeitungen gelesen, die für mich selber überraschend waren. Ich würde ganz gerne den größten Teil der Bezeichnungen, die Sie genommen haben, zusammennehmen, und es stört mich gar nicht, daß sich das zu widersprechen scheint. Ich glaube nicht, daß es sich wirklich widerspricht.

Frage: Nun, dann eine Frage an den Realisten Benda. Sie haben den SPD-Bundesparteitag in Nürnberg verfolgt, glauben Sie nach dem Verlauf dieses Parteitages, daß es überhaupt noch eine Chance gibt, zu einer Änderung des Wahlrechts in der Bundesrepublik in dieser Legislaturperiode zu kommen?

Benda: Die Chance ist sicherlich sehr gering. Ich halte es dennoch für richtig, in Gesprächen mit den Kollegen der SPD diese Frage einmal zu erörtern, und dann werden wir sehen. Ich werde meine Zeit, die ich habe, die nicht sehr lang ist, nicht unnütz vergeuden.

Frage: Könnten Sie sich vorstellen, daß Sie noch in dieser kurzen Zeit, von der Sie gesprochen haben, Verbotsklage gegen eine existierende politische Partei einreichen?

Benda: Dies ist eine Frage, die ich vorziehen würde, erst sehr gründlich einzeln und in Gesprächen mit den zuständigen Stellen zu prüfen und dann eine Meinung darüber zu sagen.

Frage: Nun sind Sie ein sehr junger Minister, Herr Benda, und aus Ihrem Respekt für Ihren Vorgänger Paul Lücke haben Sie nie ein Hehl gemacht; geht dieser Respekt so weit, daß Sie ihr Amt auch im Stil Ihres Vorgängers führen werden, oder wollen Sie neue Formen im Innenministerium entwickeln?

Benda: Ich glaube, daß sich im Stil meiner Arbeit und, ich hoffe, auch im Stil der Arbeit des Ministeriums einiges ändern wird.

Frage: Sind Sie glücklich, daß es nun den Anschein hat, als hätte Proporz und Gesangbuch bei der Auffüllung der Lücke keine Rolle gespielt?

Benda: Ich habe darüber nie einen Zweifel gehabt, daß diese Vorstellungen, wenn es sie irgendwo gegeben haben sollte, sich in dieder Frage nicht durchsetzen würden, wiewohl ich keineswegs sicher war oder sein konnte, daß ich derjenige sein würde, auf den das zukommen würde.

Frage: Aber nochmals zurück, können Sie vielleicht etwas Näheres sagen, wie Sie den Stil der Arbeit im Innenministerium ändern wollen?

Benda: Ja, da sind wir gerade in nächster Zeit dabei, einige Gespräche zu führen, und ich muß eine Menge eigener Überlegungen anstellen. Ich würde gern versuchen, und ich weiß, daß das nicht so ganz einfach ist, in die Arbeit eines wichtigen, klassischen Ministeriums einen modernen Arbeitsstil, den es dort noch nicht überall gibt, einzuführen, jedenfalls auf der oberen Ebene, dort, wo die Führungsentscheidungen zu fallen haben. Ich bin sehr für Teamarbeit, erwarte von den Abteilungsleitern zum Beispiel klare Vorschläge, gute Diskussionen, auch kontroverse Diskussionen, insgesamt einen etwas gewandelten Stil.

Frage: Sie haben sich eigentlich nie geniert, von Geld zu sprechen; es gibt da zitierte Bemerkungen, als Sie Ihr Staatssekretärsamt antraten. Ich wage es, zu fragen, was Sie bewogen hat, ein sehr undankbares, ein quälendes und ein unbeliebtes Amt zu übernehmen. Die finanziellen Aspekte könnten den erfolgreichen Rechtsanwalt kaum gereizt haben, oder irre ich mich da?

Benda: Sie irren sich nicht, wenn Sie annehmen, daß mich die finanziellen Aussichten nicht gereizt haben. Mich hat gereizt die Aussicht, Mitglied einer Bundesregierung der Großen Koalition zu sein, nicht unbedingt wegen der Großen Koalition, aber weil dies in mehrfacher Hinsicht ein interessantes Unternehmen ist, und mich interessiert durchaus die Frage, ob ich in der Lage sein werde, ein schwieriges Ministerium so zu führen, wie man es von mir erwarten kann.

Kurzbiographie Ernst Bendas

1925	am 15. Januar in Berlin geboren
1943	Abitur am Kant-Gymnasium, Berlin-Spandau Reichsarbeitsdienst, Kriegsmarine
1946	Beginn des juristischen Studiums an der Universität Berlin
1947 – 1948	Mitglied des letzten gewählten Studentenrates
Frühjahr 1948	aus der Humboldt-Universität ausgeschieden, nach Gründung der Freien Universität Berlin im Herbst 1948 Fortsetzung des Studiums, Mitglied des Studentenausschusses
1949 – 1950	Studium der Journalistik und der Politischen Wissenschaften an der Universität von Wisconsin in Madison/Wisconsin (USA)
1951	erstes juristisches Staatsexamen, Gerichtsreferendar
1955	zweites juristisches Staatsexamen
1956	Rechtsanwalt in Berlin
seit 1946	Mitarbeit in der CDU, 1948 Vorsitzender der Hochschulgruppe in Berlin
1952 – 1954	Vorsitzender der Jungen Union in Berlin
1951 – 1954	Mitglied der Bezirksverordnetenversammlung, Spandau, Fraktionsvorsitzender
1955 – 1957	Mitglied des Abgeordnetenhauses von Berlin
1957 – 1971	Mitglied des Deutschen Bundestages
1967	Parlamentarischer Staatssekretär beim Bundesminister des Innern
April 1968 – Oktober 1969	Bundesminister des Innern
Dezember 1971	Präsident des Bundesverfassungsgerichtes

Auswahl
aus weiteren Veröffentlichungen
des Verfassers

Industrielle Herrschaft und sozialer Staat. Wirtschaftsmacht von Großunternehmen als gesellschaftspolitisches Problem. Göttingen, 1966.

Die Notstandsverfassung, Geschichte und Staat Nr. 113. München, 1966.

Notstandsverfassung und Arbeitskampf. 1963.

Verjährung und Rechtsstaat – Verfassungsprobleme der Verlängerung strafrechtlicher Verjährungsfristen. Berlin, 1965.

Erläuterungen zum Gesetz über die Rechtsstellung der Parlamentarischen Staatssekretäre, Allgemeiner Teil, in: Das Deutsche Bundesrecht. Baden-Baden, 1967.

Die Verjährung nationalsozialistischer Gewaltverbrechen, in: Staatslexikon, Band XI. Freiburg, 1969.

Zur Regelung des Parteiausschlusses von CDU-Mitgliedern, in: Juristenzeitung. 1962.

Deutschland ohne Notstandsrecht, in: Deutsche Korrespondenz. 1965.

Freies Geleit für Mörder? In: Deutsche Korrespondenz. 1966.

Die aktuellen Ziele der Wirtschaftspolitik und die tragenden Grundsätze der Wirtschaftsverfassung, in: Neue Juristische Wochenschrift. 1967.

Notstand und Arbeitsverfassung, in: Notstandsordnung und Gesellschaft in der Bundesrepublik. Zehn Vorträge herausgegeben von Werner Hofmann und Heinz Maus. Reinbek, 1967.

Die Notstandsfrage vor der Entscheidung, in: Die Neue Ordnung. 1967. Heft 2.

Soziale Marktwirtschaft und Wirtschaftsdemokratie, in: Gesellschaftspolitische Kommentare. 1967. Nr. 8.

Bedeutung und Garantie des Eigentums in unserem sozialen Rechtsstaat. Vortrag auf dem Zentralverbandstag des Zentralverbandes der Deutschen Haus- und Grundeigentümer 1967. Schriften des Zentralverbandes der Deutschen Haus- und Grundeigentümer. Heft 18.

Der gegenwärtige Stand der Notstandsdiskussion, in: Politischsoziale Korrespondenz. 1967.

Notstandsgesetzgebung und Wirtschaft, in: Der Arbeitgeber. 1967.

Folgerungen für die Partei und die Parteivereinigungen, in: Gölter/ Pieroth, Die Union in der Opposition. Düsseldorf, Wien, 1970.

Demoskopie und Recht (gemeinsam mit Karl Kreuzer), in: Juristenzeitung. 1972. Nr. 17.